民商法学家（第6卷）

张民安 主编

公开权侵权责任研究：肖像、隐私及其他人格特征侵权

张民安 主　编
林泰松 副主编

中山大学出版社
·广州·

版权所有　翻印必究

图书在版编目（CIP）数据

公开权侵权责任研究：肖像、隐私及其他人格特征侵权/张民安主编；林泰松副主编. —广州：中山大学出版社，2010.6

（民商法学家·第6卷/张民安主编）

ISBN 978-7-306-03653-7

Ⅰ. 公… Ⅱ. ①张… ②林… Ⅲ. ①人格—侵权行为—民事责任—研究 ②隐私—人身权—侵权行为—民事责任—研究 Ⅳ. D913.04

中国版本图书馆 CIP 数据核字（2010）第 070834 号

出版人：	祁 军
策划编辑：	蔡浩然
责任编辑：	蔡浩然
封面设计：	方 竹
责任校对：	杨文泉
责任技编：	何雅涛
出版发行：	中山大学出版社
电　　话：	编辑部 020-84111996，84111997，84113349，84110779
	发行部 020-84111998，84111981，84111160
地　　址：	广州市新港西路 135 号
邮　　编：	510275　**传　真**：020-84036565
网　　址：	http://www.zsup.com.cn　E-mail: zdcbs@mail.sysu.edu.cn
印　刷　者：	广东佛山市南海印刷厂有限公司
规　　格：	787mm×1092mm　1/16　25.5 印张　385 千字
版次印次：	2010 年 6 月第 1 版　2010 年 6 月第 1 次印刷
定　　价：	49.50 元

如发现本书因印装质量影响阅读，请与出版社发行部联系调换

主编特别声明

　　本书凭借主编张民安博士和林泰松律师良好的专业素质、外语水平和与国内外民商法理论界和民商法实务界的良好关系,从理论和实务、国内和国外两个角度诠释当代民商法的最新理念,揭示当代民商法案例中所蕴涵的内涵,提升我国民商法的理论水准,为我国立法机关科学地制定《中华人民共和国民法典》提供理论支撑,为我国司法判例科学妥当地解决纷繁复杂的民商事案件提供理论指导。

　　提出新观点,倡导新观念,援引新资料,解决新问题,是《民商法学家》一贯的宗旨,也是《民商法学家》主编一直追求的目标。尊敬的读者,如果您是首次在《民商法学家》中读到《民商法学家》援引的任何案例、法官的判词、学者的精辟论述和提出的科学学术观点,并在撰写文章时引用,请您遵守最基本的学术规范和尊重作者最基本的权利,加上"转引《民商法学家》"等字样,以体现对作者艰辛劳动的尊重。因为,学术虽然是开放的,但是,作者的劳动是应当得到保护的。只有这样,学术才能繁荣,民商法学才能进步,在学术上倡导新观念、提出新观点的学者才能体现其价值。

《民商法学家》学术顾问

(排名不分先后)

梁慧星 中国社会科学院研究生院教授,中国社会科学院法学研究所研究员,国务院学位委员会委员,中国社会科学院院士,博士生导师,《法学研究》主编,著名民商法学家。

王保树 清华大学法学院教授,博士生导师,中国法学会商法研究会会长,著名民商法学家。

周林彬 中山大学法学院教授,博士生导师,中山大学法学院民商法学研究所主任,著名民商法学家。

王利明 中国人民大学法学院院长,教授,博士生导师,中国法学会民法研究会会长,著名民商法学家。

孙宪忠 中国社会科学院研究生院教授,中国社会科学院法学研究所研究员,中国法学会民法学会常务副会长,博士生导师,著名民商法学家。

崔建远 清华大学法学院教授,中国法学会民法学会副会长,博士生导师,著名民商法学家。

石少侠 国家检察官学院院长,教授,博士生导师,著名民商法学家。

序

一、传统民法或者侵权法的理论

在民法或者侵权法上，自然人不仅对其生命、身体、健康享有权利，而且还对其姓名、名誉、隐私、肖像、声音以及其他无形人格特征享有权利；其中，自然人对其生命、身体、健康享有的权利被称作有形人格权，而自然人对其姓名、名誉、隐私、肖像、声音以及其他无形人格特征享有的权利被称作无形人格权。传统民法或者侵权法认为，有形人格权是建立在自然人的生命、身体和健康的基础上，既受到故意侵权责任制度的保护，也受到过失侵权责任制度的保护，在某些特殊情况下，还受到严格责任制度的保护；当行为人侵害他人的生命权、身体权或者健康权时，他们不仅要对他人或者他人的继承人承担精神损害赔偿责任，而且还要对他人或者他人的继承人承担财产损害赔偿责任。而无形人格权则是建立在自然人的姓名、名誉、隐私、肖像、声音以及其他无形人格特征的基础上，仅仅受到故意侵权责任制度或者过失侵权责任制度的保护，不会受到严格责任制度的保护；当行为人侵害他人的姓名权、名誉权、隐私权、肖像权、声音权或者其他无形人格权时，他们也仅仅对他人承担精神损害赔偿责任，不对他人承担财产损害赔偿责任。

传统民法或者侵权法还认为，即便自然人对其生命、身体和健康享有的有形人格权不同于自然人对其姓名、名誉、隐私、肖像、声音以及其他无形人格特征享有的无形人格权，自然人对其生命、身体和健康享有的有形人格权同自然人对其姓名、名誉、隐私、肖像、声音以及其他无形人格特征享有的无形人格权都具有共同点，这就是：它们在性质上都属于人格权而非财产权，都具有人格权的特性，包括非财产性、不得转让性和不得继承性。

所谓人格权的非财产性，是指自然人对其生命、身体和健康享有的权利和自然人对其姓名、名誉、隐私、肖像、声音以及其他无形人格特征享有的权利在性质上不是财产权，因为生命权、身体权、健康权、姓名权、名誉权、隐私权、肖像权、声音权和其他无形人格权本身不具有物质价值、财产价值、经济价值，无法通过金钱方式确定这些权利的价值。这一点，同自然人对其动产、不动产、知识产权享有的权利形成鲜明的对比，因为自然人对其动产、不动产或者知识产权享有的权利本身具有物质价值、财产价值、经济价值，能够以金钱方式确定它们的价值。

所谓人格权的不得转让性，是指自然人虽然对其生命、身体、健康、姓名、名誉、隐私、肖像、声音以及其他无形人格特征享有权利，但是，这些权利仅仅为特定的自然人所享有，自然人不得将其无形人格权或者无形人格权出卖给别人，不得通过其他方式处理其有形人格权或者无形人格权，包括不得质押或者抵押其有形人格权或者无形人格权。这一点，同自然人对其动产、不动产、知识产权享有的权利形成鲜明的对比，因为自然人能够将其对动产、不动产或者知识产权享有的权利出卖给别人，或者通过其他方式处理这些权利，包括质押或者抵押这些权利。

所谓人格权的不得继承性，是指自然人对其生命、身体、健康、姓名、名誉、隐私、肖像、声音以及其他无形人格特征享有的权利在自然人死亡之后即消灭，他们享有的这些权利在他们死亡之后不得作为遗产为其近亲属所继承。这一点，同自然人对其动产、不动产、知识产权享有的权利形成鲜明的对比，因为自然人对其动产、不动产享有的权利在自然人死亡之后并不因此消失，他们的这些权利在他们死亡时将作为遗产为其继承人所继承。

二、自然人的生命权、身体权和健康权的财产性

在民法或者侵权法上，将自然人对其生命、身体和健康享有的权利看做单纯的非财产性权利显然是没有说服力的，因为，自然人对其生命、身体和健康享有的权利虽然可以看做非财产性的权利，也能够看做财产性的权利。说自然人对其生命、身体和健康享有的权利是非财产性权利，是因为自然人对其生命、身体或者健康享有的权利是精神性的权利，心理性的权利，这些权利是为了满足自然人的精神或者心理要求为目的的。说自然人对其生命、身体或者健康享有的权利是财产性的权利，是因为如果行为人没有非法剥夺他人的生命，没有非

法侵害他人的身体完整性，或者没有非法破坏他人的健康，则自然人能够通过工作、劳动获得经济上的收益。因为行为人实施的非法侵害行为，自然人无法获得财产上的收益。这就是为什么两大法系国家和我国的侵权法都认为，当行为人非法侵害他人的生命、身体或者健康时，他们既要赔偿他人遭受的精神损失，也要赔偿他人遭受的财产损失。两大法系国家和我国的侵权法之所以责令行为人就其侵害他人生命、身体或者健康的行为对他人承担精神损害赔偿责任，显然是因为侵权法认为，自然人对其生命、身体、健康享有的权利是非财产性质的权利；而两大法系国家和我国的侵权法之所以责令行为人就其侵害他人生命、身体或者健康的行为对他人承担财产损害赔偿责任，也因为侵权法认为，自然人对其生命、身体或者健康享有的权利是财产性质的权利。

三、自然人的姓名权、名誉权、隐私权、肖像权等无形人格权的财产性

在民法或者侵权法上，将自然人对其姓名、名誉、隐私、肖像、声音以及其他无形人格特征享有的权利看做单纯的非财产性权利显然是没有说服力的，因为：

其一，一旦自然人对其姓名、名誉、隐私、肖像、声音以及其他无形人格特征享有权利，他们自己能够使用其姓名、名誉、隐私、肖像、声音以及其他无形人格特征来从事民事活动，当他们从事民事活动时，他们使用其姓名、名誉、隐私、肖像、声音以及其他无形人格特征显然是为了满足其精神上的、心理上的需要，很少是为了满足他们经济上的、财产上的需要，此时，他们对其姓名、名誉、隐私、肖像、声音以及其他无形人格特征享有权利就表现为非财产性权利。当行为人侵害他们在此时享有的无形人格权时，他们也仅仅遭受精神损害，很少遭受财产损害。因此，他们也仅仅能够要求行为人对他们承担精神损害赔偿责任，不得要求行为人对他们承担财产损害赔偿责任。

其二，一旦自然人对其姓名、名誉、隐私、肖像、声音以及其他无形人格特征享有权利，他们自己能够使用其姓名、名誉、隐私、肖像、声音以及其他无形人格特征来从事商事活动并且通过使用其无形

人格特征从事商事活动以获得经济上或者其他利益。当自然人将其姓名、名誉、隐私、肖像、声音以及其他无形人格特征从事民事活动时，他们使用其无形人格特征的目的不再是为了满足其精神上的、心理上的需要，而是为了满足其商事上的、经济上的、财产上的需要。此时，他们对其姓名、名誉、隐私、肖像、声音以及其他无形人格特征享有的权利当然就表现为财产性权利，这些权利本身就具有物质价值、财产价值或者经济价值。当行为人侵害他们在此时需要的这些权利时，他们仅仅遭受财产损害而很少遭受精神损害。因此，他们也仅仅能够要求行为人对他们承担财产损害赔偿责任，不得要求行为人对他们承担精神损害赔偿责任。

其三，一旦自然人对其姓名、名誉、隐私、肖像、声音以及其他无形人格特征享有权利，他们能够授权其他人尤其是广告主使用他们的这些无形人格特征来从事广告活动或者其他商事活动并因此获得经济上的利益。在当今社会，自然人尤其是影视明星、体育明星等公众人物的姓名、名誉、隐私、肖像、声音以及其他无形人格特征逐渐市场化、商事化、财产化了，商人尤其是广告商往往喜欢使用自然人尤其是公众人物的姓名、名誉、隐私、肖像、声音以及其他无形人格特征来做广告或者从事其他商事活动，借以推销他们生产或者销售的产品和服务。此时，自然人往往会同商人签订契约，授权商人使用其姓名、名誉、隐私、肖像、声音以及其他无形人格特征，获得商人支付的使用费、广告费。这样，自然人至少是作为影视明星、体育明星的自然人的姓名、名誉、隐私、肖像、声音以及其他无形人格特征就具有了物质性、财产性、商事性、经济性，就称为能够以金钱来加以衡量和确定其价值的财产。如果行为人未经自然人的同意就擅自将他们的姓名、名誉、隐私、肖像、声音以及其他无形人格特征用来做广告或者从事其他商事活动，则他们的行为也仅仅会使自然人遭受财产损害，很少会遭受精神损害。因此，他们也仅仅能够要求行为人对他们承担财产损害赔偿责任，不得要求行为人对他们承担精神损害赔偿责任。

四、《民商法学家》（第6卷）对美国侵权法上的公开权的关注

20世纪50年代以来，英美法系国家尤其是美国侵权法认识到了

自然人尤其是作为影视明星、体育明星的自然人的姓名、名誉、隐私、肖像、声音以及其他无形人格特征所具有的商事价值、财产价值、经济价值或者物质价值，开始区分自然人对其姓名、名誉、隐私、肖像、声音以及其他无形人格特征享有的权利，认为在某些情况下，自然人对其姓名、名誉、隐私、肖像、声音以及其他无形人格特征享有的权利仅仅是非财产性的权利，这些权利仅仅具有精神性、心理性的内容，不具有财产性、经济性、商事性或者物质性的内容，当行为人侵害自然人享有的这些权利时，他们仅仅对自然人承担精神损害赔偿责任，不承担财产损害赔偿责任；在某些情况下，自然人对其姓名、名誉、隐私、肖像、声音以及其他无形人格特征享有的权利仅仅是财产性的权利，这些权利仅仅具有财产性、经济性、商事性或者物质性的内容，不具有精神性、心理性的内容，当行为人侵害自然人享有的这些权利时，他们仅仅对自然人承担财产损害赔偿责任，不对自然人承担精神损害赔偿责任。其中，自然人在前一种情况下对其姓名、名誉、隐私、肖像、声音以及其他无形人格特征享有的权利被看做隐私权，而自然人在后一种情况下对其姓名、名誉、隐私、肖像、声音以及其他无形人格特征享有的权利就是公开权。所谓公开权，是指自然人尤其是作为明星的自然人对其肖像、姓名或者其他无形人格特征的公开价值所享有的占有、使用、收益、处理的权利。隐私权在性质上就是人格权，而公开权在性质上就是财产权，虽然隐私权和公开权的权利客体都是自然人的姓名、名誉、隐私、肖像、声音以及其他无形人格特征。公开权理论的提出具有非常重要的意义，它改变了自然人的姓名权、名誉权、隐私权、肖像权、声音权以及其他无形人格权仅仅是人格权的传统民法或者侵权法的理论，将自然人至少是某些自然人的姓名权、名誉权、隐私权、肖像权、声音权以及其他无形人格权从单纯的人格权变为了单纯的财产权，既极大地丰富了传统民法或者侵权法的理论，也极大地保护了自然人的利益。此种理论确立之后也逐渐为英美法系国家和大陆法系国家的民法或者侵权法所借鉴，大陆法系国家的民法、侵权法学说或者司法判例也从20世纪90年代开始倡导无形人格权的财产性理论，倡导侵权法上的公开权理论。

在我国，不仅主流的民法学说、侵权法学说不承认无形人格权的财产性理论，不承认无形人格权的公开权理论，而且我国的民法通则、侵权责任法和最高人民法院的有关司法解释均不承认无形人格权的财产性理论，不承认无形人格权的公开权理论。我国民法或者侵权法之所以不承认无形人格权的财产性理论和无形人格权的公开权理论，一方面是受德国传统民法理论和侵权法理论的影响，另一方面是受计划经济体制的影响。就德国传统民法而言，德国民法、侵权法普遍认为，自然人虽然享有一般人格权，但是他们的一般人格权仅仅是非财产性的权利，即便行为人为了商事目的使用自然人的姓名、名誉、隐私、肖像、声音以及其他无形人格特征，他们也仅仅对自然人承担精神损害赔偿责任。我国民法通则制定的时候正是我国处在计划经济体制的时候，商人很少会从事竞争的经济活动、商事活动；因此，他们也很少会使用自然人的姓名、名誉、隐私、肖像、声音以及其他无形人格特征来做广告或者从事其他活动，社会生活当中也很少出现影视明星、体育明星等公众人物。

当今，我国的经济生活已经从计划经济转向市场经济，不仅商人的数量大量增加，而且商人之间的竞争异常激烈。为了商业利益，商人大量使用影视明星与体育明星的姓名、名誉、隐私、肖像、声音以及其他无形人格特征来做广告或者从事其他商事活动；这样，影视明星与体育明星的姓名、名誉、隐私、肖像、声音以及其他无形人格特征本身就具有物质性、商事性、经济性。如果我国民法或者侵权法仍然仅仅将自然人对其姓名、名誉、隐私、肖像、声音以及其他无形人格特征享有的权利看做单纯的非财产性权利，则此种民法或者侵权法理论不仅无法适应当今市场经济发展的变化和需要，而且还会打击自然人尤其是作为影视明星、体育明星等公众人物的积极性，会扭曲精神损害赔偿责任制度的本来面目，会鼓励行为人滥用自然人姓名、名誉、隐私、肖像、声音以及其他无形人格特征现象的发生。因此，我国民法或者侵权法也应当借鉴美国侵权法上的公开权理论，承认自然人至少是某些自然人姓名、名誉、隐私、肖像、声音以及其他无形人格特征的财产性质。

为了提升我国民法和侵权法的理论水平，为了让我国读者能够全面了解美国侵权法上的公开权制度的产生、发展和确立过程，以及美国侵权法上的公开权制度对大陆法系国家侵权法产生的影响，为了让我国的民法专家、教授、立法者、法官或者律师能够全面掌握美国侵权法上的公开权制度所涉及的各种具体问题，本书主编在《民商法学家》（第6卷）对美国侵权法上的公开权制度加以介绍，内容包括：公开权的产生、发展和确立的过程，公开权制度在美国侵权法上的现状，美国侵权法上的公开权对两大法系国家侵权法的影响，美国侵权法上的公开权所保护的无形人格特征的范围，行为人就其侵害他人公开权的行为对他人承担的侵权责任范围和行为人享有的各种正当抗辩事由，等等。

《民商法学家》（第6卷）之所以能够顺利出版，除了主编和各著译者的努力之外，还得益于中山大学出版社的大力支持，在《民商法学家》（第6卷）即将出版之际，本书主编真诚地对他们表示衷心感谢！

张民安博士
2010年3月22日
于广州中山大学法学院

目 录

第一编 公开权的基础理论

公开权侵权责任制度研究
——无形人格权财产性理论的认可 ……………… 张民安
  一、财产权的人格性和人格权的财产性 …………………（1）
  二、大陆法系国家的公开权侵权责任制度：大陆法系
      国家侵权法对无形人格权财产性理论的认可 ……（11）
  三、美国的公开权侵权责任制度：美国侵权法对无形
      人格权财产性理论的认可 …………………………（19）
  四、我国的公开权侵权责任制度：我国侵权法对无形
      人格权财产性理论的认可 …………………………（33）

公众人物的私有权
——流行文化和公开权 ……… 迈克·梅朵著　温良苑译
  一、导论 …………………………………………………（44）
  二、公开权和流行文化的争论 …………………………（47）
  三、公开权的出现 ………………………………………（52）
  四、对公开权理论的批判 ………………………………（65）
  五、结语 …………………………………………………（94）

作为财产权的公开权
………… 大卫·韦斯特福尔、大卫·兰多著　郭钟泳译
  一、导论 …………………………………………………（96）
  二、公开权的历史发展：从功能主义到形式主义 ………（98）
  三、公开权保护范围的发展趋势：扩张和稳定 ………（107）
  四、与公开权有关的一些前沿问题 ……………………（110）
  五、结语：对公开权的分析 ……………………………（121）

当今有关公开权的热点争议
…… W.马克·维尔纳、李·安·林奎斯特著　刘维译

一、导论 …………………………………………………… (125)
二、公开权可否继承 ……………………………………… (127)
三、公开权与《美国宪法》第一修正案的对抗 ………… (132)
四、结语 …………………………………………………… (143)
五、附件 …………………………………………………… (144)

第二编　公开权的保护范围

关于公开权是否适用于专业运动协会的探讨
………………………… 帕拉梅·爱德华兹著　陈带喜译
一、导论 …………………………………………………… (150)
二、历史背景 ……………………………………………… (151)
三、公开权的范围 ………………………………………… (156)
四、对专业运动协会适用公开权的建议 ………………… (161)

公开权是否应保护演员所饰演的角色
………………………… 安吉拉·D.库克著　温良苑译
一、导论 …………………………………………………… (176)
二、公开权保护的角色类型 ……………………………… (178)
三、公开权保护演员饰演的角色所面临的主要问题 …… (185)
四、公开权保护演员饰演的角色：本文之见解 ………… (189)
五、结语 …………………………………………………… (193)

普通法上的公开权和名人身份的商业性滥用："VANNA的新衣柜"
………………………… 亚历山大·C.吉夫托斯著　张玲译
一、导论 …………………………………………………… (194)
二、公开权概述 …………………………………………… (197)
三、公开权保护的不仅仅是姓名和肖像 ………………… (201)
四、White v. Samsung案 ………………………………… (207)
五、White v. Samsung案的影响 ………………………… (211)
六、结语 …………………………………………………… (212)

美国公开权的保护范围
——White v. Samsung Electronics America, Inc.一案评析
………………………………………… 林泰松、刘敏著

一、White v. Samsung Electronics America, Inc. 案情简介
　　··(214)
二、法院对 White v. Samsung Electronics America, Inc.
　　一案作出的判决 ··(215)
三、对 White v. Samsung Electronics America, Inc. 一案的
　　评析 ···(227)

第三编　公开权的比较研究

人格与财产：肖像权的比较研究
　　·····················埃里克·H. 瑞特著　刘敏译
　　一、导论 ···(235)
　　二、人格权保护的历史背景 ·································(236)
　　三、现代时期的人格权和肖像权 ··························(241)
　　四、肖像权财产化在民法法系中的结果 ·················(267)
　　五、结论 ···(275)

美国和德国公开权制度的比较研究
　　·····················苏珊娜·伯格曼著　罗炜译
　　一、导论 ···(277)
　　二、美国法上的公开权制度 ·································(278)
　　三、德国法上的"一般人格权"制度 ·····················(292)
　　四、"公开权"和"一般人格权"的比较分析 ·········(303)
　　五、结语 ···(305)

美国和英国公开权保护的比较研究
　　·····················凯文·M. 费希尔著　郭钟泳译
　　一、导论 ···(307)
　　二、美国公开权的保护 ··(309)
　　三、英国公开权的保护 ··(319)
　　四、该往哪里走：美英公开权保护的比较分析 ·······(324)
　　五、结语 ···(329)

第四编　公开权侵权的抗辩

公开权与《美国宪法》第一修正案的对抗
　　……………………格洛丽亚·弗兰克著　刘维译
　　一、导论 ……………………………………………（330）
　　二、公开权的产生 …………………………………（332）
　　三、公开权与《美国宪法》第一修正案的理论基础 ……（335）
　　四、表达言论的界定 ………………………………（339）
　　五、已有的标准及优缺点 …………………………（343）
　　六、主要动机标准 …………………………………（353）
　　七、结论 ……………………………………………（360）

公开权案件中的合理使用抗辩
　　……………………兰德尔·T.E.科因著　陈带喜译
　　一、导论 ……………………………………………（362）
　　二、公开权的起源与发展 …………………………（363）
　　三、公开权与《美国宪法》第一修正案的冲突 ……（367）
　　四、四种公开权侵权行为 …………………………（373）
　　五、公开权的法理分析与类推适用 ………………（381）
　　六、公开权和版权类比 ……………………………（384）
　　七、结论 ……………………………………………（389）

第一编　公开权的基础理论

公开权侵权责任制度研究
——无形人格权财产性理论的认可

张民安[*]

目　次

一、财产权的人格性和人格权的财产性
二、大陆法系国家的公开权侵权责任制度：大陆法系国家侵权法对无形人格权财产性理论的认可
三、美国的公开权侵权责任制度：美国侵权法对无形人格权财产性理论的认可
四、我国的公开权侵权责任制度：我国侵权法对无形人格权财产性理论的认可

一、财产权的人格性和人格权的财产性

（一）财产权和人格权的联系与区别

在两大法系国家和我国，传统民法或者侵权法学说基于不同的标准将自然人享有的民事权利作多种多样的分类，其中最重要的一种分类是财产权（les droits patrimoniaux property rights）和非财产权（droits extra-patrimoniaux property rights）两种。

所谓财产权，是指能够同权利人的人身相分离并且具有商事价值、经济价值或者财产价值的民事权利，包括物权和债权。

---

[*] 中山大学法学院教授、博士生导师。

所谓非财产权,也称为人身权,是不能够同权利人的人身相分离并且不具有商事价值、经济价值或者财产价值的民事权利,包括人格权和身份权。财产权和非财产权既有共同点,也有重大区别。

财产权和非财产权的共同点是:①某些财产权如物权与非财产权一样都是一种主观性权利,它们均为所有的自然人平等享有,没有不享有物权的自然人,也没有不享有非财产权的自然人;②某些财产权如物权与非财产权一样也都是一种绝对权,它们的权利人均能够凭借其权利对抗任何第三人,要求其他任何人都要尊重其物权或者其非财产权;[1]③某些财产权如物权同非财产权一样都是一种支配权,它们的权利人都能够直接地、排他性地支配其权利客体,无需借助于别人的行为就能够实现其物权或者非财产权。

财产权和非财产权的区别是:①某些财产权如债权仅仅是一种相对权,其权利人只能对特定的相对人主张其权利,而非财产权则是一种绝对权,因为非财产权人能够对任何第三人主张其权利;②某些财产权如债权仅仅是一种请求权,其权利人只能通过请求债务人履行债务的方式来实现其权利,而非财产权则是一种支配权,其权利人无需通过第三人的行为就能够实现其权利;③财产权具有直接的财产内容,能够满足权利人的物质或者财产要求,而人身权则不具有直接的财产内容,只能满足权利人的精神或者感情要求;④财产权能够通过金钱方式确定其价值,而非财产权则不能够通过金钱确定其价值;⑤财产权不具有专属性,权利人能够买卖契约、赠与契约或者通过其他方式转让其财产权,而人身权则具有专属性,权利人不得通过买卖契约、赠与契约或者其他方式转让其人格权;⑥财产权在权利人死亡之后能够作为遗产为继承人所继承,而人身权在权利人死亡之后不得作为遗产为继承人所继承;⑦财产权的法律救济方式不完全等同于人身权的法律救济方式。

(二) 财产权的人格性

在现代社会,财产权和人格权的区别正在逐渐消失,出现了财产权的人格化现象和人格权的财产化现象。在侵权法上,他人对其动

---

[1] Jean Carbonnier, Droit Civil, Les Personnes, pp310–311.

产、不动产或者其他财产享有的利益当然是一种财产利益，当行为人侵害他人的财产利益并因此导致他人遭受财产损害时，行为人当然应当对他人遭受的财产损害承担侵权责任。问题在于，他人对其动产、不动产或者其他财产享有的利益能否被看做人格利益？笔者认为，虽然一般情况下，他人对其动产、不动产或者其他财产享有的利益被看做是财产利益；但是，在某些特殊情况下，他人对其动产、不动产或者其他财产享有的利益也可以看做人格利益，该种人格利益也像其他无形人格利益一样是为了满足他人的感情、精神或者心理要求为目的。行为人侵害他人具有感情、精神或者心理内容的财产权，也应当对他人遭受的精神损害承担侵权责任。这就是所谓的财产权的人格化现象。所谓财产权的人格化，是指他人对其动产、不动产或者其他财产享有的利益虽然是一种财产利益，但是，此种财产利益也同他人对其生命、身体完整性、健康或者名誉、隐私、肖像享有的利益一样是自然人人格的组成部分，构成自然人法律人格的必要因素；当行为人侵害他人具有人格因素、精神因素的财产权时，行为人除了应当对他人遭受的财产损害承担赔偿责任之外，也应当对他人遭受的精神损害承担赔偿责任。财产权的人格化主要表现在两个方面：自然人的财产也构成法律人格的有机组成部分；自然人的某些财产权同时具有财产性和人格性的特征，构成复合性质的权利。

在当代社会，自然人财产权的人格性首先表现在，自然人对其动产、不动产或者其他财产享有的利益不仅仅是一种财产利益，而且也是一种人格利益。此种利益除了构成自然人财产的有机组成部分之外，也构成自然人法律人格的有机组成部分。在经济落后的社会，自然人的法律人格仅仅是通过自然人对其生命、身体完整性、健康或者名誉、隐私、肖像等有形人格利益或者无形人格利益享有的利益来体现，没有生命权、身体权、健康权或者名誉权、隐私权、肖像权的人被认为是没有法律人格的人，是否享有财产权不是决定自然人是否具有法律人格的因素。在市场经济社会，此种观念逐渐被放弃，不仅自然人的法律人格能够通过他们对其生命、身体完整性、健康或者名誉、隐私或者肖像享有的利益来体现，而且还应当通过自然人对其动产、不动产或者其他财产享有的利益来体现，不仅一个不享有生命权、身体权、健康权或者名誉权、隐私权或者肖像权的人是一个没有法律人格的人，而且一个不享有动产、不动产所有权的人也是一个没有法律人格的人。这样，自然人对其财产享有的财产权也成为决定自然人法律人格的重要因素。在英美法系国家，Reiter 对这样的规则做出了说明，他指出，财产就是人格，这一点在市场主导和新闻媒体主导的社会尤其明显。在市场经济社会，一个人的衣服、汽车、房子、食物甚至像设计喷泉钢笔等价值不大的东西都能够像自然人的外貌、声音一样成为一个人的社会和文化标志。的确，财产能够被看做自然人人格的必要因素：我们拥有的财产就是我们自身的外在表现，如果我们没有财产，我们想要真正的自我发展是不可能的。在现代社会，财产观念同人格观念关系密切，人们在对人格进行说明时自然就倾向于使用财产这样的词语。① 在法国，Larroumet 对这样的规则做出了说明。Larroumet 指出，所谓财产，是指权利和义务的集合。其结果就是，只有权利主体才能够拥有财产，因为，如果权利主体没有权利和义务，他们就没有法律人格（persannalité juridique）。因此，财产是法律人格的后果之一，无论是自然人还是法人都是如此。所有权利主体都有资格获得具有财产价值的权利和义务。财产实际上就是法律人格在经济领域的反应（transposition），也就是，权利和义务是能够通过金钱的方式加以评估的，没有法律人格的人也就是没有财产的人。因此，法律人格使财产观念具有正当性，更具体地说，财产也就是一种法律人格。②

在侵权法上，自然人对其动产、不动产或者其他财产享有的权利往往被看做单纯的财产权，仅仅具有物质性、财产性的内容，不具有精神性、人格性的内容。当行为人侵害他人财产权时，他们仅仅对他人遭受的财产损害承担赔偿责任，不对他人遭受的精神损害承担赔偿责任。在市场经济社会，此种规则虽然仍然得到两大法系国家和我国侵权法的支持，但是，两大法系国家的侵权法也对这样的规则做出了例外规定，认为自然人的某些财产权除了能够被看做一种具有财产价值、经济价值甚至商事价值的权利之外，还可以被看做一种具有精神

---

① Eric H. Reiter, Personality and Pprimony: Comparative Perspectives on the Right to One's Image, (2002) 76 Tul. L. Rev. 673, 674.
② Christian Larroumet, Droit Civil, p265.

价值、心理价值的权利，使他人的财产权同时具有财产性、人格性的双重特征；当行为人侵害他人具有双重属性的财产权时，他们除了要对他人遭受的财产损害承担侵权责任之外，还应当对他人遭受的精神损害承担侵权责任。这就是财产权的双重性理论。财产权的双重性理论认为，在财产权的财产性和人格性当中，财产权的财产性居于核心地位，它决定了财产权的本质属性，而财产权的人格性则处于附属性地位。

在侵权法领域，同时具有财产性和人格性的财产权至少有七种：

（1）性质上属于不可替代的特定物。如果权利人拥有的某种财产是世界上独一无二的、无法被其他财产所替代的财产，则该种财产将被看做同时具有财产性和人格性的财产，当行为人侵害此种性质的财产时，他们应当同时对他人遭受的财产损害和精神损害承担赔偿责任。因为，他人拥有的不可替代的财产除了能够满足他人物质上、财产上的要求之外，还能够满足其精神上、心理上的要求。行为人毁损他人无可替代的特定财产的行为同时侵害了他人的财产利益和精神利益，因此，应当承担两个方面的侵权责任。例如，原告持有著名画家徐悲鸿早年的画作，原告经常将其出租，供别人展览以获得经济上的利益。被告在借用原告的名画进行展览期间，因为展厅过分潮湿使该名画毁损。此时，被告的侵权行为除了导致原告遭受财产上的损失之外，也导致原告遭受了精神上的损害。被告应当同时对原告遭受的财产损害和精神损害承担赔偿责任，因为，该画作除了能够满足原告物质上的要求之外，还能够满足其精神上的要求。

（2）寄托权利人某种特殊感情的物。即便他人拥有的某种物不是无可替代的独特之外，如果该物寄托了他人某种特殊的感情，则该物也被看做同时具有财产性和人格性的物，当行为人侵害此种性质的物时，他们应当同时对他人遭受的财产损害和精神损害承担赔偿责任。因为寄托他人某种感情的物除了能够满足他人物质上的、财产上的要求之外，还能够满足其精神上、心理上的要求。行为人毁损寄托他人感情的财产的行为同时侵害了他人的财产利益和精神利益，因此，应当承担两个方面的侵权责任。例如，原告手上戴的劳力士手表是其年轻时第一个女朋友送给他的礼物，后来，该女朋友因为得了白血病而死亡。原告在将其手表交给被告保养的时候，被告因为过失导致该手表被人盗窃。此时,被告的侵权行为除了导致原告遭受财产上的损失之外,也导致原告遭受了精神上的损害。被告应当同时对原告遭受的财产损害和精神损害承担赔偿责任,因为,原告的手表除了能够满足其物质上的要求之外,还能够满足原告精神上的要求,这就是睹物思人,怀念逝去的女朋友。

(3) 以满足权利人心理愉悦和感情要求为目的的契约。在现代社会,契约构成他人重要的财产利益,行为人明知他人存在契约利益而故意侵害其契约利益,其行为构成侵权行为,应当赔偿他人因此遭受的财产损失。问题在于,如果行为人侵害他人契约财产并因此导致他人遭受精神上的损害,行为人是否应当对他人遭受的精神损害承担赔偿责任。在现代社会,鉴于契约利益人格化的趋向明显,两大法系国家的侵权法认为,如果当事人订立契约的目的是为了心灵和情感的欢愉、放松与和平,则该种契约将被看做同时具有财产性和人格性的契约,如果一方当事人违反契约,他们应当同时对他人遭受的财产损害和精神损害承担赔偿责任。例如,休闲假日契约、乘船旅行契约、结婚留影契约、结婚表演契约是同时具有财产性和人格性的契约,当一方违反契约所规定的义务并导致另一方遭受损害时,应当对另一方的损害承担赔偿责任。①

(4) 知识产权。在我国,知识产权是一种什么性质的权利?我国主流学说认为,知识产权是一种单纯的财产权,一种单纯的无形财产权,因为知识产权是指知识产权人对其智力成果享有的占有、使用、收益甚至处分的权利。实际上,这种观点存在一定的问题,因为在市场经济社会,知识产权人除了对其智力成果享有物质上、经济上的利益之外,还对其知识产权享有精神上、人格上的利益,使知识产权同时具有财产性和人格性的双重特征。我国著作权法体现了这样的精神,《著作权法》第 10 条规定,著作权人同时对其作品享有财产权和人格权,其中著作权人享有的财产权是指著作权人对其作品享有的使用权和获得报酬权,也就是复制、表演、播放、展览、发行、摄制电影、电视、录像或者改编、翻译、注释、编辑等方式使用作品的权利;以及许可他人以上述方式使用作品,并由此获得报酬的权利;

---

① 张民安:《过错侵权责任制度研究》,中国政法大学出版社2002年版,第209页。

而著作权人享有的人格权则包括：发表权，即决定作品是否公之于众的权利；署名权，即表明作者身份，在作品上署名的权利；修改权，即修改或者授权他人修改作品的权利；保护作品完整权，即保护作品不受歪曲、篡改的权利。当行为人侵害他人具有财产性、物质性的知识产权时，他们应当对他人遭受的财产损害承担赔偿责任；当行为人侵害他人具有精神性、人格性内容的知识产权时，他们应当对他人遭受的精神损害承担赔偿责任；当行为人同时侵害他人具有财产性、精神性内容的知识产权时，他们应当同时对他人遭受的财产损害和精神损害承担赔偿责任。

（5）股东的股权。在公司法上，公司股东享有的股权是什么性质的权利，公司法学界存在争议。某些学说认为，股权是一种物权；某些学说认为，股权是一种债权；某些学说则认为，股权是一种成员权。① 实际上，股权既具有物权的性质，也具有债权的性质，还具有成员权的性质。因为，从公司股东对其股份或者出资享有的占有、收益甚至处分的权利而言，股权是一种所有权；从股东对公司承担及时、足额缴交股款义务的角度来看，股权是一种债权。从股东参加公司股东大会并且在公司股东大会上行使股东享有的表决权的立场来看，股权实际上是一种成员权。无论是表现为一种物权还是表现为一种债权，股权都是一种财产权。而作为一种成员权，股权当然是一种人身权。这样，股权实际上是一种同时具有财产性和人格性特征的权利，当行为人侵害具有财产性的股权时，他们应当对他人遭受的财产损害承担侵权责任；当行为人侵害他人具有人格性的股权时，他们应当对他人遭受的精神损害承担赔偿责任；当行为人同时侵害了他人具有财产性和人格性的股权时，他们应当同时对他人遭受的财产损害和精神损害承担赔偿责任。

（6）建筑物区分所有权。在物权法上，建筑物区分所有权人对其建筑物享有的权利究竟是单纯的财产权还是同时具有财产性和人格性的权利？我国《物权法》对这样的问题做出了明确的回答，认为建筑物区分所有权人对其建筑物享有的权利并非是单纯的财产权，而是一种同时具有财产性和人格性特征的复合性权利，因为，我国

---

① 张民安主编：《公司法》（第二版），中山大学出版社2007年版，第157页。

《物权法》第 70 条规定，业主对建筑物内的住宅、经营性用房等专有部分享有所有权，对专有部分以外的共有部分享有共有和共同管理的权利。建筑物区分所有权的财产性体现在，建筑物区分所有权人对其专有部分、共有部分的建筑物享有占有、使用、收益或者处分的权利。此种权利是一种所有权，体现为物权人对其不动产享有的财产性、物质性权利。建筑物区分所有权的人格性体现在，建筑物区分所有权人能够凭借其区分所有权人的身份参加有关区分所有权人的会议，就有关重要事项进行表决或者做出决议。当行为人侵害他人具有财产性的建筑物区分所有权时，他们应当对他人遭受的财产损害承担赔偿责任；当行为人侵害他人具有精神性、人格性的建筑物区分所有权时，他们应当对他人遭受的精神损害承担赔偿责任；当行为人同时侵害他人具有财产性、精神性的建筑物区分所有权时，他们应当同时对他人遭受的财产损害和精神损害承担赔偿责任。

（7）继承权。在继承法中，继承人对被继承人遗产享有的权利是一种单纯的财产权还是同时具有财产性和人格性特征的复合性权利？我国主流学说认为，继承权并非单纯的财产权，而是同时具有财产性和人格性特征的复合性权利。继承权的财产性表现在，在被继承人没有死亡之前，继承人对被继承人生前的财产享有期待权；当被继承人死亡时，继承人有权获得被继承人的遗产。继承权的人格性表现在，继承人对被继承人遗产的继承具有严格的身份或者血缘限制，没有特定身份或者血缘关系的人是不享有遗产继承权的。当行为人侵害他人具有财产性的继承权时，他们应当对他人遭受的财产损害承担赔偿责任；当行为人侵害他人具有人格性、身份性的继承权时，他们应当对他人遭受的精神损害承担赔偿责任；当行为人同时侵害他人具有财产性和人格性的继承权时，他们应当同时对他人遭受的财产损害和精神损害承担赔偿责任。

（三）人格权的财产性

在侵权法上，他人对其生命、身体完整性、健康或者名誉、隐私、肖像、姓名或者人格特征享有的利益当然是一种人格利益。当行为人侵害这些人格利益并因此导致他人遭受精神损害时，他们当然应当对他人承担侵权责任。问题在于，他人对其生命、身体完整性、健康或者名誉、隐私、肖像、姓名或者其他人格特征享有的利益能否被看做财产利益？对此问题，我国民法学说几乎一边倒地认为，他人对其生命、身体完整性、健康或者名誉、隐私、肖像、姓名或者其他人格特征享有的利益仅仅是单纯的人格利益，是单纯的人格权，这些人格权不具有财产内容，构成非财产权。实际上，这样的观点存在问题。因为，在当今社会，侵权法也会将他人的某些人格权看做财产权，人格权人能够像动产、不动产的所有权人那样占有、使用、收益或者处分其具有财产内容的人格权，当人格权人死亡时，其人格权也能够像一般财产权那样作为遗产被其继承人所继承，当行为人侵害他人人格权时，侵权法也会责令行为人就其侵害他人人格权的行为对他人遭受的财产损害承担侵权责任。这就是人格权的财产性现象。在侵权法上，人格权的财产性表现在两个领域：

其一，他人对其生命、身体完整性、健康享有的有形人格利益的财产性。在民法或者侵权法上，他人对其生命、身体完整性、健康享有的利益被称作生命权、身体权和健康权。生命权、身体权或者健康权是否能够被看做一种财产权？在我国，学说都认为生命权、身体权和健康权是单纯的人格权，不是财产权，因为生命权、身体权或者健康权没有直接的财产内容，与自然人的人身不可分离，具有专属性、不得转让性和继承性。此种观念具有一定的合理性，因为，当自然人死亡时，他们的生命将不再存在，无法被其继承人所继承；生命权人、身体权人或者健康权人不得与别人签订买卖契约、赠与契约，将其享有的生命、身体完整性或者健康利益转让给别人。不过，完全否认他人生命权、身体权或者健康权的财产性显然是违背侵权法的精神的。在侵权法上，他人对其生命、身体完整性或者健康享有的利益当然具有一定的财产性、物质性，表现在两个方面：一方面，他人的生命权、身体权或者健康权是包含了财产内容的人格权。任何人，只要他们生活在社会，都被认为是能够通过从事某种工作或者劳动来获得收入的人。他们所获得的此种收入就是财产权。此种财产权以他人享有生命权、身体权或者健康权作为前提。另一方面，两大法系国家的侵权法认为，一旦行为人侵害未成年人或者精神病人的生命权、身体权或者健康权并因此导致其死亡或者丧失工作能力，他们也应当对受害人遭受的财产损害承担赔偿责任，即便受害人在遭受损害时还没有工作、无法获得劳动收益，他们也应当赔偿受害人遭受的未来职业上的收入损失。① 在我国，侵权法也承认这样的规则，因为最高人民法院在《关于审理人身损害赔偿案件适用法律若干问题的解释》中规定的残疾赔偿金或者死亡赔偿金实际上就是所谓的未来职业收入损失。《关于审理人身损害赔偿案件适用法律若干问题的解释》第25条规定，残疾赔偿金根据受害人丧失劳动能力程度或者伤残等级，按照受诉法院所在地上一年度城镇居民人均可支配收入或者农村居民人均纯收入标准，自定残之日起按25年计算。但60周岁以上的，年龄每增加1岁减少1年；75周岁以上的，按5年计算。受害人因伤致残但实际收入没有减少，或者伤残等级较轻但造成职业妨害严重影响其劳动就业的，可以对残疾赔偿金作相应调整。《关于审理人身损害赔偿案件适用法律若干问题的解释》第29条规定，死亡赔偿金按照受诉法院所在地上一年度城镇居民人均可支配收入或者农村居民人均纯收入标准，按20年计算。但60周岁以上的，年龄每增加1岁减少1年；75周岁以上的，按5年计算。

其二，他人对其名誉、隐私、肖像、姓名或者其他无形人格权享有的无形人格利益的财产性。在民法上或者侵权法上，他人对其名誉、隐私、肖像、姓名等享有的利益被分别称作名誉权、隐私权、肖像权、姓名权。名誉权、隐私权、肖像权或者姓名权是否能够被看做财产权？在当今两大法系国家，学说、司法判例甚至某些制定法都认为，他人对其名誉、隐私、肖像或者姓名享有的权利也是一种财产权，具有一般财产权的重要特征。当行为人基于商事目的使用他人的名誉、隐私、肖像、姓名或者其他无形人格特征时，他们应当对他人承担财产损害赔偿责任，而不是精神损害赔偿责任。此种财产性质的无形人格权被称为公开权。

根据两大法系国家侵权法的精神，无形人格权的财产性表现在四个方面：①无形人格权是一种财产权，具有直接的财产内容。无形人格权的财产性理论或者认为，无形人格权本质上就是一种单纯的财产权，仅仅具有商事价值、经济价值或者财产价值而没有任何的精神价值、感情价值，或者认为，无形人格权是一种复合型而非单纯的精神性、感情性权利，同时具有精神性、感情性的内容和商事性、财产性

---

① 张民安：《过错侵权责任制度研究》，中国政法大学出版社2002年版，第453-454页。

的内容，人们能够通过金钱方式确定无形人格权的价值，就像他们能够以金钱的方式来确定他人的动产、不动产的价值一样。②无形人格权的可转让性和持续有效性。无形人格权的财产性理论认为，无形人格权是一种非专属性的权利，权利人能够通过买卖契约、赠与契约或者其他方式将其无形人格权转让给别人享有；当权利人以排他性特许契约方式将其无形人格权授予他人使用时，即便权利人在排他性特许契约规定的期限没有届满之前死亡，排他性特许契约的使用人仍然有权使用死者的无形人格权，如果行为人擅自使用死者生前的无形人格特征，他们应当对排他性契约使用人遭受的损害承担侵权责任。③无形人格权的可继承性。无形人格权财产性理论认为，无形人格权人死亡之后，其无形人格权并不会消失，它们能够像动产、不动产一样作为遗产由其继承人继承，当行为人擅自使用死者生前的无形人格特征时，他们的行为将构成财产侵权行为，应当对死者的继承人承担财产损害赔偿责任。④侵害无形人格权的财产损害赔偿性。无形人格权理论认为，一旦行为人侵害他人无形人格权并导致他人遭受财产损害，行为人应当对他人遭受的财产损害承担赔偿责任，即便行为人也应当同时对他人遭受的精神损害承担赔偿责任。

二、大陆法系国家的公开权侵权责任制度：大陆法系国家侵权法对无形人格权财产性理论的认可

（一）两大法系国家无形人格权侵权责任制度的确立

在大陆法系国家，无形人格侵权责任制度保护的无形人格权包括名誉权、隐私权、肖像权、姓名权、自由权、平等权、声音权。当行为人侵害这些无形人格权时，他们应当对他人承担侵权责任。

在1804年《法国民法典》制定之后的100多年间，法国的无形人格侵权责任制度都是建立在《法国民法典》第1382条的基础上，当行为人侵害他人无形人格权并因此导致他人遭受损害时，如果他人向法院起诉，要求法官责令行为人就其侵害行为对自己承担侵权责任，法官就会援引《法国民法典》第1382条来责令行为人对他人承担侵权责任。Carbonnier对此规则做出了说明，他指出，所有自然人的人格特征都具有共同点，这就是，它们的保护都是建立在《法国民法典》第1382条的基础上，当受害人因为行为人的侵权行为遭受

损害时，他们有权要求行为人根据《法国民法典》第1382条规定的过错侵权责任来赔偿自己遭受的损害。[①] 因此，当行为人侵害他人名誉权时，法官会根据《法国民法典》第1382条责令行为人对他人承担名誉侵权责任；当行为人侵害他人隐私权时，法官也会根据《法国民法典》第1382条责令行为人对他人承担名誉或者隐私侵权责任；当行为人侵害他人肖像时，法官同样会根据《法国民法典》第1382条责令行为人对他人承担隐私或者肖像侵权责任。

1970年7月17日，法国立法机关制定了对他人的隐私权进行保护的法律。该法被编入《法国民法典》，这就是《法国民法典》第9条。从此之后，法国侵权法不再根据《法国民法典》第1382条来责令行为人就其侵害他人隐私权的行为对他人承担侵权责任，而是根据《法国民法典》第9条来责令行为人就其侵害他人隐私权的行为对他人承担侵权责任。在今天，《法国民法典》第9条和第1382条都是法国无形人格侵权责任制度的重要根据，如果行为人侵害他人隐私权，则法官会责令行为人根据《法国民法典》第9条对他人承担侵权责任；如果行为人侵害隐私权之外的其他无形人格权，则法官会责令行为人根据《法国民法典》第1382条规定对他人承担侵权责任。

1896年《德国民法典》仅仅保护他人的两种无形人格权，这就是，他人的自由权和他人的姓名权，其中，《德国民法典》第823（1）条保护他人的自由权，1896年《德国民法典》第12条保护他人的姓名权。除了保护他人享有的自由权和姓名权之外，《德国民法典》不保护他人对其名誉、隐私、肖像或者其无形人格特征享有的利益，当行为人侵害这些无形人格利益时，《德国民法典》不会责令行为人对他人遭受的损害承担侵权责任，即便他们故意侵害他人的名誉、隐私、肖像或者其他无形人格利益，也是如此。

为了对自然人的名誉利益、隐私利益、肖像利益或者其他无形人格利益提供强有力的保护，为了克服《德国民法典》在无形人格侵权责任领域存在的重大法律漏洞，德国司法判例在1954年通过扩张解释《德国民法典》第823（1）条规定的其他权利的方式，借助于德国宪法的规定，创设了一般人格权的理论来保护自然人享有的各种

[①] Jean Carbonnier, Droit Civil, Les Personnes, p308.

无形人格权。此种理论认为,即便德国民法典没有明确规定保护他人对其名誉、隐私、肖像或者其他无形人格特征享有的利益,德国民法仍然保护他人享有的名誉利益、隐私利益、肖像利益或者其他无形人格利益,当行为人侵害他人名誉利益、隐私利益、肖像利益或者其他无形人格利益时,行为人仍然应当对他人遭受的精神损害甚至财产损害承担侵权责任;他人对其名誉、隐私、肖像或者其他无形人格特征享有的利益也是一种人格权,这种人格权就是一般人格权。此种一般人格权属于《德国民法典》第823(1)条规定的其他权利。该种一般人格权相对于《德国民法典》规定的具体人格权,诸如《德国民法典》第823(1)条规定的生命权、身体权、健康权、自由权和《德国民法典》第12条规定的姓名权。当行为人侵害他人的一般人格权时,他们也应当对他人遭受的损害承担赔偿责任。这样,德国司法判例通过一般人格权理论来保护他人的无形人格利益。在今天,德国侵权法仍然是通过一般人格权理论来保护他人的各种无形人格权。

(二) 大陆法系国家无形人格权的非财产性

在两大法系国家,无论是传统侵权法学说还是传统侵权法司法判例都认为,自然人享有的名誉权、隐私权、肖像权、姓名权、自由权、平等权、声音权等无形人格权在性质上属于非财产性质的权利,行为人侵害这些无形人格权,应当对他人承担非财产性质的损害赔偿责任。

在大陆法系国家,学说普遍认为,财产权具有直接的财产内容,人们能够通过金钱方式确定财产权的价值;而非财产权则不具有直接的财产内容,人们无法通过金钱方式确定非财产权的价值。Carbonnier指出,在法国,人格权是一种非财产性质的权利,它本身不具有财产上的价值。① Goubeaux指出,财产权区别于非财产权,因为财产权能够以金钱方式确定其价值,而非财产权则根本就没有财产价值,无法以金钱方式确定其价值。② Larroumet指出,主观权利的客体并非总是相同的,其中财产权的客体是能够满足人们物质要求的财

---

① Jean Carbonnier, Droit Civil, Les Personnes, p310.
② Gilles Goubeaux, Droit Civil, 24e édition, Libraire Générale De Droit et De Jurisprudence. 29.

产，此种财产的价值能够通过金钱方式加以确定，而非财产权则不属于财产的范畴，通常无法以金钱方式确定其价值。①

在法国，司法判例认可这样的规则，司法判例在1858年的案件中认为，他人对其隐私利益享有的权利属于非财产性质的权利，行为人侵害他人隐私权的行为属于侵害他人精神利益而非财产利益的行为，应当对他人遭受的精神损害承担赔偿责任。法官指出，隐私权具有天生的不可转让性，因为隐私权属于人格权。② 在1900年的案件中，法官认为，他人对其肖像利益享有的利益是一种人格利益，行为人未经他人同意就公开其肖像的行为是侵害他人非财产利益的行为，因为，他人对其肖像利益享有的权利属于不得转让的权利。③ 在1975年的另外一个肖像侵权案件中，④ 法官也对这样的规则做出了说明。在该案中，被告是一个商人，它未经原告同意就擅自使用原告的肖像、声音来做广告赚钱；被告向法院起诉，要求法官责令被告承担侵权责任。法官认为，被告擅自使用原告肖像、声音的行为侵害了原告的精神利益，应当对原告承担精神损害赔偿责任。

在1958年的侵权案中，⑤ 德国司法判例对这样的规则做出了说明。法官指出，一旦行为人侵害他人一般人格权，法官应当类推适用《德国民法典》第847条的规定，责令行为人就其侵害他人一般人格权的行为对他人遭受的非财产损害承担赔偿责任，因为，侵害他人一般人格权产生的损害后果主要是非财产损害，包括在《德国民法典》第847条规定的损害之中。不过，在责令行为人就其侵害他人一般人格权的行为对他人承担非财产损害赔偿责任时，法官会考虑行为人为了商业目的而使用他人名誉、隐私、肖像或者姓名的情况，会考虑行为人通过使用他人名誉、隐私、肖像或者姓名所获得的经济利益的情况。如果行为人是为了商事目的使用他人名誉、隐私、肖像或者姓名或者如果行为人通过使用他人名誉、隐私、肖像或者姓名获得了经济利益，法官会加重行为人的侵权责任，让他们对他人赔偿更多的损害

---

① Christian Larroumet, Droit Civil, p252.
② Judgment of June 16, 1858, Trib. pr. inst. de la Seine, 1858 D. P. III 62 (Fr.).
③ Cass. leCiv., Mar. 14, 1900, D. P. I, 1900, 497, note M. Planiol.
④ Trib. Gr. inst. Paris, 3 déc. 1975; D. 1977, 211.
⑤ BGHZ26, 349.

赔偿金，以便体现出对行为人侵害行为的制裁、惩罚；不过，这些高额的损害赔偿金在性质上仍然属于精神性质的损害赔偿金，不属于财产性质的损害赔偿金。这在1958年的案件中得到说明。[①] 在该案中，被告在没有经过原告同意的情况下擅自使用原告的肖像做广告。原告向法院起诉，要求被告赔偿其遭受的精神损害。上诉法院认为，在决定被告承担的精神损害赔偿范围时，法官应当根据原告同意他人使用其肖像时原本能够获得的肖像使用费用。被告不服，上诉到德国联邦最高法院。德国联邦最高法院认为，当被告侵害他人的一般人格权时，他们应当对他人遭受的精神损害承担赔偿责任，在决定被告承担的精神损害赔偿范围时，法官应当根据原告允许他人使用其肖像时能够获得的收益多少来确定被告的责任违反。

（三）两大法系国家侵权法公开权理论的逐渐认可

在当代法国，虽然主流学说仍然坚持无形人格利益的非财产性理论，但是，不少学说对这样的理论提出了挑战。他们认为，在当代社会，自然人的某些无形人格利益除了具有精神利益之外也具有财产、经济价值，当行为人侵害这些无形人格利益时，他们除了应当对他人遭受的精神损害承担赔偿责任之外，也应当对他人遭受的财产损害、经济损害承担赔偿责任，因为，自然人的无形人格权具有双重性质，这就是无形人格权的非财产性和财产性，其中无形人格权的非财产性反映它们的人格性，当行为人侵害他人具有人格性的无形人格权时，他们应当对他人遭受的精神损害承担赔偿责任，而无形人格权的财产性则反映它们的商业性，当行为人侵害他人具有财产性的无形人格权时，他们应当对他人遭受的财产损害承担赔偿责任。Kayer指出，隐私权具有双重性即非财产性和财产性，其中非财产性质是隐私权的本质特性，在隐私权的内容中居于第一位、核心地位，而财产性仅仅是隐私权的非本质特征，在隐私权的内容中居于第二位、从属地位，因为，隐私权的财产性离不开非财产性，以隐私权的非财产性的存在作为存在前提，如果没有非财产性的隐私权，也就没有财产

---

① BGHZ 26, 349.

性的隐私权。① Gaillard 指出，Kayer 的分析存在不合理的地方，他否认了独立财产意义上的无形人格权的存在，因为在某些情况下，自然人享有的肖像权是单纯的商业性质的权利，此种肖像权完全不具有非财产性质，此时，行为人侵害他人单纯商业性质的肖像权也应当对他人承担侵权责任。② 受到 Kayer 和 Gaillard 观念的影响，Acquarone 提出了新的双重肖像权理论，即对肖像享有的权利（droit a l'image）和建立在肖像基础上的权利（droit sur l'image）理论，其中对肖像享有的权利本质上是一种非财产性质的权利，构成自然人人格的固有组成部分，而建立在肖像基础上的权利在本质上是一种财产权，是自然人开发、经营和利用其肖像来获得经济收益的权利。③ Acquarone 的新双重肖像权理论提出之后得到其他学者的响应，Serna 在讨论自然人的肖像权时，将自然人的肖像权分为对肖像享有的权利（droit a l'image）和建立在肖像基础上的权利。④

在法国，除了学说主张无形人格权的财产性之外，当代司法判例也认可无形人格权的财产性理论，认为当行为人侵害他人具有财产性质的无形人格权时，他们也应当对他人遭受的财产损害承担赔偿责任。在1970年的司法判例中，⑤ 法国司法判例认为，被告在其出版的小说中使用原告肖像的行为侵犯了原告的财产权，应当对原告遭受的财产损害承担赔偿责任。在该案中，原告曾经历过冒险，独自呆在某一个岛上生活过。被告未经原告同意将原告的经历写成小说出版。被告在其小说封面使用了原告的相片。原告向法院起诉，要求被告同时就其侵害隐私权的行为和侵害肖像权的行为对自己承担侵权责任。法官认为，被告的行为仅仅侵害了原告的肖像权，没有侵犯其隐私权，因为引起争议的肖像是在公开场所拍摄的，被告小说使用的材料

---

① Pierre Kayser, La protection de la vie privee par le droit: protection du secret de la vie privee, 3d ed., 1995, pp197 - 199.
② Emmanuel Gaillard, La double npure du droit a l'image et ses consequences en droit positif francais, Recueil Dalloz Sirey (Chron.) 161, p162.
③ D. Acquarone, L'ambiguïté du droit a l'image, Recueil Dalloz Sirey (Chron.) 129, pp132 - 133.
④ Marie Serna, L'image des personnes physiques et des biens (1997).
⑤ T. G. I. Paris, Feb. 27, 1970, Gaz. Pal. 1970, 1, jurispr., 353, note Sarraute.

是公共文件；被告的行为侵犯了原告的肖像权，因为，被告在没有获得原告同意的情况下就使用其肖像，应当赔偿原告遭受的经济损害。在1987年的案件中，[1] 法国司法判例也认为，被告应当就其侵权行为对原告遭受的财产损害承担赔偿责任。在该案中，原告是一名喜剧演员，他因为生病而去医院做手术。被告是一家出版商，在没有经过原告同意的情况下，被告在其出版物中发表有关原告的文章，并且使用了原告在医院进行手术之后的相片。原告向法院起诉，要求被告赔偿其遭受的财产损害，因为原告认为，被告为了商业目的和广告目的非法使用其肖像和隐私，应当赔偿自己遭受的财产损害。初审法院认为，被告应当仅仅赔偿原告遭受的精神损害，无需赔偿原告遭受的财产损害。原告不服，向法国最高法院提起上诉，法国最高法院认为，当被告为了商业目的使用原告的肖像和隐私时，他们除了应当对他人遭受的精神损害承担赔偿责任之外，还应当对他人遭受的财产损害承担赔偿责任，因为仅仅赔偿他人精神损害是不够的。

在德国，为了体现影视明星、体育明星等公众人物一般人格权的财产性质，制裁行为人侵害这些公众人物一般人格权的行为，德国学说和司法判例也逐渐放弃了仅仅将一般人格权看做单纯人格权的做法，逐渐将他人尤其是体育明星、影视明星等公众人物的一般人格权看做财产权，当行为人侵害这些公众人物的一般人格权时，侵权法不再责令他们对这些人承担精神损害赔偿责任，而是责令他们对这些人承担财产损害赔偿责任。德国学者福克斯指出，根据《德国民法典》第823（1）条的规定，如果行为人未经他人同意就擅自传播他人的姓名、声音、肖像或者其他个人标志并且使他人一般人格权当中的具有财产价值的组成部分遭受损害，行为人应当赔偿他人因此遭受的财产损害。此时，遭受损害的人往往是知名人士，因为所涉及的损害是财产损害，因此，他人的侵权请求权属于财产性质的损害赔偿请求权。[2] 这在1999年的Marlene - Dietrich一案中，德国司法判例也对这样的规则做出了说明。[3] 在该案中，原告是在1992年死去的著名演

---

[1] Cass. 1e civ., Nov. 17, 1987, Bull. Civ. 1987 I, No. 301, 216, note M. Delon.
[2] （德）马克西米利安·福克斯：《侵权行为法》，法律出版社2006年版，第65页。
[3] BGHZ 143, 214.

员 Marlene Dietrich 唯一的女儿和继承人。被告在1992年排演了一部有关 Marlene Dietrich 生活的音乐剧，并为此成立了一家有限责任公司。该公司将死者的名字"Marlene"注册为商标，并且许可几个生产厂家在他们生产的产品上使用死者的肖像和商标。原告向法院起诉，要求被告和其他生产厂家放弃他们的侵权行为并赔偿自己因此遭受的损失。被告提出抗辩，认为自己不应当对原告遭受的损害承担赔偿责任，因为，原告的母亲虽然享有隐私权，但是，此种隐私权是一种无形人格权，在原告的母亲死亡之后，该种隐私权消灭，原告无法继承其母亲的隐私权。初审法院认为，原告对其母亲的肖像和隐私仅仅享有非财产利益，不享有商业利益，因此，原告只能要求法官颁布禁止令，禁止被告使用其母亲的肖像，不得要求法官责令被告赔偿原告遭受的财产损害。原告不服，上诉到德国联邦最高法院。

德国联邦最高法院认为，被告应当赔偿原告遭受的财产损害，因为，一方面，即便一般人格权主要保护他人的非财产利益，它也保护他人的财产利益，尤其是当原告是一名影视明星、体育明星时更是如此，如果行为人侵害这些人的肖像、姓名或者其他人格特征，他们应当对这些人遭受的财产损害承担赔偿责任。法官指出："诸如影视明星、体育明星等公众人物的肖像、姓名、声音等都可能有巨大的经济价值，这些人格特征究竟有多大的经济价值往往取决于这些人在社会公众当中的知名度究竟有多大，知名度越大，他们的肖像、姓名或者其他人格特征的经济价值也就越大，反之，则越小。他们能够转让这些人格特征给别人使用并因此获得经济上的利益，使他们的人格特征商业化了。行为人未经他们的同意就使用他们的人格特征来做广告，其行为给他们造成的精神损害要比给他们造成的财产损害小得多。仅仅责令行为人就其侵害他们一般人格权的行为对他们承担精神损害赔偿责任显然对他们不利。"另一方面，原告主张的损害赔偿请求权与其说是人格侵权请求权不如说是财产权侵权请求权，因为，原告的母亲对其肖像和姓名享有的权利具有财产性质、财产因素的权利，当原告的母亲死亡时，原告有权继承其母亲所享有的具有财产性质、财产因素的权利。法官指出，"原告的母亲对其肖像和姓名享有的权利是一种具有财产性质、财产因素的权利，当原告的母亲死亡时，其母亲享有的此种权利能够作为遗产由原告继承，因为，原告的母亲对其肖像和姓名享有的权利是一种能够转让的、继承的权利,如果原告的母亲还活着的话,她能够通过契约将这些具有财产性质的权利转让给其他人使用,这一点同保护非财产利益的那些具有高度个人性质的人格因素形成鲜明对比。当人格权保护他人的非财产利益的时候,人格权同他人的人身不可分割,他人的人格权是具有高度专属性的权利,该种人格权不得被剥夺,不得被转让,不得被继承。根据本案确立的规则,当一个自然人死亡时,该人仍然享有受到侵权法保护的肖像人格,如果行为人严重侵害死者的人格利益,行为人仍然要承担侵权责任。同样,当一个自然人死亡时,他们仍然享有肖像权、姓名权。但是,如果自然人死亡后,行为人侵害他们享有的人格利益,死者的继承人只能要求法官颁发禁止令,禁止行为人侵害死者人格利益的行为,他们不得要求法官责令行为人赔偿他们因此遭受的损害,因为,死者无法遭受原告要求行为人赔偿的损害。但是,就像在本案一样,如果侵害死者人格利益的行为在死者继承人不知道的情况下已经完成,死者的继承人要求法官颁发禁止令已经毫无意义,此时,他们只能向法院起诉,要求法官责令行为人对他们遭受的损害承担侵权责任。此外,不责令行为人赔偿死者通过生前努力获得的财产价值也是不公平的。"

三、美国的公开权侵权责任制度:美国侵权法对无形人格权财产性理论的认可

(一)英美法系国家的无形人格权

在英美法系国家,普通法既不承认人格权、一般人格权或者具体人格权、有形人格权或者无形人格权理论,也不承认人格侵权责任、一般人格侵权责任或者具体人格侵权责任、有形人格侵权责任或者无形人格侵权责任的理论,因为这样的理论仅仅是大陆法系国家民法或者侵权法的理论,而不是英美法系国家普通法的理论。不过,不能够因此认为,英美法系国家的普通法不对他人的人格权提供法律保护,不会责令行为人就其侵害他人有形人格权或者无形人格权的行为对他人承担侵权责任。对于有形人格权而言,英美法系国家的普通法很早以来就通过各种具体侵权责任制度对他人的身体权、健康权提供保护,认为行为人应当就其侵害他人身体完整性、健康的行为对他人遭

受的财产损害或者非财产损害承担侵权责任；在19世纪中期，英美法系国家的普通法废除了行为人不就其剥夺他人生命的行为对死者继承人或者被抚养人承担侵权责任的规则，责令行为人就其侵害他人生命权的行为对死者的继承人或者被抚养人承担损害赔偿责任。因此，英美法系国家的普通法实际上保护他人对其生命、身体完整性和健康享有的人格利益。对于他人的名誉而言，英美法系国家的普通法很早就通过名誉侵权责任制度来进行保护，认为行为人应当就其侵害他人名誉的行为对他人遭受的精神损害或者财产损害承担侵权责任。对于他人名誉之外的其他无形人格利益而言，英美法系国家的普通法也通过各种侵权责任制对它们提供保护，认为行为人应当就其侵害他人隐私、肖像、姓名的行为对他人承担侵权责任。此种侵权责任或者是名誉侵权责任，或者是违反不正当竞争产生的侵权责任，或者是违反信赖关系产生的侵权责任，或者是不动产权入侵权责任：在大多数情况下，行为人侵害他人隐私、肖像、姓名的侵权行为被看做名誉侵权行为，行为人被责令对他人遭受的名誉损害承担侵权责任。因为，行为人泄露他人隐私、使用他人肖像或者姓名的行为被认为是毁损他人名誉的侵权行为；在少数情况下，行为人侵害他人隐私、肖像或者姓名的侵权行为被看做其他侵权行为，诸如违反不正当竞争产生的侵权责任、违反信赖关系产生的侵权责任或者不动产侵入侵权责任。这些侵权责任都是财产性质的侵权责任而不是非财产性质的侵权责任，因为行为人使用他人隐私、肖像或者姓名的行为被认为是构成不正当竞争的行为，或者被认为是违反信赖关系的行为，或者被认为是侵害他人不动产的行为。此外，英美法系国家的普通法也通过契约方式保护他人对其隐私、肖像享有的利益，认为行为人应当就其违反契约的行为对他人承担违约责任，因为，英美法系国家的普通法认为，一旦他人将其隐私、肖像交给行为人，行为人就应当保守他人的秘密，不得擅自将他人的隐私、肖像公开。

到了19世纪末期，英美法系国家普通法上的观点开始在美国发生改变。由于美国Warren和Brandeis的倡导，美国侵权法逐渐将他人对其隐私、肖像、姓名或者其他无形人格特征享有的利益统统归结为隐私权，当行为人侵害这些无形人格利益时，侵权法不会再通过名誉侵权责任或者其他侵权责任制度来责令行为人对他人承担侵权责任，而是直接责令行为人对他人遭受的损害承担隐私侵权责任。因此，隐私侵权责任制度是英美法系国家尤其是美国侵权法保护他人无形人格权的最主要侵权责任制度。到了20世纪50年代，由于公开权理论开始流行，美国侵权法逐渐通过公开权理论来保护他人对其肖像、姓名或者其他无形人格特征享有的利益，认为行为人应当就其擅自使用他人肖像、姓名或者其他无形人格特征的行为对他人遭受的损害承担侵权责任。在今天，美国侵权法除了通过名誉侵权责任制度保护他人的名誉利益之外，或者通过隐私权来保护他人对其隐私、肖像、姓名或者其他无形人格特征享有的利益，或者通过公开权来保护他人对其肖像、姓名或者其他无形人格特征享有的利益。不过，在英国，英美法系国家普通法的规则一直坚持到1998年，直到英国制定了人权公约对他人的隐私提供保护为止。

（二）无形人格权的非财产性理论——美国侵权法上的隐私侵权责任制度

在英美法系国家，通过独立的隐私侵权责任制度来保护他人对其隐私、肖像、姓名或者其他无形人格特征享有利益的观念最早出现在1890年，它是由美国学者Warren和Brandeis率先提出来的。在1890年第4期出版的《哈佛法律评论》中，Warren和Brandeis发表了著名的侵权法论文《隐私权》，认为美国侵权法应当承认隐私权的独立性，应当建立独立的隐私侵权责任，应当通过隐私侵权责任而不是通过其他侵权责任制度来保护他人享有的隐私利益。[1] Warren和Brandeis指出，在英美法系国家，他人享有隐私利益不受侵扰的权利，此种权利就是所谓的"独处权"。该种权利被认为是一种广义的财产权，当行为人侵害此种独处权时，英美法系国家的普通法主要是通过契约理论或者信赖理论来责令行为人对他人承担法律责任。但是，通过这两种方式保护他人享有的独处权仍然存在问题，英美法系国家的普通法应当通过侵权法来保护他人享有的独处权。Warren和Brandeis指出："契约理论和信赖理论在保护他人的独处权方面存在不适当的地方。为了对他人的独处权提供保护，我们不得不求助于侵

---

[1] Samuel Warren & Louis Brandeis, The Right to Privacy, 4 Harv. L. Rev. 193 (1890).

权法。"①

Warren 和 Brandeis 的独处权理论主要是受到英国历史上的著名案件 Prince Aibert v. Strange② 一案的影响。在该案中，被告获得了原告的雕刻画并准备将其获得的雕刻画进行展览。原告向法院起诉，要求法官颁发禁止令，禁止被告将其雕刻画进行展览并销毁其雕刻画。法官同意了原告的申请，决定颁发禁止令，禁止被告展览原告的雕刻画。法官认为，原告的要求符合英国普通法确立的侵权法原则，这就是，一旦行为人同原告之间存在信赖关系、契约关系，行为人就不得违反其信赖关系、契约关系，否则，法官就能够颁发禁止令，禁止行为人实施违反信赖关系、契约关系的行为。在本案中，原告信赖被告，将其雕刻画交给被告，原告不希望被告展览其创作的雕刻画。被告违反原告意愿准备将其雕刻画进行展览的行为实际上是违反信赖关系、契约关系的行为，法官当然有权根据违反信赖的侵权法原则来颁发禁止令，禁止被告展览原告雕刻画的行为。法官指出，行为人在获得他人雕刻画之后虽然可以以对原告没有损害的方式来私下使用其雕刻画，但是他们不得将原告的雕刻画进行展览，因为被告展览原告雕刻画的行为会破坏原告或其继承人的生活的安逸和舒适。

在对上述 Prince Aibert 一案进行研究时，Warren 和 Brandeis 认为，虽然法官认为被告公开原告雕刻画的行为是侵犯了原告的财产权、知识产权的行为，但是，法官禁止行为人展览原告雕刻画的行为显然不是基于财产权、知识产权被侵犯的原因，而是基于更广泛意义上的人格权被侵犯的原因，因为，当侵权法保护他人的思想、感情、情绪免受行为人公开行为的侵害时，无论他人的思想、感情、情绪是通过书面文字的方式还是通过艺术的方式来表达，他人对其思想、感情、情绪享有的权利不能够再简单地看做是一种财产权、知识产权，而应当看做更一般意义上的独处权。当行为人侵害他人的独处权时，他们对他人承担的侵权责任既不是财产性质的侵权责任，也不是知识产权性质的侵权责任，而是一种人格性质的侵权责任。因为，行为人

---

① Samuel Warren & Louis Brandeis, The Right to Privacy, 4 Harv. L. Rev. 193, 211, (1890).

② De G. & SM. 652, 64 Eng. Rep. 293（V. C. 1848）.

侵害他人隐私权的行为往往不会导致他人遭受财产上的损害，反而会使他人遭受精神上的损害、心理的痛苦。① 虽然 Warren 和 Brandeis 的论文主要关心的问题是行为人是否应当就其实施的公开他人私人事实的行为对他人承担隐私侵权责任的问题，但是，Warren 和 Brandeis 的论文也涉及行为人侵害他人肖像权的问题，因为，Warren 和 Brandeis 认为，隐私权也包括自然人对其肖像享有的利益，行为人侵害他人对其肖像享有的利益，也应当承担隐私侵权责任。Warren 和 Brandeis 指出，保护个人书面作品和其他任何智力产品免受侵害的原则就是隐私权。此种隐私权的保护范围也延伸到自然人对其个人肖像享有的权利。②

Warren 和 Brandeis 的观点提出之后引起了美国学说和司法判例的不同反应。美国某些学说认为，Warren 和 Brandeis 的论文意义重大，应当为美国司法判例所适用。但是，美国司法判例在著名的 Robertson v. Rochester Folding Box Co.③ 一案中认为，Warren 和 Brandeis 的隐私权理论不符合英美法系国家普通法的规则，不应当加以适用；当行为人为了自己的商业利益而擅自使用原告的肖像时，其行为不构成隐私侵权行为，无需对受害人承担隐私侵权责任。此种案件的结果既引起了美国学者的反对，也引起了美国社会公众的不满。为此，美国纽约州于 1903 年制定制定法，明确规定通过隐私侵权责任制度来保护自然人享有的某些无形人格权。根据该《制定法》第 50 条和第 51 条的规定，当行为人在没有获得他人同意的情况下擅自使用他人的姓名、肖像或者照片来做广告或者从事商事活动时，他人的姓名、肖像或者相片使用行为既然构成犯罪行为，也构成侵权行为。行为人应当赔偿他人遭受的损害，受害人有权要求法官颁发禁止令，禁止被告继续实施侵害其隐私权的行为。到了 1905 年，美国某些司法判例开始采取 Warren 和 Brandeis 的意见，明确认可他人的隐私权，认为行为人侵害他人隐私权的行为构成侵权行为，应当对他人

---

① Samuel Warren & Louis Brandeis, The Right to Privacy, 4 Harv. L. Rev. 193, 204-205, (1890).
② Samuel Warren & Louis Brandeis, The Right to Privacy, 4 Harv. L. Rev. 193, 213, (1890).
③ 64 N. E. 442 (1902).

遭受的精神损害承担赔偿责任。

到了1960年，由于Prosser的主张，隐私权最终在美国获得广泛的认可，成为美国侵权法保护他人无形人格权的最重要的和最主要的侵权责任制度。在1960年的《加利福尼亚法律评论》上，Prosser教授发表了著名的论文《隐私》，对美国20世纪60年代之前的隐私侵权责任制度做出说明，认为从1890年Warren和Brandeis率先提出隐私侵权责任制度以来，美国司法判例认可的隐私侵权责任不再是单纯的公开他人私人事务的隐私侵权责任，隐私侵权责任制度是一个总括性质的侵权责任制度，由四种具体的侵权责任制度构成：侵扰他人安宁的隐私侵权责任制度、公开他人私人事务的隐私侵权责任、公开丑化他人形象的隐私侵权责任制度和擅自使用他人姓名和肖像的隐私侵权责任。[①] 其中第四种隐私侵权责任制度被称作滥用原告身份特征的隐私侵权责任，因为该种隐私侵权责任是建立在行为人滥用自然人对其身份特征享有隐私权的基础上。《美国侵权法复述》（第二版）完全反映了Prosser教授的观点，将隐私侵权责任制度分为上述四种，因为《美国侵权法复述》（第二版）是由Prosser教授负责起草的，完全体现了Prosser教授的学术观点。根据Prosser教授的意见，隐私侵权责任制度保护的无形人格利益范围包括：他人的私人生活和私人事实，他人的公众形象，他人的生活安宁，他人的姓名、肖像、相片或者其他人格特征。如果行为人侵害他人的这些无形人格权，他们都应当对他人遭受的精神损害承担赔偿责任。此时，行为人侵害他人的无形人格利益的行为都构成隐私侵权行为，都应当对受害人承担隐私侵权责任，此种隐私侵权责任都是精神性质的损害赔偿责任，不是财产性质的损害赔偿责任。因为，隐私利益属于人格利益而非财产利益。不过，Prosser教授也认为，如果行为人侵害他人隐私权的行为给他人造成财产损害，他们也应当对他人遭受的财产损害承担侵权责任。

在美国，无论是学说、制定法还是司法判例都认为，行为人如果未经他人同意就擅自使用他人姓名、肖像、声音或者其他人格特征，他们应当就其侵害他人无形人格权的行为对他人承担精神损害的赔偿

---

① William L. Prosser, Privacy, 48 Cal. L. Rev. 383, 383–88 (1960).

责任，不对他人承担财产损害的赔偿责任，即便行为人是基于商事目的使用他人姓名、肖像、声音或者其他无形人格特征。Bloustein 指出，即便行为人是基于商事目的使用他人的人格，他们的行为仍然是对他人具有专属性人格权的侵害，也就是对他人人格尊严的侵害。因为，行为人将他人人格商业化的行为在本质上会使他人感动羞愧、羞辱或者人格受损等。在此种情况下，隐私权受到侵害的原告有权向法院起诉，要求法官责令行为人对其遭受的精神损害承担赔偿责任。①在 Pavesich v. New England Life Insurance Co.② 一案中，法官也对这样的规则做出了说明。法官指出，即便被告保险公司是为了推销人寿保险而使用原告的肖像，被告也应当就其侵害原告隐私权的行为对原告承担精神损害赔偿责任。法官指出，隐私权的根据在于自然本能，每个人天生就反感行为人侵害其具有私人性质的权利的行为，因此，侵害他人隐私权的行为是直接侵害他人法定权利的行为，即便行为人侵害他人隐私权的行为没有给他人造成特殊的财产损害，他人仍然有权要求行为人就其侵害行为对自己承担精神损害赔偿责任。

(三) 无形人格权的财产性理论——美国侵权法上的公开权制度

在美国，司法判例在20世纪50年代开始承认公开权理论，认为自然人尤其是影视明星、体育明星等公众人物对其无形人格利益享有的权利不再是隐私利益而是公开利益，不再是精神性的权利而是一种财产性的权利，因为，他人对其姓名、肖像、声音等人格利益享有的权利不具有隐蔽性而具有公开性，当自然人享有这些无形人格利益时，他们有权决定是否、在什么范围内公开其姓名、肖像、声音等人格利益，有权决定对谁公开其姓名、肖像、声音等人格利益；行为人未经他人同意擅自公开他人的姓名、肖像、声音等无形人格权不会给他人造成精神上的损害，仅仅会给他人造成财产上的损害，行为人应当就其侵权行为对他人遭受的财产损害、经济损失承担赔偿责任。这就是所谓的公开权理论。

---

① Edward Bloustein, *Privacy as an Aspect of Human Dignity: An Answer to Dean Prosser*, 39 N. Y. U. L. REV. 962, 987 (1964).
② 122 Ga. 190, 50 S. E. 68 (1905).

美国学说从积极方面和消极方面对公开权做出了界定。所谓从积极方面对公开权做出界定，是指美国学说从公开权所包含的具体内容方面来界定此种权利。McCarthy 和 Coyne 采取此种界定方式。McCarthy 指出，所谓公开权是指所有自然人享有的控制其身份的商事使用的固有权利。[1] Coyne 指出，从广义上讲，公开权是指他人对其姓名、肖像、活动或者身份所具有的商事价值的拥有权、保护权和获得利益权。[2] 所谓从消极方面界定公开权，是指美国学说从公开权意图加以反对的行为方面来界定此种权利。Barnett 和 Gordon 采取此种界定方式。Barnett 指出，在美国，虽然各个州对公开权的界定存在差异，但是公开权可以界定为：他人对其姓名、肖像或者身份享有的未经本人同意不得为了商事目的而加以使用的权利。[3] Gordon 指出，所谓公开权是指他人享有其身份免受侵占的权利。[4] 在美国，虽然学说对公开权的界定存在差异，但是，他们对公开权的界定并无本质的区别，都是强调他人尤其是影视明星、体育明星等公众人物对具有商事价值、经济价值或者财产价值的姓名、肖像、声音或者其他人格特征所享有的占有、使用、收益、处分或者保护的权利，防止行为人为了商业目的而擅自使用他人的姓名、肖像、声音或者其他人格特征。

在美国，首次认可公开权独立于隐私权的案件是 Haelan Laboratories, Inc. v. Topps Chewing Gum, Inc., 一案。[5] 在该案中，一名棒球运动员同原告签订契约，授权原告排他性地使用其姓名、肖像来为其生产的口香糖做广告。被告同原告是具有竞争关系的人，他在知道原告同该名运动员签订排他性契约的情况下仍然诱使该名运动员同其签订契约，使用该名运动员的姓名、肖像来为其口香糖做广告。原告向法院起诉，要求法官责令被告对自己遭受的财产损害承担赔偿责任。

---

[1] J. Thomas McCarthy, The Rights of Publicity and Privacy, 2d ed. 2006, p26.
[2] Randall T. E. Coyne, Toward A Modified Fair Use Defense In Right Ofpublicity Cases, (1988) 29 Wm and Mary L. Rev. 781.782.
[3] Stephen R. Barnett, "The Right to One'Own Image": Publicity and Privacy Rights in the United Stpes and Spain, (1999) 47 Am. J. Comp. L. 555, 556.
[4] Harold R. Gordon, Right of Property in Name, Likeness, Personality and History, 55 Nw. U. L. Rev. 553, 555 (1960).
[5] 202 F. 2d 866 (2d Cir.), *cert. denied*, 346 U. S. 816 (1953).

Frank 法官指出："我们认为，人们除了对其肖像享有独立的隐私权之外，也对其肖像的公开价值享有权利，例如，将公开其肖像的排他性权利授予给别人使用的权利，并且此种排他性授权可以通过概括性的方式进行而无需转移任何东西给别人。他们对其肖像享有的公开权独立于他们对其肖像享有的隐私权。他们享有的此种权利能否称作财产权并不重要，因为，在这里，就像在别的地方一样，财产这一标签页仅仅是表明这样的事实：法官能够强制执行一个具有财产价值的侵权请求权……他们享有的此种权利可以称作公开权……除非公开权成为排他性特许契约的标的，否则，该种公开权将不会带来金钱上的价值。"Frank 法官之所以区分他人对其肖像享有的隐私权和他人对其肖像享有的公开权，是因为隐私权保护名人的精神利益，而公开权则是保护名人的财产利益，行为人擅自使用名人肖像的行为没有侵害名人的精神利益，而是侵害了名人的财产利益。Frank 法官指出："众所周知，当行为人在报刊杂志、汽车火车或者地铁上使用名人的肖像来做广告时，如果行为人不对名人支付肖像使用费，名人所遭受的损害与其说是精神损害还不如说是财产损失。"

在 Haelan 一案确立之后的第二年，美国著名学者 Nimmer 教授在 1954 年的《当代法律问题》上发表了著名的文章《公开权》，[①] 认为美国司法判例在 Haelan 一案中确立的公开权的确存在，并且该种公开权独立于他人的隐私权。Nimmer 教授认为，当行为人擅自为了广告或者商事目的而使用他人肖像、姓名或者其他人格特征时，仅仅通过隐私侵权责任理论、不正当竞争理论、契约理论或者名誉侵权责任理论来保护受害人对其肖像、姓名享有的利益是不适当的。为了更好地保护受害人尤其是作为名人的受害人对其肖像、姓名享有的利益，美国侵权法应当采取公开权理论，认为行为人为了商业目的擅自使用他人肖像、姓名的行为构成公开权的侵权行为。Nimmer 教授指出，与之前侵权法确立的隐私权相比，公开权与隐私权在以下四个方面存在差异：①公开权是一种财产权而隐私权是一种人格权；②行为人侵害他人的公开权时，他们承担的损害赔偿责任范围不是根据受害人遭受的心理损害来确定，而是根据公开的价值来确定；③即便无生命的

[①] Nimmer, *The Right of Publicity*, 19 LAW & CONTEMP. PROBS. 203 (1954).

物、动物或者机构不享有隐私权，但是，对这些无生命的物、动物或者机构享有所有权的自然人则对此类物享有公开权；④与单纯的隐私侵权诉讼不同，当名人的肖像或者姓名被行为人擅自使用时，名人有权提起侵权诉讼，因为名人的名誉具有重大财产价值的因素，不得借口名人是公众人物而主张他们放弃其侵权主张。

Nimmer教授的文章发表之后并没有引起美国学说和司法判例的广泛响应，美国主流学说和司法判例仍然采取隐私侵权责任理论，认为行为人即便是为了广告或者商事目的使用名人的肖像、姓名或者其他人格特征，他们的行为也仅仅构成隐私侵权行为，应当对名人遭受的精神损害承担赔偿责任。不仅如此，在这一时期，《美国侵权法复述》（第二版）也将擅自使用他人肖像、姓名的行为看做隐私侵权行为。到了20世纪70年代，Nimmer教授倡导的公开权理论得到快速发展，其适用范围越来越广，限制条件越来越少。到了今天，美国至少有一半的州认可了自然人尤其是作为名人的自然人享有的公开权。目前，美国公开权理论虽然仍然处于发展和完善的过程中，但是，公开权理论已经成为具有重要影响的理论，表现在：

其一，美国主流学说开始广泛倡导Nimmer教授主张的公开权理论，认为公开权独立于隐私权，两者在性质上是不同的，如果行为人未经他人同意就擅自使用他人肖像、姓名或者其他人格特征时，他们实施的行为不是隐私侵权行为，而是公开权的侵权行为；行为人应当对他人遭受的财产损害承担赔偿责任。1988年，Coyne发表文章，对公开权的产生、公开权同行为人的自由权之间的关系、侵害他人公开权的四种类型以及公正使用的抗辩事由等问题做出了详细的说明。①Coyne指出，近些年来，法官处理的有关擅自使用他人姓名、肖像或者人格特征的侵权案件大量上升。最初，法官主要是通过隐私侵权责任制度来保护他人具有财产价值的姓名、肖像或者其他人格特征免受行为人侵权行为的损害，虽然法官有时也采取其他方式来保护他人具有财产价值的姓名、肖像或者其他人格特征，诸如不公平竞争理论、契约理论等。由此造成了司法方面的混乱。后来，美国法官开始根据

---

① Randall T. E. Coyne, Toward A Modified Fair Use Defense In Right Ofpublicity Cases, (1988) 29 Wm and Mary L. Rev. 781.

普通法上的公开权理论来处理行为人基于商业目的使用他人肖像、姓名的侵权案件，使美国司法判例在有关擅自使用他人肖像、姓名的侵权问题上逐渐走向统一。虽然在过去 20 年内公开权得到了司法判例的逐渐承认，但是，法官在适用公开权理论时仍然存在某些问题，诸如公开权是一种什么性质的权利，是隐私权、财产权还是知识产权等。对这样问题的回答会产生不同的后果。1993 年，Madow 发表文章，对公共人物肖像的私人所有权的问题提出自己的意见，对公开权的历史发展、公开权的各种理论根据等进行研究。[①] Madow 指出，在市场经济社会，明星的肖像、姓名和其他人格特征具有商品价值和广告价值，他们能够通过各种方式将其肖像、姓名或者其他人格特征转化为一种财产，诸如将其肖像、姓名授予给报刊杂志、书籍作家或者电影电视使用，以便满足社会公众对他们信息的需要；将其肖像、姓名或者其他人格特征作为商品的营销手段等。明星对这些价值享有的权利就构成公开权。明星对其肖像、姓名或者其他人格特征的公开价值享有私人财产所有权，他们能够享有这些财产所有权，使用这些财产，转让这些财产等。如果行为人未经他们同意就擅自使用这些财产并因此导致他们遭受财产损害，行为人应当对受害人遭受的财产损害承担赔偿责任。Madow 认为，明星的公开权之所以要受到保护，其主要根据有三：道德上的根据、经济上的根据和消费者保护的根据。1999 年，Barnett 发表文章，[②] 对美国和西班牙侵权法中的公开权和隐私权问题进行了研究，认为公开权理论不仅仅是美国侵权法的理论，而且还是西班牙侵权法的理论，认为美国是公开权保护方面的急先锋的理论是站不住脚的，因为，西班牙侵权法对他人肖像权的保护范围要广泛一些。2003 年，Dymond 发表文章，[③] 对公开权在美国几个重要州的产生、发展、存在的差异和是否需要扩张公开权保护的范围等问题做出了说明。Dymond 指出，在美国，虽然各州公开权包括的人

[①] Michael Madow, Privpe Ownership of Public Image: Popular Culture and Pulicity Rights, (1993) 81 Calif. L. Rev. 125.

[②] Stephen R. Barnett, The Right to One's Own Image: Pulicity Rights in the United Stpes and Spain, (1999) 47 Am. J. Comp. L. 555.

[③] Seth A. Dymond, So Many Entertainers, So Little Protection: New York, The Right Of Publicity, And The Need For Reciprocity, (2003) 47 N. Y. L. Sch. L. Rev. 447.

格特征的种类并不完全相同，但是，这些州的公开权能够保护的各种人格特征包括：姓名、肖像、相片、容貌、行为方式、人物特征、表演方式、声音和签字等。此外，还有众多的学者在这一时期主张公开权，为公开权的认可提出各种各样的理论根据。

其二，美国许多州专门制定了制定法，保护他人的公开权。在美国，为了保护他人尤其是名人对其肖像、姓名或者其他人格特征享有的财产利益，包括加利福尼亚州、田纳西州和俄克拉荷马州在内的众多州制定了制定法，保护他人的公开权，责令行为人就其侵害他人公开权的行为对他人承担财产损害赔偿责任。1971年，美国加利福尼亚州立法者制定的《加利福尼亚州民法典》第3344条，对他人的公开权提供保护。该条规定，如果行为人在没有预先获得他人同意的情况下故意将他人的姓名、声音、签名、相片或者肖像以任何方式用在产品、商品、货物之上或者用于广告目的、出卖或者诱导别人购买其产品、商品、货物或者服务的目的，则应当对他人因此遭受的损害承担赔偿责任。同时，美国《加利福尼亚州民法典》第990条也规定，如果行为人未经他人同意为了广告或者商事目的使用死者的姓名、声音、签字、相片或者肖像，也应当对受害人遭受的损害承担赔偿责任；对死者姓名、声音、签字、相片或者肖像享有公开权的继承人或者特许权人有权要求行为人赔偿他们遭受的财产损害或者分享所获得的利润。1984年，美国田纳西州的立法者制定了人身权利保护法（The Personal Rights Protection Act）。该法规定，行为人未经他人同意就擅自使用他人肖像、相片或者姓名时，应当对他人承担侵权责任；该法明确规定，制定法规定的公开权是一种财产权，在公开权人死亡之后仍然存续10年。1985年，俄克拉荷马州的立法者制定了制定法，决定保护他人对其肖像、姓名或者其他人格特征享有的公开权。该制定法完全将美国《加利福尼亚州民法典》第3344条和第990条引进该州，因此，该州的制定法关于公开权的规定与美国加利福尼亚州的制定法完全相同。

其三，美国许多州的普通法开始广泛认可公开权。在美国，Haelan一案的规则确立之后得到众多司法判例的遵循，使公开权理论成为美国普通法上的重要理论。例如，在1977年的Lombardo v.

Doyle, Dane & Bernbach, Inc. 一案[1]中，法官认为，被告为了商事目的而擅自使用原告表演方式的行为构成公开权的侵权行为，应当对受害人遭受的财产损害承担侵权责任。在 Groucho Marx Prod., Inc. v. Day and Night Co. 一案[2]中，法官认为，被告为了商事目的擅自使用原告表演方式和行为方式的行为侵害了原告的公开权，应当对原告遭受的财产损害承担赔偿责任。在美国，普通法上的公开权同制定法上的公开权存在两个方面的差异：一方面，制定法上的公开权所保护的无形人格权范围具有法定性。一旦制定法对公开权保护的无形人格利益作出了明确规定，在制定法明确规定的公开权范围内，制定法对他人的无形人格利益提供保护。如果制定法没有明确规定保护某种无形人格利益，则该种无形人格利益只能通过普通法上的公开权来保护，不得通过制定法上的公开权来保护。另一方面，即便制定法保护他人的某种无形人格利益，制定法也仅仅保护他人的此种无形人格利益免受特定侵害行为的侵害，不会保护他人的此种无形人格利益免受所有非法行为的侵害。例如，虽然制定法上的公开权保护他人的声音权，但是，制定法上的公开权也仅仅保护他人的真实声音不被非法使用，不保护他人的声音被行为人或者行为人雇用的人模仿。一旦他人的声音被行为人或者行为人雇用的人所模仿，他人只能根据普通法上的公开权理论来寻求保护。同样，制定法上的公开权虽然保护他人的肖像权，但是，制定法上的公开权也仅仅保护其真实的肖像被行为人非法使用，不保护其肖像被行为人假冒或者模仿。如果他人的肖像被行为人所假冒或者模仿，则他人只能根据普通法上的公开权理论来寻求保护，不得根据制定法上的公开权理论来寻求保护。

在当今美国，虽然学说和司法判例对公开权的内涵和外延存在争议，但是，公开权理论的核心有：①自然人尤其是影视明星、体育明星等公众人物的姓名、肖像、声音或者其他人格特征具有商事价值、经济价值或者财产价值，就像他人的地产、不动产或者契约具有商事价值、经济价值或者财产价值一样。此种理论打破了他人姓名、肖像、声音或者其他人格特征仅仅具有人格性、精神性的观点，使他人

---

[1] 396 N. Y. S. 2d 661 (App. Div. 1977).
[2] 523 F. Supp. 485 (S. D. N. Y. 1981).

的姓名、肖像、声音或者其他人格特征具有直接的财产内容、商事内容或者经济内容。②自然人尤其是影视明星、体育明星等公众人物对其具有商事价值、经济价值或者财产价值的姓名、肖像、声音或者其他人格特征享有占有、使用、收益、处分的权利，就像动产、不动产的所有权人能够对其动产、不动产享有占有、使用收益或者处分的权利一样。因为，公开权在性质上属于财产权而非人格权，具有财产权的各种性质，诸如价值性、财产性、可转让性、可继承性等。此种规则打破了姓名权、肖像权、声音权或者其他无形人格特征仅仅是一种人格权而非财产性的理论，打破了无形人格权不得转让、继承的理论，使无形人格权成为一种能够自由转让、继承的财产。③公开权不具有专属性和个人性而具有可转让性。公开权人能够通过买卖契约、赠与契约或者以其他方式将其公开权转让给别人使用，使用其公开权的人可以支付使用费、转让费给转让人，也可以不支付使用费、转让费给转让人，虽然在一般情况下，受让人往往会支付使用费、转让费给转让人。在侵权法上，即便公开权人将其无形人格权的使用权转让给他人，他们也没有像转让动产或者不动产那样要将其公开权现实地交付给受让人。他们只需同受让人签订契约，授权或者允许受让人使用其无形人格特征即可。此种授权如果是有期限的，在契约规定的授权期限没有届满之前，即便转让人死亡，受让人在契约规定的期限内仍然有权使用他人的无形人格特征。此种规则打破了无形人格权仅仅是一种专属性权利的观念，使无形人格权人能够转让其无形人格权给别人，由别人享有其无形人格权。④公开权不具有专属性和个人性而具有可继承性，公开权人享有的公开权在公开权人死亡时能够作为遗产为其继承人所继承，行为人在公开权人死亡时仍然不得擅自使用他们的无形人格特征，否则，应当对死者的继承人承担财产损害赔偿责任。此种规则打破了无形人格权不得作为遗产来继承的规则，使无形人格权作为一种遗产能够被继承；打破了无形人格权在无形人格权人死亡之后不受侵权法保护的规则，使死者的无形人格权受到侵权法的保护。⑤行为人不得在没有经过公开权人同意的情况下擅自为了商事目的使用他人的姓名、肖像、声音或者其他人格特征。如果行为人未经他人同意就擅自为了商事目的使用他人姓名、肖像、声音或者其他人格特征，他们的行为将构成公开权侵权行为，在符合公开权侵权责任构成要件的情况下，行为人应当对公开权人遭受的财产损害承担赔偿责任。此种理论打破了行为人仅仅就其侵害他人无形人格权的行为对他人承担精神损害赔偿责任的规则，使行为人就其侵害他人无形人格权的行为对他人承担财产损害赔偿责任成为可能。

四、我国的公开权侵权责任制度：我国侵权法对无形人格权财产性理论的认可

（一）我国的无形人格权侵权责任制度

在我国，民法通则既规定了自然人享有的无形人格权，也规定了自然人的无形人格权遭受损害时的法律救济措施。一方面，《中华人民共和国民法通则》（以下简称《民法通则》）规定了自然人享有的无形人格权。根据《民法通则》的规定，自然人享有四种无形人格权：①姓名权。《民法通则》第99条规定，公民享有姓名权，有权决定、使用和依照规定改变自己的姓名，禁止他人干涉、盗用、假冒。②肖像权。《民法通则》第100条规定，公民享有肖像权，未经本人同意，不得以营利为目的使用公民的肖像。③名誉权。《民法通则》第101条规定，公民、法人享有名誉权，公民的人格尊严受法律保护，禁止用侮辱、诽谤等方式损害公民、法人的名誉。④荣誉权。《民法通则》第102条规定，公民、法人享有荣誉权，禁止非法剥夺公民、法人的荣誉称号。另一方面，我国民法通则也规定了四种无形人格权遭受侵害时的法律救济措施。我国《民法通则》第120条规定，公民的姓名权、肖像权、名誉权、荣誉权受到侵害的，有权要求停止侵害，恢复名誉，消除影响，赔礼道歉，并可以要求赔偿损失。

2001年，最高人民法院在《关于确定民事侵权精神损害赔偿责任若干问题的解释》（以下简称《解释》）中对无形人格侵权责任制度保护的人格权范围做出了说明，对侵害死者无形人格权产生的精神损害赔偿问题做出了说明，对决定精神损害赔偿责任的大小应当考虑的具体因素等问题做出了说明。《解释》第1条规定对无形人格侵权责任制度保护的无形人格权范围做出了说明。它规定，自然人因下列人格权利遭受非法侵害，向人民法院起诉请求赔偿精神损害的，人民法院应当依法予以受理：姓名权、肖像权、名誉权、荣誉权；人格尊

严权、人身自由权。违反社会公共利益、社会公德侵害他人隐私或者其他人格利益，受害人以侵权为由向人民法院起诉请求赔偿精神损害的，人民法院应当依法予以受理。该《解释》第3条对侵害死者无形人格利益产生的损害赔偿问题做出了说明，它规定，自然人死亡后，其近亲属因下列侵权行为遭受精神痛苦，向人民法院起诉请求赔偿精神损害的，人民法院应当依法予以受理：以侮辱、诽谤、贬损、丑化或者违反社会公共利益、社会公德的其他方式，侵害死者姓名、肖像、名誉、荣誉；非法披露、利用死者隐私，或者以违反社会公共利益、社会公德的其他方式侵害死者隐私。该《解释》第10条对确定行为人承担精神损害的赔偿数额应当考虑的因素做出了规定。它规定，在决定行为人承担精神损害赔偿责任时，应当考虑的具体因素是：侵权人的过错程度，侵害的手段、场合、行为方式等具体情节，侵权行为所造成的后果，侵权人的获利情况，侵权人承担责任的经济能力，受诉法院所在地平均生活水平。

除了民法通则和最高人民法院的上述司法解释对我国的无形人格权侵权责任制度做出规定之外，我国侵权责任法也对无形人格侵权责任制度做出了明确说明。表现在，其一，我国《侵权责任法》第2条规定保护他人的某些无形人格权，该条规定：侵害民事权益，应当依照本法承担侵权责任。本法所称民事权益，包括生命权、健康权、姓名权、名誉权、荣誉权、肖像权、隐私权、婚姻自主权、监护权、所有权、用益物权、担保物权、著作权、专利权、商标专用权、发现权、股权、继承权等人身、财产权益。其中所规定的姓名权、名誉权、荣誉权、肖像权、隐私权为无形人格权。当行为人侵害这些权利时，他们应当对他人承担侵权责任。其二，我国《侵权责任法》第22条规定，侵害他人人身权益，造成他人严重精神损害的，被侵权人可以请求精神损害赔偿。

（二）我国无形人格权的非财产性

在我国，无论是侵权法学说还是侵权法司法判例都认为，自然人对其姓名、名誉、隐私、肖像或者其他无形人格特征享有的权利在性质上属于非财产性质的权利，当行为人侵害这些无形人格权时，他们仅仅对他人承担精神损害赔偿责任，即便他们是为了商事目的侵害他人的这些无形人格权，也是如此。

王利明教授和杨立新教授指出，对侵害人格利益造成损害的，行为人应当予以精神损害赔偿，以慰藉受害人，制裁行为人。① 梁慧星教授指出，关于姓名权、肖像权、名誉权受侵害的损害赔偿规定在《解释》第120条，依《解释》第120条关于精神损害赔偿的规定，亦应适用于其他人格权，如隐私权、自由权、人格尊严、婚姻自主权受侵害的情形。② 张新宝教授也指出，我国民事法律只认可了侵害姓名权、肖像权、名誉权、荣誉权的精神损害，而没有认可其他侵权产生的精神损害。③ 如果行为人为了商事目的侵害他人无形人格权并且因此获得了大量的经济利益，行为人如何对他人承担损害赔偿责任？我国学说认为，此时，行为人仍然应当对他人承担精神损害赔偿责任，不对他人承担财产损害赔偿责任；不过，在决定行为人承担的精神损害赔偿范围时，法官应当考虑行为人获得经济利益的具体情况。杨立新教授对这样的规则做出了说明，他指出，侵害他人无形人格利益的基本法律救济措施是责令行为人对他人遭受的精神损害承担赔偿责任。在确定行为人的精神损害赔偿责任时，应当分为三种情况：一是名义上的精神损害赔偿，如果行为人侵害了他人无形人格权的行为没有造成严重后果，法官应当责令行为人赔偿他人适当数额的精神损害金；二是高额精神损害赔偿金。如果行为人侵害他人无形人格权的行为给他人造成了严重损害后果，法官应当责令行为人赔偿很高的精神损害赔偿金；三是财产损害赔偿。如果行为人侵害了他人具有财产性质的无形人格权，则行为人应当赔偿他人因为行为人的侵害行为所遭受的全部财产损失。④

除了我国学说主张无形人格权的非财产性理论之外，我国司法判例也始终坚持无形人格权的非财产性理论，不承认无形人格权的财产性理论。在1988年的《关于贯彻执行〈中华人民共和国民法通则〉若干问题的意见（试行）》第150条规定，公民的姓名权、肖像权、名誉权、荣誉权和法人的名称权、名誉权、荣誉权受到侵害，公民或

---

① 王利明、杨立新：《侵权行为法》，法律出版社1996年版，第158页。
② 梁慧星：《民法总论》，法律出版社2001年版，第138页。
③ 张新宝：《中国侵权行为法》，中国社会科学出版社1998年版，第104页。
④ 杨立新：《侵权法论》，人民法院出版社2005年第2版，第331页。

者法人要求赔偿损失的，人民法院可以根据侵权人的过错程度、侵权行为的具体情节、后果和影响确定其赔偿责任。其第151条规定，侵害他人的姓名权、名称权、肖像权、名誉权、荣誉权而获利的，侵权人除依法赔偿受害人的损失外，其非法所得应当予以收缴。这两条规定的核心精神就是，自然人对其姓名、肖像、名誉或者荣誉享有的权利在本质上是一种人格权而非财产权，当行为人侵害这些权利时，他们仅仅对他人承担精神损害赔偿责任，不对他人承担财产损害赔偿责任，无论他人是公众人物还是非公众人物；如果行为人通过侵害他人姓名权、肖像权、名誉权或者荣誉权获得了大量的经济利益，行为人也仅仅赔偿他人遭受的精神损害，他人不得要求行为人将获得的经济利益返还给自己。因为，如果他人有权要求行为人将其获得的经济利益还给自己，在将行为人获得的经济利益扣除他们应当赔偿的数额之后，法官要收缴行为人获得的不当利益。

在2001年的《关于确定民事侵权精神损害赔偿责任若干问题的解释》中，最高人民法院仍然坚持这样的规则，认为行为人侵害他人的无形人格权时，仅仅对他人遭受的非财产损害承担赔偿责任，不对受害人遭受的财产损害承担赔偿责任，其《解释》第1条规定：自然人因姓名权、肖像权、名誉权、荣誉权、人格尊严权、人身自由权遭受非法侵害，向人民法院起诉请求赔偿精神损害的，人民法院应当依法予以受理；违反社会公共利益、社会公德侵害他人隐私或者其他人格利益，受害人以侵权为由向人民法院起诉请求赔偿精神损害的，人民法院应当依法予以受理。此种规定的基本精神同1988年的《关于贯彻执行〈中华人民共和国民法通则〉若干问题的意见（试行）》第150条的基本精神是相同的，这就是，自然人的姓名权、肖像权、名誉权、荣誉权、人格尊严权、人身自由权、隐私权在性质上是人格权，仅仅具有精神性质的内容，不具有财产性质的内容，无论权利人的身份是公众人物还是非公众人物，当行为人侵害这些无形人格权时，他们仅仅对他人遭受的精神损害承担赔偿责任，不对他人遭受的财产损害承担侵权责任。不过，与《关于贯彻执行〈中华人民共和国民法通则〉若干问题的意见（试行）》不同的是，在2001年的《关于确定民事侵权精神损害赔偿责任若干问题的解释》中，最高人民法院已经放弃了《关于贯彻执行〈中华人民共和国民法通则〉

若干问题的意见（试行）》第151条的规定，认为如果行为人通过侵害他人姓名权、肖像权、名誉权、荣誉权、人格尊严权、人身自由权、隐私权获得了不当利益，法官无需在扣除行为人赔偿数额之后收缴行为人获得的不当利益。由于法官无权再收缴行为人通过侵害他人无形人格权获得的不当利益，行为人有可能通过侵害他人尤其是影视明星、体育明星的无形人格权而获得大量的不当利益。为了防止这种情况的发生，最高人民法院在放弃《关于贯彻执行〈中华人民共和国民法通则〉若干问题的意见（试行）》第151条规定的同时，在其《关于确定民事侵权精神损害赔偿责任若干问题的解释》中增加了决定精神损害赔偿范围的新的考虑因素，这就是，行为人通过侵权行为获得利益的情况，这就是该《解释》第10条。该条规定，在决定行为人对他人承担的精神损害的赔偿数额时，法官应当考虑这些因素：侵权人的过错程度，侵害的手段、场合、行为方式等具体情节，侵权行为所造成的后果，侵权人的获利情况，侵权人承担责任的经济能力，受诉法院所在地平均生活水平，等等。

在我国，《关于确定民事侵权精神损害赔偿责任若干问题的解释》第10条规定的此种规则，一方面较好地保护了受害人的利益，使他们获得的精神损害赔偿数额较高；另一方面体现了无形人格权的非财产性精神，使受害人获得的损害赔偿仍然属于精神损害赔偿的性质。我国最高人民法院的上述司法解释似乎实现了精神损害赔偿责任与市场经济条件的有机结合。实际上，最高人民法院的此种做法存在问题，同精神损害赔偿责任的性质、功能产生冲突。一方面，在两大法系国家，如果行为人要就其侵害他人无形人格权的行为对他人承担精神损害赔偿责任的话，他们支付的损害赔偿金的数额不会太高，因为，如果行为人支付的精神损害赔偿数额太高的话，则该种损害赔偿金很难被看做精神损害；而根据我国最高人民法院的上述司法解释，如果行为人基于商事目的使用名人的姓名、肖像时，他们支付的损害赔偿数额将会很高，使精神损害赔偿责任等同于财产损害赔偿责任。另一方面，精神损害赔偿的重要功能是为了安抚受害人遭受的精神痛苦。而在某些情况下，受害人的无形人格权虽然遭受了损害，但是，他们并没有遭受精神痛苦、心理痛苦，他们仅仅遭受了财产损害。例如影视明星、体育明星等，他们的姓名权、肖像权被侵犯时，他们很少会感受到心理的痛苦、精神上的烦闷，而更多的时候是感受到了自己的姓名权与肖像权转让费、使用费被剥夺。认定行为人实施的无形人格侵权行为一定会给所有的受害人带来精神痛苦，显然是强人所难，不符合实际情况。

（三）我国侵权法对无形人格权财产性理论的认可——我国侵权法对公开权理论的认可

在我国，为了还原精神损害赔偿责任的本来目的和实现精神损害赔偿责任制度的本来功能，我国侵权法在承认无形人格权的非财产性质的同时，也应当承认无形人格权的财产性质，至少应当承认某些人、某些无形人格权的财产性质，其主要原因在于：

（1）某些无形人格权具有财产权的性质。表现在两个方面：

第一，某些无形人格权本身就是固有的财产权，其本身就具有财产的价值。某些人的无形人格权本身仅仅是一种财产性质的人格权，不是精神性质的人格权，行为人侵害他人此类无形人格权，仅仅会导致他人遭受财产损害，不会导致他人遭受精神损害，行为人只需赔偿他人遭受的财产损失，无需赔偿他人遭受的精神损害。这尤其表现在名人的无形人格权领域。在任何国家，名人虽然享有诸如名誉、隐私、肖像、姓名等无形人格利益，但是这些人格利益有时完全不会表现为精神利益而仅仅表现为财产利益。因为，名人往往会同商人签订契约，允许商人使用其隐私、肖像或者姓名来从事商事活动；名人出让自己的无形人格利益而获得商人支付的使用费或者报酬。如果行为人在没有经过名人同意的情况下就使用其无形人格利益，行为人的侵权行为虽然侵害了名人的利益，但是，他们的行为也仅仅侵害了名人的财产利益而非非财产利益。因此，侵权法不得责令行为人对名人承担精神损害赔偿责任，而仅仅需要责令行为人对名人承担财产损害赔偿责任。Reiter 对此规则做出了说明，他指出，虽然人格和财产的混同会引起某些问题，但是，在今天的社会，市场已经渗透到生活的各个方面。虽然人们常说自然人的身体可能不会进入市场，但是，此种状况已经受到挑战，自然人人格的某些方面经常被赋予了财产上的价值，这些方面的人格可以被购买、被出卖、被租赁，可以通过当事人之间的特许契约来使用。简单地说，像姓名、名誉、肖像、声音和隐私这样的人格特征虽然在传统上被看做非财产性权利、没有金钱价值的权利,但是,在今天,人格权的这些特征正在日渐财产化和进入商业领域。①

第二,某些无形人格权同时具有非财产性质和财产性的特征。在我国,正如在其他国家,某些无形人格权同时具有非财产性和财产性的特征,自然人的无形人格利益不因为具有非财产性而不具备财产性。行为人侵害他人无形人格权时,既会给他人带来非财产性质的损害,也会给他人带来财产性质的损害,此时,行为人不仅应当赔偿他人遭受的精神损害,而且还应当赔偿他人遭受的财产损害。例如,名人的肖像权可能同时具备了非财产性和财产性的特征。如果行为人没有获得名人的同意将其肖像用于虚假广告,则行为人使用名人肖像的行为不仅会使名人遭受内心的痛苦,而且还会使名人遭受财产上的损害。在我国,最高人民法院在1993年的《关于审理名誉权案件若干问题的解答》中体现了这样的精神,认为他人的名誉权同时具有非财产性和财产性的特征,行为人侵害他人名誉权时,或者对他人遭受的非财产损害承担赔偿责任,或者对他人遭受的财产损害承担赔偿责任,不得借口名誉权的非财产性而拒绝对受害人遭受的财产损害承担赔偿责任。其第10条规定,公民、法人因名誉权受到侵害要求赔偿的,侵权人应赔偿侵权行为造成的经济损失;公民提出精神损害赔偿要求的,人民法院可根据侵权人的过错程度、侵权行为的具体情节、给受害人造成精神损害的后果等情况酌定。其中,前一段就是将自然人享有的名誉权看做财产权,行为人侵害他人具有财产性质的名誉权时,应当对受害人遭受的经济损失承担赔偿责任;后一段则是将自然人享有的名誉权看做非财产权,行为人侵害不具有财产性质的名誉权时,仅仅对受害人承担精神损害,法官在决定赔偿数额时,应当考虑案件的具体因素。

(2)自然人的无形人格利益和财产利益互为目的和手段。首先,自然人享有的无形人格权成为他们获得财产利益的重要手段。在市场经济条件下,自然人享有的某种人格利益可能成为他们获得财产利益的重要手段。例如,自然人通过其良好的名誉来同出版商签订出版契

---

① Eric H. Reiter, Personality and Pprimony: Comparative Perspectives on the Right to One's Image, (2002) 76 Tul. L. Rev. 673, 674.

约，获得稿酬或者经济利益。此时，自然人的良好名誉是他们获得稿酬或者其他经济利益的前提条件。如果自然人没有良好的名誉，他们根本就没有可能与出版商签订出版合同并因此获得经济利益。同样，自然人通过其独特的人生经历与出版商签订出版、电影电视剧拍摄契约并因此获得经济利益。在这里，自然人获得财产利益显然是因为他们具有隐私权，如果他们没有隐私，他们根本无法获得经济利益。其次，自然人享有的财产利益可能成为他们享有无形人格利益的重要手段。在市场经济条件下，自然人享有的财产利益可能成为他们获得无形人格利益的重要手段，如果自然人不享有财产利益，他们很难获得某种无形人格利益。例如，如果自然人没有足够的金钱投入，他们很难成为知名的演员、体育明星，他们也很难成为公众人物。只有自然人能够投入足够的金钱，他们才能够成为知名的演员、体育明星，成为家喻户晓的公众人物，成为享有良好名誉的自然人。最后，自然人的无形人格利益和其财产利益互为手段和目的。在市场经济条件下，自然人尤其是某些公众人物的财产权和人格权互为目的和手段，人们很难清楚地认定无形人格权或者财产权究竟是目的还是手段。例如，演员、体育明星的财产权和无形人格权互为目的和手段。演员、体育明星投入财产来宣传自己的形象，一方面是为了获得财产上的利益，使更多的广告商来雇请自己为其产品或者服务做广告，另一方面也是为了提升其知名度，保有良好的名誉和形象。

（3）在现代社会，某些无形人格权的财产性大于其精神性。在现代社会，即便某些无形人格利益同时具有人格性和财产性，其无形人格权的财产性更能体现该种无形人格权的本质特征，而其人格性往往在无形人格权当中居于次要地位。如果侵权法仅仅认可无形人格权的非财产性而不认可无形人格权的财产性，则侵权法仅实际上低估了财产性在无形人格权中的地位。这尤其表现在名誉权领域。在市场经济社会，即便自然人享有的名誉权同时具有非财产性和财产性的内容，自然人名誉权所具有的财产内容也大于自然人名誉权所具有的非财产内容。这表现在两个方面：一方面，在市场经济社会，他人通过努力劳动和辛勤工作获得良好名誉的主要目的不是为单纯的心理满足和精神上的享受，他们的主要目的是为了获得经济上的利益，这就是通过良好名誉来获得更好的工作机会、更好的契约选择、更好的产品出卖、购买价格或者更好的服务提供等。另一方面，当他人的名誉遭受损害时，他们虽然可能同时遭受了精神上的、心理上的痛苦和财产上的损失，但是，他们遭受的财产损失要远远大于他们遭受的精神损害、心理伤害。因此，要求行为人赔偿其遭受的经济损失要比要求行为人赔偿他们遭受的精神损害更有意义。

（4）仅仅认可无形人格权的非财产性对自然人或者自然人的继承人十分不公平。如果仅仅认可无形人格权的非财产性，不认可无形人格权的财产性，对于自然人十分不公平。表现在三个方面：①如果仅仅认可无形人格权的非财产性，当行为人侵害自然人的无形人格权时，自然人仅仅有权要求行为人赔偿他们遭受的精神损害，无权要求行为人赔偿他们遭受的财产损害。此时，行为人的赔偿责任较轻，自然人遭受的全部损害无法获得赔偿。②即便行为人侵害影视明星、体育明星的无形人格权并因此获得大量的经济利益，他们也仅仅对这些公众人物承担精神损害赔偿责任，无需承担财产损害赔偿责任；这些公众人物也只能要求行为人赔偿他们遭受的精神损害，不得要求行为人赔偿他们遭受的财产损害。③如果仅仅认可无形人格权的非财产性，当自然人死亡时，其家属将丧失无形人格权的继承权，当行为人使用死者的无形人格特征时，死者家属无权要求行为人对他们遭受的损害承担侵权责任。

（5）仅仅认可无形人格权的非财产性会纵容行为人的侵权行为，使行为人在获得大量不当利益的同时处于无法被制裁的境地。一方面，即便行为人为了商业上的目的使用他人的肖像、姓名、隐私或者其他无形人格特征并因此获得大量的经济利益，他们也仅仅就其侵害行为对受害人承担精神损害赔偿责任，不就其侵害行为对受害人承担财产损害赔偿责任。这样，行为人通过侵权行为获得的利益远远大于他们承担的侵权责任，使行为人产生了侵害他人无形人格权的冲动；另一方面，如果侵权法仅仅认可无形人格权的非财产性，当无形人格权人死亡时，他们就丧失了无形人格权，他们的继承人也不得继承其无形人格权，行为人使用死者的姓名、肖像、声音或者其他无形人格特征时，其使用行为将不构成侵权行为，无需对死者或者死者家属承担侵权责任。这样，行为人也产生了侵害死者无形人格权的冲动。

（6）无形人格权的财产性理论符合我国市场经济体制的要求。在侵权法上，一个国家的社会经济因素直接决定该国的无形人格权的性质。在社会经济落后的时代，自然人的无形人格权与经济利益没有任何关系，包括没有直接关系或者间接关系，此时，侵权法仅仅将无形人格权看做单纯的精神性权利，行为人侵害他人无形人格权时也仅仅对他人承担精神损害赔偿责任，无需承担任何财产性质的损害赔偿责任。当社会经济发展到一定的程度时，无形人格权才开始与经济利益产生联系，因为，无形人格权能够成为权利人获得经济利益的手段，此时，侵权法在将无形人格权看做非财产性质的权利的同时，也将无形人格权看做是具有财产性质的权利。这就是无形人格权的双重性理论。在无形人格权的非财产性和财产性特征中，无形人格权的非财产性占据主导地位、核心地位，而无形人格权的财产性则仅仅占据次要地位、从属地位。行为人侵害他人无形人格权的时候，除了要赔偿自然人遭受的精神损害之外，还应当赔偿自然人遭受的间接财产损害。在社会经济高度发达时，无形人格权与经济利益的关系更加密切，这就是，无形人格权仅仅具有财产性质的内容，没有非财产性质的内容。当行为人侵害他人无形人格权时，他们也仅仅赔偿他人遭受的财产损害，无需赔偿他人遭受的非财产损害。在市场经济高度发达的社会，无形人格权的财产性和和非财产性开始分离，无形人格权的财产性不再在无形人格权中占据次要地位、隶属地位，它本身就可以独立于无形人格权的非财产性，不依赖于无形人格权的非财产性。

在我国民法通则制定的时候，我国社会正处于典型的计划经济体制时期，自然人的无形人格权仅仅关乎自然人的人格尊严、关乎自然人的非财产利益，与自然人的财产利益、经济利益没有什么关系，充其量仅仅具有间接关系。非财产性成为无形人格权的唯一特性。行为人侵害他人无形人格权时，仅仅赔偿他人遭受的精神损害，无需赔偿他人遭受的财产损害；如果侵害他人无形人格权导致他人遭受间接损害，侵权法也会责令行为人赔偿他人遭受的间接财产损害。在当代，我国社会已经从计划经济的社会转为市场经济的社会，包括名誉、隐私、姓名、肖像在内的无形人格利益都或多或少地与财产利益和经济利益产生了直接或者间接联系；我国侵权法在认可自然人无形人格权非财产性的同时,当然应当认可无形人格权的财产性,即便行为人侵害他人无形人格权的行为没有给他人造成精神损害而仅仅造成单纯的财产上的、经济上的损害,侵权法也应当责令行为人对他人承担侵权责任。此种侵权责任在性质上不属于精神损害赔偿责任而是属于财产损害赔偿责任。

公众人物的私有权
——流行文化和公开权

迈克·梅朵[*]著　温良苑[**]译

目　次

一、导论
二、公开权和流行文化的争论
三、公开权的出现
四、对公开权理论的批判
五、结语

一、导论

　　影视明星和体育明星是娱乐界的领军人物，我们经常谈论他们的隐私，观察他们的一举一动，关注他们的行踪和恋情。我们甚至还模仿他们的行为举止、衣着发型、说话方式和消费习惯。无论这些名人是否代表着美国社会的道德风尚，他们至少代表着人们的一些愿望、某个阶层的身份以及社会的流行文化。[①] 名人的形象也是语言表达和人际沟通的资源：人们在日常的对话和交往中经常会使用名人所特有的表达方式。例如，1990年12月海湾战争前夕，华盛顿流传着一些谣言，谣言称布什总统向一个国会代表自夸将会把 Saddam Hussein 开除出局。[②]当记者向总统求证这个谣言的时候，他并没有直接回答，而是模仿了 John Wayne 的行为，挽起自己的裤子，人们便立即明白了他的意思。

---

　　[*]　布鲁克林法学院助理教授。
　　[**]　中山大学法学院助教。
① Richard Schickel, Intimate Strangers: The Culture of Celebrity 29 (1985).
②　See Don Williamson, At Home and Abroad—A Word About Kicking Butts, *SEATTLE TIMES*, Jan. 6, 1991, at A17.

名人创造了很多流行文化，带给社会很多重要的影响。明星的姓名和肖像经常被使用于各类产品上，这大大提高了产品的市场价值。名人代言的电影、唱片、录像等文化产品都有很好的销路。在这个世纪之初，好莱坞的"明星系统"刚建立不久，[①] 明星们就在 Adorno 和 Horkheimer 所称的"文化产业"中发挥了重要的作用。除此之外，名人还带来了许多其他的经济价值，主要包括三个方面：一是有关名人私生活信息的市场需求非常大。无论是新闻报道、八卦杂志、个人自传、人物访谈还是文献片，都需要名人的私生活作为素材。二是那些附带有名人的姓名、肖像或者其他人格特征的商品具有非常广阔的市场，而且利润相当丰厚。三是商业广告的效果证明，名人代言商品和服务可以大大地提高商品和服务的知名度和适销性。

从理论上讲，法律可以规定将这些经济利益分配给名人一方或公众一方。但是，美国现行的法律并没有采取这种极端的做法，没有把所有的利益分配给某一方，而是将这些经济利益分摊。一方面，法律规定，如果是为了获得新闻信息或者娱乐的目的，公众可以自由地使用名人的人格要素。除了一些特殊的情况，公众无需获得名人的批准，也不用支付报酬就可以在新闻报道、小说、电影或者自传中使用名人的姓名和肖像。在现行的法律下，名人的生平经历都属于公共财产，无论是为了商业利益还是娱乐目的，任何人都可以使用。另一方面，法律规定明星代言商品或拍摄广告获得的经济利益则属于明星私人所有。明星对其人格要素拥有公开权：名人的姓名、肖像和其他的身份特征都属于他们的私有财产，他们可以任意地使用、转让或遗赠。

因此，《国家调查杂志》（*National Enquirer*）可以不经 Johnny Carson 同意，不付任何报酬撰写关于其家庭矛盾的封面故事，因为这些事件具有新闻价值，所以，杂志可以自由地发表相关信息和言论。在这种情况下，《国家调查杂志》享有言论自由的权利，这种权利优先于 Carson 享有的公开权。如果一个厂商在便携式厕所的广告上使用 Johnny Carson 的口号"Here's Johnny"，Carson 可以起诉这个厂商侵犯了他的公开权。还有，虽然那些小报纸可以免费地追踪报道

---

① See infra text accompanying notes 165–179.

Bette Midler 减肥的消息，但是一个手机制造商不可以未经 Bette Midler 授权在电视广告中模仿她的声音。同样，如果媒体揭露 Dr. Martin Luther King 这位民权领袖在遇害前一个晚上的婚外性行为，Dr. Martin Luther King 的家人是不能获得法律救济的，但是，如果有人销售他的廉价半身塑像，那么他的家人就可以基于公开权阻止这种行为。

与隐私权不同，公开权产生时受到法院和学者的热情拥护。目前有20多个州的法律已经承认了公开权，《反不正当竞争法》（第三版）也即将规定公开权。① 美国的法律共同体一致认为公开权是法律进步的表现。其中包括著名学者 Thomas McCarthy，他客观地描述了当今法律界对公开权的态度。他说争论公开权的本质是什么以及公开权是否应该存在的阶段已经成为过去，大部分法院都接受了公开权的存在，他们现在要研究的是如何在不同的案件背景下适用公开权。

本文的目的就是要批判这种现状。我认为质疑公开权的正当性的阶段结束得太早，法院没有在一个案件中系统地论证过公开权的存在是否合理。本文将论述学者提出的公开权理论的不合理之处，还将论述在平衡一些冲突的利益时，公开权的存在要付出更大的社会成本（尤其是言论自由和文化多元化的利益）。因此，我希望重新提出公开权是否应该存在的问题，让大家重新考虑公开权在当今社会的文化方面可能带来的负面影响。

本文分为三个部分：

第一部分，在流行文化（popular culture）的背景下研究公开权的学术问题。支持公开权的学者经常讨论到"金钱"。在他们眼中，公开权就是关于"金钱"的问题，就是关于如何分配名人人格的经济价值。公开权决定了这些价值是属于名人还是其他不劳而获的人。本文认为问题没有那么简单。公开权不仅仅涉及金钱，还涉及更深层次的问题。"谁会拥有 Madonna？"这个问题并不仅仅意味着"谁可以利用她的人格要素获得巨大的经济利益？"还意味着"谁有权决定 Madonna 在文化中的含义？"公开权将这种权利集中在名人及其受让者身上，这样促进了对流行文化自上而下的管理，也压缩了其他创造

---

① See Restatement (thirb) of Unfair Competitionë 46–49 (Preliminary Draft No. 6, 1992).

文化方式的空间。这个理由可能不足以反对公开权的存在，但是至少给支持公开权的学者们提出了一个挑战。

第二部分，分析推动公开权产生和发展的利益和力量。为什么公开权到20世纪50年代才出现？我们知道，对名人人格要素的商业利用并不是一种新现象，早在18世纪就存在对名人人格要素大规模的商业利用。虽然18世纪名人的人格要素也存在公开价值或关联价值，但是与20世纪相比，这些价值大小的不同以及产生的社会制度和文化背景也不同。公开权的产生反映了市场经济、工具主义和个人主义下对名气的理解战胜了旧时的共产主义下对名气的理解。

第三部分，分析支持公开权存在的理论。这些理论可以分为三类。第一类是"道德说"（moral arguments）。这种理论认为收获自己的劳动果实是每个人的权利，行为人未经授权使用名人的人格要素是不劳而获的行为，这些行为是不正义的。第二类是"经济说"（economic arguments）。这种学说最为流行。经济说认为公开权可以激励人们进行创造性的工作并获得成就。波斯纳提出了一种类似的观点，他认为公开权是一种促进效率分配的机制。最后一类是"消费者保护说"（consumer protection）。消费者保护说主张公开权类似于商标权，都是为了保证消费者能够获得商品和服务的真实信息，防止消费者受到欺骗和伤害。经过分析和讨论，本文得出的结论是：这些理论都并不是那么有说服力，不能有效地支持公开权的存在。

二、公开权和流行文化的争论

当今大部分支持公开权的学者们对公开权的理论基础问题都不感兴趣。判例法和学术论文也很少涉及这个问题。一些学者认为名人的人格要素是名人的财产，而人们对其私有财产拥有自然权利，因此名人也自然对其人格要素拥有自然权利。著名学者McCarthy认为，公开权是一种不言而喻的法定权利，不需要证明它存在的正当性。他主张名人有权利对他们的身份进行商业利用，这是一种常识（common sense）。这种常识论让人非常吃惊。常识往往只是体现了事物的现象，而没有体现事物的本质。正如Stuart Hall所说，常识只是对现存事物的描述。常识还可能只是某些强大的利益集团需求的表达，也可能是某种没有经过验证的信仰的表现。

本文认为公开权存在的正当性需要得到证明。原因如下：公开权是对财富的再分配。无论公开权是否造成了社会的不正义，至少它让富有的人更加富有。这就要求正当的理论根据来支撑法律的这种规定。演员从他们的演艺事业中获得了巨大的财富。比如，演员 Arnold Schwarzenegger 在电影 Total Recall 中就获得了 1000 万美金的报酬。①再比如，Ryne Sandberg 与 Chicago Cubs 签订的合同中规定，Chicago Cubs 每年要向 Ryne Sandberg 支付 700 万美金的年薪。② 人们会问，为什么法律要将这些财富分配给那些已经获得丰厚报酬的名人们？为什么不把名人的肖像和姓名作为一种公共财产供全社会共同分享呢？③ 对于这些问题决不是常识可以回答的。

还有一个更重要的理由可以解释为什么常识不能证明公开权存在的正当性。为了更好地说明这个问题，我们首先将公开权问题置于当今关于文化力的本质和分配的学术讨论的大背景之下。只有这样，我们才能发现我们讨论的不仅仅是"美元"问题。

从 20 世纪初开始，娱乐产业蓬勃发展，出现了很多大规模的企业集团。文化力，即制造和传播文化含义和价值的力量，被不断地商品化和集中化。流行文化不再像以前那样是人们自发的表达，不再是来源于人们的生活，服务于人们自身的需要和利益。现在支配全球娱乐和传媒的大企业将流行文化视为一种消费品。这种发展引发了文化悲观主义（cultural pessimists）和文化平民主义（cultural populists）之间关于文化力问题的争论。文化悲观主义的典型代表是法兰克福学派。法兰克福学派认为大众媒体传播的流行文化都是那些具有支配性的文化。文化产业生产和分配的产品消解了，至少是隐去了社会的冲突和差异。相反，文化平民主义则认为流行文化是每个人和每个团体创造的文化，这些文化代表他们的身份和生活。人们对文化产品的消费并不是一致地指向文化产业生产和传播的主流文化产品。人们会根据他们的地位和个人修养抵制或者颠覆这些主流文化，然后重新创造

---

① Geraldine Fabrikant, The Hole in Hollywood's Pocket, N.Y. TIMES, Dec. 10, 1990, at D1.
② See Murray Chass, Sandberg Becomes Highest-Paid Player, for Now, N.Y. TIMES, Mar. 3, 1992, at B11.
③ Memphis Dev. Found. v. Factors Etc., Inc., 616 F.2d 956, 960 (6th Cir.), cert. denied, 449 U.S. 953 (1980).

符合他们需要和利益的文化。讨论这些对立的观点不是本文的主要内容。本文的主题还是公开权。文化平民主义者似乎支持了我的观点，但是它有几个观点却支撑了公开权的存在。平民主义者认为，虽然全球的大型娱乐企业掌控着文化产业，但是流行文化并不是仅仅靠一些工作人员就可以创造并强加于一般的公众。正如 Stuart Hall 所说，文化产品的消费者不是蠢材。他们对文化产品的消费不仅仅是决定买还是不买，而是一种积极地、有创造性的活动，人们在消费这些文化产品时会给它们注入新的含义。正如 Paul Willis 所说，大众文化是有生命的，使用文化产品的个人和组织会赋予文化新的含义。

但是，公众创造这些文化的新含义是受到限制的。因为人们只能接触到那些集中生产和分配的文化产品，而无法获得创造文化的原始材料和资源，他们只能在这些产品的基础上进行创造和加工。而且，人们接触到的这些文化产品（比如电影、电视节目、音乐等）已经被赋予了代表统治阶级的利益的含义，这种创造难以偏离文化原来的含义。文化产业对意识形态的控制严重地限制了与主流文化对立或不同的亚文化的存在空间。但是，虽然存在这种限制，人们还是积极地参与创造和传播文化。

平民主义者们获胜的另外一个重要方面在于他们认为主流文化产品实际上由许多相互重叠的亚群体（subgroups）和亚文化（subcultures）组成。这些文化的结构是根据不同种族、民族、职业和年龄来安排的。不同的群体在消费文化产品时有他们自己的历史、经历、兴趣和能力。因此，流行文化的创造一直都是一种竞争行为。在这个竞赛中，利益集团试图将最能代表他们利益的文化变成一种社会常识。那些次要的和力量薄弱的集团则通过各种努力来反对这种做法，并取得了一定的成就。因此，虽然文化产业主们掌握着创造流行文化的主动权，但还是存在一些空间让那些其他的相对弱势集团建立代表他们的经历和地位的文化。这些文化比起那些主流的意识形态，能够更好地代表他们的利益。法律在这个竞赛中不可能保持中立。法律可能选择加强文化产业对文化生产和传播强有力的控制，加强现在对文化的集中和自上而下的管理；也有可能选择促进大众的参与，支持流行文化的分散管理、开放管理和民主管理。

在近几十年间，正如 David Lange 所说，法律将越来越多的文化资源从公众那里转移到私人手里。比如，根据反淡化原则，企业可以管理其商标禁止其他企业进行使用。再比如，最近的 Gay Olympics 一案，美国最高法院认为，美国奥林匹克委员会可以禁止非营利性的人权组织在他们的运动会上使用 Olympic 一词，尽管这种使用不会让消费者产生混淆或受到欺骗。在公开权领域也同样存在着这种集中的趋势。一些法院和学者提出了"经济刺激"、"自然权利"和"不当得利"等理论。这些理论都意味着要对社会中文化的生产和传播进行集中控制。当今美国广告等传媒广泛地使用名人的姓名和肖像来创造和传达含义和身份。名人形象负载着各种文化意义，使用名人的姓名和肖像可以提高与他们有关的商品的市场知名度。普通公众也经常使用名人的人格要素来传达自己的意思。他们积极地和富有创造性地使用名人的形象来构筑自己的形象和社会关系，传达和交流他们对世界的看法。这种现象在那些边缘化的群体中体现得更加明显。Richard Dyer 发现，青少年、妇女以及那些经历过极端的冲突和压力的人群与名人们的关系更加紧张。① Dyer 列举了一些例子，例如，20 世纪 50 年代的城市男人经常模仿 Judy Garland 强有力的说话方式。② 其实，不仅仅那些边缘化的团体会使用名人的形象来表明自己的身份，表达他们自己对这个世界的独特的感受。其实，每个人在一定程度上都会消费和使用与名人有关物品，如衬衫、海报、贺卡等。当我们购买、交换和展示这些文化产品时，我们就是在积极地将名人的文化意义进行传播。John Fiske 指出，人们购买印有 Madonna 肖像的衬衫时实际上就是在传播 Madonna 的文化含义。

几年前，在纽约议会上有人提出一个议案，提议建立一种内涵广泛的、可以继承的公开权。③ 在讨论这个议案时，有人举了一个例子来证明。有一家书店销售的贺卡印有 John Wayne 的肖像，John Wayne 戴着牛仔帽，涂了明亮的口红，贺卡的标题是：It's such a bitch being

---

① Richard Dyer, Charisma, in Stardom: Industry of Desire 57, 59 (Christine Gledhill ed., 1991).
② See Richard Dyer, Heavenly Bodies: Film Stars and Society 141 - 194 (1986).
③ See S. 5053 - A, A. 8050 - A, 1989 - 1990 N. Y. Reg. Sess.

butch。① Wayne 的孩子反对书店销售这些贺卡,不仅仅因为书店利用 Wayne 的肖像获利,而这些利益本应该是属于 Wayne 的孩子或者他们指定的慈善机构。更重要的是,他们认为这些贺卡没有品位,贬损了他们父亲的大男子主义形象。对于 Wayne 的孩子和粉丝来说,Wayne 的形象是美国神话、理想、历史以及国家特征的缩影。Wayne 代表的是社会的主流文化:顽强的个人主义、满怀的信心、无畏的勇气和雄伟的大男子主义气概,这是对 Wayne 的文化含义的一种解读。布什总统也是使用了这个文化含义轻松而又有效地在海湾战争中表达了他的军事计划。Wayne 公司许可 Franklin 公司销售"连续编号的、不能开火的"45 口径的半自动手枪的复制品。这款手枪是 Wayne 在许多宏伟的军事电影中使用的。这些行为都是基于 Wayne 的主流文化含义。

但是,对 Wayne 的另类解读也是存在的。例如,美国海军在一门战俘生存之术的课程中,使用了"John Wayning it"这个短语来教育士兵们在受到残忍的折磨时要装疯卖傻坚持不出卖军事秘密。上面提到的贺卡更加破坏性地扭曲了 Wayne 的形象。贺卡使用他的形象来质疑和挑战社会关于男子气概和异性恋的主流思想。他们赋予 Wayne 形象新的含义,让他代表同性恋的文化,这在 Wayne 的后代看来是非常无礼的。如果纽约州的议会规定 Wayne 的公开权可以由后代继承,那么,Wayne 的后代则有权主张这种使用侵犯了他们的公开权。从此以后,Wayne 的后代就有能力控制 Wayne 在文化中的含义。

从本质上说,公开权就是给予了权利人一种限制其他文化存在的力量。当法律赋予名人公开权,就不仅仅是将财富分配给了他们,还给予名人强大的力量来控制文化含义的生产和传播。名人可以利用这种力量来抑制那些挑战他喜欢的文化含义的行为。这种权利会限制其他人表达和交流的机会。换句话来说,公开权让我们不断地远离 John Fiske 所说的"语意民主"——在这种民主下,所有人都可以自由地、积极地制造和传播文化的含义和价值,虽然可能存在不平等的情况。这些理由也许不能简单地否认公开权的存在。也许法律的影响

---

① See Daniel B. Moskowitz, Celebrities' Ghosts Are Hanging over Advertisers, BUS. WK., June 3, 1985, at 108.

并没有想象中那么大。虽然公开权的存在会阻碍和扼杀一些流行文化产品的制造，但是社会语言也有可能继续发展。这些可能性都需要支持公开权的学者们进行证明。支持者们要证明为什么冒这些风险是值得的。如果他们只是用"常识"来解释当然不具有说服力，也不能保证宪法第一修正案保护的言论自由权利的实现。公开权的支持者们还要证明认可名人对其身份的财产权具有重要的意义。

三、公开权的出现

名人们对他们的身份拥有财产权的时间并不很长。大约40年前公开权才第一次被承认。[1] 为什么公开权没有出现得更早一点呢？学者给出的标准答案是20世纪以前人们并不需要这种权利。[2] 也有学者认为人格的商品化是近代才开始出现的。[3] 这些答案都是不正确的。其实，早在18世纪就出现了对名人身份大规模的商业利用。这种现象一直持续到19世纪，一直以来基本上都没有人反对。那时人们认为名人的人格要素是一种公共财产，其他人可以自由地使用。这部分分析了为什么名人的人格要素过去被视为公共财产，而最后被Melville Nimmer提出的"百老汇和好莱坞要求"的公开权所控制。

（一）商品化的加剧：从名气到"名人"

正如Leo Braudy所说，18世纪后半叶市场已经开始广泛利用名人形象。[4] 例如，1774年，Josiah Wedgwood销售了一系列印有杰出人物肖像的图章。这些商品成为了市场上的畅销产品。后来Wedgwood继续销售了印有新一代伟大人物肖像的盘子、雕像、陶器、水瓶和餐具等家居用品。到1779年，Wedgwood销售这些产品的利润已经高于他发家时经营的茶叶买卖。在其他一些国家，许多公司也很快抓住了这个商业机遇，大量地销售这类产品。这些产品给厂商带来

---

[1] See Haelan Lab., Inc. v. Topps Chewing Gum, Inc., 202 F. 2d 866, 868 (2d Cir.), cert. denied, 346 U. S. 816 (1953).
[2] Note, An Assessment of the Commercial Exploitation Requirement as a Limit on the Right of Publicity, 96 HARV. L. REV. 1703, 1713 (1983).
[3] Sheldon W. Halpern, The Right of Publicity: Commercial Exploitation of the Associative Value of Personality, 39 VAND. L. REV. 1199, 1210 (1986).
[4] See Leo Braudy, The Frenzy of Renown: & Its History 452 (1986).

了丰厚的利润。但是，那是被印在商品上的名人们并没有提起任何诉讼，社会上也没有任何反对的声音。

  Benjamin Franklin 的例子很有启发意义。1776 年，Franklin 到法国不久，他的肖像就开始出现在图章、鼻烟盒、戒指、闹钟、花瓶、手帕和剪刀上面。Franklin 在给他女儿的一封信中记录了他对这种现象的看法。"你给 Hopkinson 先生的印有我的肖像的图章，是法国厂商最初制造的图章。现在，市场出现了很多种大小不同和种类各异的图章。我的肖像有的被印在了鼻烟盒上，也有的被印在戒指上。这些商品销量非常可观，我的图片随处可见，这让你爸爸的脸蛋和月亮一样出名。我现在不敢做任何坏事，否则逃跑也很容易被人认出来。"Franklin 在他的信件中用幽默的方式感叹了名气产生的牺牲自由和隐私的代价。这和现代名人的困扰是一样的。但是，在这封信中，Franklin 没有表达任何道德上的愤怒和仇恨，没有嫉妒那些企业利用他的肖像获得利益，也没有指责他们没有得到他的同意就使用他的肖像。Franklin 并非不知道利用他的肖像和名气可以获得商业利益，那为什么他并不觉得被冒犯、被欺骗了呢？为什么那个时代名人像 Washington，Adams 和 Jefferson 也同样受到厂商的商业利用也没有提出任何诉讼？Braudy 给了我们一个的解答。Braudy 认为，那些开国者们觉得使用他们的形象可以有助于实现美国公众的利益。他们把自己的形象当做一种公共财产，公众可以自由地使用。开国者认为，在社会上广泛地宣传他们的形象可以促进美国独立精神的培养和国家建设事业的发展。

  Franklin，Washington，Jefferson 以及 John Adams 等开国者们将使用和宣传这些形象的行为看做一种公民美德。那些新时代的英雄们的形象树立了一种统一国家的精神，并进而发展成为一种抽象的国家标志。Braudy 认为，正是因为以上的原因，那些开国者们虽然不一定喜欢表现他们形象的艺术效果，但是他们出于一种爱国责任，还是愿意成为这些图片和塑像的主角。这也体现了名人们的公民责任，这种责任使他们能够容忍商家在各种家用产品中使用他们的形象。如果将那些肖像印在市场很大的家用产品中（如盘子、烟盒、闹钟、戒指等），广大民众都可以使用，从而有助于广泛地建立一种民主国家的形象。

其实，并不是说那些开国者们就不关心声望和名气。相反的，他们统治的热情恰恰反映了他们对声望的渴望。而且，他们认为，名气应该自由地获得也应该自由地给予，给予名气的唯一回报应该是公民美德和英雄主义。对于他们来说，名气并不是指获得大众的注意，而是指获得同代和后代人的尊重和敬佩。开国者们并不利用声望和名气来寻求一些普通人想要获得的东西（比如金钱、权力和性关系等）。Garry Wills 认为，那些开国者们想通过名气获得一种纯粹的英雄主义称号作为回报。他们可能从未把名气当做一种商业资产，一种可以获得物质回报的工具。但是，现代对名气的经济理解已经不同于 Franklin 那个时代。因此，不难理解为什么以前的名人们不觉得行为人未经授权对他们的形象进行商业利用意味着窃取了他们的劳动果实。

一个世纪以后，在商品制造业中，商人们还是广泛地使用名人们的肖像和姓名。例如：John Brown 被弗吉尼亚州处以绞刑以后，很多企业就开始生产印有 John Brown 的图片和塑像。[①]在 1880 年 Sarah Bernhardt 访问美国之时，商人们也大量地销售印有他的肖像的香水、糖果、雪茄和眼镜等。[②] 两年以后，Oscar Wilde 来美国进行比较公开但充满争议的演讲，广告商们将他的肖像印在商业名片上面。[③] 在 1894 年 George du Maurier 出版了他的小说 Trilby，引起了一场"玩世不恭"热。这部小说的销量非常之大，随之出现了大量的商品关于 Trilby 的鞋子、袜子、泳衣、雪茄和香烟等等。这决不是个别的现象。根据社会历史学家 Neil Harris 的研究，对名人的商业利用在 19 世纪是非常普遍的。那些被利用的名人有活着的也有死去的，有政治界的也有艺术界的，有真实的也有虚构的。Neil Harris 说，从 Jenny Lind 到 Georges du Maurier's Trilbymania，从 Louis Kossuth 到 Lillian Russell，名人们一直处于流行的前端。帽子、玩偶、手杖、自行车、戏剧、玩具、餐具、家具、雪茄以及烈酒等，各种各样的产品都在使

---

① 114 See Paul Finkelman, Manufacturing Martyrdom: The Antislavery Response to the John Brown Raid, in His Soul Goes Marching on: Responses to The John Brown Raid (Paul Finkelman ed., forthcoming 1993).
② Benjamin Mcarthur, Actors And American Culture, 1880 – 1920, at 137 – 38 (1984).
③ Robert Jay, The Trade Card In Nineteenth-Century America 61, 63 (1987).

用名人的姓名和肖像。① 但是，与 18 世纪一样，对名人姓名和肖像的商业利用没有引起社会的强烈抗议和诉讼。Harris 认为，因为社会已经假定名人们是一种公共财产，其他人可以未经授权进行利用。

在 19 世纪的最后 20 年，这种假定开始受到一些法院和学者的挑战。有人在 Case & Comment 上发表了一篇未署名的社论《广告的强盗行为》，文章严厉地批评了对名人人格要素的商业利用：很多死去的名人们的肖像被商人们作为商标使用在一些劣质的商品上，张贴在城市的墙壁上和乡村的遮光板上。如果这些广告就是为了宣传这些名人或者名人的产品，我们还可以忍受。但是，如果这些不朽的名人们的肖像被用在粗俗的商品上，降低了他们的身份和声誉，那我们就应该让这些商人们受到惩罚。② 这篇社论列举了许多这类滥用的例子，比如 Arthur 总统牌雪茄，英国哲学家 Herbert Spencer 牌雪茄，还有 Garfield 总统牌茶叶等等。文章预言，不久的将来 Lincoln 总统的阴郁的、崇高的脸庞可能会出现在各种粗俗的商品上，Martha Washington 和 Grover Cleveland 的肖像可能会出现在紧身内衣上。

这时，美国出现了第一个名人主张禁止行为人未经授权对其姓名和肖像进行商业利用的诉讼。③ 1890 年，纽约的喜剧演员 Marion Manola 拒绝在广告中使用她的照片。但是，广告商并没有因此停止使用，因此 Marion Manola 就向法院获取了一个单方禁令。在这个案子发生一年以后，一位英国著名的内科医生 Morrell Mackenzie 在纽约提起了一个诉讼，起诉一个美国制造商未经授权使用了一个模仿 Morrell Mackenzie 签名的推荐书。Morrell Mackenzie 认为，这种行为损害了他的形象，也侵犯了他使用自己姓名的专有权。④ 如果 Morrell Mackenzie 在英国起诉可能不能获得救济，但是纽约法院没有引用任何判例，也没有进行任何解释，就给与了他一个初步禁令。

1899 年，著名的律师和政客 John Atkinson 的遗孀起诉一个雪茄

---

① Neil Harris, Who Owns Our Myths? Heroism and Copyright in an Age of Mass Culture, 52 SOC. RES. 241, 251 (1985).
② Advertising Brigands, CASE & COM., Dec. 1895, at 3.
③ Ordinary persons as well began to complain of unauthorized appropriation for commercial purposes at roughly the same time. See infra text accompanying notes 206 – 207.
④ Mackenzie v. Soden Mineral Springs Co., 18 N.Y.S. 240, 249 (Sup. Ct. 1891).

制造商未经授权使用 Atkinson 的肖像作为商标。① 尽管 Michigan 最高法院不认可这种隐私权，拒绝受理这个案件，但是，法院也认为被告的行为是无礼的。这些例子表明在世纪之交时，人们对于名人的人格要素的商业利用态度发生了重要的改变。人们开始抗议商业滥用行为。但是，无论是法院还是诉讼当事人都不能确定这种未经授权使用名人的人格要素的行为属于什么类型的违法行为。一些名人认为这是对他们的名誉的损害。② 有些法院认为消费者可能会因此受到欺骗，误以为那些名人代言了商品。一位社论者认为这种行为是对伟大的美国人的不尊重。但是，新泽西法院在一个案子中判决禁止行为人未经授权在药品商标中使用 Thomas Edison 的姓名，法院并不认为被告侵犯了名人的隐私或者尊严，而是侵犯了名人的财产权：如果一个人的姓名是属于他的私有财产，那么就很难理解为什么一个人的独特的外貌不是他的私有财产，为什么这些价值不属于它的所有者，而是属于那些未经授权的使用者。这是早期司法判决的法律意见，这种意见认为那些未经授权使用名人的人格要素的行为侵犯的是名人们的经济利益。新泽西法院认为，Edison 人格要素的经济价值是属于他的。未经授权使用 Edison 的人格要素的行为剥夺了他获得经济利益的机会。

为什么在这个时候未经授权使用名人的人格要素遭到了那么多的反对和带来了那么多诉讼？是不是因为在 19 世纪 90 年代名人的人格更有价值了？如果是的，原因是什么呢？是不是因为这些行为变得更加无礼了？如果是，又是怎样的表现呢？是不是共产主义的价值观和思维模式遭受了打击？要回答这些问题不是一件容易的事情。但是，可以肯定的是，19 世纪末期新闻业和广告业的一系列变化是造成这个改变的其中一个原因。

首先，我们来看看广告业的变化。在美国内战结束后到 1900 年间，广告的费用成倍上升，增长了几十倍。③ 这大大地改变了美国城市和乡村的面貌。在城市里，建筑和交通工具上随处可见各种广告。

---

① Atkinson v. John E. Doherty & Co., 80 N. W. 285 (Mich. 1899).
② See Mackenzie v. Soden Mineral Springs Co., 18 N. Y. S. 240, 241–242 (Sup. Ct. 1891).
③ See Stephen Fox, The Mirror Makers: A History of American Advertising And Its Creators39 (1984).

乡村路边的农场建筑也成为了广告商的占领之地。同时，广告的内容也发生了巨大的变化。过去的广告一般都是以文字为内容的，用文字来向消费者推销产品的优点。但是，随着彩色石印术的发明，广告越来越多地采用图片来吸引消费者。于是，广告商们就大肆地使用各种图片和形象，例如：希腊神话人物、动物之王、共和国的历史人物等。著名人物的形象，无论是在世的还是去世的最常被用在商业名片、海报和产品的标签上。比如，19世纪末期雪茄的盒子上就经常印有名人们的名字和肖像，他们中有作家、艺术家、哲学家、政治家、军事家和皇室后代等。1890年，市场上出现了"Buffalo Bill Cody"和"Robert Fulton"牌香烟，10年以后，又出现了"Thomas Jefferson 'Chums'"和"Tolstoi 'Russia'"牌香烟。

19世纪90年代，新闻业也发生了一些变化。新闻日报的销量从2600万份增加到8400万份。① 随着销量的增加，新闻工作者的实践也相应地发生了一些变化。这个时期新闻追求的是轰动效应，对于新闻工作者来说，新闻的形式比实质内容更加重要。② 新闻的焦点主要集中在犯罪、警讯、人性化故事以及上流社会的八卦新闻等等。这时的新闻沿袭的是内战以前廉价报纸的传统。为了吸引读者，报纸彻底地改变了他们的模样。报纸改版为大字体，小版面，以便于读者可以在公车上阅读。新闻编辑常常使用吸引眼球的标题、独特的内容和各种各样的插图来增加销量。而且技术的发展，使报纸和杂志可以使用即时摄影。结果就产生了画报和一些人生攻击的新闻。

新闻业和广告业的变化在社会上产生了很大的恐慌。那些权力阶层要求用法律对隐私进行保护。1890年，Warren和Brandeis阐述了这些流言飞语和快照带来的不好影响，然后建议利用隐私权进行保护。1896年，John Gilmer Speed发出警告说，如果没有可以强制执行的隐私权，文明将会被毁灭，谦逊和文雅也将被残忍和粗俗代替。③ Speed被秘密拍摄了许多照片，带给他很大的困扰。他认为演员在幕

---

① Don R. Pember, Privacy and The Press: The Law, The Mass Media, And The First Amendment 11 (1972).
② Michael Schudson, Discovering The News: A Social History of American Newspapers 95 (1978).
③ John G. Speed, The Right of Privacy, 163 N. AM. REV. 64, 64 (1896).

后应该不被打扰,也应该有自己的生活。一个社论作者甚至提倡制定法律,将未经授权使用他人的肖像、照片等规定为一种犯罪行为。

总之,从上面的介绍可以看出,正是由于社会从以文字为基础转变为以形象为基础引起了这场文化危机。在 19 世纪末期以前,最杰出的美国人都是通过他们的功绩和话语,而不是形象闻名全国的。Neil Postman 说,虽然 Franklin 和 Washington 等一些人物广为人知,但是这些总统走在街上,人们可能都认不出来。同样的,那个时代的大律师、总理和科学家也会遇到这样的情况。但是,19 世纪末新技术的发展使表现和传播形象成为可能,这些改变了广告和新闻的方式和内容。于是,突然之间,名人们发现,到处都是他们的姓名和肖像,在报纸、杂志、商品标签、广告海报和商业名片中随处可见。面对这些情况,一些名人并没有如同 Franklin 的平静和幽默。他们感到很痛苦、焦虑和愤怒,于是他们只能向法院求助。

在 20 世纪初,因为产生了第一代电影技术和无线电广播,"图像革命"的步伐加快。这些技术形成了一种"荣誉机器",改变社会中名气产生的机制。在这之前,正如 Daniel Boorstin 所说,像 Edison 一样为世界作出一定贡献的人才能获得名气。除非一个人成就了伟大的事业,否则他的姓名不会变得家喻户晓。他可能像 Napoleon 一样那么有权力,或者像 J. P. Morgan 一样那么富有,或者像 St. Francis 一样那么高尚,更或者像 Bluebeard 一样那么邪恶。如果一个人在一个民族中非常有名,那他一定是某种英雄;正如字典中写的拥有勇气、美德和壮举的人。电影和无线电广播的出现将名气和伟大的成就分离开来。现在,人们不用作出什么特别杰出的贡献,仅仅凭借有吸引力的个性、一些身体上的特色就可能成为名人。这是一种新类型的名人。有学者认为,今天的名人之所以成名是因为被公众所知悉。Richard Schickel 这样形容这种突发的改变:在 1915 年到 1925 年之间,社会已经不再坚持认为在成就和名气之间有明显的关系。要成为一个名人,已经不再需要做出某种英雄举动,为人类谋取利益或者建立一个强大的企业集团。自从好莱坞的明星系统建立以后,只要在娱乐活动中有所成绩就可能成为名人。[①]

[①] Richard Schickel, His Picture In The Papers 7 (1973).

然而，在之前一个杰出的人要成为全国闻名的人物，他要经过一个缓慢的过程，这个过程像上帝统治的领域一样神秘。现在利用"荣誉机器"可以有目的地创造名气，甚至可能出现一夜成名的情况。当然，在电影出现之前，舞台明星们也会获得很多的喝彩和名气。但是，19世纪时，演员和他们的粉丝们的关系没有那么密切和紧张。那时的演员虽然大部分时间都在巡回演出，但是可以看演出的观众并不是很多，人们一生也许只能看到一次或者几次这类演出。但是，现在喜欢看电影的人们可以经常去电影院看他们喜欢的明星们的演出。发生这种变化的同时产生了一种不良现象，人们开始关注名人们的私生活。第一本粉丝杂志出现在1911年，这本杂志专门报道明星们的私生活。

20世纪初，一些普通杂志如 Collier's 和 The Saturday Evening Post，刊登了一些传记性的文章，这些文章一般把政治领袖、杰出商人、金融巨子、科学家和发明家作为主题。Leo Lowenthal 将这称为"生产的偶像"。[①] 但是，到了1920年，这些杂志已经将注意力转移到娱乐明星身上，即"消费的偶像"，比如：电影明星和运动员。而且，杂志的文章都不是关注这些娱乐明星的公共活动，而是窥探明星们的私生活，包括他们和家人、朋友的关系，兴趣爱好、娱乐活动、饮食偏好、衣着打扮以及住房装修等。这些杂志的读者已经不仅仅是对这些名人的生活方式感到好奇而已，他们开始根据电影和明星们的生活方式来决定自己应该购买什么，应该怎么生活。Stuart Ewen 在文章中写到，在20世纪二三十年代的美国，名人和消费之间的联系已经建立。那些报道好莱坞的杂志和报纸密切地配合电影，电影一上映，杂志和报纸就会出现大量的图片，报道电影中明星的时装、发型、最爱的食物、个人习惯以及装修理念等，消费者就会把他们作为消费的根据。Margaret Farrand Thorp 认为，到1939年，好莱坞的消费模式已经成为了大众的消费的参照标准。在佛蒙特州和俄勒冈州的家庭妇女都可以解释她的发型、穿着、装潢是参照哪个明星的。

20世纪二三十年代，好莱坞和麦迪逊大道结成联盟共同开发电

---

① See Leo Lowenthal, The Triumph of Mass Idols, In Literature, Popular Culture, And Society 109, 109-114 (1961).

影明星巨大的商业市场,他们通过鼓励人们的效仿来刺激消费寻求。有两个表现是非常显著的,第一是"植入式广告"在好莱坞电影中的广泛使用。商家可以在电影中展示他们的时装、家具、珠宝、化妆品和其他的产品。商家只需给付费用、提供道具或者为好莱坞提供免费的广告。第二个是在广告和产品推荐书上广泛使用名人的姓名和肖像。17世纪时就产生了产品推荐书,[①] 但是20世纪时因为成药也采用这种广告方式,使这种方法变得充满欺骗性。20世纪20年代,J. Walter Thompson 公司让产品推荐书变得重新流行起来。JWT 的主席 Stanley Resor 提出广告应该人性化的理念。他主张利用社会上三个基本的趋势:对他人的好奇、对名人的效仿和对权威的追求。Resor 认为,在民主社会人们尊敬和仰慕那些贵族阶层的名人们。[②]

长期以来,美国杰出的人物都认为对他们的姓名进行商业利用有损于他们的尊严。但是在20世纪20年代,Resor 的公司成功地说服了一些名媛代言产品,换取对慈善组织的捐款。根据广告历史学家的研究,这种代言最早发生在1924年,O. H. P. Belmont 这位纽约社会的名媛,杰出的女权主义者允许 JWT 在 Pond's 的雪花膏上使用她的姓名。紧接着,Reginald Vanderbilt 女士、罗马尼亚女王 Marie 还有 Duchess de Richelieu 等名流都纷纷效仿。这些名媛的举动使名人代言产品变得正当。好莱坞的明星们虽然不是出于慈善的目的,也开始代言产品。从此以后,JWT 和其他的广告代理商就经常使用电影明星和体育明星的姓名和肖像来推销肥皂、香烟、运动器材、化妆品和其他产品。

到了20世纪30年代,新的传播技术的发展不仅仅改变了名气的产生机制,也改变了名气的商业价值。名气已经成为巨大经济价值的来源。电影和体育明星的人格要素的公开价值可以通过很多方式来获得丰厚的回报。电影公司经常授权他人使用名人的姓名和肖像来获得金钱、道具和广告机会等。有的电影公司甚至成立了专门的公司来负责经营明星们的姓名和肖像。但是,法律并没有跟上社会变化的步

---

① See George B. Hotchkiss, An Outline Of Advertising 25–26 (1933).
② See Roland Marchand, Advertising The American Dream: Making Way For Modernity, 1920–1940, at 96 (1985).

伐。在这类案件中，法院将未经授权使用名人人格要素的行为认定为诽谤、不正当竞争或者商标侵权。还有一些法院将这种行为认定为侵犯了名人隐私权。但是，这些法律原则都不能使名人或受让人从名人的人格要素中获得最大的利益。

（二）商品化的胜利：从隐私到财产

Thomas McCarthy 认为，公开权是从隐私权衍变而来的，就像"夏娃是来自亚当的一条肋骨"。我认为这个比喻是错误的。与其说公开权从隐私权变化而来，不如说是因为隐私权的局限性催生了公开权。Warren 和 Brandeis 最先提出隐私权来禁止新闻业对隐私的侵犯。1903 年，隐私权第一次获得法律上的承认：纽约的立法机关撤销了上诉法院对 Roberson 案件的判决，[①] 通过了一项法规规定未经授权在广告或商业活动中使用他人的姓名和肖像要承担刑事责任和民事责任。[②] 1905 年，在 Pavesich v. New England Life Insurance Co. 一案中，乔治亚州最高法院认为行为人未经授权在产品的推荐书上使用他人的照片侵犯了他人的隐私权。[③] 后来，美国很多司法判例都承认了隐私权。

在 Roberson 和 Pavesich 案件中，原告都主张隐私权，希望自己的生活"不被打扰"。案中的原告是身份比较卑微的市民，他们的形象被公开以后广泛传播。这令他们感到非常地尴尬和痛苦。但是，如果是名人遭遇这种情况，那他们主张情感上受到伤害则不是那么具有说服力。电影明星和体育明星本来就是希望通过曝光来吸引公众的目光，他们怎么会因为这些公开而感到难堪和痛苦呢？比如：Babe Ruth，他经常在成千上万人面前表演，拍摄写真集，参加访谈节目和代言产品等，如果有人未经他同意将他的照片使用在棒球卡或者广告上，他怎么可能会感到痛苦或者耻辱呢？他只可能会抱怨行为人使用了他的照片却没有给予报酬。因此，我们很难看出未经授权公开使用名人的人格要素和隐私有什么关系。在 20 世纪二三十年代，如果名

[①] Roberson v. Rochester Folding Box Co., 64 N. E. 442, 447 (1902).

[②] 1903 N. Y. Laws ch. 132, Ë 1 – 2 (codified as amended at N. Y. CIV. RIGHTS LAW Ë 50, 51 (McKinney 1990)).

[③] Pavesich v. New England Life Ins. Co., 50 S. E. 68 (Ga. 1905).

人们向法院请求救济，主张未经授权使用他们的姓名和肖像侵犯了他们的隐私权，法院一般很少给予支持。很多法院认为名人们在成名的过程中已经选择放弃他们的隐私权。因此，无论是新闻评论还是商业活动都可以使用名人的人格要素。即使法院给予名人隐私权保护，名人可以得到的损害赔偿也仅限于精神损害赔偿。所以，一些获得胜诉的名人也只能获得名义上的赔偿。

隐私权理论不能让名人从他们的人格的公开价值中获得最大利益。隐私权是一种人格权，它既不能遗赠也不能转让。Babe Ruth 拥有隐私权，因此他可以授权厂商在销售棒球棒时使用他的姓名，这只相当于一种"释放"：一种不追诉厂商侵犯他的隐私的允诺。Ruth 也可以授予厂商排他使用权，这样他就不能再将其姓名和肖像授权其他厂商使用。这两种类型的授权对厂商都有一定的价值。但是，厂商真正愿意以高价从 Ruth 那里获得的是可以直接阻止第三方未经授权在其棒球棒产品上使用 Ruth 的姓名的权利。但是，这种权利并不是 Ruth 可以授予的。事实表明，如果名人只有隐私权，就不能实现他的人格价值的最大化。只有法律赋予名人对其人格价值的财产权，名人才能够阻止其他人的使用，才能通过转让权利获得利益。也只有这样，人格价值的市场才能充分地运作起来。

这种财产权的看法在一些州法院判决中得到支持，但是在 Hanna Manufacturing Co. v. Hillerich & Bradsby Co. 一案[①]中却没有被接受。原审的原告 Hillerich 与一些著名的棒球运动员签订了合同，运动员授予 Hillerich 对他们的姓名、签名和照片的排他使用权。Hillerich 生产运动员们喜欢的棒球棒，并附带运动员的亲笔签名。另一个棒球棒厂商 Hanna，在未经运动员们授权的情况下也在其生产的棒球棒上使用运动员们的姓名。Hillerich 向法院提起诉讼，请求法院禁止 Hanna 在他的产品上使用运动员们的姓名，理由有二：第一，Hillerich 拥有这些名字的财产权；第二，Hanna 的行为会让消费者误以为运动员们代言了他们的产品，构成不正当竞争。联邦地区法院支持 Hillerich 的主张，禁止 Hanna 使用与 Hillerich 签约的运动员们的姓名。在上诉审中，第五巡回法院根据反不正当竞争法修改了禁令。法院认为无论禁

---

① 78 F. 2d 763 (5th Cir.), cert. denied, 296 U. S. 645 (1935).

止行为人未经授权使用运动员的姓名是人格权还是财产权,都不是关键。在任何一种情况下,这种权利都是不可以销售的。法院持这种态度的原因可以归结为反对名气的商业化。Sibley 法官认为名气不是一种商品。Hillerich 只能根据商标法和不正当竞争法禁止第三方的使用。

Hanna 一案的判决没有得到学者的支持。随着法律共同体逐渐接受"名气"的经济属性,法院应该不会再做出这样的判决。Sibley 法官的法律意见表明名人的姓名并不能在市场上进行销售,名人们的名气和声誉也都是不可转让的。他人可以利用它们获得利益,但是,不能购买或者拥有。在这个世纪初,随着传播技术的发展,名气的文化含义和商业价值发生了变化,名人的姓名和肖像都有很大的市场空间。人们开始发现名气是一种类似商誉的商业资产,是一种可以交换的商品。这些观点的发展让 Sibley 法官的观点显得天真、空想和有碍社会发展。[1]

在 1953 年 Haelan Laboratories, Inc. v. Topps Chewing Gum, Inc.[2] 一案中,这个案件与 Hanna 案件的案情相似。第二巡回法院的 Jerome Frank 法官认为,人们除了有隐私权以外,还有公开他们照片获得利益的权利。这种权利可以授权也可以转让,被授权者和受让者可以禁止第三人使用。这种权利被称为"公开权"。我们知道,那些杰出的人物(特别是演员和棒球运动员)不会因为行为人公开他们的肖像而感到痛苦,但是,他们如果不能从广告、产品代言中获得经济利益的话,那么,他们会觉得被剥夺了获得报酬的权利。

Frank 法官没有讨论公开权是否要贴上财产权的标签。虽然 Frank 法官引用了一些判例,但是他没有像 Warren 和 Brandeis 一样努力地去证明公开权已经被法院所承认。相反的,他仅仅提到除非名人可以授权他人禁止第三方未经授权使用其照片,名人就不能从他们的照片中获得经济利益。[3] Frank 没有进行任何理性的论证,他只是摆

---

[1] See Margaret J. Radin, Market-Inalienability, 100 HARV. L. REV 1849, 1852 – 1855 (1987).

[2] 202 F. 2d 866 (2d Cir.), cert. denied, 346 U.S. 816 (1953).

[3] Haelan Lab., 202 F. 2d at 868.

出事实。① 他也没有考虑承认这种权利的抵消成本。最重要的是，法官们没有从道德或者理论出发，考虑人格要素的商业化可能带来的社会的不安。在法院看来，把名人的人格看做商品并允许在市场上自由买卖是一件理所当然的事情。市场上确实是已经出现了名气这种商品，所以，法院只是对这种已经存在的商业行为给予一种保护。从Haelan Laboratories 以后，名人的形象可以转让的观念逐渐变成McCarthy 教授所谓的常识。

Haelan Laboratories 案件发生了一年以后，Melville Nimmer 写了一篇关于公开权的文章，文章第一次系统地阐述了公开权。Nimmer 的文章结构模仿 Warren Brandeis 写的隐私权文章。Nimmer 批判了当时保护名人身份商业利益的法律理论。文章提议法律规定一种独立的公开权（现在被认为是一种财产权），并列举了这类侵权的诉因。虽然Nimmer 过去认为公开权是一种社会的需要，但是在文章中他直率地提出公开权是好莱坞和百老汇的需要。的确，这篇文章的目的就是为明星产业主张特定利益。但是，Nimmer 敏锐地发现，只有基于道德原则来论证人格的商品化才会更容易被法院、学者和大众所接受。

John Locke 认为，在广告或其他商业活动中使用名人们的姓名、照片和肖像毫无疑问可以获得丰厚的利润。但是，一个人想要获得这种巨大的人格价值，必然要付出很多努力，以及时间、技能和金钱。根据英美法系判例的一个基本原则：人们对其劳动果实享有权利，除非国家为了公共利益而征用他们的劳动果实。人格价值属于人们的劳动果实，所以人们对其人格价值应该拥有财产权。但是，由于传统法律理论存在一些错误，人们长期辛勤劳动获得的公开价值被剥夺。John Locke 认为，只有承认公开权的存在才能不再出现这种情况。

Nimmer 的劳动说让我们想起了以前好莱坞努力说服公众相信明星们的名气和财富来自于他们的努力和辛勤。在 20 世纪 20 年代，明星出现了很多丑闻，于是在后来的 20 年间好莱坞的电影公司花费了很大的努力让公众相信电影明星虽然有着天赋、美丽和财富，但也和一般公众一样拥有美德和正确的价值观。从此以后，无论明星们拥有多少财富，人们都认为那是他们通过劳动获得的。不管明星们的娱乐

---

① Haelan Lab., 202 F. 2d at 868.

活动有多么奢侈，社会舆论都宣传明星们像农民和工人一样在劳动。Nimmer 也使用了同样的理由来为公开权辩护。其实，直到今天公开权还是凭借劳动说企图获得道德上的支持。

尽管 Haelan Laboratories 和 Nimmer 的建议得到了一些学者的支持，但是最初法院似乎不太愿意接受这种新的权利。这可能是因为法院还对名气持传统的非经济观念。无论如何，Kalven 教授和最高法院的观点促进了公开权的发展。在过去的 20 年，随着名人产业不断发展和名人产业的产值不断上升，社会对人格商品化的要求越来越强烈。由于那些反对公开权的学者没有团结起来，也缺乏法律和游说的力量，所以他们不能有效地反对这种要求。于是，越来越多的法院和制定法开始承认公开权的存在。

四、对公开权理论的批判

支持公开权的理论主要可以分成三类。第一类是道德说。道德说主张人们有权收获自己的劳动果实。如果行为人不劳动而攫取他人的劳动果实，那就是不正义的行为。第二类是经济说。经济说是目前最流行的一种理论。经济说主张公开权的作用类似于著作权，都是为了激励人们进行创造性的劳动，鼓励人们取得成就。波斯纳教授还提出了一种类似的理论——效率非配说，主张公开权可以促进效率的分配。第三类是消费者保护说。消费者保护说认为公开权类似于商标权，都是为了保证消费者能够获得关于商品和服务的准确信息，防止消费者受到欺骗和其他伤害。下面将依次来讨论这些理论。

（一）道德说

曾经有学者和法院认为，名人对其身份拥有财产权是名人成名后应该获得的。这种意见有待商榷。过去名气无疑是来自于个人的美德，但是现在很多人的名气仅仅是凭借运气或借助丑闻，甚至是通过犯罪或其他不道德的行为获得。一些人通过这些方式还获得了巨大的经济利益。比如：Donna Rice 和参议员（总统候选人）Gary Hart 的关系公开以后，[1] 她就得到了和 Jeans 签订广告合同的机会。再如：

---

[1] See Phyllis Furman, New Retail's Cole Is a Savvy Young Soul.

英国人 Robber 和 Ronald Biggs 在巴西逃亡的时候，拍摄了一个咖啡广告，广告语是：如果你像我一样在逃亡。① 更有甚者在商业卡片上印了杀人犯的肖像，结果这些商业卡片获得了很好的销路。这些现象引起了立法机构的注意。一般来说，广告商更喜欢使用那些不是通过不正当手段获得名气的名人。但是，也有很多广告商使用名人的肖像仅仅是为了吸引人们的注意力，凸显他们的商业信息，而不考虑名人的成名方式。因此，他们经常使用国家公敌、聚众闹事者、性丑闻和政治丑闻的主角。例如：巴拿巴将军 Manuel Noriega 被罢黜以后乘飞机到达迈阿密。于是，英国的航空公司 Virgin Atlantic 拍摄了一个广告，并在广告中使用了他的照片。广告的标题是：只有一个低于 90 磅体重的人才可以飞入美国。② 在科威特入侵伊拉克后，广告商也类似地使用了 Saddam Hussein 的肖像。这类广告的存在让我们不禁要思考公开权的范围。通过不正当手段成名的名人其实并不值得获得名气的全部经济利益。

法院和学者最常引用的是 Nimmer 提出的劳动说，Nimmer 在他的论文中提出公开权来自于英美法系一个众所周知的原理：每个人都有权利收获自己的劳动果实，除非国家为了公共利益征收他们的劳动果实。Nimmer 认为，名人们付出了很多时间、精力、努力或者金钱来创造他们人格的公开价值，所以名人们值得拥有这些经济利益。很多的法院和学者采纳了这种公开权的理论。一些学者强调名人们收获他们的劳动果实属于他们的道德权利，另外一些学者则强调行为人未经授权使用名人的人格要素是窃取名人的劳动果实，是一种不劳而获的不道德行为。在接下来的两个部分我将会分析这种公开权的理论。我的观点是名人人格的商业价值是多种因素共同作用的结果，并不仅仅是名人个人的劳动成果，因此，劳动成果说并不是那么有说服力。

1. 劳动成果说

劳动成果说假定名人人格的商业价值并不是上帝的礼物，而是名人通过自己的劳动创造出来的成果。很多法院同意这种观点。这些法院一般认为，名气的商业价值属于名人的个人成就，是名人长期努力

---

① John Lahr, Automatic Vaudeville 220 (1984).
② See Poster Boy, PARADE MAG., Feb. 25, 1990, at 11.

的结果。名人在他们成名的过程中充分发挥了他们的天赋、付出了很多的时间和努力,经过长期的奋斗才获得了名气和尊重。比如,一个法院说,Guy Lombardo 用了40年的时间和辛勤劳动来塑造他的公众形象:Mr. New Year's Eve。还有一个法院说,Elroy "Crazy Legs" Hirsch 付出了很多时间和努力来让他获得优秀运动员的声誉和使他成为高尚的运动员精神的代表。[①] 一个联邦地区法院也提出了类似的观点,他们认为名人要获得杰出的地位,必然要付出多年的努力来塑造他们的公众形象。因此,名人的姓名、肖像和其他人格特征所具有经济价值是名人的劳动成果,属于名人的私有财产。许多法律评论者也支持这种观点,他们认为名人通过努力获得的公共形象的商业价值属于他们的私有财产。Sims 教授说名人通过努力塑造了公众的心目中一个个有趣的积极的形象。这类似于商人花费大量的时间、金钱和精力去建立商誉。McCarthy 教授认为,无论是人们建造的一幢房屋、织的一件毛衣,还是创造的有价值的人格都属于应该受到法律保护的私人财产,人们有权利禁止他人侵犯和盗窃。一位学生是这样分析的:木匠通过辛勤劳动,花费大量的时间和精力将没有价值的木头制作成精致的家具。同样的,名人们刚开始也是默默无闻的普通人,他们的人格不具有公开价值。但是,经过他们长期的努力声名远扬。因此,名人就和木匠一样,他们依靠自己的劳动创造了以前不存在的经济价值。

这种公开权的道德理论仅仅是直觉上的推断。仔细研究,我们会发现这个理论存在很多问题。第一个问题是没有任何证据表明木匠或者名人对他们的劳动产品有自然权利或道德权利。第二个问题是劳动说对当今社会名气产生过程的认识是错误的。如果我们撇开意识形态的偏见会发现,名人创造人格的公开价值完全不同于木匠生产家具。那种认为名人的人格价值来自于名人的劳动的说法只是舆论的一种宣传。

为了评价公开权的劳动理论,我们要研究人格经济价值的来源,要分清是名人还是他人的劳动创造了名人人格的经济价值。英国的符号学家 Judith Williamson 提供了一种很好的分析方法。他认为,名人之所以可以提高与其相关的商品销量,是因为名人对于公众来说代表

---

① Hirsch v. S. C. Johnson & Son, Inc., 280 N. W. 2d 129, 134–135 (Wis. 1979).

着某种含义。Williamson 举了 Chanel No. 5 香水的例子。一个宣传 Chanel No. 5 的广告将法国演员 Catherine Deneuve 的照片和 Chanel No. 5 香水的照片放在一起。Williamson 说，Chanel 就是利用 Catherine Deneuve 的形象代表的含义来表达他们的产品，因为 Catherine Deneuve 的形象在一个符号系统里面有一个含义，因此，Chanel 使用她的形象可以为香水带来一种新的含义。如果她不是一位电影明星，不是法国美女的典型，那她对于公众来说可能就没有特别的含义，在广告中使用她的肖像也就不能表达产品。因此，准确地说，并不是她的肖像而是她在符号系统里面的含义让她可以推销香水。① 这段话表明，因为名人的形象有着某种含义，所以，他们可以推销市场上的产品。名人形象的经济价值来自于符号的力量，这种力量可以承载和传播含义。但是，我们需要知道名人们的形象是如何成为一种符号的？符号的含义是如何产生的？名人们的劳动在这个过程中起到什么样的作用？可惜在现实生活中，法院和学者很少关注这些问题。他们总是重复那些陈词滥调，他们的观点都没有经验证据的支持。为了评价这个问题，我们必须要知道社会中声誉产生的机制是什么？名人们的形象是如何成为一种符号的？符号的含义是如何产生的？名人们的劳动在这个过程中起到什么样的作用？要找到这些答案，我们可以研究 John Rodden 的"声望的历史"，透过历史归纳出答案。早期的名人，比如爱因斯坦，为什么在众多的物理学家中只有他获得了世界性的名誉和巨大的人格价值呢？为什么他的名字成为了天才的同义词？为什么他的肖像至今仍经常出现在广告、衬衫、海报、贺卡和聚会礼品上呢？简单地说，为什么他的肖像成为了一种标志，而其他科学家却没有？有人可能认为这些问题非常愚蠢。他们会认为爱因斯坦是一位伟大科学家，甚至是 20 世纪最伟大的科学家。所以，他的声望和文化含义的存在是无需解释的。

但是，历史学家 Marshall Missner 的文章质疑了这种简单的答案。Missner 提出了证据表明爱因斯坦名气的产生并不是必然的。在"一战"以后爱因斯坦成名是由无形的手操控着的一场名气竞争中的胜

---

① Judith Williamson, Decoding Advertisements: Ideology And Meaning In Advertising 25 – 26 (1984).

利。虽然从爱因斯坦的年代和 Madonna 和 Vanilla Ice 的年代相差久远，但是 Missner 的研究可以让我们了解名气和流行文化的产生机制，了解在大众传媒时代公众形象是如何形成的。Missner 认为第一个需要解释的问题是为什么相对论会引起社会的广泛关注。相对论是爱因斯坦在 1905 年提出的，当时它并没有显著的技术成果，也没有明显地和宗教教义发生冲突。虽然相对论确实是一个伟大的理论，但是 Bohr 和 Heisenberg 提出的理论也同样具有重要意义，那为什么只有爱因斯坦的理论才引起了社会的广泛关注？Missner 认为，其中的原因在于相对论得到证实时使用的方式比较独特。在 1919 年 5 月人们通过观察日食时阳光的偏差证实了相对论的正确性。经过大肆的宣传，同年 11 月份举行的伦敦科学会议向世界介绍了伟大的相对论。随后，报纸和杂志铺天盖地的报道引起了人们对该理论的兴趣，他们称相对论是革命性的发现，颠覆了人们对时间和空间的认识。

不过，Missner 认为，相对论在美国如此受到关注主要是政治和意识形态上的原因。当时，第一次世界大战刚刚结束，仇外心理非常严重。人们非常担心社会革命和反民主的运动。相对论提出以后，很多大众媒体将一些美国人看做是危险分子。一家媒体说世界上只有 12 个人才真正懂得相对论，他们认为这些精英们可能会利用相对论改变现实，歪曲空间和时间进入第四度空间，最后统治世界。纽约时报谨慎的编辑也责骂相对论是一种反民主的理论。

1921 年 4 月，爱因斯坦跟随 Chaim Weizmann 领导的犹太复国主义者代表团第一次来到美国。美国的主流媒体曲解了纽约的犹太人对代表团的热烈欢迎。例如：《华盛顿邮报》报道的标题为《成千上万人在码头欢迎爱因斯坦》。《纽约时报》也作了类似的报道。这些错误的报道引起了人们对爱因斯坦这个人的兴趣。后来记者访问了爱因斯坦，发现他原来并不是一个骄傲自大、冷漠无情的看不起美国的欧洲人，而是一个非常谦逊、幽默和不修边幅的科学家。爱因斯坦拍照的时候总是带着微笑，面对记者无知的问题也总是耐心和完整地回答。他衣着简朴，懂得弹奏小提琴并经常捧着烟斗。这种形象让人们觉得他是一个可靠正直的人，而不是一个令人恐惧的时间和空间的毁灭者。不久以后，舆论媒体开始支持爱因斯坦，很少再说相对论是一个邪恶的阴谋。1921 年 4 月，爱因斯坦来美国之时受到威胁论和非美国论的冲击。但是,两个月以后,爱因斯坦就成为了美国犹太人社会的名人,受到全部公众的尊重和仰慕,逐渐成为一种圣者的符号。爱因斯坦的故事可以说明,名气和公共形象产生的原因:

第一,Missner 解释说,关于名气产生的机制常常被忽视。名气是一种关系现象(relational phenomenon),它是由他人授予的。一个人可以通过努力让自己变得更强大、敏捷和博学,但是他不能通过努力让自己成名。名气不同于美德,它可以授予他人或自己保留。名气产生的机制具有偶然性和任意性。Missner 认为,一个人的名气和他的美德、成就不存在直接的关系,而是更多地取决于公众的需求、兴趣和目的。Bohr 和 Heisenberg 的名气没有爱因斯坦那么大,并不是说他们的成就不及爱因斯坦,而是爱因斯坦的成就更符合人们的需要和更能吸引人们的注意力。

第二,Missner 认为,名气的产生有很大的偶然性。虽然很多人认为爱因斯坦的名气是必然的,但是事实并非如此。如果不是各种偶然因素的共同作用,爱因斯坦的名气可能并没有那么大。试想,如果没有独特的发表方式,如果没有巧妙的宣传用语,如果没有爱因斯坦来到美国时大众传媒的大肆宣传,如果没有爱因斯坦极具亲和力的话语和外形,如果没有美国犹太复国者和犹太人的拥护,爱因斯坦很难获得社会的普遍认可。Missner 并不是认为名气只是来源于运气、机遇和政治需要,也不是认为没有客观的标准判断爱因斯坦的成就是不是比其他物理学家更加伟大。Missner 认为,名气的产生是不公平的,它有一定的偏向。在一些成就相当的人们中,他们的名气可能有很大的不同。这种现象在娱乐界和体育界同样存在。名气不同的明星的收入差别很大。那些超级明星们可以获得极高的收入,其他才华相当但名气小的明星的收入只能勉强维持生活。[①] 国家是否应该采取税收政策来纠正或抵消这种贫富差距,这是一个棘手的问题。无论问题如何解决,我认为国家都不应该对这种现象妥协,更不应该将它合法化。但是,公开权的存在则使这种现象合法化。公开权将巨大财富引向特定的人群,是爱因斯坦而不是 Bohr,是 Vanilla Ice 而不是 Too Short。

---

① See Emanuel Levy, The Democratic Elite: America's Movie Stars, 12 Qualitative Soc. 29, 31 (1989).

第三，Missner 认为，新闻媒体在创造这些不正当的名气中起到很大的作用。主流媒体选择爱因斯坦作为吹捧的对象，部分原因在于爱因斯坦符合媒体的利益：爱因斯坦具有亲和力，允许媒体采访，而且说话很有艺术，外形简朴。如果爱因斯坦是一个沉默寡言或者不上镜的人，毫无疑问媒体会选择其他的科学家进行宣传。无论是在科学界和政治界，还是在体育界和娱乐界，都存在类似的选择过程。媒体有自己的利益需求，它们要提供符合观众兴趣的人物来传达理念和信息，这样商家才会选择在这家媒体做广告。[1] Todd Gitlin 认为，无论是社会、政治还是科学类的新闻，大众媒体都要将它们人格化。大众媒体报道的新闻都要求包含有某种戏剧性的因素，而最容易呈现给观众的戏剧性因素则是新闻人物。因此，媒体对新闻人物有很大的需求。为了满足他们的需求，媒体常常创造名人。媒体根据它们的这种需要选择的人物需要用戏剧性的方式展现在世界面前。正如 Gitlin 所说，那些对 New Left 进行报道的媒体关注的是那些看上去符合反动领导者形象的人物，这些人物都有能说会道、举止夸张的特点。Jerry Rubin，Abbie Hoffman，Tom Hayden，Mark Rudd 和 Stokely Carmichael 就是属于这种类型，他们呈现在观众面前可以产生一种轰动效应。当然，这些媒体没有完全虚构 New Left 的领导人物。像 Rubin，Hoffman 和 Hayden，在某种程度上来说确实是领导人，否则，媒体也不会关注他们。媒体只是将他们从众多的 New Left 的领导人物中挑选出来，然后进行宣传；当这些人物经过媒体的宣传成名以后，媒体还会继续跟踪报道，因为他们已经成为名人。

第四，公开权的根本错误在于个人主义。Missner 认为，爱因斯坦公众形象的产生与他个人的努力没有什么关系，爱因斯坦的名气很大程度上源于是媒体和公众的焦虑和关注，他们最初认为爱因斯坦是一个企图改变时间和空间的邪恶的人，而后来又认定他是一个和蔼可亲的正直的圣人。或者说是因为媒体和公众对爱因斯坦前后截然不同的态度造就了爱因斯坦的名气。在这个名气产生的过程中，爱因斯坦只是一个参与者。在 1921 年爱因斯坦访问美国时，他在记者面前演

---

[1] See Suzanne Keller, Celebrities and Politics: A New Alliance, 2 Res. Pol. Soc. 145, 148 (1986).

奏小提琴等，但是他决不是塑造其公共形象的唯一的作者。

现在社会已经很少出现这种情况。特别是在娱乐圈，名气的产生机制向组织化、集中化、系统化和科学化发展。创造名气的工作不是个人可以完成的，需要一个专家团队共同协作，这些专家包括各种顾问、教练、经纪人、摄影师以及广告商等等。名人要建立和保持他的公众形象，需要各方付出很多时间和努力。演员 Tony Roberts 就是一个例子：一个演员是如何建立起诚信度？答案是通过演员毕生正确的或不正确的选择和判断。Tony Roberts 试图在他的演艺生涯中塑造一种可以为他提供最大的发展机会的形象。后来，他雇用了私人经理提供建议，替他澄清负面的娱乐新闻。他的新闻经纪人安排了著名的报纸杂志访问 Tony，还安排他参加谈话节目和慈善晚会。确实，有很多名人试图通过上面的方式来塑造他们在社会中的形象。但是，他们能否达到目的？法律是否会帮助他们实现这些目的？第一个问题的答案是很清楚的，名人的形象和名气的产生过程是不受名人控制和掌握的。名人们不能自由选择他们的形象。无论他们多么努力试图去保持他们喜欢的形象，无论他们的顾问或者助手如何得力，他们都很难达到目的。Richard Dyer 解释了其中原因。他说一个电影明星的形象不仅仅是通过他所扮演的角色来表现，电影的宣传、演员的日常活动、演员的人物访谈、演员的自传以及媒体的各种报道对演员的形象塑造都起到很重要的作用。此外，演员的其他表现包括出演广告、撰写小说、演唱流行歌曲等，这些也会让人们对他们的形象产生不同的解读。Jean-Paul Belmondo 模仿 Humphrey Bogart 在 A bout de souffle 的角色，这也成为了 Bogart 的一种形象。就像有人用中世纪的口头语说："我想独处。"这也影响了 Greta Garbo 的形象。

无论人们如何努力、如何小心谨慎地塑造自己的形象，媒体和公众在名人产生的过程中所起的作用还是最重要的。观众虽然不能任意地塑造名人的形象，但他们可以从多样的和相互矛盾的名人形象中进行选择。其实，在产品的生产和设计中，公众的需求和偏好也起到很重要的作用。比如，木匠要根据人们的需要来生产椅子。两者不同的是，人们可以直接地和积极地参与名气生产的过程，而人们不能直接参与制造椅子。Dyer 说从杂志调查、俱乐部调查和观众调查可以发现观众对名人的看法会影响名人形象的塑造过程。但是，观众的看法常常非常分散、各不相同。他们对名人的形象的偏好时常不能统一。例如，女权主义者对 Monroe 的解读和男同性恋者对 Garland 的解读。Dyer 详细分析了 Judy Garland 的例子。这个例子对我们非常有帮助。20 世纪 40 年代至 50 年代之间，大部分美国人认为，Garland 就是一个平凡的普通人，她代表了一位可爱的邻家女孩的形象。这正是 MGM 希望她表现的形象（这也可能是 Garland 自己所追求的形象）。后来，Garland 被 MGM 开除后想要自杀，都市的男同性恋者们发现 Garland 其实是一个双性化的脆弱的普通人，她的形象代表着一种"不同性别互相对话"的文化含义。于是，为了亚文化的需要和利益，他们改造了 Garland 的形象。经过这些改造后，Garland 形象的市场价值得到了很大的提高。Garland 的形象产生的亚文化含义为 Garland 开辟了更广阔的市场。如果没有这种改造，市场上就不会出现模仿 Garland 的艺人和 Garland 代言的商品。例如，1982 年一家同性恋贺卡公司 Rockshots，印制了有 Garland 画像作为封面的贺卡。从上文可以看出，Garland 或者 MGM 很难根据道德理论主张 Garland 的形象价值，因为在塑造 Garland 形象价值的过程中他们并没有付出什么劳动。这些价值是经过 Garland 的男同性恋粉丝的劳动获得。

总之，名人创造他们的人格价值和木匠制造椅子是不同的。在这个创造的过程中，名人不是唯一的作者，创造的过程中存在很大的偶然性。媒体和观众在其中所起的作用也举足轻重。当然，在不同的情况下，各种力量的作用不同。有时名人和他的助手可以在这个过程中起到重要作用，但是有时名人仅仅是材料，更多的是专家和名人产业将他们开发成为可以销售的产品。有时名人选择和传播的形象是为了不被取代。有时名人的形象会被改变、颠覆，因为名人的粉丝们会根据他们的利益和需要来改造名人的形象的文化含义。无论如何，名人的公众形象是复杂的社会因素作用下的产物。在这个生产的过程中，名人的劳动仅仅是一个方面，而且通常不是主要的方面。名人形象的文化含义和市场价值是由各种人物和团体根据各自的需求和利益决定的。与 McCarthy 教授的观点相反，像 Madonna 这样的名人不能说她的公众形象是她创造的。所以，她不能主张对其形象的市场价值具有排他的所有权。

公开权侵权案件的被告被一些学者称为入侵者、寄生虫或海盗，谴责他们的行为滥用了他人创造的价值，收获他人播种的果实。这些学者支持 Madonna，Bette Midler 或 Johnny Carson 拥有公开权，认为名人的名气是他们的劳动和创造的成果。名人和未经授权使用名人的形象的行为人之间的关系就像 Sower v. Reaper 中原告和被告之间的关系。但是，事实上要复杂很多，存在很多模糊不清的问题。木匠动工时需要具备一定的技术、知识和工具。同样，在创造名气的过程中名人们也需要凭借自己的力量。无论是艺术家、演员还是运动员都需要自身具备一定的条件。但是，文化产品是对已经存在的符号形式、声音、故事以及形象的重新创造、组织以及部署。我们不禁要问，名人对这些文化产品到底作出了多少贡献？例如，Elvis Presley 和 R&B 黑人歌手，以及 1991 年乡村青年偶像 Vanilla Ice，他们的形象和成就有多少归功于黑人说唱歌手 KRS-One 或者 Public Enemy？有多少归功于符合主流文化的 M. C. Hammer？又有多少归功于作词者 Beach Boys？再比如，Madonna，John Fiske 说她的整个形象都是按照好莱坞的神话"金发女郎"塑造的。我们要问，Madonna 形象多少可以归功于 Marilyn Monroe？多少可以归功于指导 Madonna 出演的电影的导演？（Hawks，Huston，Mankiewicz，Wilder 等）？多少可以归功于提高 Madonna 文化地位的 Andy Warhol 和 the Kennedy brothers？总之，Madonna 在她的形象和名气生产过程中到底创造和改变了什么都不得而知。

当然，这并不是说那些像 Vanilla Ice 和 Madonna 一类的艺术家完全没有作出任何富有创造性的贡献，也不是说他们的工作只是盗窃而已。这是要告诫法院和学者在处理公开权诉求时，需要对禁止不当得利说持怀疑态度。有的学者提出一个看上去合理的建议，他们认为，应该让名人拥有起初投入的努力所获得的价值，但是不能让名人后期获得市场价值。Lange 认为，若按照这种建议，我们就有必要去评估名人贡献的大小。但是，这种评估非常困难，特别是后现代时期对原物和衍生物的形而上的区分已经不复存在。音乐和艺术的后现代运动使已经存在的作品和形象可以被有意识地、公开地使用进行再创造和再利用。复制品、模仿品甚至剽窃品也都成为后现代文化产品的典型形式。

观察文化理论和实践的发展背景，我们发现，这些公开权的道德理论存在很多无法解释的问题。道德理论认为,名人形象的创造是名人个人创造和创意的体现。某种程度上说,这是不正确的。当一个典型的后现代演员 Madonna 抱怨行为人未经授权使用她的形象时,她一方面从文化的宝库中获取她的形象含义,另一方面又禁止他人免费传播她的形象含义。她试图给其他人施加一种道德规范,但自己却不受这种规范的约束。

但是,如果有一个演员在 Tony Roberts 所称的过程中获得成功,即演员小心谨慎地挑选出演的电影角色和与他联系的文化含义,最终塑造了一个独特的、市场价值很高的公众形象。比如,最小的后现代演员:Robert Young。多年来,他一直是 Sanka Coffee 的电视广告代言人。尽管这些广告中他都是使用自己的名字"Robert Young for Sanka Coffee",但是 Young 并不是以 Robert Young 本人的人格和形象来做广告的。正如 Michael Schudson 所说,Young 在广告中的角色其实是 Young 在过去出演的角色的结合体,比如,他在连续剧 *Father Knows Best* 出演的 Jim Anderson 以及在连续剧 *Marcus Welby, M. D.* 中扮演的角色。也就是说,Sanka 雇用 Young 时购买的并不是他本人的人格,Young 其实是一个堕落的放纵的人。Sanka 购买的也不是 Young 的演技,因为有很多不出名的演员也可以出色地出演这个广告,甚至还可能做得更好。其实,Sanka 购买的是 Robert Young 的公众形象和人格,即他通过出演那些电影角色获得的形象。需要强调的是,Young 只是出演了那些角色,并不是他创造了那些角色。Young 确实很明智地选择了表现某种人格特征的角色,也利用了完美的演技来表现那些角色。但是,这些是否足以使 Young 获得这个具有很大的商业价值的公众形象呢?Young 是否有足够的理由主张对这些商业价值拥有道德权利呢?实际上,Young 的公众形象很大部分都是由编剧、导演和制片人创造的。① 当然,我并不是说 Young 不可以利用他在影视作品中的人格,也不是说他必须和编剧、导演分享他的广告报酬。我的观点是 Young 已经获得了应得的报酬,如果行为人的行为没有引起消费者的混淆和误认,他就没有理由认为行为人未经授权在衬衫上使用他的肖像和口号"Father Knows Nothing"是不正当的。

---

① Cf. Lugosi v. Universal Pictures, 603 P. 2d 425, 432 (Cal. 1979).

有些支持公开权的学者们做了让步,他们认为任何未经授权使用名人的人格要素都是要禁止的不正义行为,不是因为名人创造了自己的公众形象所以有权控制它,而是因为那些滥用者根本就没有对创造形象贡献一点力量。根据这些学者的观点,法律规定名人具有公开权的原因在于社会反对"搭便车"这种不道德的行为。只有赋予名人对其人格的财产权,才能禁止那些没有贡献的人不劳而获。那些学者认为无论这些寄生行为是否侵犯名人的权利都是不道德的。因此,他们禁止搭便车不是要禁止不公平的损失,而是要禁止不当得利。[1] 很多法院和学者回应了这种说法。有的学者认为这种说法很不严谨和严肃。虽然立法者曾经试图将滥用侵权扩展到一般的不当得利规则,[2]但是现在还没有统一的普通法禁止不当得利行为。美国法律现在受到很大的压力,因为长期以来社会都没有迫切地保护这些利益的需要,比如保护消费者不被欺骗的需要,提供激励创造无形产品的需要等。[3] 那些支持无偿使用文化产品的人认为,人类社会的活动,包括科学、艺术和商业都是在模仿前人成果的基础上不断发展的,所以,法律必须允许人们可以无偿地使用这些产品;而且像思想、方法、形象这些无形产品是不会用完的,人们的无偿使用只是剥夺了所有者的一部分垄断利益,而不会剥夺所有者利用他们的劳动成果可以获得的所有利益。[4]

有些例子足以说明法律允许一些类型的"搭便车"行为。如果不会构成欺骗或者其他违法行为,一些法律规则允许行为人模仿甚至复制那些出名的产品,即使这样会让原生产者丧失多少市场份额。同样,一些法律规则规定商业理念或方法一旦被公开和付诸实践,竞争者都可以采用,无论这些理念有多么新奇、多么有价值。此外,法律一般允许企业利用他人塑造的形象,如果不会构成欺骗或者消费者混淆等。例如,法律不会禁止 Miller Brewing Company 将它的产品成为"the champagne of bottled beers",还有企业(比如:Disney World)可

---

[1] 4 Joel Feinberg, The Moral Limits Of The Criminal Law: Harmless Wrongdoing 212 (1988).
[2] See International News Serv. v. Associated Press, 248 U.S. 215 (1918).
[3] International News Serv., 248 U.S. at 250.
[4] See Douglas G. Baird, Common Law Intellectual Property and the Legacy of International News Service v. Associated Press, 50 U. CHI. L. REV. 411, 413 (1983).

以吸引数百万人去他们的游乐场，但是他们不能禁止其他人利用企业的影响力在其附近开设商店。① 类似的例子还有很多。第一巡回法院首席法官 Breyer 在最近的一起案件中进行了一般性的论述。在这个案件中，波士顿马拉松的发起人和其授权直播比赛的电视台起诉另外一个电视台未经授权直播这个比赛侵犯了他们的权利，原告请求法院禁止被告的行为。首席法官 Breyer 拒绝了禁令请求，他认为没有法律规定禁止投资者的"搭便车"行为。一般来说，法律有时会保护投资者不被"搭便车"，但有时又不保护。例如，法律规定发明者对其发明在一定时间内拥有财产权，作者对其作品享有著作权，企业对商业秘密拥有不被侵犯的权利。但是，对于清洁沼泽地的人，改善了社区生活的人，学院的教授和老师等千千万万创造了价值的人（那些价值超过了他们获得的报酬），法律允许行为人无偿地使用和接受他们创造的价值。②

首席法官 Breyer 认为，如何保护这些劳动成果和价值并不是一个抽象的道德原则，法律需要对那些相互冲突的利益进行平衡。③ Breyer 认为，法律需要考量如果法律允许人们无限制地使用某种投资或价值，那么，他人对这种投资会不会因此减少甚至消失。如果一种"搭便车"行为会破坏他人的生活，抢占其他产品的全部市场，侵占原所有者全部的经济利益以致他没有动力再从事这种经营活动，那么，法律就要规定这种"搭便车"行为的法律责任。④

但是，未经授权使用名人的人格要素并不会产生如此严重和毁灭性的后果。因为即使没有公开权，名人也可以从其形象的公开价值中获得巨大的利益。如果竞争对手可以任意地复制和销售其他媒体的新闻报道，那么很难判断媒体是否会停止他们的业务。但是可以肯定，如果演员的肖像未经授权使用在衬衫上，那么，他们一定不会停止拍电影或广告。

Sower v. Reaper 一案中提出的标准存在另一个问题。名人有时会

---

① Cf. International News Serv. v. Associated Press, 248 U. S. 215, 259 (1918).
② Wcvb-Tv v. Boston Athletic Ass'n, 926 F. 2d 42, 45 (1st Cir. 1991).
③ Wcvb- Tv, 926 F. 2d at 45.
④ See Charles R. Mcmanis, Unfair Trade Practices In A Nutshell 293 – 294 (2d ed. 1988).

收获他人播种的果实,而未经授权使用名人肖像的人也经常会播种,付出他们的劳动。当然,一般情况下制造和推销 Madonna 的衬衫基本上不需要创造性(就像在水桶里面捕鱼),但不代表所有的都是这样。未经授权使用名人形象的商家有时增加了自己的元素,他们可能会利用自己的幽默、艺术和智慧改变名人形象传达的含义,他们生产的产品投放的市场也可能和名人面向的市场是不一样的。最明显的例子是商家使用与名人形象的文化含义相反的含义。比如,我在前文提到的 John Wayne 和 Judy Garland 的贺卡。还有一些例子,比如,Leona Helmsley 因为逃税受审时,一家公司销售的衬衫上印了这位自称"旅馆皇后"的照片,标题是"Off With Her Head"。① 再如,提倡控制枪支的专栏作家 Carland Rowan 用他儿子的枪射击了一个擅自进入他的后院的少年。一张海报画着他摆出 Rambo 的姿势,手拿中国的火箭发射器,标题是"小心,这个家是由 Carland Rowan 保护的"。② 在这些例子中,未经名人授权的使用者不是完全没有付出劳动,他们在使用名人人格要素的过程中添加了自己的艺术和智慧,虽然可能是没有价值的,但是这也构成了社会文化的一部分。③

(二) 经济说

一般来说,私有财产权的经济说可以分为两种。第一种是波斯纳提出的私有财产权"动态"收益理论。这种理论主张只有法律保证人们可以获得劳动报酬,他们才会从事各种劳动。私有财产权就可以给予人们这种保证。④ 第二种是波斯纳提出的私有财产"静态"收益理论。这种理论主张私有财产权是提高稀有资源利用效率的方法。公有财产权只会造成对公有财产的过度使用。私有权可以保证资源的使用者支付足够的社会成本,从而促进使用者高效地使用稀有资源。法院和学者提出这两种理论都是为了支持公开权。但是,经过仔细研究这两个理论都并不是那么有说服力。

---

① See Georgia Dullea, T-Shirts' New Mood Is Sarcastic, N. Y. Times, Sept. 10, 1989.
② See Columnist Pleads Not Guilty to Pistol Possession Charges, N. Y. Times, Aug. 2, 1988, at A12.
③ Thomas I. Emerson, The System Of Freedom of Expression 7 (1970).
④ Richard A. 波斯纳, Economic Analysis Of Law 30 (3d ed. 1986).

1. 激励说

许多法院和学者支持这种理论。这种理论认为公开权的功能和著作权类似，都是为了提供一种经济刺激，激励人们投入更多的时间、努力和资源创造对社会有益的产品和成就。法律赋予名人对其身份的财产权不是因为名人值得获得这些利益或者他们具有这种道德权利，而是因为这样可以激励名人作出更多对社会有价值的贡献。不过，也有一些法院和学者反对这种理论。首席法官 Bird 在 Lugosi v. Universal Pictures 一案[1]中表达了她的不同意见：法律保护名人们对其形象的公开权可以激励名人投入更多的时间和资源来提高他们的能力和获得更大的成就。虽然暂时的受益者是那些名人，但是，他们的表演、发明和努力对整个社会是非常有利的。

但是，无论法院还是学者都很少对这种理论进行证明，因为他们觉得这种理论很明显就是正确的，所以不需要证明。我认为，如果这种理论的支持者们可能会如此论证这个观点的正确性：在运动界、音乐界或演艺界获得成功的机会非常小，而且当人们获得成功所取得的收入可能会低于他们在其他领域付出同样努力获得的回报。[2] 此外，人们在这些领域获得成功的代价非常高。名人要忍受媒体对其隐私的侵犯，还要忍受那些疯狂的粉丝。作为公众人物，他们还经常受到诽谤，遭到陌生人的仇恨甚至暴力。[3] 在职业生涯中他们付出的时间很多，学徒期间的收入很低以及心理承受的压力很大，除非回报很高，他们不会做出如此大的牺牲从事这些职业。我认为这就是支持这种理论的法院和学者可能作出的解释。为了评价这个理论，我们要回答两个问题。第一个问题是公开权是否真的可以激励名人投入更多的努力，创造更多的成就？第二个问题是即使公开权会带来这种边际社会利益，这种利益是否会抵消或超过了其他利益？接下来将依次讨论这个问题：

（1）激励的效果。公开权是否真的可以激励名人投入更多的努力，创造更多的成就？如果有，激励的效果有多大？这个问题很难有

---

[1] 603 P. 2d 425 (Cal. 1979).
[2] See Glenn M. MacDonald, The Economics of Rising Stars, 78 Am. Econ. Rev. 155 (1988).
[3] See John L. Caughey, Imaginary Social Worlds: A Cultural Approach 1-7 (1984).

个肯定的答案，需要运用社会学的推测方法，需要对人性有充分的了解。但是，有很多理由可以证明公开权的激励作用其实是很小的，废除这个权利并不会减少人们的投入和成就。其一，法院和学者将公开权对名人的激励作用类比于著作权对文学艺术作品创造的激励作用是有瑕疵的。原因在于像写作这种活动是缺乏"表演价值"的。人们不会愿意支付金钱观看小说家 Brown 写作神话的过程，就像人们不愿意付钱观看农夫 Brown 种植粮食一样。只有这些活动的产品才有市场价值，比如书籍和粮食。但是，有市场价值的名人的公众形象则不同。它们具有巨大的"表演价值"，可以给名人带来很多的收入。著作权保障了作者的主要收入来源，而公开权只是保护了运动员、演员们的部分收入来源。废除公开权并不会使名人利用其名气的商业价值获得的收入大幅减少。其二，名人获得具有巨大市场价值的名气的过程中已经获得了丰厚的回报。例如，Eddie Murphy 出演电影 Coming to America 获得 1000 万美元的片酬；Michael Douglas 出演电影 Fatal Attraction 也获得 900 万美元的片酬；① 1992 年 273 名棒球主力队员获得了超过 100 万美元的年薪；② Michael Jackson 从他的唱片集中获得了 1800 万美元的税后收入；③ 最近 Michael Jackson 和 Sony Corporation 签订的唱片和电影合同的报酬更加丰厚。这些数据表明，即使没有公开权的保护，演员们获得的回报也足以促使他们投入更多的努力和创造。因此，名人们从授权行为人使用他们的形象获得的利益也仅仅是经济租金而已，就像谚语中所说的锦上添花。农夫 Brown 可能会因为强盗自由地入侵他的田地偷走他的果实而放弃耕种改为狩猎。作家 Brown 也可能因为别人可以自由地复制和销售他的小说而改行投资银行。但是，橄榄球运动员 Brown 是否会因为别人可以免费在衬衫上使用他的照片而放弃几百万美元的薪水？我认为这不太可能。其三，即使没有公开权的保护，名人也可以从他们形象的公开价值中获得巨大的利益。假设运动鞋制造商可以免费地在广告中使用 Michael Jordan

---

① See Richard W. Stevenson, The Magic of Hollywood Math, N. Y. TIMES, Apr. 13, 1990, at D1.
② See Murray Chass, $1 Million Men a Dime a Dozen, N. Y. TIMES, Feb. 25, 1992, at B9.
③ See Randall Rothenberg, Michael Jackson Gets Thriller of Deal to Stay with Sony, N. Y. TIMES, Mar. 21, 1991, at C17.

的照片，Michael Jordan 也可以通过代言其他牌子的运动鞋获得很高的收入。再假设衬衫制造商可以未经授权免费地使用 Bruce Springsteen 的照片。消费者也可能会购买那些经过 Bruce Springsteen 授权的衬衫，因为他们希望他能监督产品质量，希望 Bruce Springsteen 获利或者希望通过这种方式拉近和他的距离。同样的，为了产品的质量保障，零售商也可能偏向于 Springsteen 授权的产品。名人还可以控制产品销售的场所，比如演唱会大厅和赛场等。总之，就算剥夺名人的公开权，也不会完全剥夺名人代言产品可以获得的收入。他们还是可以利用自己的人格获得大部分的商业利益。

但是，假设我低估了剥夺名人的公开权遭受的经济损失，假设 Bill Cosbys 和 Madonnas 会因此失去大部分的收入，结果会怎么样呢？他们表演、创造和成就的动力是不是会减少？他们是否减少拍摄的电影，现场的表演和演唱的歌曲呢？还是他们会有相反的做法通过提高他们的表演水平和创造能力来弥补损失的收入呢？

只有傻瓜或者骗子才会得出确定的回答。但是，我认为，没有公开权，名人会更加积极和创新是可能的。在现在的社会制度下，一个名人只要塑造了有商业价值的人格，他就可以一直利用它。Robert Young 和 Karl Malden 可以不再出演任何电影或电视节目，仅仅通过代言 Sanka Coffee 和 American Express 的广告就可以获得可观的收入。高级的音乐家现在也很少开音乐会，因为他们通过唱片、版税和录音带等其他途径获得的收入不断提高。但是，他们形象的商品化收入的飙升肯定也是其中的原因。如果废除公开权就会削减这些收入，但是却可能带来更多的现场表演等。无论如何，公开权的废除带来收入的减少到底是增加还是减少名人的投入和创造是一个经验性的问题。这关系到收入的效应和替代效应之间的关系。

我一直在研究公开权对那些已经获得一些名气和有价值人格的名人的激励效果。尽管我们不可能知道如果没有公开权，名人的收入到底会下降多少，也不可能知道他们的投入和成就会改变多少。但是，从以上的分析我们可以看出，名人创造和投入的动机不会受到很大的影响，也不会造成社会有价值的活动或成就的明显减少。

对于那些渴望在进入音乐、表演或运动领域的人或者已经进入但尚未获得成功的人来说，公开权是否会起到激励作用呢？比如：一年还没有拿到角色的 Screen Actors Guild 的成员；在大街上表演的女歌手以及在未成年队伍里奋斗了5年的棒球选手们。激励说是否在他们身上得到验证呢？答案是否定的。原因在于公开权不同于著作权可以保护那些正在奋斗而不出名的作家，公开权主要是保护那些已经成为明星，有很多直接收入的名人。公开权保护的是那些不怎么需要帮助的人。大部分的演员、艺人从未通过授权使用他们的姓名和肖像获得收入。所以，公开权不能保护那些正在奋斗中的，收入只能勉强度日的演员和歌手。他们可以获得的收入可能远远低于他们从事其他职业可以获得的收入，因此放弃那些职业的念头非常强烈。如果2000万美元的电影或音乐合同都不能让他们坚持下来，很难想象未来的广告和商品收入会起到什么作用。

在娱乐、体育及相关领域，人们的付出和收入不是成正比的。超级明星们拥有大量的支持者和很高的收入，但是一些比他们资质稍微差一点或者比他们更有才华的演员和运动员没有那么幸运，那些演员和运动员们只能获得很少的报酬。① 这种"拥有全部或一无所有"的现象还存在于很多领域。比如，国际象棋选手中，Karpov 可以获得数百万美元的收入，但是一些最高段的棋手也只能勉强度日。在古典音乐人中，全职的独唱者不断减少，演唱功底差别不大的歌手收入差异却非常之大。无论这种现象的原因是什么，公开权的存在没有缩小这些差距，反而让那些收入的差距越来越大。如果想要减少收入分配的不均让那些有才华的人不放弃，我们要另寻他法。

有一种非经济性的动机激励着人们投入时间和精力在运动和娱乐界取得出色表现和成绩。这种动机就是获得名气、名誉和认可的渴望。如果人们能够发挥自己的天赋，在有挑战性的活动中施展自己的能力，从而得到人们的喝彩和尊重，可以让人们获得很大的满足。除了这些精神上的满足，名人们还可以获得社会地位作为回报，他们有机会和其他明星交往，可以获得社会和政治精英的尊重，还可以影响公众的品味和喜好等。很难估计这些非经济的报偿对那些希望进入和已经进入娱乐和体育界的人到底有多大的影响，但是对于那些已经获得巨大财富的名人来说，巨大的经济回报才会有效地促使他们发挥自

---

① See Richard Sennett, The Fall of Public Man 288 – 293 (1977).

己的才华和能力。当然，我们不是要否定公开权会产生一些激励效果。但是，相比于其他的经济和非经济收入，公开权带来的边际效应并不是那么明显。

（2）激励说忽视的抵消成本。如果公开权将那些收入分配给名人确实会提高名人对这些领域的总体投资水平，那么，这也会使一些演员的表演、运动员的成就和创造性的作品不复存在。如果我们假设这些附加的文化产品是有价值的，那么，承认公开权就需要一定的社会成本。根据这种假设，只有公开权带来的社会成本不会高于其效益，才能证明公开权的正当性。在纯经济成本中，人们需要考虑管理公开权的成本，包括缔约成本（想要使用名人的人格的人必须和名人订立合同）和执行成本（包括立法成本和管理成本）。尽管这些成本都是很高的，但是本文都不予以讨论。以下讨论的一些可能的成本是公开权的支持者们经常忽略或者不给予重视的部分。

第一，名人产业的投资过剩。根据公开权的激励说，公开权可以激励那些进入了娱乐界和体育界的人工作更加努力，获得更多成绩。支持公开权的学者理所当然地认为公开权是一个非常好的事物，因为他们只看到了文化的产出。但是，他们没有考虑，如果没有公开权吸引人们塑造有市场价值的公开形象，人们会做些什么？[1] 他们从事其他领域的工作的产出是否会等于或者超过公开权带来的产出呢？如果那些致力于运动和音乐事业却无法成名的人们投身于其他工作，社会是否会变得更好呢？我们可能会失去一个或两个像 Michael Jordan 这样的人，但是，我们可能获得更多的教师和工程师。现在，存在的社会问题是名人获得巨大的经济利益和社会地位的现实已经吸引了过多的投资，太多人投身这些领域却仅仅有一小部分人最终可以获得成功，这造成社会资源的巨大浪费。公开权的存在是否会使这个情况恶化呢？

对于一些经济学家来说，对这些问题进行预言是不符合逻辑的。他们一般认为，最理想的投资是可以从中获得完全的市场价值。在这里我们没有必要去挑战这种观点。但是，我认为对名人的生涯的投资

---

[1] Cf. Arnold Plant, The Economic Theory Concerning Patents for Inventions, 1 Economica (n. s.) 30, 40–41 (1934).

是过度的,并没有达到最好的效果。一是运动员和娱乐明星们的生涯是众所周知的,因此与其他职业相比,人们可以比较容易地了解这些职业的状况。在其他条件一样的情况下,由于求职成本比较低,所以很容易造成对这些职业的过度投资。二是运动和娱乐领域中充满了虚荣、空想、自我陶醉和自我欺骗,人们往往很难进行理性的思考。在这些领域的人经常高估或者低估他们的才华和竞争力,导致投入的浪费。三是人们在考虑这些职业时,并没有考虑到获得成功的时间成本。媒体为了它们的利益只报道那些达到事业巅峰的名人们的生涯。有多少知道 Screen Actors Guild 一半的成员年复一年都没有获得一个单独的角色。有多少人知道 SAG 中 75% 的成员只能获得低于 3000 美元的片酬。人们只知道 Eddie Murphy 和 Arnold Schwarzenegger 等电影明星每演一部电影可以获得几百万美元的片酬。因为存在这种信息不对称,很容易引起对这些领域的过度投资。

第二,分配的结果。支持公开权激励说的学者很少考虑公开权会带来的分配结果。其中一些结果上文已经提过。一是公开权提高了名人代言的商品和广告的价格,因此将广大消费者的金钱分配给了已经获得丰厚回报的名人;二是公开权拉大了超级明星和一般演员和运动员之间的收入差距;三是公开权为那些规模大的广告商提供了有利条件,这导致市场上经营者集中的增加。以上这些分配结果到底造成多么不良的社会效果,不同的学者观点不同,在这里我不打算讨论这个问题。我这里要讨论的是公开权带来的另外一种可能的分配结果:即公开权对职业选择的影响。

社会学家 Harry Edwards 长期研究美国黑人从事职业体育带给他们的影响。他认为年轻的黑人通常被鼓励从事体育事业,因为他们从事这种职业,能够更好地符合黑人的物质需要和政治需要。[①] Edwards 说这种鼓励扼杀了黑人对其他职业的理性选择。这种强迫性地追求运动事业的成功导致了黑人文化和经济上的不发达。John Gaston 也提出了类似的观点。他认为职业体育是摧毁现代黑人的主要原因。职业体育被认为是跻身美国上流社会的捷径,因为专业运动员

---

① Harry Edwards, The Black Athlete: 20th Century Gladiators for White America, Psychol. Today, Nov. 1973, at 43, 44.

享受着长期饭票和广泛的社会认可。① 这些夸大的观点误导了美国黑人，让他们陷入了现在的困境。此外，从事职业体育使黑人可以获得教育机会和经济机会减少。Harry Edwards 和 Gaston 提出了一个重要的而又令人困扰的问题：难道公开权保护的名人的名气就只掌握在社会的部分人手中？公开权是减少了社会的弱势群体的生存机会，还是促进了弱势群体的经济和政治利益？法律在规定公开权时是否要考虑这些影响？立法者不仅仅要回答公开权可以在音乐、表演、体育领域提供多少附加的激励，也要回答这些激励会给其他个人和群体的利益和福利带来的后果。

2. 分配效率说

有些支持私有财产存在的学者认为，私有财权可以提高对稀有资源的利用效率。"公地悲剧"的理论说明了公有财产的低效率。该理论假设一群理性的、追求效用最大化的牧人共同拥有一个牧场。所有牧人无需经过他人批准免费地放牧，他们不用考虑生产的成本。每头牛的放牧成本都分摊到每一个牧人身上。如果有一些牧人增加了牛的数量，每头牛可以吃的草就会减少，但是没有什么方法可以阻止别人增加数量。其他的牧人为了利益不受损害，也会增加牛的数量。结果这块牧场就会被过度使用，最终退化成沙漠，"公有财产的自由使用带来了所有财产的毁灭"。

最常见的解决方法当然是设定私有财产。如果这个牧场属于私人所有，那么，所有权人就有权利禁止他人无偿使用。牧场主会考虑牧场可以承载的数量。如果农民增加牛的数量，牧场主会增加收费，因为这会减少其他农民可以获得的收入。这种理论值遭到很多人的反对，本文不讨论这些反对意见。我关注的是，如果名人的人格也是共有的，是否会发生这样的悲剧。波斯纳法官认为是会发生的。1978年，波斯纳在作隐私权的讲座时提出公开权能够禁止对名人人格的过度使用，法律规定名人对其照片拥有财产权有经济上的理由，这种权利可以保证名人的照片获得最大的价值；如果照片是公有财产则不会实现这个目标。而且，如果使用名人的照片为各种各样的产品做广

---

① John C. Gaston, The Destruction of the Young Black Male, 16 J. Black Stud. 369, 371, 376 (1986).

告,那么照片的广告价值就会减少,甚至消失。[1]

波斯纳没有再进一步论证这个观点。但是,可以推断他这样论证:如果名人的肖像属于公有财产,广告商就会无视他们附加到其他人身上的成本,从而导致过度实用名人的人格要素,就像农民过度使用公有的牧场一样。如果法律规定名人对其人格要素拥有财产权,那名人就可以获得最高的广告收入。如果某商家希望在某品牌啤酒的广告中使用名人的照片,名人会平衡短期回报(广告收入)和他肖像长期的广告价值。他会考虑如果他的肖像使用越多,它的广告价值会越低。他也会考虑到,如果某品牌的啤酒广告成功地将他的形象和该品牌联系起来,那他的形象对于其他竞争产品或不同类产品的广告价值也会下降。

这种理由存在一些问题。波斯纳教授认为,名人的肖像使用得越多价值越小,这种观点在广告方面可能适用,尽管 BillCosby 的例子告诉我们,出现英国人所说的"肖像耗尽"需要很长一段时间。但是,如果将名人的肖像使用在衬衫上或咖啡杯上,则可能出现相反的效果。因为数以百万计的粉丝都穿印有 Madonna 的衬衫,这种衬衫的价值可能会因此上升。同样,Madonna 衬衫的销售可能会提高其他印有 Madonna 的肖像的产品的销售,如海报、纽扣等。在商品化背景下,赶时髦和效仿是一股巨大的力量,有时是越多越好。因此,经济利益最大化的方法就是让每个愿意支付边际成本的人都能够买到想要的产品。其实波斯纳的观点在广告领域也是有问题的。因为如果我们将名人的肖像作为一种私有财产,就要考虑它会带来的交易成本。波斯纳认为,名人对其照片拥有财产权可以保证名人获得最大的广告价值。其实,将名人的肖像只授予一个广告商使用是不太可能的。名人有时授予广告商排他的使用权,但是更多时候,名人会将使用权授予多家广告商。

下面的例子可以说明这种情况。假设有 5 家公司想要在广告中使用名人 A 的肖像,每家公司愿意支付 100 万美元购买 A 肖像的排他使用权。但是,如果允许使用肖像的商家越多,报酬也会越低:授权两家支付 60 万美元,授权 3 家支付 45 万美元,授权 4 家支付 30 万

---

[1] Richard A. 波斯纳, The Right of Privacy, 12 GA. L. REV. 393, 411 (1978).

美元，授权5家支付仅是20万美元。在这种情况下，A会怎么选择呢？很明显，如果他授权3家公司使用其肖像，他会获得最高的报酬（135万美元）。但是，这是不是最佳的数目呢？假设还有1.5万个小规模的各行各业的企业想要各自支付100美元在广告中使用A的肖像，这样A可以获得1500万美元的收入，超过授权3家企业的收入。根据波斯纳的理论，他们都可以获得A的肖像的使用权。但是，他们真的会得到授权吗？我认为不会。因为A的交易成本可能会超过1500万美元的收入。也就是说，一旦考虑到交易成本，那些能使名人肖像价值最大化的商家能否获得授权就是一个经验性的问题了。而且，交易成本的存在可能会使名人只授权那些经济实力大的企业使用他们的肖像，而那些经济实力小的企业将无法得到。

为什么不让所有的广告商都可以任意地使用A的肖像呢？波斯纳的回答是，这会降低甚至消灭名人肖像的广告价值。广告商会使用A的肖像直至它的价值丧失。其实，名人是一种社会产物，它不同于不可再生的自然资源，社会中会不断地产生新的名人以供使用。在A的广告价值丧失之前，广告商就可能会使用新的面孔。正如Frazer所说，从名人的角度来说，过度使用他们的人格要素的代价是高昂的，但是从整个社会的角度来说，这个代价是很小的，因为社会有大量的资源不断供应。在那个寓言中，如果牧民在耗尽他们共有的牧场以后可以搬进另外一个牧场，那么悲剧就不会发生了。

但是，如果广告商的需求超过了名人的供应呢？[①] 是不是会产生那种悲剧呢？这也不能类比于土地和捕鱼。土地是生产的必要因素，没有土地就没有粮食；鱼也是直接地消费产品，没有鱼就没有寿司。但是，名人人格的价值是一种不同的资源。如果广告商没有名人的人格可以利用，他们可以使用其他技术和方法来推销他们的产品。我想提出的最后一点是，虽然有一些学者支持这种理论，但是没有一个法院使用这种理论来支持公开权的存在。这可能是因为法官们都不喜欢

---

① Raymond H. Goettsch, Comment, The Right of Publicity: Premature Burial for California Property Rights in the Wake of Lugosi, 12 PAC. L. J. 987, 996 (1981).

使用分配效率最大化的理论来研究法定权利。[1]

3. 经济分析的缺陷

上文我已经介绍了经济理论，接下来我就要研究它们的内在缺陷。公开权的纯经济理论都面临着一个根本的和棘手的问题。经济理论只是分析了人们的偏好，并没有评价和判断它的价值和合理性。经济说并没有研究人们是否应该追求他们现在追求的东西，也没有研究哪种活动和动机需要鼓励和珍惜。[2] 因此，经济说并没有实现在选择法律规则的同时引导人们的行为方式和生活习惯。例如，经济说没有也不能帮助判定演员和运动员是否为自己出名比得到金钱更好。它也没有帮助我们解决更深层次的问题，比如，社会是否将较多的价值和金钱分配给了名人？公开权是否可以提供一种改善现状的方法？

一个世纪以前，演员和运动员们是在社会上被边缘化和在政治上不被重视的人群。19 世纪末期，即使最出名的演员也不会受到政治家们的欢迎和款待。1880 年，Sarah Bernhardt 来到美国，虽然很多社会名流去看她的表演，但是没有一个人会邀请她到家里做客。13 年以后，Lillian Russell 来到 Chicago's Washington Park 的跑马俱乐部，有人警告她要到看台上观看比赛。但是，"一战"前几年，演员和运动员们的社会地位得到了很大提高。一些年轻的社会名流，极力反对维多利亚时代的繁文缛节，他们经常邀请演艺界的人参加他们的聚会；同时媒体也开始关注演员们的生活、行为和观点。演员们开始成为时尚的标杆和模仿的对象。与 19 世纪演员们的自律和自我牺牲文化不同，此时的文化开始宣扬和强调独特的个性。传统的社会名流面对这种挑战并没有团结起来反对这些名人，而是跟他们加强联系希望能保持他们过去的名誉和文化权威。

在第一次世界大战期间，名人的地位进一步提高。华盛顿官员号召好莱坞明星鼓动公众应征入伍和销售战时公债。"一战"结束后，社会名流和各界精英们都争相与娱乐界和体育界的名人聚会。[3] 到 20

---

[1] Cf. Richard A. Epstein, Privacy, Property Rights, and Misrepresentations, 12 GA. L. REV. 455, 459–463 (1978).

[2] C. Edwin Baker, 波斯纳's Privacy Mystery and the Failure of Economic Analysis of Law, 12 GA. L. REV. 475, 476 (1978).

[3] See Lewis A. Erenberg, Steppin' Out 244–246 (1981); Mills, supra note 420, at 72–74.

世纪50年代，名人们已经获得了和社会精英们一样的社会地位。1956年，社会学家 C. Wright Mills 说，名人可以经常地和社会名流接触。他用一种警告和开玩笑的口气说道，那些可以将一个小白球打进一些小洞的高尔夫球运动员们可以比其他人都更容易接触到美国的总统；那些电视和广播演员也可以成为企业高管、内阁成员和高级军事领袖的密友。Mills 认为，更重要的是社会的政治、企业的精英们竟然需要和名人们竞争社会的关注和拥护，甚至要借助他们来获得声望。

Mills 提出的当今美国名气是获得威望和地位的趋势在最近几年更加明显：企业需要名人代言产品促进企业的发展壮大，政治家也需要通过名人来获取更大的魅力；慈善和社会组织也要利用名人获得更多的支持和祝福；名人对重大事件的看法都会被认真考虑和广泛报道。

这些发展对我们的国家和政治会产生什么影响呢？如果政治领导人和候选人需要求助于名人的意见和策略获取公众的关注，如果他们要通过名人获得地位，民主制度还会发展吗？名人对社会生活和文化什么样的影响？Cynthia Heimel 认为，人们会觉得如果你不是一个名人，那么你将什么都不是。① 她认为对名人狂热的崇拜从根本上贬损了私生活的价值和个人经历的价值。如果媒体不对你的每个行动都进行曝光，你就难以成为名人。没有人会在乎对私生活的侵犯和对灵魂的扭曲。Christopher Lasch 也有类似的观点，他认为对名人的狂热崇拜使美国人被动地成为了他人生活的窥探者，也增强了人们对名气和荣誉的迷恋。② Lasch 说，普通的美国人被鼓励以名人作为榜样，憎恶普通的劳动。当然，Heimel 和 Lasch 的观点也可能是错的。人们对名人的认同更可能会带来相反的效果。正如 Roger Caillois 所说的代偿机制。③ 这也许能够帮助人们从千篇一律的、令人厌烦的、失败和沮丧的生活中暂时解放出来。对名人的崇拜也可能让人们在官僚主义的社会中保持个人主义的浪漫和自治的理想。但是，无论如何，经济说

---

① Cynthia Heimel, The Celebrity Decade, Village Voice, Jan. 2, 1990, at 38.
② Christopher Lasch, The Culture Of Narcissism 21 (1978).
③ Roger Caillois, Man, Play, And Games 122 (Meyer Barash trans., 1979).

无法评价名人在社会中的地位是否合理，也无法让我们判断是应该接受还是反抗这种潮流。因此，我们也无法根据它来判断法律是否应该授予名人对其公开价值的财产权。

（三）消费者保护说

有些法院和学者提出另外一种不同的理论，认为公开权可以起到规制广告商的作用。最常见的观点是公开权可以保护消费者不被欺骗，避免虚假的代言行为。另外一种观点则是，强调利用名人的肖像给假冒伪劣产品做广告会危害消费者的利益。

1. 禁止广告虚假宣传

Treece 教授说，公开权使名人享有禁止行为人未经授权使用他们的姓名和肖像的权利，这样就可以保护消费者不会因为追求和名人们的联系而被商家误导。Douglas Baird 也认为公开权和商标权类似，都可以帮助消费者作出理性的选择：公开权可以保证商品和服务的有用信息可以传达给公众，使公众不会被虚假宣传误导。

为什么公开权可以保护消费者不遭到误导和迷惑？公开权如何帮助消费者作出理性的消费选择？以下的例子可以解释这些问题。假设一个消费者在翻看杂志时看到一则 X 牌子的洗衣粉广告。广告中一名羽毛球运动员 Y 在 Wimbledon 的赛场上打了个反手击球。广告的标题是 X 牌子的洗衣粉的洗衣功效就跟这名运动员 Y 的反手击球一样有力量。这个广告可以传达什么信息给消费者呢？广告可以说明 Y 也使用和喜欢 X 牌子的洗衣粉吗？我认为应该不能说明。最近一个调查显示，大部分的消费者都不会因为广告相信名人也喜欢他们代言的产品。但是，广告确实为消费者提供了一些信息：广告告诉人们 X 牌子是和 Y 进行了商业谈判才获得 Y 的授权。这个信息可以帮助人们做出选择。如果人们不了解其他洗衣粉牌子，他们也没有时间去挑选其他的牌子，那么人们还是可能会选择 X 牌子。因为人们认为，虽然 Y 代言 X 牌子只是为了金钱，但是 Y 为了自己的信誉和公共形象，也会雇用专家对产品的质量进行鉴定。

消费者可能不会像上文所说的那样反应。大部分的消费者并不关心名人和产品之间的关系，即便有些消费者这样思考；那么，他们的消费选择是不是就比较理性呢？我们假设羽毛球运动员为了自己的信用和形象会在授权之前进行调查和鉴定。但是，一些名人可能会因为需要巨大的费用而放弃这么做，也有一些名人可能会认为，如果出现问题他们也不需承担什么侵权责任而不这么谨慎。消费者认为购买 X 牌子比购买其他牌子更理性，但是这种感觉可能完全错误。因此，公开权的存在是否能让消费者的选择更加理性不能通过推理获得。这要根据名人代言产品之前是否进行了鉴定和检验。

消费者保护说的另一个观点是公开权可以保护消费者不受到误导和欺骗。但是，在消费者不可能会受到误导相信名人和产品之间有联系的时候，公开权也还有作用吗？举一个众所周知的例子：① 一家企业在其便携式厕所广告中使用了 "Here's Johnny" 这个口号。它的意图就是让消费者将 Johnny Carson 的形象和它的产品联系起来。因为在 Tonight Show 中，Johnny Carson 的搭档就是这么介绍他出场的。

Carson 是一家男性成衣公司的董事会主席。这家公司也是将 "Here's Johnny" 作为产品的广告。Carson 起诉时提出了两个诉因，包括被告构成不正当竞争和侵犯公开权。第六巡回法院对不正当竞争的诉由不予受理，因为法院认为下级法院判定不存在消费者混淆是正确的。② 尽管被告使用了 Carson 的流行口号，但是它并没有欺骗观众，让他们相信 Carson 和他们的产品有什么关系，而且也没有证据证明公众是否受到了误导。法院支持了 Carson 的公开权诉由。法院认为被告滥用了 Carson 的身份来宣传它的产品。可见，对于这个诉由与消费者是否被误导无关，只要被告的行为滥用了 Carson 的身份和名气就构成侵权。Carson 判决的适用范围是不确定的。"Make My Day" 维他命是否侵犯了 Clint Eastwood 公开权呢？"Read My Lips" 口红是否也构成侵权呢？这个案子可以说明公开权与防止消费者受骗没有什么直接关系。公开权关注的不是消费者的利益而是名人对其身份和人格的经济利益。Sheldon Halpern 举了一个例子。某企业使用了一个酷似 WoodyAllen 的人代言广告，并同时明确地声明：这不是 WoodyAllen，他并不知道我们的广告，他也不喜欢我们的产品。显然，这不会造成消费者的混淆和受骗。即使是一个傻子也能发觉 Allen 与他们的产品没有什么关系。但是，Halpern 认为，这个广告侵

---

① Carson v. Here's Johnny Portable Toilets, Inc., 698 F. 2d 831, 837 (6th Cir. 1983).
② Carson, 698 F. 2d at 833.

犯了 Allen 的公开权，因为它使用了 Allen 的角色和身份来获取关注和提高销量。因此，尽管公开权在某些情况下可以保护消费者不受到误导，但是更多的情况下并没有起到这种功能。

进一步来说，如果公开权的目的就是为了保护消费者，那么公开权也是多余的。如果消费者会因为误以为名人代言了某产品或服务而受到欺骗，那么名人可以通过 Lanham 法案或州法律得到救济。也就是说，如果我们仅仅是关注消费者是否产生混淆或受到欺骗，已经存在法律体制来解决这个问题。如果 Lanham 法案存在法律空白，我们要做的是修订它，而不是创造一种更新的财产权，可见这种权利又不仅仅是为了保护消费者的利益。公开权需要重新找到自己的理论基础。

假设 X 牌子的运动鞋公司在广告中真实地宣传 Michael Jordan 在大学时期一直穿这个牌子的运动鞋，后来因为和 Y 牌子签订了一个报酬丰厚的代言合同才穿 Y 牌子的运动鞋的。这个广告使用了 Michael Jordan 大学时期的姓名和肖像。那么，Michael Jordan 的公开权是否被侵犯了呢？Michael Jordan 的姓名和商誉被广告商利用了，这很难说没有侵犯他的公开权。不过，可能是 X 牌子的宪法权利优于 Jordan 的公开权。最后，消费者保护说还存在一个问题。这个理论的前提是，普通的消费者看到一则 Michael Jordan 广告或者印有 Michael Jordan 肖像的衬衫，都会认为 Jordan 授权了它们使用他的肖像。但是，这个前提只是一个经验性命题，并没有证据证明消费者确实会这样反应。

我们假设大部分消费者都会有这样的反应，那么，为何他们产生这种反应呢？如果他们会这样做，则说明他们了解这个领域的法律和商业惯例，知道法律规定或商业惯例规定未经名人授权企业不可以使用名人的肖像。但是，如果法律和商业惯例不是这样规定的，消费者的反应会不会改变呢？假设法律没有这么规定，那么购买到 Ben Franklin 牌闹钟和鼻烟盒的消费者就不会认为 Ben Franklin 授权了那些产品使用他的肖像；消费者也不会认为，Oscar Wilde 授权 Marie Fontaine's Moth 和 Freckle Cure 使用他的肖像。总之，消费者会认为，广告是经过名人授权才使用他们的肖像并不是必然的和不可改变的。这反映了人们对现行法律和商业惯例的理解，因此这并不能作为法律规定的基础和前提。

假设法律允许企业在商品和广告中无偿地使用名人的人格要素，但禁止企业虚假的宣称得到了名人的授权。也就是说，任何人都可以销售印有 Michael Jordan 肖像的衬衫，但是只有得到他授权的企业才能在商标上标注。同样的，任何人都可以在广告中使用 Michael Jordan 的姓名，但是不能虚假地宣传得到了 Jordan 的授权和推荐。如果法律和商业惯例真的是这样规定的，那么消费者的反应也会随之变化，这样也就不存在消费者因为希望和名人发生联系而受到误导的情况了。所以，我们必须寻找其他的理论根据。

2. 培养广告界的责任

Treece 提出消费者保护说的另外一种观点，我的同事 Samuel Murumba 进一步发展了这种观点。[①] 他们认为，公开权不是（或不仅仅是）一种保护消费者不受欺骗的手段，而是规范企业在使用名人形象时应该承担的社会责任。这种观点的前提是广告的目的并不是为了给消费者提供商品信息，而是为了吸引消费者，让他们产生某种感觉或情绪来促使他们购买产品。尽管有些名人代言的广告直接标明了名人的推荐和支持，但是大部分的广告中名人都没有说明为什么要购买这种产品，只是给人们提供了一种和名人联系的机会。没有什么证据表明 Michael Jordan 代言的产品会比其他的品牌质量更好。[②] 在消费者看来，因为他们的偶像曾用过，所以，质量会更好。严格地说，这种广告不会包括欺骗或者误导。Murumba 说这些广告没有真实性的价值。Michael Schudson 的观点则有些不同，他认为因为全部消费者都知道这些广告是虚假的，所以，广告传达的内容就无所谓欺骗性。

如果这是大部分广告的本质，那接下来会发生什么呢？Treece 说，如果被模仿的名人可以决定使用他们的姓名和肖像的产品和服务，那么模仿名人的消费者们则可以做出合适的选择。Murumba 也持同样的观点。他认为，如果名人被授予控制其姓名和肖像使用的权利，那么就会不存在那些滥用名人身份的广告。名人会小心地选择他

[①] Samuel Murumba, Character Merchandising in Australia—Welcome Home Wanderer, INTELL. PROP. F., Nov. 1990, at 10.

[②] Pacific Dunlop Ltd. v. Hogan, 87 A. L. R. 14, 45 (Fed. Ct. of Austl., Gen. Div. 1989).

们要代言的产品和服务,他们也会衡量广告获得的报酬和他们在公众心目中的形象。他们会不再代言那些假冒伪劣和危险的产品。这种观点的主要内容是公开权的存在不是为了防止消费者因为相信名人和产品之间存在联系而受到误导和欺骗,而是为了防止伪劣产品使用名人的形象做广告会吸引消费者购买那些产品。

这种消费者保护说的变体比第一种观点看上去比较合理,但是它的假设也是错误的。第一,没有事实表明名人有能力正确地引导消费者的行为。一些名人考虑到他们的声誉和形象可能会拒绝代言那些伪劣和危险的产品。但是,像上文所说的有些名人代言他们并没有使用过,也没有调查和鉴定过的产品。特别是1920年开始出现了名人推荐书广告以后,很多名人高价将他们的姓名和肖像授予企业使用。也许只有法律规定,如果广告欺骗了消费者,名人也需要承担责任,名人才会提高自己的辨别。如果没有这种规定,消费者不能够依靠名人来引导他们做出合理的选择。第二,无论名人们代言广告是多么有宣传力量,这也不是唯一的广告手段。即使名人可以选择不代言那些危险的和伪劣的产品,广告商也会使用其他广告手段来推销产品。其他方法并不会降低宣传的效果和增加广告的费用。无论如何,Murumba的观点只适用于利用名人的形象做广告的情况。在名人形象商品化的情况下,比如使用名人形象在海报、衬衫、贺卡等,虽然很多商品也是劣质的,但是很少会对消费者造成危险。所以,如果我们要解释为什么在这些情况下也要授予名人公开权,就需要寻找其他的理论根据。

五、结语

从第四部分的讨论可见,公开权的理论基础还是不确定的。那些支持公开权存在的理论并没有想象中那么有说服力。如果公开权只是关系到分割名人的利益,那这并不是件令人烦恼的事。但是,我们可以发现,公开权涉及更高层次和更复杂的问题。首先,第二部分已经讨论,是否承认公开权是对名气和名人的两种不同观念的取舍,也是对市场经济、工具主义和个人主义观念与共产主义观念之间的取舍。支持公开权的存在即是认为财富、威望和名气等这些社会的产物都属于个人的成就和个人私有财产,人们可以随意地销售,他人也可以任意地购买,而且第一部分已经讨论过公开权需要我们回答文化力分配的问题。我们需要选择集中的,自上而下的对流行文化的管理或者是分散的、民主的、开放的文化管理。至少我认为这种选择是不难的。一般来说,法律应该促进文化的多元化和流行文化的不断发展,因此,法律应该扩大而不是缩小文化的发展空间。法律不应该对基本的符号、语言材料设定财产权,除非这损害了实质的社会利益,没有证据表明名人的形象属于这种例外情况。支持公开权的学者们还需要说服我们为什么不将名人的形象作为公共的文化资源,让每个人都可以利用它们来创造新的文化含义、社会身份和文化价值。

我们还没有找到可以支持彻底废除公开权的理由,我们缺少准确的信息来证明公开权到底多大程度上阻碍了流行文化的发展。毫无疑问,公开权使名人有权审查流行文化的含义,让名人可以抵制那些他们不喜欢的文化含义。但是,我们要知道,名人常使用这种授权,有多少使用者会因为法律而停止使用名人的形象。我们还需要知道,这些受到抵制的文化能否有其他的方式表达。我们也要仔细地考虑,如果没有办法废除,使用什么方法可以减少公开权对流行文化的影响。

Jane Gaines 说,如果可以免费使用名人的人格要素,那么,就可以解放流行文化,其他的演员们也可以利用这些公有的文化财产。我考虑的不是分配效率,而是考虑对文化环境的影响。企业和广告商会如何反应呢?没有限制地使用名人的肖像会如何影响对名人的崇拜呢?如何影响名人的价值呢?如何影响尊严的价值呢?在最后对公开权进行评价前要回答上述这些问题。但是,现在这些问题都还没有解决。

作为财产权的公开权

大卫·韦斯特福尔[*]、大卫·兰多[**] 著　郭钟泳[***] 译

目　　次

一、导论
二、公开权的历史发展：从功能主义到形式主义
三、公开权保护范围的发展趋势：扩张和稳定
四、与公开权有关的一些前沿问题
五、结语：对公开权的分析

一、导论

在过去的一个世纪里，政府对财产权利的保护力度不断增大，法院和立法机关也越来越倾向于认定那些新型财产具有财产的传统特征，如可继承性和可转让性。广播许可证和出租车许可证都属于早期的例证，机场降落道、网络域名和排污许可证则是最近发生的例子。

在对待新型财产的问题上，有功能主义（functionalist approach）和形式主义（formalist approach）两种不同的方法。功能主义的方法注重考虑某种利益成为财产权后所能实现的政策效果，进而判定是否为了某种特定目的而将该利益认定为财产。与之相对，形式主义的方法则不考虑某种利益受政府保护的原因，而是直接将那些被贴上"财产"标签的利益认定为具有传统财产的所有特性。目前，法院和立法机关在处理新型财产的问题时大多采用形式主义的方法，包括本文所论述的公开权——个人控制其身份作商业性使用的权利——我们都可以轻易地发现形式主义方法的踪影。

最早承认公开权是一项财产权利的判例是 1953 年发生在纽约州

---

[*]　哈佛大学法学院教授。
[**]　哈佛大学法学院博士。
[***]　民商法硕士，中山大学法学院助教。

的 Haelan Laboratories Inc. v. Topps Chewing Gum Inc. 一案。① 在该案之后，公开权得到越来越多州的承认，其保护范围也在不断扩大。截至 2006 年，美国共有 28 个州通过普通法或制定法的形式承认公开权，学术界更是涌现了大量论述公开权的著述。但是，少有学者研究为什么公开权会出现如此惊人的扩张。有学者将公开权的扩张归结于某些利益集团的压力，② 还有学者认为这是资本主义制度的商品化运动所导致的。③

更为人们所接受的解释是，政治和社会经济的大规模发展催生出了新型财产，以满足社会的需要。一种得到学界广泛认可的观点认为，财产法是对经济效率要求作出的回应，当一种新型财产有助于实现财富最大化的时候，这种新型财产就会出现在财产法上。理查 A. 爱泼斯坦（Richard A. Epstein）教授赞成这种观点，他强调，新的财产权利总是产生于实践，因为商事实践是比经济分析更加优越的效率指示器。④ Carol M. Rose 教授则认为，财产法是对公共福利中的一些内容作出的回应，其所定义的"公共福利"包括但不限于经济效率一项内容，市场主体之间的社交性等都属于公共福利的内容。⑤"财产法是对经济效率要求作出的回应"的观点也受到了一些学者的质疑，如有反对者认为，一些政治上的考量和某些利益集团的力量也可能会催生出新型财产，即便这些新型财产是低效的。⑥

与以往那些以社会运动为视角的文章不同，本文试在法律领域内分析公开权的发展，并着重从法律推理和法院、学者等法律界观点的

---

① 202 F. 2d 866 (2d Cir. 1953).
② See Michael Madow, Private Ownership of Public Image: Popular Culture and Publicity Rights, 81 Cal. L. Rev. 125, 177 – 178 (1993).
③ See George M. Armstrong, Jr., The Reification of Celebrity: Persons as Property, 51 La. L. Rev. 443 (1991).
④ See Richard A. Epstein, International News Service v. Associated Press: Custom and Law as Sources of Property Rights in News, 78 Va. L. Rev. 85 (1992).
⑤ See Carol M. Rose, The Comedy of the Commons: Custom, Commerce, and Inherently Public Property, 53 U. Chi. L. Rev. 711 (1986).
⑥ See, e. g., Douglass C. North, Structure and Change in Economic History 13 – 44 (1981); Saul Levmore, Two Stories about the Evolution of Property Rights, 31 J. Legal Stud. 421 (2002); Robert H. Nelson, Private Rights to Government Action: How Modern Property Rights Evolve, 1986 U. Ill. L. Rev. 361.

角度进行论述。

本文第一部分将追溯公开权的历史，介绍公开权最初是怎样为了满足功能主义的目的而出现，同时也为 Epstein 所主张的"财产法是对商业习惯的回应"观点提供例证。在公开权被确立后，公开权的发展却远离了商业习惯，被认定为具有继承性。这种扩张公开权特性的做法，很大程度上是受到一种被称为"财产三段论"（Property Syllogism）的推理方法的影响。"财产三段论"的推理方法是这样的：因为公开权具有财产的某些特性，如可转让性，所以公开权是一种财产，既然公开权是一种财产，它必定能够完全地被继承；也就是说，一旦公开权符合财产的某一项特性，公开权就会被认定为财产，并继而获得了传统财产所具有的其他特性。

本文第二部分将解释为什么公开权的保护范围会发生如此显著的变化。在早期，公开权仅对个人的姓名和肖像进行保护，而现在则变成了保护个人任何可识别的身份特征，当然，现在也没有任何明确的指引或有力的理由停止保护个人的姓名和肖像。对此，本文将从法院和学者的观点入手进行探讨。

本文第三部分将探讨两个与公开权有关的前沿问题——在夫妻离婚分割财产时以及在破产程序中能否将公开权看做财产。在这两种情形下，"财产三段论"的观点得到了不少法院和学者的支持。对此，笔者将从社会政策的角度进行分析。

最后，在本文前三部分指出现行司法推理不当的基础上，本文对公开权进行规范性的分析。本文认为，我们既不能贸然地支持公开权，也不能贸然地反对公开权，未来有关公开权的争论将集中在公开权的保护范围。笔者希望，本文对现行司法推理和学者观点尤其是对"财产三段论"的批评，能够促使法律界人士在对待新型财产的问题时摒弃概念主义，转而仔细地考量问题背后的公共政策。同时，本文强烈反对那种为了功能主义目的鼓吹具有部分财产属性的权利或特权的做法。

二、公开权的历史发展：从功能主义到形式主义

（一）Haelan 一案的功能主义方法

1953 年，Haelan Laboratories Inc. v. Topps Chewing Gum Inc. 一

案创设了"公开权"一词。实际上在该案之前,已经有其他方法对"公开权"进行保护。早期的判例是以自然权利理论为基础来保护公开权的,该理论认为,个人对其姓名和肖像享有自然的财产权利。在萨缪尔·沃伦(Samuel D. Warren)和路易斯·布兰代斯(Louis D. Brandeis)于1890年发表了《隐私权》一文后,法院即通过隐私权来保护公开权,认为擅自使用他人的身份用于报刊广告或相似用途构成侵犯他人隐私权。但是,如果行为人擅自使用名人的姓名和肖像作商业性用途,那么,名人有时不能依据隐私权主张损害赔偿,因为被告往往会提出抗辩,认为原告作为名人已经将其姓名和肖像暴露在公众面前、原告已经放弃了其享有的隐私权。当然,如果被告的上述抗辩不被法院所接受,那么无论是依据自然权利理论还是隐私权侵权理论,原告都能获得损害赔偿。也就是说,在 Haelan 一案之前,法律已经承认了名人享有利用其肖像谋取收入的权利以及禁止行为人商业性使用其肖像的权利。

这样看来,Haelan 一案的真正意义在于,肯定了公开权可以通过协议或许可的方式进行转让。在该案中,一位著名的棒球运动员和 Haelan 公司签订了一份排他性的协议,许可 Haelan 公司发行印有其肖像的明星卡。Haelan 公司的竞争对手 Topps 公司也制造了印有该运动员肖像的明星卡。如果这位运动员没有在许可 Haelan 公司印刷明星卡之后又许可 Topps 公司印刷明星卡,那么他就完全可以以自己的名义起诉 Topps 公司侵犯其隐私权。但现在的问题是,作为被许可人的 Haelan 公司是否可以以自己的名义直接起诉 Topps 公司。审理本案的法院对此并没有作过多的论述,就直接以肯定的态度创设了"公开权"一词。

Frank 法官在 Haelan 一案中的意见值得关注。首先,Frank 法官既没有对承认公开权的必要性作任何阐述,又没有探讨是否存在其他替代方法可以实现与创设一项新权利同样的目的,比如说对联邦《不正当竞争法》进行重新解释和扩张。其次,Frank 法官的判决推理中蕴含着非常强烈的功能主义色彩。Frank 法官创设的"公开权"一词,其概念起源于隐私权,但 Frank 法官又明确地指出,该权利是一项不受隐私权约束的独立权利。Frank 法官创设出一个新的权利概念,是对已经存在的商业实践作出回应——因为 Haelan 公司已经在该案判决前与棒球运动员签订了排他性的协议。

签订协议许可他人使用其肖像作商业性使用，这种类似的做法也经常发生在娱乐行业的其他领域。尽管这种协议经常被认定为不具有强制执行力。① 这类协议的流行与美国文化界的变化尤其是人们对名声的看法有关。这类协议的不断出现能够有力地证明，许可他人商业性地使用自己的肖像是现代社会里名人进行娱乐代言的一种有效方式，这种许可协议能更有效地反映出商事实践中的商事惯例。正是在先前已经发生的商事实践的基础上，Frank 法官赋予公开权以可转让的财产特性。但 Frank 法官坚持认为，公开权是一项可转让的权利，而不是一项具有传统财产全部特性的权利。②

（二）转让公开权的所得税：功能主义的一个理由

1962 年，美国法院在审理一宗公开权案件时遇到了一个新问题：美国爵士乐大师格林·米勒（Glenn Miller）的遗孀与电影公司签订了一份关于格林·米勒公开权的转让协议，该转让行为究竟是属于资本财产的转让因而需要缴纳资产所得税，还是应当将转让款看做是普通的应税所得因而需要缴纳个人所得税。③ 美国《国内税收法典》对"资本财产"的定义是"为纳税人所有的财产"，即该案的焦点问题在于，格林·米勒的遗孀所转让的公开权是否属于财产。审理该案的法院认为，格林·米勒的遗孀向电影公司转让的标的物不属于财产。法院首先强调，尽管一些法院已经承认了在世的名人享有公开权，但是该权利并不必定是一项财产权利，而且，实际上，Haelan 一案的判决也没有明确地将公开权认定为财产权；毫无疑问，这是为了避免可能由此带来的一系列问题。接着，法院明确指出，并不是任何需要他人支付对价的物品都属于财产；而且，至今也没有任何一个法院认定公开权可以被继承，法院应该非常谨慎地对待这一问题。

法院最后指出，不应完全依据财产的一般概念审理本案，而应当考虑税收的公共政策。法院认为，禁止在《国内税收法典》之下任

---

① See, e.g., Hanna Mfg. Co. v. Hillerich & Bradsby Co., 78 F.2d 763, 767 (5th Cir. 1935).
② See Haelan, 202 F.2d at 868.
③ Miller v. Comm'r, 299 F.2d 706 (2d Cir. 1962).

意给予纳税人以优惠待遇是符合社会公共政策的，并以此判定本案格林·米勒的遗孀所转让的利益不属于财产。该案沿用了 Haelan 一案中的功能主义方法，即在个案中进行政策考量进而判断公开权是否应受保护，而不是随意地认定公开权是一项财产权。但是，就在法院审结该案的同一时期，几位著名的学者都将公开权定义为完全的财产概念。

（三）功能主义向形式主义的转变

到了 20 世纪五六十年代，公开权逐渐向财产权的方向发展，但这一发展主要发生在学术评论的领域，因为当时绝大多数的法院对公开权的定义仍然停留在其早期的概念上。因此，在 20 世纪 70 年代，当美国的法院开始认定公开权具有财产性质时，公开权已经被学术界广泛地认定为一项财产权。

著名侵权法学家普罗瑟（Prosser）教授于 1960 年发表了《隐私权》一文，将隐私侵权分为四种类型，并将公开权侵权归为第四类的滥用侵权。[1] Prosser 认为，争论公开权是否属于财产权是无意义的。但同时他又指出，第四类的滥用侵权不同于另外三种隐私权侵权（侵入他人私生活、公开他人隐私、公开歪曲他人形象），滥用侵权所保护的利益与其说是一种精神利益，还不如说是一种财产利益。Prosser 教授进一步指出，正是因为这项权利所保护的是财产利益，所以该权利应该具有可转让性，即 Haelan 一案的判决是正确的。很明显，Prosser 教授关注的是公开权侵权造成的是财产损害还是无形的精神损害，而不是关注公开权所保护的客体是什么。Prosser 教授认为，公开权的侵权行为对权利人造成的损害是财产损失而不是精神损害。其所暗含的意思是，公开权应当获得比隐私权更强有力的、更符合其财产性质的保护。同时，Prosser 教授也赞同，应当在个案中通过政策考量的方法来决定如何保护公开权。

Prosser 教授的上述观点非常具有影响力，并被《美国侵权法复述》（第二版）所采纳。《美国侵权法复述》（第二版）基本保留了 Prosser 教授主张的"隐私侵权四分法"，但也作了一些细微的修改，

---

[1] William L. Prosser, Privacy, 48 Cal. L. Rev. 383, 401–407 (1960).

使滥用侵权进一步向财产侵权的方向发展。例如，复述中指出，尽管保护个人的感情不受精神损害是保护公开权的其中一个因素，但是公开权在本质上是一种财产权。《美国侵权法复述（第二版）》还进一步指出，公开权显然可以转让，也应当可以继承，因为侵犯公开权与侵犯财产权是一样的。可见，《美国侵权法复述》（第二版）中的相关解释是在"隐私侵权四分法"的基础上将 Prosser 教授的观点转化为一种过于简单的三段论推理——滥用侵权造成的损害后果是财产损害，所以公开权具有传统财产权所具有的全部特性，如可继承性。

如果说 Prosser 的观点使公开权摆脱了功能主义的方法进而被定义为财产权，那么，梅尔维尔·尼莫（Melville Nimmer）的论述也同样是推动了公开权向财产权的方面发展。由于以隐私权保护公开权具有局限性（包括但不限于：公众人物被认为是自愿放弃隐私权、隐私权具有不可转让性、隐私权只对精神损害予以救济而不救济财产利益的损害、原告须证明被告的行为具有攻击性或侮辱性），Nimmer 毫不犹豫地认为公开权必须被认定为一种财产权而非人格权。他还将公开权与洛克的财产权劳动理论相联系，以进一步论述公开权的财产权属性。实际上，Nimmer 是把"公开权是什么性质的权利"这个问题看成是一项单项选择，即要么像一些欧洲国家的法律那样将公开权定义为完全属于个人隐私权，要么将公开权完全认定为一种准财产权。

Nimmer 的观点随后受到了另外一位著名学者 Harold Gordon 的支持。1960 年，Harold Gordon 撰文写道，尽管 Frank 法官在 Haelan 一案中将公开权看做是财产权，但我们将公开权认定为财产权应当建立在区分以下两种诉求的基础上——请求财产损害赔偿的诉求和请求精神损害赔偿的诉求。Gordon 还进一步指出，公开权是一种财产就意味着它必定可继承。可见，到了 20 世纪 60 年代，美国的学者们为了将公开权定性为一项财产权利已经做了很大努力。

（四）公开权的继承问题和法律形式主义的胜利

现在，关于公开权是否可继承的问题基本上已有定论。大多数承认了公开权的州都已经通过普通法或者制定法的形式，承认公开权可以在名人死后发生继承。与之相对应，西弗吉尼亚州的制定法则规定，如果名人在生前没有转让其公开权或者名人死后没有在世的配偶、父母、子女或孙子女等继承人，那么该名人的公开权在其死后即终止。① 在 20 多年前，法院和学术界对公开权是否可继承仍然存在激烈的争论。法院在审理案件中遇到这个问题时，往往受"公开权是一项财产"这一观点的影响，并以此为基础进行推理，继而认定公开权可继承。

　　Price v. Hal Roach Studios 一案②是关于公开权继承问题的判例之一。在该案审结后，法院在审理有关公开权继承问题的案件时几乎都会援引该案作推理。在该案中，法院明确地支持公开权可继承，并作了以下论述："传统隐私权和纽约州制定法上的权利是以阻却精神损害为理论基础的，所以，当权利人死亡，请求精神损害赔偿的诉讼请求也就不会被提起；也正是基于同样的理论基础，隐私权在权利人在生时是不能转让的。但是，当我们判定公开权的保护范围时，我们必须考虑公开权所保护的权利的纯商业性质。法院和法学界的学者们认为公开权可继承，也正是考虑到公开权所蕴含的商业性。因此，似乎没有任何逻辑上的理由否定公开权在权利人死后可继承。公开权大概就是这样被认定为一项财产权的。"

　　Price 一案的判决可以说是糅合了 Prosser 教授和 Nimmer 教授两人的观点。Prosser 教授认为，金钱性的、商业性的利益应该获得不同于非金钱利益的更多保护；Nimmer 教授则认为，公开权应当被全面地看做是一种财产权。审理该案的法院在援引 Prosser 教授和 Nimmer 教授两人观点的基础上，得出了"公开权是一项财产权"的结论。法院不考量有关的公共政策，就直接以"公开权是财产因而可继承"的推理判定公开权可继承，这种做法在 Price 一案中发挥到了极致。

　　在其他一些案件中，法院同样适用了这种推理方法，并试图从公共政策上予以解释。Factors Etc. Inc. v. Pro Arts Inc. 一案③就是一例。该案是有关摇滚乐大师埃尔维斯·普雷斯利（Elivis Presley）死后其公开权的案件之一，审理该案的第二巡回法院认为：埃尔维斯·普雷斯利生前将公开权这一项财产权转让给了被许可人，使被许可人

---

① See 765 Ill. Comp. Stat. 1075/15（West 2002）.
② 400 F. Supp. 836（S. D. N. Y. 1975）.
③ 579 F. 2d 215（2d Cir. 1978）.

获得了印刷、出版发行其姓名和肖像的专有权,被许可人所获得的专有权是一项可转让的财产权,因而该权利在埃尔维斯·普雷斯利死后仍然存在。法院还从公共政策的角度进行了分析,认为如果在埃尔维斯·普雷斯利死后否认其公开权的可继承性,则会使被许可人的竞争对手获得意外收获,所以法院最终作出了认定公开权可继承的判决。但实际上在这种情形里,是不可能有一个清晰的标准区分出什么样的所得是不公正的不当得利、什么样的所得是侥幸的意外收获。对于名人的继承人或遗产受赠人而言,使用已故名人的姓名和肖像所获得的收入也是一笔巨大的意外收获。

State ex. Rel Elvis Presley Int'l Found v. Cromwell 一案[1]也适用了同样的推理方法和政策考量方法。审理该案的田纳西州上诉法院首先强调了财产通常具有的一系列特性;然后,法院援引了 Price v. Hal Roach Studios 一案并指出,如果一个名人的公开权在其生前被认定为一项无形财产权,那么,在该名人死后这项权利仍然是财产权。法院还从公共政策的角度论证了公开权可继承的正当理由,并最终作出了认可公开权可继承的判决。

在公开权的继承问题上,也有一些反对公开权可继承的声音。一些法院认为,公开权不能延续到权利人死后。在有些案件中,法院的推理逻辑就好像那些认定公开权可继承的法院的推理逻辑,它们认为,公开权是一项个人的、非财产性质的权利,因而公开权不具有可继承性。在 Lugosi v. Universal Pictures[2] 和 Memphis Development Foundation v. Factors, Inc[3] 这两宗被经常援引的案件里,法院就适用了上述推理逻辑,并对所涉及的政策问题进行了分析。这些政策问题主要是:一是为了继承人的利益而对被继承人的名声进行开发使用,其激励作用是微弱的;二是名人的名声往往不是其个人努力的结果,有时仅仅是出于运气或是政治行为和媒体行为的结果,个人的良好行为或丑闻同样能造就一个人的名声;三是通过普通法的形式承认公开权可继承,将会产生大量需要法律进一步明确范围的问题;四是公开

---

[1] 733 S. W. 2d 89 (Tenn. App. 1987).
[2] 603 P. 2d 425 (Cal. 1979).
[3] 616 F. 2d 956 (6th Cir. 1980).

权与联邦宪法第一修正案表达自由权发生的冲突似乎越来越多；五是公开权是否属于一项财产权；六是公开权是个人的权利，所以从道德理性的角度来说，在权利人死后公开权不能由继承人继承；七是如果公开权的继承要被征收遗产税，则又会产生新的问题。

虽然那些否认公开权可继承的判例都有良好的理论基础，但是这些判例无论在数量上还是在范围上都没有得到广泛的援引。之后，大多数法院在遇到公开权继承问题的案件时也没有作详细的推理论证，而是简单地认为，"公开权可继承"已经是一项得到美国司法界多数人支持的规则，因而直接援引早期法院的判例判定公开权可继承。可见，法院并没有认真地考虑公开权背后的政策问题，就直接认定公开权是一项可继承的权利。早期的法院认为公开权可继承是建立在公开权的财产属性基础上的，而后来的法院之所以作出同样的认定，则主要是因为它们将早期法院的判决看做是先前判例。

唯一一宗不以财产权理论来论证公开权可继承的判例是佐治亚州最高法院审理的 Martin Luther King Jr. Ctr. V. American Heritage Product 一案。[①] 在该案中，法院的多数意见注意到，大多数学者都支持"如果一项权利可转让则它也必定可继承"的观点，但法院作出判决更主要是从政策角度考量的。法院首先指出，公开权像著作权一样具有鼓励人们努力创作的功能，如果否定公开权可继承则会严重损害公开权的价值并腐蚀商业确定性原则，因为公开权的被许可人将不愿意花钱购买一项随时可能终止的权利。法院还认为，如果否定公开权可继承、继而允许竞争者之间可以自由地使用个人的身份特征谋取利益，则会使这些竞争者获得不当利益。

本文认为，上述的法院观点不堪一击。我们早就批评"否定公开权可继承会使竞争者获得不当利益"的观点是不当的。"公开权能够鼓励创作"的观点也是有问题的，这是因为：首先，一个人的名声并不是像一本书那样属于其个人劳动创造的产品；其次，对于那些已经获得巨大收入的名人而言，拍摄广告和参加商品促销通常只是偶尔进行的活动而非主要活动，所以，从广告和商品促销中获得收入是否能鼓励名人更加努力地工作是存在疑问的，那种认为"名人将更

---

① 296 S. E. 2d 697 (Ga. 1982).

加努力地工作以便他可以将公开权的价值传承给继承人"的观点是牵强的。而商业确定性理论则是从公开权的被许可人的利益出发，认为如果承认公开权可继承，则被许可人能够在一段持续稳定的时期里因公开权而获益，而不会因为许可人的突然死亡而丧失权利。这可能是对公开权继承问题最好的政策分析了。

与法院相比，学者们在论证公开权可继承时更加关注所涉及的政策问题，因此学界中也有不少相关的政策争论。认定公开权可继承似乎是迟早的事，现在已经有很多州通过普通法的形式承认了公开权及其可继承性，并对权利人死后的公开权延续期间作了不同规定。如此说来，在制定法中规定公开权可继承并不算是什么新鲜事，其只是延续了普通法判决之前所铺就的道路而已。

（五）公开权可继承的生前开发要求

生前开发要求是与公开权的继承问题密切相关的一个焦点问题。早期的法院判例都认为，公开权可继承是有条件的，只有在有证据证明权利人生前已经以某种形式对公开权进行开发的情况下，公开权才能在权利人死后由权利人的继承人继承，这就是所谓的生前开发要求。早期的法院判例并没有从政策的角度对生前开发要求进行论证。经过多年的发展，生前开发要求已经成为许多法院判决公开权可继承的要件之一。但是，学界中也有不少反对生前开发要求的声音。

正如一些学者所指出的那样，权利人生前对其名声进行开发，其目的肯定不在于希望死后获得名声。生前开发要求的其中一个理由是，开发公开权所蕴含的巨大经济利益将会极大地激励权利人，即便权利人在世时没有开发他的公开权。另外一个有力的理由则是，权利人生前曾经开发其公开权，可以证明权利人不反对其他人在其死后继续开发其公开权；而且，权利人可在生前表示或通过遗嘱明确放弃其公开权，这能确保开发公开权的主体只能是权利人或遗产受赠人的受托人所选择的个人或机构。法院之所以在没有考虑政策因素的情况下，就直接判定公开权只有在权利人生前已经进行开发的情况下才能继承，可能是因为生前开发要求能够使公开权更加具有有形性和明确性，从而更加符合财产的特性。公开权看起来越像财产，法院就越能轻易地判定公开权可继承。

三、公开权保护范围的发展趋势：扩张和稳定

公开权在某些方面表现出明显的扩张趋势，但在某些方面又保持着基本的稳定。这两个方面的发展都值得我们研究。本文对此问题的探讨将集中在法律概念和法院的判决推理上。公开权的保护范围经历了一个引人注目的扩张过程，从最开始只保护个人的姓名和图片扩展到现在保护个人身份的任何可识别性特征。其中，联邦第九巡回法院在案件审理中扩张解释加利福尼亚州的法律进而扩张了公开权的保护范围就是一个例证。法院之所以不断地扩张公开权的保护范围，是因为法院对公开权的权利边界缺乏认识，而且法官不愿意武断地对公开权的保护范围划定一条界线。在公开权明显受到限制的领域里，法院就倾向于不会扩张公开权的保护范围。

（一）对可识别性特征的扩张保护

关于公开权的保护范围，加利福尼亚州的制定法只规定了保护个人的"姓名、声音、签名、图片和肖像"。① 但第九巡回法院明确指出，虽然加利福尼亚州的制定法不保护其规定以外的其他内容，但加利福尼亚州的普通法仍然对制定法规定以外的其他可识别性身份特征进行保护。在1974年的一宗案件里，原告是一名著名赛车手，被告擅自将原告驾驶赛车的照片用于商业广告中，虽然照片里的原告面部模糊、不能被识别，但由于原告的赛车具有独特的装饰风格，人们能从照片中认出原告的车，因而原告应当受到公开权的保护。② 在 Midler v. Ford Motor Co. 一案③中，第九巡回法院也指出，虽然制定法上的公开权只保护名人的真实声音，但是普通法也对名人的模拟声音进行保护。

在著名的 White v. Samsung Electronics America, Inc. 一案④中，被告设计的一款机器人在衣着和举止上都很像《幸运之轮》游戏节

---

① Cal. Civ. Code 3344 (Deering Supp. 2003).
② Motschenbacher v. R. J. Reynolds Tobacco Co., 498 F. 2d 821, 827 (9th Cir. 1974).
③ See Waits v. Frito-Lay, Inc., 978 F. 2d 1093, 1098–99 (9th Cir. 1992); Midler v. Ford Motor Co., 849 F. 2d 460, 463–464 (9th Cir. 1988).
④ 971 F. 2d 1395, 1399 (9th Cir. 1992).

目的女主持人 Vanna White，机器人所处的环境也酷似该节目的场景设置，第九巡回法院裁定，女主持人 Vanna White 受到加利福尼亚州普通法上公开权的保护。法院认为，法律保护名人的身份免被行为人用于任何可识别的用途，如果一项法律规则规定只有九种使用他人身份的方法构成公开权侵权，那么这一规定只不过是向那些聪明的广告商提出挑战，让他们创造出第十种侵犯他人公开权的方法。也就是说，被告如何使用原告的身份并不重要，重要的是被告是否使用了原告的身份。其他法院也通过判例，将公开权的保护范围扩张至对节目主持人 Johnny Carson 的口头语"这里是约翰尼"（"Here's Johnny"）①、Guy Lombardo 的绰号"除夕先生"（Mr. New Year's Eve）② 以及足球明星 Elroy Hirsch 的绰号"疯狂之脚"（"Crazylegs"）③ 进行保护。尽管公开权最初只保护个人的姓名和肖像，而且不止一个州的制定法规定只对其所列的身份特征进行保护；但是在实际上，公开权的保护范围已经扩张至任何可识别的个人身份特征，认定公开权保护范围的标准已经变得宽泛而模糊。对此，有不少学者持强烈的反对意见。

  为什么会出现公开权保护范围的扩张呢？这与公开权最初的理念有关，正如 Haelan 一案中所表达的那样，"如果一个人的形象具有价值继而被行为人用作商品促销，那么他就有权获得补偿"。正如 White 一案的法院所言，将公开权的保护范围限定在个人的姓名和肖像之内是不合理的，尤其是当使用某名人的身份特征与通过其他方式使用该名人的身份特征同样有效或者更加有效的时候。在确定公开权的保护范围时，立法机关可能是任意的，而且它们也往往是任意而为，这就能够说明为什么许多立法机关在制定法中只规定了一小串可诉的公开权保护内容。鉴于制定法规定的约束，法院唯有通过普通法的形式来保护制定法规定以外的其他个人身份特征。虽然说"可识别性"是一个宽泛的概念，但以其作为判定公开权保护范围的标准又是最符合逻辑的。许多国家的公开权法律往往只保护特定的身份特征如姓名、肖像和签名，但是这些国家的法院也已经在司法实践中创

---

① Carson v. Here's Johnny Portable Toilets, 698 F. 2d 831, 835 – 837 (6th Cir. 1983).
② Lombardo v. Doyle, Dane, & Bernbach, Inc., 396 N. Y. S. 2d 661, 664 (App. Div. 1977).
③ Hirsch v. S. C. Johnson & Son, Inc., 280 N. W. 2d 129, 137 – 138 (Wis. 1979).

设出类似于"可识别性"的概念，以用于判定原告是否应受公开权的保护。

如上所述，公开权的保护范围已经扩张到可识别性的身份特征，与此同时，在法律逻辑上并没有其他法律规定可以限制公开权保护范围的扩张。反对公开权扩张保护范围的学者强调了言论自由的问题，但是这些反对意见在本质上是模糊的。真正值得关注的是，当某项无形财产权的范围不断扩大时，该项权利就会更多地破坏公民的言论自由；而且，实际上也没有一条清晰的界线或一个合乎逻辑的理由可以解释，为什么保护个人的举止或绰号比保护个人的姓名或肖像会更加侵犯到公民的言论自由权。可以肯定的是，在有些情形里，公开权的扩张保护明显受到其他规定的限制。例如，当原告试图对其在电视节目、录音节目或电影中的角色主张保护时，"可识别性身份特征"的标准将得不到法院的支持。通过使用某个人的表演角色固然能够指示出具体的某个人，但法院并不愿意将公开权的保护范围扩张至个人的表演角色。法院之所以不愿意这样做，很可能是出于对联邦版权法的考虑：如果公开权对表演者给予强有力的保护，那么，就会削弱电视节目、录音节目或电影的版权人全力开发其所享有的权利的积极性。例如，如果第三人在购买电视节目、录音节目或电影的版权许可时还必须为表演者的公开权支付一笔费用，那么，第三人将不愿意花费如此大量的金钱购买版权。

（二）使用方法上的扩张与停滞

在何种行为构成公开权侵权的问题上，制定法和判例法的发展几近停滞，这主要是受到《美国宪法》第一修正案上言论自由原则的限制。早在1979年，法学界就将行为人使用个人身份特征的行为划分为信息性使用、娱乐性使用以及诸如用于广告和商品促销的商业性使用三大类，并形成了以下规则：信息性使用和娱乐性使用他人的身份特征一般不构成公开权侵权，而商业性使用他人的身份特征则一般构成公开权侵权。虽然在一些复杂的案件中，上述三个分类之间的边界已经变得越来越模糊，但是，这种区分方法仍然得到广泛的适用。

其中，一类复杂案件就涉及商品促销的问题。一般来说，将名人的身份特征用于商品促销，如在衬衫上印上名人的肖像，属于商业性使用。但是，如果这种使用了名人身份特征的商品基于某种原因具有创作价值或社会价值，那么该商品就应当受到《美国宪法》第一修正案上言论自由原则的保护。第二类复杂案件涉及的是模仿名人创作的表演或作品。尽管这类模仿性的表演或作品属于娱乐性使用，但大多数法院都认为，如果被告没有对作品的原型添加某些创作性元素从而使其转化为被告创作的作品，那么，被告的行为将不受《美国宪法》第一修正案的保护。

上述的区分规则未必是正确的，但是，它反映了法学界对言论自由问题的关注。之所以要对行为人使用他人身份特征的行为进行区分，是因为公开权明显受到了《美国宪法》第一修正案上言论自由原则的限制，而且，阻碍公民将他人的身份特征作娱乐性使用尤其是信息性使用对公民言论自由权的损害，显然远远大于阻碍公民将他人的身份特征作商业性使用所造成的损害。

四、与公开权有关的一些前沿问题

本部分将对与公开权有关的两个前沿性问题——在夫妻离婚分割财产时和破产中的公开权定性问题——进行分析探讨。目前，只有为数不多的一些法院处理过涉及公开权问题的离婚诉讼和破产案件，也仅有少数学者对此问题进行过研究。这些法院和学者的分析都依赖于前述的"财产三段论"，故他们的论证理由都是相当薄弱的。本文拟摒弃"公开权是财产权"的理论，试图从每个问题所涉及的社会政策出发进行探讨。

（一）夫妻离婚财产分割中的公开权问题

虽然学者和法院都普遍认定公开权是一项可转让、可继承的财产权，但是，少有学者研究在夫妻离婚分割财产时能否把公开权看做财产，也几乎没有法院遇到过这类案件。关于这个问题，目前摆在法院面前的难题主要有以下两个：①在夫妻离婚分割财产时，一方配偶在婚姻关系存续期间获得或增加的收入能力或信誉，能否被看做物质财产，进而允许他方配偶在主张给付赡养费的同时也一并主张分割该配偶基于收入能力所产生的利益；②配偶提起的给付赡养费之诉是否限制了承担给付义务的一方配偶选择收入更低的职业或者退休的自由。

1. 作为物质财产的收入能力和信誉

不论是法院还是学者，他们都难以区分收入能力和商誉、专业信誉。美国法学会曾对该问题作了以下区分：个人的收入能力一般被看做是个人的私有财产因而不能在离婚时进行分割；至于商誉和专业信誉，只要其价值能与个人的收入能力和技巧分离开来，也一般被认定为物质财产。美国法学会还认为，个人的职业许可证和专业学位不属于物质财产。这样，在涉及专业信誉是否属于可分割的物质财产的案件中，就有以下三种不同的做法：第一种做法肯定地认为，在实践中信誉是不能出售的；第二种做法认为，至少在未对其进行出售之前将专业信誉看做是不能与收入能力相区分的东西；第三种做法认为，专业信誉可以作为物质财产进行出售，但要求在价值评估上谨慎为之。

  至于夫妻一方在婚姻关系存续期间获得的专业学位和证书在离婚分割财产时是否应被认定为物质财产，法院则没有进行类似的区分。在 O'Brien v. O'Brien 一案①中，纽约州上诉法院裁定，该案中丈夫的行医许可证应被看做物质财产。这原本是任何一个州的最高法院原诉法庭都拒绝谈论的问题，在该案之后，纽约州的法院都基于对该案判决的信赖而将名人的信誉看做物质财产。在纽约州 Golub v. Golub 一案②中，初审法院裁定，本案当事人作为著名女演员和模特，其在婚姻关系存续期间增加的收入能力在一定程度上可归功于其配偶的努力，因此，应当将其增加的收入能力看做物质财产，继而进行公平的分割。该案法院首先指出，纽约州的法律对物质财产的定义非常宽泛，能够增加收入能力的任何资源都属于财产范围。接着，法院将名人的信誉类推为专业学位和专业信誉，而专业学位和专业信誉已被纽约州的法院认定为可分割的财产，因为专业学位和专业信誉都能增强拥有该学位和信誉的人的收入能力，所以，不与他方配偶分享该收入能力是不公平的。但是，该案法院又援引了另外一宗有关公开权的著名判例 Price v. Hal Roach Studios 一案③，认为公开权可继承本身就能证明名人的名声具有财产属性。可见，熟悉的"财产三段论"又一次发挥作用了。

---

① 489 N. E. 2d 712 (N. Y. 1985).
② 527 N. Y. S. 2d 946, 950 (Sup. Ct. 1988).
③ 400 F. Supp. 836 (S. D. N. Y. 1975).

Elkus v. Elkus 一案①是一宗关于某著名歌剧演唱家的离婚案,审理该案的纽约州上诉法院援引了 Golub 一案的判决,认为名人信誉的增加在一定程度上是名人配偶努力的结果,故名人的信誉属于物质财产因而可被分割。但上诉法院似乎没有完全采纳 Golub 一案中初审法院的推理。上诉法院认为,纽约州法律中的财产概念的确非常宽泛;但是,"在婚姻关系存续期间取得的有价值的东西都属于物质财产,即便它们不符合传统的财产概念"的观点实际上也是非常宽泛的。例如,那些在婚姻关系存续期间取得的有价值的东西不需要具有可转让性、可继承性或不需要具有交换价值,就能直接被认定为物质财产。纽约州上诉法院没有适用"财产三段论"的方法进行推理,而是考量了政策性的因素,如纽约州婚姻法的立法目的——阻却不公正的财产分割、更好地促进婚姻关系中夫妻之间的伴侣关系。从政策角度来看,由于一方配偶在婚姻关系存续期间所增强的预期收入能力(包括未来可能发生的名人代言收入等)蕴含着经济价值,所以,应当在离婚时对之进行公平的分割。可见,审理 Elkus 一案的纽约州上诉法院摒弃了 Golub 一案的形式主义方法,转而采用了功能主义的方法进行分析。

在新泽西州,虽然法院没有跟随 O'Brien 一案纽约州法院的做法将专业证书看做是物质财产,但是,在关于某著名喜剧演员的 Piscopo v. Piscopo 一案②中,新泽西州的法院也将名人的信誉认定为物质财产。审理该案的法院强调说,在新泽西州,为了实现公平公正,物质财产的概念也像在纽约州那样非常宽泛;可以将名人的信誉比作商誉,而商誉已经获得了法律的保护。而且,事实上也只有一些主体才具有这种信誉,如非常成功的律师或名人。法院还进一步指出,没有必要对公开权和名人的显赫地位这两个概念进行区分,因为它们二者往往是缠绕在一起的,一个名人从广告中所获得的收入一般是与其知名度紧密联系的。无论如何,新泽西州的法院一方面对公开权进行强有力的保护,另一方面又不保护一方配偶对他方配偶的公开

---

① 572 N. Y. S. 2d 901 (App. Div. 1991).
② 555 A. 2d 1190 (N. J. Ch. 1988), aff'd, 557 A. 2d 1040 (N. J. Super. Ct. App. Div. 1989).

权所享有的正当利益，这显然是不公平的。

总的来说，对其他州的法院而言，纽约州和新泽西州的法院作出的判决并没有很大的先例价值。这主要有两方面原因：第一，纽约州和新泽西州的法院都极大地扩张物质财产的概念；第二，这些判决都没有对名人的信誉或名人地位（基于名人身份而获得未来的收入能力）与公开权进行清晰的区分。从一定程度上来说，上述两方面原因的根源在于公开权概念的模糊性。公开权通常只保护个人的身份特征免被用于广告和商品促销。但是，Zacchini一案和其他一些判例都通过公开权保护名人的表演，行为人未经同意不得使用或模仿名人的表演。这类案件实际上是保护名人未来的确定收入，因为对大多数名人（如演员和运动员）而言，他们的大部分收入都可能来自于公开表演。而本文在本部分和下一部分所指的公开权，并不包括名人的表演权利。讽刺的是，在纽约州的Golub一案、Elkus一案和新泽西州的Piscopo一案中，法院都注意到，支持原告诉讼请求的最显著障碍在于名人信誉的价值评估问题。虽然难以对信誉的价值进行评估，而且还有不少社会政策反对保护名人的信誉，但是这些法院基于其他考虑，仍然对名人的信誉予以保护。

如果在离婚时当事人请求分割的是公开权而不是名人信誉，那么，有关价值评估的问题就会迎刃而解。这是因为，与名人的信誉不同，公开权人通常是将公开权转让给代理人，代理人再将其用于商业广告或商品促销，这样就催生出一个兴旺的公开权交易市场。通过对比市场中的其他类似交易，人们可以预测和评估某名人将其代言的权利全部转让给他人所能获得的价值。

由于仅有的几宗关于离婚时分割公开权的案件并没有很大的先例价值，所以，法院将来在审理该类案件时就需要求助于学者对该问题的论述。Gray Stiffelman于1978年撰写了一篇以此为主题的文章，该文是探讨离婚时分割公开权问题的最早几篇文章之一。[1] 在文章中，Stiffelman主张公开权实际上包含了两个部分：其一是旨在保护名人开发其名声的经济利益的财产部分。其二是来源于传统的隐私权、旨

---

[1] See Gary S. Stiffelman, Note, Community Property Interests in the Right of Publicity: Fame and/or Fortune, 25 UCLA L. Rev. 1095 (1978).

在保护个人不被打扰或不愿被公开的精神性和尊严性利益的纯隐私部分。他认为，公开权的财产部分可转让、可继承，明显属于物质财产，即便权利人出于某些原因没有全面开发其名声，人们也可以公平地评估出其名声得到最充分开发时的市场价值。Stiffelman 指出，公开权的隐私部分是纯粹的个人利益而不属于财产性质，因而不能被分割。对于这两项既对立又统一的利益，Stiffelman 认为，只有在权利人已经对公开权进行经济性开发的情况下才能将公开权看做物质财产，因为在这种情况下权利人已经放弃了其享有的不被打扰或不愿被公开的隐私利益。

与 Stiffelman 将公开权的内涵分成两个部分的主张不同，Jonathan Kranz 则是毫不含糊地主张公开权应该属于物质财产。[①] 他的理由主要有以下两点：第一，在那些对物质财产概念作宽泛定义并且注重维护夫妻间伴侣关系的州（如纽约州），基于公平公正的考虑，应当允许夫妻双方在离婚时对一方配偶的公开权进行分割，因为这些权利所蕴含的价值也有另外一方配偶的功劳。第二，在那些认为只有具备财产特性的利益才属于物质财产的州，同样应当认定夫妻离婚时可分割公开权，因为美国许多州都认为，公开权在本质上具有财产性，这体现在公开权可以转让。尽管公开权人可能是公众人物或者侵犯他人公开权的行为人所公开的信息具有公共性，但公开权仍然具有可执行性；公开权在权利人死后继续存在。

Robin Rosen 认为，Kranz 对财产的传统分析方法是探讨离婚中的公开权分割问题的正确方法。他指出，某样东西要成为物质财产，其必须是一项独立于其他事物的资产，而且能够被评估。为了达到"独立"这个要求，该"财产"必须具有自己的价值并能独立于其所有人而存在，它还应当具有所有权的属性、能被出售转让。为了达到"能够被评估"这个要求，该"财产"还应当具有交换价值或者具有能在市场上被转让的价值，如果它仅仅具有未来收入的预期，则不能

---

① See Jonathan L. Kranz, Note, Sharing the Spotlight: Equitable Distribution of the Right of Publicity, 13 Cardozo Arts & Ent. L. J. 917 (1995).

满足"能够被评估"的要求。①

Robin Rosen 进一步分析指出，名人的职业生涯或名人的信誉并不符合上述两项要求，而且，出于政策的考虑（尤其是迫使名人继续从事高收入职业的强制劳役问题），不能将名人的职业生涯或信誉认定为物质财产；在夫妻离婚时，应当通过抚养费的方式来弥补因不能分割名人信誉而对当事人造成的损失。但是，公开权符合上述两项要求——公开权可转让、可继承，公开权有一个开放的交易市场，所以公开权应当被认定为物质财产。

上述三位学者的观点尤其是 Robin Rosen 的观点，无不是"财产三段论"推理方法的体现。他们都认为，基于某些目的的考虑，公开权在某种程度上属于财产，因而在夫妻离婚时公开权也应当被认定为财产。而且，上述三位学者和涉及离婚时公开权分割的所有判例都一致认为，可以将公开权归类为物质财产。这些学者和判例都忽略了非常重要的一点——不论公开权是否被称作"财产"，它都是一种独特的"财产"，因为公开权在本质上是极其私人的。

Miranda Oshige McGowan 对婚姻关系中著作权分割问题所作的论述，可以给我们提供一些参考。他认为：夫妻共同财产制度限制了著作权人控制其作品的出版和许可的权利，进而可能会损害到作者发表其个人表达的意愿和积极性。赋予一方配偶享有处理另一方配偶的著作权的权利，意味着著作权人所创作的艺术作品与在婚姻关系存续期间获得的其他个人财产没有任何不同，两者同样可以基于任何一方配偶的决定而转让。这就容易使那些与作者个人具有特别紧密关系的财产商品化，甚至可能会使配偶获得了商业处分另一方配偶的财产的能力。② 如果在著作权领域真的会出现这些后果的话，那么，在保护个人身份特征的公开权领域，又会出现怎样的结果呢？

在实践层面上，在夫妻离婚分割财产时，双方当事人对公开权的分割有以下三种选择：①将公开权转让给第三人，将转让款在配偶之

---

① See Robin P. Rosen, Note, A Critical Analysis of Celebrity Careers as Property Upon Dissolution of Marriage, 61 Geo. Wash. L. Rev. 522, 532–540 (1993).

② Miranda Oshige McGowan, Property's Portrait of a Lady, 85 Minn. L. Rev. 1037, 1114, 1116 (2001).

间进行分配；②由配偶双方共同决定公开权的行使；③作为名人的一方配偶可以继续控制其公开权，但须对另一方配偶给付等价的现金或财产以达到公平分配。

第一种选择显然是不能令人满意的，因为这种做法实际上是强迫名人放弃其对自己身份特征商业化的控制权；而第二种选择同样是强迫名人放弃对其公开权的部分控制。例如，一个名人可能基于某些个人原因而完全不希望开发其公开权；但是，第三人（在第一种选择中）或该名人的配偶（在第二种选择中）为了获取更多的金钱，可能接受了很多代言业务。另外，从经济利益的角度而言，第三人或非名人身份的一方配偶对名人公开权的控制可能会对名人的职业生涯造成有害的影响。尤其是在上述第二种选择中，非名人身份的一方配偶可能会被一些不利于名人的言论所误导，进而要求主张对该名人的公开权行使部分控制权。

虽然学者们已经主张，在涉及公开权分割的破产案件中，如果非名人身份的一方配偶或第三人有权强迫名人出席商业促销等活动，那么就有可能违反了禁止强迫劳动的公共政策。其实，无论是在有关离婚的法律中还是在有关破产的法律中，都难以找到强迫名人在离婚后为了公开权人的利益而进行商业表演的依据。

上述第三种选择允许名人继续保留其公开权，但要求公开权人向另一方配偶支付等价的财产，这种做法会使公开权人承受非直接的财政压力，从而可能造成与第一种、第二种选择同样大的损害。如果一个名人被迫向其配偶支付一笔大额的财产，以使对方获得同等份额的公开权价值，那么该名人可能会面临巨大的财政压力，继而被迫开发使用其公开权，即便该名人基于个人原因并不愿意这么做。

开发使用公开权也可能会对名人的职业生涯造成不利的影响。如此说来，实在不能理解为什么 Robin Rosen 在论及名人的职业生涯或名人信誉时非常关注强制劳役的问题，却忽视了在公开权领域中也存在着同样的问题。一个名人一旦丧失了对其职业及其相关内容（如工作时间、工作环境等）的自由选择，则等于遭受重创，这也会对其生命道路造成很大的影响；毕竟，对身份特征的开发使用是一项个人选择的问题。

Stiffelman 则试图通过权利人妥协的方式来解决公开权分割的问

题。他认为，只有在权利人已经对其公开权进行开发的情况下才能将公开权看做是物质财产。Stiffelman的主张存在以下几个问题：第一，从实践的角度来说，法官难以确定哪些身份特征已经被开发、哪些身份特征还没有被开发。第二，一个名人先前已经在某个领域里开发其公开权，并不意味着日后他必定要在那个领域里继续开发；名人是否选择商业开发其身份特征、如何开发其身份特征，是一项私人事务并与其职业生涯密切相关，如果他本人愿意，他完全可以取消之前作出的开发使用其公开权的决定。第三，Stiffelman对精神性、尊严性的利益（即隐私利益）和经济性利益作出非常独立的区分，但实际上这两种利益并不是那么对立的。例如，在名人参与拍摄的广告的质量远低于其授权内容的情形里，或者在行为人未经授权在商业广告中使用名人的身份特征的情形里，不仅是该名人的经济利益受到了损害，更多的是该名人的尊严性利益受到了损害，这是因为，不论公开权人对其身份特征的控制有多大程度的丧失，公开权人都会感到困扰。而且，公开权人作出的不开发其身份特征的决定涉及经济性利益和尊严性利益两方面，这就产生了一个问题——为什么这种涉及经济性利益的决定在离婚分割财产的诉讼中受到保护，而同意开发利用其身份特征的决定不能获得同样的保护？不管怎样，我们至少应当将前述学者提出的政策考量与支持公开权属于物质财产的政策（如保护非名人身份的一方配偶以及维护夫妻间的伴侣关系等）相权衡。

除非法院明确认定，在夫妻离婚时不能将公开权作为财产进行分割，否则，大量的名人将会面临其公开权得不到法律保护的巨大风险。为了解决这个问题，名人就有可能在婚前财产协议中与其将来的配偶约定，非名人身份的一方配偶放弃对名人身份的配偶的公开权主张权利。实际上，即便法院不把公开权看做是物质财产，法院在判定名人身份的配偶向非名人身份的配偶支付赡养费时，都会以该名人因公开权获得的实际收入或预期收入为基础，这样，非名人身份的配偶对名人身份的配偶主张公开权利益的诉求同样能够得到实现。

2. 承担赡养费支付义务人选择职业或退休对其承担义务的影响

承担赡养费支付义务的一方配偶选择更换一个收入更少的职业或者选择退休，会对赡养费诉讼造成多大程度的影响呢？对于这个问题，法院和学者的观点存在分歧。虽然法院会将当事人的需要作为裁决赡养费的考虑依据，但是，法院在判定赡养费的数额时，会考虑双方当事人婚姻关系的存续时间以及离婚后当事人未来收入的预期差别这两个重要因素。在离婚诉讼中，判断夫妻的收入是否应当包括任何一方配偶开发使用其公开权所获得的收入是非常重要的。当然，这个问题通常只有在需要判定赡养费支付义务人的收入时才会出现。我们也可以想象，如果请求赡养费的一方配偶享有公开权，承担赡养费支付义务的配偶就可能会主张，请求赡养费的一方配偶开发其公开权就足以满足其生活需要。

至今也没有判例明确地说明，如果承担赡养费支付义务人变更了职业，法院是否会以义务人增加的潜在收入作为裁定赡养费数额的依据。但已经有一些法院在考虑，在因赡养费支付义务人更换职业造成收入减少的情况下，是否应当减轻或终止义务人承担的支付义务。在这个问题上，法院的判决是相当混乱的。如果赡养费支付义务人选择退休，也会产生同样的问题，法院的态度同样不明确。法院的分歧主要在于，当赡养费支付义务人辞职进行深造时是否应当减轻其义务负担。相反，如果请求赡养费的原告没有开发使用其公开权，法院就可能会驳回其诉讼请求或者减少其所获的赡养费。

法院的做法与下述观点是基本一致的：赡养费支付义务人没有开发其公开权的，法院在判定义务人的收入时就不应当将因开发公开权所获得的潜在收入包含其中；请求赡养费的原告没有开发其公开权的，法院在判决时会减少其所主张的赡养费。但是，无论是上述哪一种情形，都难以找到一个合理的解释来回答，为什么在判定赡养费支付义务人应承担的支付数额时要忽略那些因开发公开权所获得的收入。

（二）破产资产中的公开权问题

破产领域中所涉及的公开权问题不同于离婚领域中所涉及的公开权问题，这主要是因为，在破产领域中涉及国家财产法、国家豁免规约和联邦破产法多部法律的适用。根据《破产程序法》第七章的规定，在不存在可适用的国家豁免规约的情况下，破产资产包括"债务人在财产上的所有合法的或公平的利益"，[①] 而且，在没有可适用

---

① See 11 U. S. C. 541 (a) (2000).

的联邦法律的情况下，有关术语的含义都仅仅依据州法来解释。[①] 如此看来，虽然州法可以认定公开权不是一项资产因而不能在权利人离婚时进行分割，但是在破产领域中就不能这样做了，因为对照《破产程序法》的前述规定，公开权是权利人的合法利益因而属于破产资产。如果公开权被认定为一项财产，那么，将公开权排除在破产资产范围之外的唯一方法就是通过国家豁免规约予以规定。由于目前没有这样的豁免规定，所以从理论上说，在公开权人破产时，其公开权可被出售给出价最高的投标人，由此所得的收益应向债权人支付。

但是，在实际的破产程序中，公开权并没有被认定为破产资产，即便那些无担保的债权人往往难以从破产申请中获得任何东西，他们也一般不主张将债务人的公开权纳入破产资产中。如果我们认为依据现行法律的规定，公开权应当被看做是破产资产的一部分，那么，各州完全可以通过制定豁免规约，将公开权排除在破产资产的范围之外，联邦也可以通过修改联邦法律的方式达到此目的。

如果承认公开权属于破产资产因而可被出售转让，那么就会产生一个基本的问题——受让人究竟能够获得什么权利。在公开权人自由转让其公开权的情形中，出让人通常都会为受让人作出一系列的服务，以帮助受让人开发利用其受让的公开权。但是，当公开权作为破产资产被出售时，则难以找到一个要求原权利人为受让人提供一系列服务以帮助其开发公开权的合理依据。

Jacoby教授和Zimmerman教授认为，在非自愿向第三人转让公开权的情形中，强迫原权利人在广告中进行表演会造成强迫劳动。[②] 而且，更为严重的一个问题是，这种转让使一个陌生人获得了决定如何商业性开发他人身份特征的权利，这对于原权利人的人格尊严和职业生涯都可能会造成消极的影响。非自愿出售公开权极有可能使原权利人不能再进行演唱、代言等活动，因为这些活动侵犯了受让人的权利，而且如果原权利人的个人行为导致其公开权的价值下降，那么，

[①] See generally Barnhill v. Johnson, 503 U. S. 393, 398 (1992).
[②] See Melissa B. Jacoby & Diane Leenheer Zimmerman, Foreclosing on Fame: Exploring the Uncharted Boundaries of the Right of Publicity, 77 N. Y. U. L. Rev. 1322, 1325 – 1326 (2002).

原权利人还可能会面临侵权控诉。虽然说破产申请既不是完全自愿的，也不是完全强制的（除了非自愿破产和依据州法进行的非自愿收账外），但在破产申请中的确存在着许多强制性的因素，此时，就会出现上述所说的强迫劳动等问题。

在立法上，目前仅有一个州的制定法明确反对将公开权认定为财产。① 在司法实践中，法院从来都没有遇到过有关的案件。在学术领域中，Jacoby 教授和 Zimmerman 教授极力主张，应当将公开权看做财产。两位教授运用"财产三段论"的推理方法，并结合一些政策因素来论证为什么应当将公开权看做财产。

首先，他们指出：在过去的 50 年里，越来越多的州不再将商业利用个人身份特征的权利看做是隐私权，而是将其看做是一种可转让的财产利益，许多州还认为这种利益可继承。自然人人格一旦从纯粹的人格转化为可转让的商品，以商业利用个人身份特征为内容的公开权就应当像汽车、轮船或其他商品那样可以被债权人强行转让。Jacoby 教授和 Zimmerman 教授还指出，适用"财产三段论"的推理方法来论证公开权属于破产资产，与公共政策是相符的：第一，将公开权认定为破产资产，能够避免债务人滥用破产法律保护自己的贵重财产，如债务人可能会适用"宅邸豁免规则"，以避免其豪宅被列入破产资产的清单中。

其次，将公开权认定为破产资产，有利于维护"债务人—债权人"系统的整体理念，即债权人享有的迫使债务人转让其资产（公开权或其他资产）的权利应当优于债务人所享有的权利。

再次，债务人放弃其享有的公开权，可作为免除债务的条件。

最后，Jacoby 教授和 Zimmerman 教授对许多以政策为依据的对立观点进行了批驳。本文认为，Jacoby 教授和 Zimmerman 教授滥用了"财产三段论"的推理方法，在政策考量中，"什么是需要的"才是一个权衡指标。

在进行政策权衡后，我们就会发现，不能为了破产的目的而将公开权看做财产。一个比较好的解决办法是，允许债务人继续保留其公开权，但要求债务人向债权人支付因开发利用公开权所得收益 50%

---

① See 765 Ill. Comp. Stat. 1075/15（West 2002）.

的份额。这个办法可以在联邦法律或州法中予以规定。如果没有这样的规定,申请破产保护的人就必须将其公开权填写在破产资产的清单中,因为债务人在破产资产清单中不列或少列有价值的资产会构成破产欺诈,行为严重的还要承担刑事责任。

五、结语:对公开权的分析

在介绍了公开权的历史和现状、离婚分割财产的公开权问题以及破产资产中的公开权问题后,本文将从规范性的角度对公开权进行分析。我们的基本观点是,不能简单地对公开权的存在表示支持或反对;与主流观点相反,我们认为,公开权的存废与公开权所保护的利益并不必然相关,相反我们应当关注扩张或限缩公开权的保护范围所能实现的公共政策效果。

有关公开权存废的争论非常激烈,但是,这场旷日持久的争论似乎成效不高。支持公开权应当存在的主要论据是不当得利理论和劳动价值理论。劳动价值理论认为,名人努力工作创造出有知名度的身份,因此他们应当享有开发利用其身份特征以及禁止行为人擅自使用其身份特征的权利。以 Michael Madow 为首的一批有影响力的后现代学者对劳动价值理论提出了质疑。他们指出:首先,名人创造自己的形象不同于木匠制造椅子,名人的名声在很大程度上是媒体和社会公众共同参与的结果,而且名人的名声在很大程度上并不是由名人本人控制的,而是由其顾问、代理人、公关人员组成的团队所操纵。实际上,媒体和社会公众在创造名人的公开权价值中所发挥的重要作用,足以说明名人公开权的大部分价值都是由社会创造的,而非名人个人的劳动成果。其次,名人可以轻易地借用已故名人的形象,他们不用付出劳动即可获得知名度。最后,法律并不总是将劳动作为一项自然权利予以保护,在缺乏特定理由的情况下商业性地使用他人的身份特征是不被允许的,这本来就是一个一般性的规则。

支持公开权应当存在的第二种理论是经济激励理论。该理论认为,从激励人们追求名声、增加名声的知名度而言,公开权的保护是必要的。本文认为经济激励理论同样是不堪一击的,对该理论的批评主要有以下两点。第一,经济价值的激励作用并不总是有利的,因为这可能会导致人们对名声的过度投资。具体而言,它可能会促使某些群体（如年轻的黑人）花费大量精力以试图克服其与其他人之间的悬殊差距，努力成为一个名人，从而可能会造成消极的分配结果。第二，即便这种经济价值的激励作用是符合社会需要的，这种激励也只是对少数人发生作用，因为一般来说，名人已经从其主要从事的表演活动中获得了大量收入，即便没有公开权的保护，他也能够从商业广告中获取巨大的收益。值得我们注意的是，在英国，法律并没有对名人的公开权进行保护，但事实证明这似乎不会对名人造成不利影响。

支持公开权应当存在的第三种理论同样是与经济价值有关的，但与经济激励理论关注动态的激励效率不同，第三种理论关注的是分配效率。该理论认为，如果法律不保护公开权，将会导致名人身份的过度开发，人们将会最大化地利用名人的身份特征直至它变得毫无价值；相反，如果法律保护名人的公开权，迫使广告商对使用名人的身份支付公平的市场对价，则既可避免对名人身份的过度开发，也能确保只有那些尊重他人身份并愿意为其使用行为支付最高对价的广告商才能使用名人的身份。本文认为，第三种理论也存在着不少问题。首先，正如 Madow 所指出的那样，因过度开发某名人的身份而导致使该名人的身份价值减少，这实际上是很少发生的；在很多时候，增加开发的力度只会增加名人身份的价值，而并非减少其价值。其次，公开权在某些方面不同于其他商品，因为公开权有很高的可替代性，如果广告商用尽了某名人的身份价值，那么，广告商可以转而使用其他名人做广告或者使用其他促销手段。最后，法院不太愿意接受该理论，可能是因为该理论并没有论及未经授权而将他人身份特征用于商业用途的情况。

鉴于劳动价值理论和经济激励理论备受反对者的批评，支持公开权存在的理论就只剩下 Dean Haemmerli 所主张的理论了。Dean Haemmerli 将公开权与康德哲学中的人类自由、自治和控制理论联系起来，并吸收了 Radin 的重要观点——某些类型的财产对自然人的人格而言是必不可少的，它们比其他类型的财产更加具有私人性质，因而应当获得最多的保护。虽然少有法院采用该理论，但是，这种理论能很好地反驳后现代学者提出的批评。

虽然反对公开权存在的学者很好地攻击上述支持公开权的理论，但是，他们的批评意见并没有很好地为自己建立起反对公开权的理论基础。反对公开权的主要论据有：公开权限制了社会公众对公开权人的身份的使用，这是对公共领域和社会公众言论自由权的侵犯；公开权使得对流行文化的非官方审查变得便利；公开权还会损害那些使用名人身份特征作为某种标志的社会群体的利益。这些反对观点的问题在于：公开权仅仅是禁止行为人擅自使用他人的身份特征作商业性使用，如广告和商品促销，因此很难想象公开权会对流行文化造成多大程度的损害。另外，持反对观点的 Madow 认为，公开权之所以不应当存在，是因为公开权对社会财富进行了重新分配。诚然，Madow 认为，公开权重新分配财富的观点是正确的，但是，其他类型的财产也同样会产生重新分配财富的结果，这个理由并不足以说明为什么要否定公开权的存在。

如前所述，无论是支持公开权的理论还是反对公开权的理论都没有成功地举出具体有力的政策依据来论证各自的观点。力主支持理论的学者 McCarthy 质疑为什么不能创设公开权，他的观点似乎讲得通，而且批评者也没有提出强有力的观点予以反驳；而反对公开权的学者 Madow 则直接反问为什么要创设公开权。

除非有清晰的、有说服力的证据表明存在着某种重要的社会利益，该利益要求法律创设出一项财产权为之服务，否则，法律不能随便地创设财产权利。在娱乐业的领域里，似乎还不存在充分的社会利益要求法律创设出一项新的财产权利。但是，公开权的内容也告诉我们，为什么不能把名人身份看做是社会文化共同体的一部分、为什么不能自由地使用名人的身份来创作新的文化并从中获取经济利益。

无论是支持公开权的学者还是反对公开权的学者，都极力强调对方论据中所存在的问题，这是因为，既然没有任何一方能够有说服力地论证己方的观点，那么，任何一方能够成功地驳倒对方的观点进而将论证的责任推给对方，就能够获得这场论战的胜利。

本文认为，我们不能贸然地反对公开权的存在，也不能贸然地支持公开权的存在。争论公开权是否应当存在是一个毫无意义的问题。我们要做的应当是分析公开权的特性和范围，并通过政策考量从而判定是应当扩张还是应当限缩公开权的范围。早在 50 多年前，Frank 法官在 Haelan 一案中确立了公开权可转让，于是，名人和广告商纷纷签订独占性的协议或类似合同转让公开权。对于这种普遍存在的商事实践，法律通常应当予以尊重，因为这些商事实践一般被认为是有利于当事人的。但是，只有在具体的商事实践背景下才能将公开权看做是一项财产，如承认名人在世时或在其死后一段期间内公开权可以被转让。在公开权被创设后，人们其后给公开权增加了其他财产属性，如可继承性，这些做法都缺乏充分的商事实践作支撑。而且，这种扩张认定公开权具有其他财产属性的做法，包括在离婚分割财产时将公开权看做财产以及将公开权纳入破产资产的范围，都是相当危险的。

  Frank 法官从已经存在的商事实践中创设出一项新的权利，是具有非常坚实的依据和充分理由的。这可以说是创设一种新的财产形式的理想情形。法官和学者不应沉迷于"财产三段论"的推理方法，不能仅仅因为某种事物由于某些原因被贴上了财产的标签，就认为该事物自动地拥有了传统财产所具有的其他特性。当法官需要处理像公开权这种兼具财产性和人身性的权利时，本文所倡导的正确做法是：在个案中对所涉及的各项政策进行权衡分析，通过政策考量进而确定法律是否应当对某项新权利进行保护。立法者、政府官员和法官日后可能会遇到像 Haelan 一案的情形，届时他们也许会为了满足某些功能主义的目的而赋予那些新生事物以财产的属性。但笔者促请这些立法者、政府官员和法官注意，公开权的扩张发展进程已经给我们发出了警告，未经仔细的政策考量而直接认定某项利益具有财产权的所有特性，这种做法是相当危险的。

当今有关公开权的热点争议

W. 马克·维尔纳[*]、李·安·林奎斯特[**]著　刘维[***]译

目　次

　　一、导论
　　二、公开权可否继承
　　三、公开权与《美国宪法》第一修正案的对决
　　四、结论
　　五、附件

一、导论

　　公开权是这样一种权利：首先，个人可基于自身的利益对自己的人格进行使用；其次，当行为人未经他人授权而基于商业目的对他人的人格进行使用时，他人可以公开权为诉因来请求行为人停止侵权行为。公开权是反不正当竞争法所保护的众多权利中的一种。当行为人未经他人授权而基于商业目的对他人的人格进行使用时，他人的律师为了保护本人的利益，就会以侵犯公开权为由来进行起诉。理论上普遍认为公开权源于隐私权，更确切地说，公开权是从普通法中产生的一种权利，在商标法上公开权源于商业欺诈行为。

　　在公开权产生的初期，公开权仅保护个人的姓名、照片和肖像，以防止行为人未经他人授权就使用这些身份特征。但现在却普遍认为，对具有人身标识特性的所有身份特征都应该给予保护，即只要某种身份特征可以指向某个特定的人，那么这种身份特征就应受到保护。具有人身标识特性的身份特征包括：姓名、照片、肖像、声音、特有的财产、独特的衣着和装扮及其他具有人身标识特性的身份特

---

　[*] 美国史佳录知识产权律师事务所律师。
　[**] 美国史佳录知识产权律师事务所律师。
　[***] 中山大学法学院助教。

征。当独立的公开权请求可以在诉讼中被普遍提出时,可以说公开权的发展已经到了成熟阶段。当然,还是有人拒绝承认公开权,在这些人看来,公开权的"出身"问题是含混不清的。然而,如果我们把公开权的"出身"问题抛开而仅从公开权的现状出发,就会有令人可喜的成绩呈现在我们面前。因为就现实情况而言,在最近的20年里,公开权总以独立的诉讼请求在诉讼中被提起,并在至少75份不同的联邦法院判决中被阐述。主流观点认为,当行为人未经他人授权而使用他人人格时,权利人除了可以侵犯公开权为诉因对行为人进行起诉外,还可以商标侵权、不正当竞争、著作权侵权和虚假广告为诉因对行为人进行起诉。一般而言,侵犯公开权这种诉因与其他诉因之间是有相似之处的,但是就本质上而言,侵犯公开权是一种独立的诉因,公开权为权利人提供了一种独立的救济方式。

在联邦最高法院审理 Zacchini v. Scripps-Howard Broadcasting Co. 一案[1]中,原告就是以侵犯公开权为诉因而起诉的,该案发生在俄亥俄州。俄亥俄州法院和联邦第六巡回上诉法院为审理涉及公开权的案件提供了一些非常有意义的判例,但这两个法院都不认为美国中部是名人的聚集地并且会经常发生有关公开权的诉讼。在底特律有汽车城音乐,在纳什维尔有乡村音乐,这两个地方有很多名人,而联邦第六巡回上诉法院审理的有关公开权的案件并没有涉及这两个地方的名人。Memphis Dev. Found. 案[2]、Carson 案[3]、Landham 案[4]、ETW Corp. 案[5]、Parks 案[6]及 Zacchini 案的判决为公开权的发展提供了一些有意义的观点。

就现实情况而言,公开权并没有在美国获得统一的认识。各州法院在审理有关公开权的案件中适用法律时,主要依靠自身对公开权的解释来进行:一些州认为,公开权是一种普通法中的权利并一直存在着;而一些州则认为,公开权隶属于隐私权并为一种制定法中的权

---

[1] 433 U.S. 562 (1977).
[2] 616 F. 2d 956 (6th Cir. 1980).
[3] 698 F. 2d 831 (6th Cir. 1983).
[4] 227 F. 3d 619 (6th Cir. 2000).
[5] 99 F. Supp. 2d 829 (N.D. Ohio 2000), aff'd, 332 F. 3d 915 (6th Cir. 2003).
[6] 76 F. Supp. 2d 775 (E.D. Mich. 1999), rev'd, 329 F. 3d 437 (6th Cir. 2003).

利；还有一些州则认为，公开权既是一种普通法中的权利又是一种制定法中的权利。这种认识上的不统一更促使法官在审理有关公开权的案件时，以自己的良心来进行审理。几年前，国际商标协会（the International Trademark Association）计划为公开权下一个标准的定义，然而最后却失败了，因为在国际商标组织的各成员中，对公开权的认识存在分歧。所以，现在对公开权仍然没有统一的法律规定。

承认公开权的方式有两种：第一，当有关公开权的案件起诉到法院时，就促使法院以判例法的方式承认公开权是一种普通法中的权利。第二，立法机关通过立法把公开权规定在制定法中。这就造成了混乱的结果：一些州认为公开权是一种广告权，一些州对公开权进行了一定的期限限制而一些州却没有，一些州认为公开权可以继承，一些州则认为公开权是一种人身权，在一个人死后公开权也就不存在了。

客观而言，有关公开权的热点争议问题存在很多，但本文只讨论其中的两个。第一，公开权可否继承。即在一个人死后，这种权利可否为他的继承人所享有？第二，《美国宪法》第一修正案可否成为公开权的一个抗辩理由。从这两个问题可以引出如下问题：公开权何时消灭？《美国宪法》第一修正案在哪种情况下可以成为公开权的一个抗辩理由？

二、公开权可否继承

公开权是每个人都享有的，但并不是每个人都能在实际生活中行使这项权利。在名人较多的一些州，已经建立了相对完善的法律体系以保护活着的名人的公开权。然而，这些法律也是不统一的。

（一）背景

公开权何时消灭？在以制定法的方式承认公开权的州，大都通过立法为公开权限定了一定的期限。在纽约州，公开权随着一个人的死亡而消灭。在印第安纳州和内华达州，公开权在一个人生前和死后的100年内可受到保护。在加利福尼亚州，公开权在一个人生前和死后的50内年可受到保护。在田纳西州，公开权只有在被权利人抛弃后才消灭。之所以会产生不同的规定，主要是由于不同的利益集团在立法时的游说而造成的，而这一点在纽约州和田纳西州表现得尤为明显。有一点是我们必须要注意的,即一个人死后要适用哪个地方的法律是以其死亡时的住所地为准的。

1. 美国纽约州

在美国纽约州,规制公开权的法律被认为是规制隐私权法律的一部分。当具有里程碑意义的 Roberson v. Rochester Folding Box Co. 一案①发生后,就促使纽约州立法机关制定了规制公开权的相关法律。Roberson 案的案情大体是这样的:被告是一家面粉厂,原告是一位年轻妇女,被告为了售卖自己的面粉,在未经原告授权的情况下,就把原告的肖像使用在自己的面粉包装袋上,于是原告就把被告起诉到了法院。原告主张自己的隐私权受到侵犯。隐私权源于 1890 年 Samuel D. Warren 和 Louis D. Brandeis 撰写的《隐私权》一文,在该文中他们主张隐私权是一种存在于普通法中的权利,即每个人都享有的独处的权利(the right to be let alone)。而在该案中,纽约州法院则认为,在纽约州的普通法中并不存在一种所谓的隐私权,因此,法院拒绝给予原告任何救济。Roberson 案的判决一经作出就受到了众多非议,一年后,纽约州立法机关通过制定法纠正了该案中对原告的不公。这项新制定的法律规定:当行为人未经他人(仅限于活着的人)授权而基于广告目的使用他人的姓名或照片时,他人可以此为根据而起诉行为人。

随后,纽约州地区法院和联邦第二巡回上诉法院就开始对有关公开权的案件作出判决,然而到了 20 世纪 80 年代初期,纽约州就试图以听证会的方式来对有关公开权的制定法进行修改。代表广告业、出版业、新闻业和娱乐业利益的游说集团在这个过程中获得了巨大成功,它们成功地阻止了把公开权的保护主体扩展到死者,并把公开权的保护范围限定在姓名和照片上。所以,到目前为止,纽约州有关公开权的法律仍保持着其 1903 年制定的有关法律的状态。

2. 美国田纳西州

在美国田纳西州,一系列涉及公开权的案件,主要是有关猫王的案件,促成了有关公开权制定法的产生。第一个有关公开权的案件是

---

① 64 N. E. 442 (N. Y. 1902).

Factors Etc., Inc. v. Pro Arts, Inc. 一案,① 该案涉及猫王,在该案中,联邦第二巡回上诉法院认为,依据纽约州的相关法律,如果公开权人在生前曾使用过自己的公开权,那么在其死后公开权依旧可以受到保护。所以,联邦第二巡回上诉法院对初审法院发出初期强制令的行为给予了支持。

两年后,一个类似的案件上诉到联邦第二巡回上诉法院,使得联邦第二巡回上诉法院有机会对公开权的继承性问题进行重新思考。这一次联邦第二巡回上诉法院对初审法院发出的永久性强制令进行了审查。当联邦第二巡回上诉法院重新审查案件后,就提出了一个法律选择问题:即哪个州的法律可以用来决定公开权是否可以继承,是纽约州还是田纳西州?当类似的案件,即 Factors Etc., Inc. v. Pro Arts, Inc. 一案,首次起诉到联邦第二巡回上诉法院时,当事人并没有提出法律选择问题,而联邦第二巡回上诉法院也草率地决定适用纽约州的法律,然而这样就不可避免地产生了"错误"。当联邦第六巡回上诉法院审理另一起涉及猫王的案件时,即 Memphis Development Foundation v. Factors, Etc. 一案,联邦第六巡回上诉法院对田纳西州的普通法是否承认公开权具有继承性这一问题进行了思考。所以,当联邦第二巡回上诉法院第二次遇到公开权的继承性问题时,当事人就提出了法律选择问题。

在对法律选择问题进行思考后,联邦第二巡回上诉法院主张应以田纳西州的法律为根据而反对适用纽约州的法律。然而,田纳西州并没有关于公开权的制定法,并且该州的法院对于法律选择问题也没有相关的判例。但位于田纳西州西南部的孟菲斯市地区法院,在审理最近发生的一个有关公开权继承性问题的案件时,却作出了对原告有利的判决。在该案中,孟菲斯市地区法院主张,田纳西州的普通法承认一个具有继承性的公开权,这样可以更好地保护原告的利益。然而,这种观点可能会因联邦第六巡回上诉法院作出相反的判决或主张在田纳西州的普通法中并不存在公开权而遭到否定。

联邦第六巡回上诉法院对公开权的继承性问题表现出了一定的担忧,该法院认为,假使承认公开权在一个人死后依旧存在,即这种权

---

① 579 F. 2d 215 (2d Cir. 1978).

利具有继承性，那么就会产生一系列的现实问题。比如：这种财产利益可以存续多长时间？是永远存在还是有一定的时间限制？公开权是否应该纳税？在什么情况下公开权会与《美国宪法》第一修正案保护的言论自由之间产生冲突？自从联邦第六巡回上诉法院对田纳西州的普通法是否承认公开权具有继承性这一问题进行思考后，虽然田纳西州的法院还没有有关这一问题的判决，但联邦第二巡回上诉法院的Mansfield法官则主张，应该遵从联邦第六巡回上诉法院在Memphis Development案中的判决。而联邦第二巡回上诉法院却主张在田纳西州不存在所谓的公开权。然而，这种观点似乎是错误的，这不但是因为田纳西州有许多名人，而且还因为田纳西州把姓名作为商号并用普通法予以保护。事实上，当联邦第二巡回上诉法院在讨论Memphis Development案的判决时其就注意到，假使该案由田纳西州最高法院来审理或者当联邦第六巡回上诉法院审理完Memphis Development案后由该法院来审理，那么那位作者也会赞成公开权具有继承性。

（二）美国田纳西州的制定法

有关猫王的案件促使田纳西州制定了有关公开权的法律，这些法律与《拉纳姆法》[①]的规定有相似之处。其原因有：第一，猫王的权利可以为商标法所保护，而且这一领域已经建立了相对完备的法律体系。这样就可以不仅仅依据公开权这种相对不太完善的法律制度来保护猫王的利益，而且以公开权对猫王的利益进行保护可能会对猫王产生不利的影响。第二，联邦第六巡回上诉法院更关心的是公开权可以存续多长时间，而田纳西州的制定法则采纳了商标法的有关规定。田纳西州的制定法规定，公开权可以一直存续只要权利人不抛弃即可。这就像商标权一样，其可以通过续展从而一直存在。田纳西州的法律还承认公开权可以继承和遗赠。

田纳西州的制定法认可公开权可以一直存续似乎是合理的。但为什么一种可以被创设、使用及保持的有价值的财产权最后会进入公共领域？为什么一个并没有为这种权利的发展和保持做任何事的人，仅可基于人身上的关系就享有这种权利？为什么一个人创造了一个有价

---

① Lanham Act，指联邦政府管理州际贸易货物的商标及其他标识的法律，也称为《拉纳姆法》。

值的人格,并对这种人格进行保护、投资并使这种人格更有价值,但最后仅会由于时间的经过就剥夺一个人的这种权利?

(三) 美国田纳西州的普通法

在田纳西州还没有制定有关公开权的制定法之前,田纳西州上诉法院在审理一起有关猫王案时,就作出判决承认田纳西州的普通法中有公开权。这个判决在随后不到四周的时间里,为联邦第六巡回上诉法院在审理另一起有关猫王的案件时所遵循。联邦第六巡回上诉法院在审理 Memphis Development 案时,主张公开权是有一定存续期限的,但这一观点却受到田纳西州法院的反对。

(四) 公开权应被继承

反对公开权具有继承性似乎主要是围绕其经济价值来进行争辩的。假使人们认识到一旦自己成为名人后就会创造并拥有一种财产权,这种财产权还可以被继承,那么会不会促使人们追求成名?如果认为公开权仅为名人享有,那么,这种观点可能会更有分量。假使我们认为公开权为每个人都享有,一旦行为人未经他人授权而为了商业目的对他人的人格进行使用就构成侵权,那么,这种商业上的使用是仅为一种运气或者为一个制订好的商业计划就显得无足轻重了。还有一个更重要的问题需要考虑,即一旦个人人格中的商业价值被确定,权利人或者其继承人要怎样来保持这种价值。如果这种价值可以被保持,也可以为其继承人或受让人所保持,那为什么会由于预先设定的期限的经过而导致这种价值进入公共领域?

联邦第六巡回上诉法院的法官 Merritt 在 Memphis Development 案中似乎认为,名人的名望是源于大众的追捧而名人自己却对之很少或没有进行努力。如果大众不喜欢猫王的声音那么他就不会成名,但事实却是大众为猫王的声音和个人魅力所倾倒。而且,猫王人格中的经济价值可以为他的受让人所保持,猫王的姓名、照片和肖像在他死后的 25 年间仍然可以带来经济利益。如果说猫王是由于大众的追捧而获得名望,那么,戴夫·托马斯的温迪屋饭店(Wendy's Restaurant)获得名望的方式就与其有不同之处。托马斯是一位成功的商人,他把自己作为一种市场工具在经济交往中使用。托马斯的姓名、照片和肖像后来为大众所周知并与他的温迪屋饭店紧密相连。如果托马斯死了，那么，请问托马斯的竞争者或其他任何人在商业活动中可以使用托马斯的人格吗？如果回答是肯定的，那么，原因何在？

猫王和托马斯的姓名和肖像都是一种商标，作为商标他们都非常有名，也许他们的权利可以州的或联邦的商标反淡化法为根据而获得另外的保护。然而，如果行为人未经以上两人的授权就使用他们的人格去销售商品，那么，以侵犯公开权的相关理论为基础，行为人就会因此而受到相应的制裁。行为人没有为以上两个人的成名做任何事，在这两个人活着时或死亡后，行为人也没有为保护这两个名人的肖像做任何事。美国文化和商业哲学认为：一个人不能收获他没有播种过的果实。这种哲学观点就是反不正当竞争法的立法根基。公开权受反不正当竞争法保护，所以，反不正当竞争法的这种哲学基础也可以为公开权所采用。

三、公开权与《美国宪法》第一修正案的对抗

当行为人未经他人授权而基于商业目的使用他人人格时，他人会以公开权为诉因而起诉行为人，而行为人则主张以《美国宪法》（以下简称《宪法》）第一修正案的方式来对他人的公开权进行抗辩，这就在公开权与《宪法》第一修正案之间产生了一定的摩擦。在美国，财产所有权和财产权被认为具有很高的价值，同时，国家也制定了很多法律来保护这些权利。然而，美国人也把自由放在一个很高的位置上，特别是言论自由和出版自由，这两个被认为是民主社会的根基。这就不可避免地在公开权的保护范围与《宪法》第一修正案的适用范围之间产生冲突。对于公开权的保护范围和《宪法》第一修正案的适用范围如何来确定，法院并没有一致的观点。法院的具体判决可能会反映不同的偏向，要么是偏向于保护财产权而对《宪法》第一修正案的适用范围进行限制，要么是偏向于保护《宪法》第一修正案上的相关权利而对财产权进行限制。很明显，主张保护《宪法》第一修正案上的相关权利的呼声要强于保护公开权的呼声。

有趣的是，已经在知识产权中获得既得利益的人和经常行使知识产权的人，主要是出版业、新闻业和广告业的有关人员，也主张对公开权的保护范围进行限制。当他们要利用他人的公开权去销售自己的产品时，他们会对《宪法》第一修正案进行宽泛的解释并且经常也

第一编　公开权的基础理论　　　133

获得了对自身有利的结果。有时有些人对《宪法》第一修正案的解释超过了《宪法》第一修正案所能拥有的含义，这时就不能得到《宪法》第一修正案的保护。然而，一些具有重大冒犯性的行为也会受到《宪法》第一修正案的保护，这一点为 Hustler Magazine v. Falwell 一案①所证实。在 Hustler Magazine 案中，原告是一家色情杂志社，被告是一位宗教组织的领导人，原告在杂志中描述了被告与其母亲之间的性行为。被告主张自己的名誉受到了侵犯，并认为原告是故意在给自己的精神制造痛苦。然而，联邦最高法院却认为公众人物不能基于精神痛苦而请求赔偿。

在其他一些案件中，联邦最高法院也认为言论自由应该受到保护，这其中包括具有新闻价值的东西和某些艺术形式，比如戏剧、电影。然而，这里仍有问题存在，即何时使用他人的公开权会受到《宪法》第一修正案的保护？何时又会被认为是未经他人授权而仅为了商业目的而使用他人的公开权？很明显，如果一个不恰当的标准被建立，那么，也许所有的行为都会被认为是不侵权的。但是，究竟何时未经他人授权而对他人的人格进行使用是受到言论自由保护的，而何时又是对他人公开权的侵犯，这仍然在激烈的争论中。文章会讨论一些具有重大意义的案件，在这些案件中行为人都是未经他人授权而基于商业目的使用了他人的人格，但却都主张这是为《宪法》第一修正案所保护的。

这里讨论的摩擦或者冲突不是源于 Brandies 和 Warren 在《隐私权》一文中主张的每个人都享有的独处权，而是源于为反不正当竞争法所认可的一种理论，即一个人不能收获其没有播种过的果实。当一个广告商要使用他人的公开权去帮助推销和售卖自己的商品时，其期望获得公开权人的许可从而可以使用他人的公开权，否则其会受到法律的制裁。有两种未经他人授权而使用他人公开权的行为受到《宪法》第一修正案的保护，这也为我们的讨论提供了素材：①在消费艺术（consumer art）中使用；②在报纸和杂志中使用，以帮助售卖报纸和杂志。

---

① 485 U.S. 46 (1988).

（一）公开权和艺术

我们以最近发生的两个案件展开论述，在这两个案件中公开权与《宪法》第一修正案之间产生了冲突。就这两个案件的相同之处而言，在案件中行为人都是以艺术的形式使用了他人的人格，原告在案件中都主张公开权受到了侵犯，被告在案件中也都以《宪法》第一修正案作为抗辩，然而案件的结果却不相同。其中一个案件对公开权进行了限制；而另一个案件则阐述了一个标准以确定何时可以用《宪法》第一修正案来对抗公开权。

1. Tiger Woods 和 The Masters of Augusta

第一个案件是 ETW Corp. v. Jireh Publishing, Inc. 一案。[①] 该案大体的案情是这样：原告 Tiger Woods 是一位职业高尔夫球运动员，有一位艺术家画了一幅关于原告 Woods 的画像，在这幅画中还有 Woods 的球童和其他有名的高尔夫球运动员，如 Arnold Palmer, Sam Snead, Ben Hogan, Walter Hagen, Bobby Jones 和 Jack Nicklaus。随后，这位艺术家就许可被告可以对该幅画进行有限的编辑后进行印刷销售。原画和随后的印刷品被赋予了"The Masters of Augusta"的名号。法院认为，该画作的目的是为了庆祝 1997 年 Tiger Woods 在 Masters Tournament in Augusta 比赛中获得的胜利而创作的。然而，Woods 的排他许可机构则认为，该印刷品侵犯了 Woods 的公开权，并反对适用简易程序审理该案，其主张该印刷品是一种商业产品。被告则以《宪法》第一修正案为抗辩，认为该印刷品是受言论自由保护的，因为其是一种艺术作品并且不构成商业言论（commercial speech）。被告还认为该画作及其印刷品的目的是为了传达一条具有新闻价值的信息。原告在简易程序中并没有直接提出侵犯公开权的主张，而是主张商标侵权，原告引用了一些判例并主张广告并不为《宪法》第一修正案所保护。但法院则主张该印刷品的目的在于传达一定的信息。法院之所以这样阐述理由，是因为联邦最高法院认为画作受到《宪法》第一修正案的保护，所以，印刷品是一种受到保护的言论方式。

---

① 99 F. Supp. 2d 829 (N.D. Ohio 2000).

2. Three Stooges 和 Silk Screening

第二个案件是由加利福尼亚州最高法院审理的 Comedy III Prods., Inc. v. Gary Saderup, Inc. 一案。① 该案的案情大体是这样的：被告画了一幅有关 Larry，Curly，Moe 的画作，这三位都是有名的喜剧演员和电影明星。随后被告把这幅画作印在 T 恤衫上并且印刷了该画作，这些全都用来出售。而在这之前，原告已经把所有有关 Three Stooges 的权利都注册了，所以，原告主张被告侵犯了自己的公开权。加利福尼亚州最高法院对该案作出了判决，该判决对以后的司法活动极具有指导意义。在判决的过程中，加利福尼亚州最高法院主要参考了自己以前审理的 Guglielmi v. Spelling-Goldberg Productions 一案，② 并且 Guglielmi 案中首席法官 Bird 的意见也得到了本案的遵循。

在 Comedy III Prods., Inc. 案中，加利福尼亚州最高法院主要对两个问题进行了讨论：①假使行为人以欺诈的方式使用名人的人格，使公众误以为某名人为某商品提供了担保，而事实上该名人并没有为该商品提供担保。那么，在这种有关商业言论（commercial speech）的案件中该名人要怎样主张自己的公开权？②怎样的虚假言论（false speech）不会受到《宪法》第一修正案的保护？加利福尼亚州最高法院注意到使人误解的和虚假的言论并不是问题的关键。加利福尼亚州最高法院认为，娱乐活动作为一种可视的艺术受到《宪法》第一修正案的保护，即使其传达的信息不具有真实性也是一样。甚至对于艺术作品，如该案中的画作，其被印在 T 恤衫上，也不能因此而否认其是一种受到《宪法》第一修正案保护的作品。加利福尼亚州最高法院注意到，虽然《宪法》第一修正案对关于名人的非商业言论（noncommercial speech）是高度的保护，但这也并不意味着所有侵犯公开权的言论都会获得这种保护。公开权就如同著作权一样，是一种受到保护的知识产权，公开权具有一定的社会价值。

尽管很少有法院对如何协调公开权与《宪法》第一修正案之间的关系这一问题进行考虑，但有一点是明确的，即《宪法》第一修正案是不会保护仅仅盗用名人人格中经济价值的言论的。接着加利福

---

① 21 P. 3d 797（Cal. 2001）.

② 603 P. 2d 454（Cal. 1979）.

尼亚州最高法院对以下这些案件的判决进行了参考：联邦最高法院审理的 Zacchini 案、加利福尼亚州最高法院审理的 Guglielmi 案、新泽西州地区法院审理的 Estate of Presley 案[1]和联邦第二巡回上诉法院审理的 Groucho Marx Productions 案，[2] 在这些案件中被告都以主张《宪法》第一修正案的方式作为抗辩，但最后却都没有获得法院的支持。

　　加利福尼亚州最高法院注意到，在联邦最高法院审理的 Zacchini 案中，被告电视台播放了原告的整个人体炮弹表演过程。原告主张自己享有俄亥俄州普通法中的公开权，被告却主张《宪法》第一修正案来作为抗辩，最后联邦最高法院认为，被告的播放行为不能获得《宪法》第一修正案的保护。引用联邦最高法院在 Zacchini 案中的判决理由，加利福尼亚州最高法院认为，保护公开权的理论根据在于阻止善意的违法行为获得不公正的利益。在 Zacchini 案中，原告的表演行为具有市场价值，而被告并没有社会公共目的从而可以免费播放原告的表演行为。换句话说，被告要播放原告的表演行为，就要向原告支付一定的金钱。判决中的这些用语使人想到联邦最高法院在先前的有关反不正当竞争的案件中使用的类似用语，即一个人不能收获其没有播种过的果实。

　　加利福尼亚州最高法院又继续说道，诚然 Zacchini 案并不是一个普通的公开权案件，在该案中，被告电视台播放了原告的整个表演行为……然而，从 Zacchini 案中体现出的以下两个原则可以适用于 Comedy III Prods., Inc. 案：①不为联邦的版权法和专利法所保护的其他知识产权形式，可以由州法提供有效的保护，这样可以更有效地保护艺术家的劳动成果；②州法的目的在于阻止行为人盗用他人的这种知识产权（即公开权），这种盗用行为并不会自动基于言论自由和传播信息等利益的考虑而获得豁免。正如在有关名誉侵权的案件中，州法的利益和言论自由的利益需要得到平衡，而这种平衡的根据则在于相关利益的重要性。

　　加利福尼亚州最高法院参考的第二个案件是自己曾审理的 Guglielmi 案，最后，加利福尼亚州最高法院在 Comedy III Prods.,

---

[1] 513 F. Supp. 1339 (D. N. J. 1981).
[2] 523 F. Supp. 485 (S. D. N. Y. 1981).

Inc. 案的判决中也采纳了与 Guglielmi 案相似的平衡方法。加利福尼亚州最高法院这样说道，从 Guglielmi 案可以得出这样的结论，即《宪法》第一修正案保护娱乐活动而对抗任何公开权请求。Guglielmi 案提供了这样一个平衡标准用以区分何者是受保护的而何者又是对名人肖像的盗用，即只有当公开权人的利益明显大于言论自由的利益时，才可以认定行为人的行为侵犯了他人的公开权。接下来，加利福尼亚州最高法院又参考新泽西州地区法院审理的 Estate of Presley 案。在 Estate of Presley 案中，新泽西州地区法院也采用了一种平衡方法。加利福尼亚州最高法院在参考了 Estate of Presley 案的判决后说道，对于娱乐活动中的言论（entertainment speech）《宪法》第一修正案是给予保护的，但《宪法》第一修正案并不能成为一个有效的抗辩。因为在加利福尼亚州最高法院看来，娱乐活动仅仅是一种模仿或复制，即使其具有一定的技巧性和精确性，但是就本质而言，其既没有自身的具有创造性的东西，也没有重大的价值。正如一位官员所强调的，公众对于偶然的、非经常的、善意的模仿一位名人以求得或幽默或批判效果的行为是支持的，但任何人都不能未经他人授权就盗用他人有价值的身份特征。加利福尼亚州最高法院注意到，在 Estate of Presley 案中，新泽西州地区法院认可了被告模仿猫王的行为具有一定的自身价值，但还是认为被告行为的主要目的是为了盗用猫王肖像中的商业价值。

最后，加利福尼亚州最高法院参考了联邦第二巡回上诉法院审理的 Groucho Marx Productions 一案。在 Groucho Marx Productions 案中，联邦第二巡回上诉法院主张，应当适当考虑从而达到对各种形式的言论都给予保护的目的，而加利福尼亚州最高法院对这种观点并不是明显的同意态度。联邦第二巡回上诉法院在审理 Groucho Marx Productions 案时，提出了一种二分法，即如果小说或新闻的主要目的在于传递思想、观点或信息，那么其就会获得《宪法》第一修正案的保护；但如果主要是基于商业目的而使用名人的姓名或肖像，如售卖商品，那么此时公开权就会受到保护。

在对以上四个案件进行参考后，加利福尼亚州最高法院认为，问题的关键在于使用名人的肖像是否是一种变异使用（transformative），即当行为人使用名人的肖像时，行为人对名人的肖像进行了加工或者使用名人的肖像并创造出新的东西，而不仅仅是对名人肖像的简单复制。如果一幅画、一尊雕像或一件商品等，仅仅复制了名人的肖像并以销售给公众为目的，那么，公开权就优于《宪法》第一修正案。加利福尼亚州最高法院还从著作权法中借用了合理使用（fair use）这一概念。合理使用理论要求对使用的目的和使用的性质进行考虑，这似乎对于协调公开权与言论自由之间的关系具有一定的意义。

加利福尼亚州最高法院承认，当行为人未经他人授权而使用他人的肖像时，对于行为人可否以《宪法》第一修正案作为一个有效的抗辩理由这一问题，难在如何确认所谓的艺术性上。然而，变异使用原则为这一问题提供了一定的解决方法，不管是原告还是被告都会有一定的能力去判断在自己的案件中是否含有变异性因素。如果得到肯定回答，那么就会受到《宪法》第一修正案的保护；如果得到否定回答，那么就存在侵犯公开权的行为。但是，基于一些必然的因素在判断的过程中会有所体现，并且得到的结果可能还需要进一步考量，从而变异使用标准也不是一个完全明确的标准。

重新对 ETW Corp. 一案进行审视，我们可以从该案的判决中看出，被告的画作及画作的印刷品对原告肖像的使用，与 Factors 案广告中对猫王肖像的使用是不一样的，在 Factors 案中，广告没有得到《宪法》第一修正案的保护。在 ETW Corp. 一案中，法院认为被告具有艺术性的印刷品是在传递一种信息，这与广告中仅对照片进行复制的行为是有区别的。不幸的是，我们之所以会意识到这幅关于 Tiger Woods 的画作是在传递一种信息，是因为被告主张其画作在传递一种信息，很明显，这种主张也适用于被告其他的有关运动明星的画作。或许这幅画作是一种变异使用，或许这幅画作仅仅是一种狡猾的商品。这种结论也许是正确的，但对于将来的案件却不具有指导意义。

（二）公开权与报纸和杂志

当媒体（主要为报纸和杂志）未经名人授权而使用名人的人格时，就会在公开权与《宪法》第一修正案之间产生摩擦。对于这种摩擦其实可以很好地解决，即当名人的姓名、照片和肖像具有新闻价值时，新闻业就可以自由地使用，而不必担心会被起诉或被认为是对名人公开权的侵犯。很少有人会对新闻自由提出非议。但是，当新闻业仅仅为了商业目的而使用名人的人格时，其就不得不向名人支付一定的使用费。然而，任何对新闻业的活动进行限制的行为都会对新闻业产生一种抑制作用，而对新闻业进行抑制的行为却会受到公众的指责，这就使新闻业获得了有时可以未经名人授权而对名人人格进行使用以帮助售卖报纸和杂志的权利。来自纽约州和加利福尼亚州的两个案件就涉及这一点，这两个案件是有关著名运动员 Joe Namath 和 Joe Montana 的。

1969 年，Joe Namath 带领 New York Jets 获得了 Super Bowl 的冠军称号，其球队打倒了所有的对手。在比赛开始之前，Namath 就声称自己的球队将会获得成功，并且由于他的生活方式和个人魅力，使他成为了一位众所周知的体育明星和体育新闻关注的焦点。与其他体育明星一样，Namath 把自己的公开权卖给了广告商，广告商用他为自己的商品作担保。Namath 说，仅在 1972 年他就以这种方式挣得了几十万美元。开始时，*Sports Illustrated* 这份体育画报对 Namath 的报道范围还限于 Namath 于 1969 年在 Super Bowl 取得的成功。随后，有关 Namath 的其他文章和照片也被报道，其中包括 Namath 作为一位运动员在体育场上的活动和 Namath 在私人生活中的活动。1972 年，*Sports Illustrated* 这份体育画报为了订阅的目的就在另一份杂志上做了如下一则广告：广告中有 Namath 的肖像，并有这样的描述："怎样获得如同 Joe Namath 一样的成功"，以此来吸引男性读者；"你喜欢的男人喜欢 Joe Namath"，以此来吸引女性读者。地区法院认为，必须承认，该则广告的目的在于激励公众去订阅 *Sports Illustrated* 这份体育画报，但这是被允许的。上诉法院也认可这一观点。

20 年后，Joe Montana 带领 San Francisco Forty-Niners 这支球队在 1989 年和 1990 年获得了 Super Bowl 的冠军称号。Joe Montana 发现，自己处在了和 Joe Namath 一样的地位。*San Jose Mercury News* 这家报社在新闻的头版头条中对 1989 年和 1990 年的胜利进行了特别报道。为了庆祝胜利，这家报社开设了一个关于该球队的纪念性专栏，并使用了一位画家画的有关 Montana 的画作。随后该纪念性专栏的每一页被复制为广告，而这种广告以每张 5 美元的价格卖给消费者。Montana 认为，该报社侵犯了自己的公开权，并把该报社起诉到法院，而报社则以《宪法》第一修正案为抗辩并提出对本案适用简易程序的请求。法院认为，报道涉及公共利益的事件不应被起诉，即使报道的不是现在发生的事件，也可以站在历史的角度进行报道。法院主张，因为报纸报道 Montana 取得胜利这一事件是受《宪法》第一修正案保护的，所以，这些广告同样受到保护。Montana 的照片出现在广告中的理由与出现在新闻中的理由是一样的，即 Montana 在具有新闻价值的体育事件中是一位主要的运动员。

法院认为，虽然不能从其他案件中找到支持的依据（尽管法院随后引述了 Namath 案），但却引用了一些有关政治言论（political speech）的案件，并主张报社有通过复制自己已报道过的新闻故事的方式去售卖报纸的权利，该权利是受《宪法》第一修正案保护的。法院最后作出这样的结论，《宪法》第一修正案之所以保护这种广告是基于如下两个理由：第一，广告自身报道的具有新闻价值的事件涉及公共利益；第二，报社有通过复制自己原始文章和照片的方式去售卖报纸的权利，该权利是受宪法保护的。

Namath 案和 Montana 案开启了一个潘多拉的盒子。假使以上两个案件的判决是正确的，那么很明显，在自我推销的外衣之下，报纸和杂志就获得了一种不受约束的权利，即一旦名人的姓名、照片和肖像曾在自己的报道中出现过，那么其就可以在以后的商业领域中不受约束地使用该名人的姓名、照片和肖像。在 Montana 案中法院认为，报社可以为了展现报纸良好的质量和精彩的内容，而对已经报道过的具有新闻价值的事件进行复制，并且随后的复制行为会被普通法和制定法所豁免。尽管上述案件为不受约束的使用名人的人格提供了一种观点，但是这种观点似乎有些牵强，因为我们必须认识到上述案件中复制和销售广告的行为与新闻报道中使用名人人格以求得销售报纸的行为是不一样的。这就如同报社对 Super Bowl 进行了报道并附有精彩的照片，然而这种对具有新闻价值的事件的报道行为与艺术家创造一张名人的照片，然后印在纸上并做成广告，最后卖给消费者的行为是不一样的。

来自纽约州的一个有关一位模特的案件，发生在 Namath 案和 Montana 案之间。这位模特以摆各种不同的姿势并拍照而获得生活的来源。在该案中，该模特的求偿请求遭到了否决。该案的案情大体是这样的：开始时，该模特同意为一份特定的杂志摆姿势并拍照，而该杂志则同意给予该模特一定的报酬。随后，出版社选中一张该模特穿着夹克的照片,并把这张照片使用在另一份杂志的 Best Bets 专栏中,在这张照片旁边是一位有名的服装设计师,还有衣服的售价及在哪里可以买到这种夹克等信息。纽约州上诉法院(该州最高法院)主张,就通常出现在 Best Bets 专栏中的照片而言,是编辑为了给读者提供一定的信息,包括价格及其他有关该商品的信息,这些对于读者而言是有益的,从而这些也是具有新闻价值的。是否具有新闻价值是由文章的内容决定的,而不是由行为人为了增加杂志销量的目的(或主要目的)决定的。然而,这里的问题是,对于一则广告而言,其既可以传递一定的信息,又可以达到增加出版物销量的目的,这就如同在 Best Bets 专栏中使用上述照片一样。所以,不能仅以内容为根据来决定其或者是基于具有新闻价值而使用或者是基于广告目的而使用或者是基于商业目的而使用。

在另一个案件中,有两家报社分别向它们的读者发起了不同的调查,其目的均在于调查在 New Kids on the Block 组合中哪一位歌手是最受欢迎的。两家报社就把这个组合的照片印在报纸上并提出这样一个问题,即在 New Kids on the Block 组合中您最喜欢哪一位?该调查以给"900"打电话的方式进行,对其中一个报社打一个电话需要支付 50 美分而对另一个需要支付 95 美分。一家报社主张其会把得到的钱捐出去而不会借此筹集钱财。很明显,这种调查方式与其他很多报社在街头进行的以收集民意为目的的调查方式相比是不一样的。而 New Kids on the Block 组合也不同意他们的姓名和肖像被以这样的目的而使用,并主张商标侵权和盗用他们的姓名及肖像。被告则以《宪法》第一修正案作为抗辩,联邦第九巡回上诉法院以简易程序审理了该案。

联邦第九巡回上诉法院的 Kozinski 法官代表法院写判决书,对于该案联邦第九巡回上诉法院拒绝在《宪法》第一修正案的基础上进行讨论,并认为该案中被告对原告姓名和照片的使用是一种指示性使用(或被提及的使用)。① 联邦第九巡回上诉法院是这样阐述指示性使用的:使用他人商标的目的不是为了造成消费者的混淆或盗用他人

---

① 指示性使用由三个要件构成:一是必须使用他人的商标才可以表明行为人的商品;二是在合理、必要的限度内使用;三是不得暗示行为人与他人之间存在赞助或许可关系。

的商标。这种对商标的指示性使用不受商标法的约束，因为这种使用并不能用来标识商品的来源。指示性使用也不构成不正当竞争，而是一种合理使用，因为指示性使用并没有暗示商标所有人的赞助或许可。联邦第九巡回上诉法院认为，当行为人使用他人的商标去标识自己的商品时，行为人可以用普通合理使用（usual fair use）来作为抗辩；当行为人使用他人的商标去标识他人的商品时，行为人可以用指示性使用来作为抗辩。一般来说，当行为人未经他人授权而使用他人的姓名或肖像时，行为人可能会被起诉，但当报社实施同样的行为时，却可能不会被起诉。这是因为，在联邦第九巡回上诉法院看来，虽然报社在报纸中使用了 New Kids on the Block 组合的姓名，但这种使用又可能会确实与任何新闻、公共事务、体育报道等相关，从而报社就获得了完全的抗辩理由，以对抗普通法上的盗用行为起诉或商业盗用起诉。换句话说，以上两家报社的这种调查方式，似乎完全是为了售卖报纸的目的而不是为了调查当前某个特殊问题才进行的调查，但以加利福尼亚州的制定法为根据，则认为这种调查是具有新闻价值的，从而报社的调查行为可以得到豁免。之所以不需要在《宪法》第一修正案的基础上讨论该案件，是因为该案中的争议可以在不考虑宪法上相关问题的情况下得到解决。

各个案件的疑难之处及律师和公开权人在案件中面临的困难集中为一点，即如何对具有新闻价值进行认定。从以上的案件中可以看出，如果新闻业未经他人授权就使用了他人的公开权，那么，他人要以侵犯公开权为由而起诉并获得救济将会变得困难重重。这是因为，具有新闻价值被自由的和宽泛的解释，从而使得几乎任何活动一旦与新闻业的活动相联系，都有可能获得保护。在文章结束之前我们有必要对这样一个领域进行考虑，即在什么领域法院会认为公开权或商标权会优先于为《宪法》第一修正案所保护的相关权利。这个领域可能是色情文学领域，法院将会努力去制止在色情文学中使用他人的公开权。有时通过对法律的解释以达到对色情文学中使用他人公开权的行为的制止，但法律还需要仔细审视这个领域。在 Dallas Cowboys Cheerleaders v. Pussycat Cinema 一案[①]中，联邦第二巡回上诉法院认

---

① 604 F. 2d at 200.

为，Dallas Cowboys 这个足球队的拉拉队的服饰是独一无二的并被广泛认知的，从而在色情电影中使用与其相似的服饰，会被认为是与其相联系或得到其授权的。另一方面，在日历上使用 Babe Ruth 的肖像，并不会让消费者相信 Ruth 的继承人会授权给该日历的生产者使用 Ruth 肖像的权利或 Ruth 的继承人本身就是该日历的生产者。对以上两个案件的判决似乎表明该拉拉队的公开权比单个名人的公开权更容易获得保护。在 Muhammad Ali v. Playgirl 一案[①]中，被告在自己的杂志中描述了一个裸体的戴着拳王戒指的黑人，这就毫无疑问地指向了原告 Ali，法院禁止被告出版发行这些杂志。法院认为，被告使用原告肖像的目的不是为了传递信息，更不具有新闻价值，而在于商业交易。

四、结语

公开权是一种有价值的财产权。当行为人未经他人授权而基于销售商品或提供服务的目的使用他人的人格时，他人可以公开权为根据而要求行为人进行赔偿。行为人使用他人的人格以帮助销售商品或提供服务，就证实了他人的肖像、照片、声音或其他具有人身标识特性的身份特征是具有商业价值的。就他人人格价值的形成而言，行为人并没有为此投入时间、金钱、精力或进行其他活动。对于他人这种有价值的人格，要么是内生于他人的肖像或声音，要么是源于他人自身的努力、建立或创造。在有关名人的案件中，名人有价值的人格源于个人人格中的内在价值和个人在自己成名过程中付出的努力。不管怎样，有一点是明显的，即当行为人未经他人授权而使用他人具有吸引力的人格去销售商品或提供服务时，行为人本身并没有为他人这种有价值的人格投入任何东西。假使一个人的人格具有价值，那么，谁能比这个人自身更有权使用这种人格或决定这种人格是否与某种商品联系在一起呢？《宪法》第一修正案保护言论自由和出版自由，但对于新闻业使用他人的财产以增加自身的财产而又不对他人进行赔偿的行为是不给予保护的。当报纸或杂志善意地使用他人的人格时，其可以获得豁免，即使他人为自己有价值的名誉或肖像花费了时间、精力和

[①] 477 F. Supp. 723（S. D. N. Y. 1987）.

金钱,报纸或杂志也不需要赔偿。但当报纸或杂志未经名人授权而在广告中使用了名人的肖像以达到销售自己的出版物的目的时,报纸或杂志就要为这种使用支付一定的使用费,这就如同汽车生产者和衣服生产者一样。

五、附件

在 2002 年阿科隆大学法学院举办的史佳录研讨会(Sughrue Symposium)上本文首次发表,随后联邦第六巡回上诉法院又审理了两例有关公开权的上诉案件。在这两个案件中《宪法》第一修正案都被以抗辩的形式而提出,其中一案就是 ETW Corporation 案。这两个案件的判决时间相差一个月左右,但是判决的结果却是完全不同的。毫无疑问,这两个案件的合议庭在审理案件的过程中所适用的法律是不一样的,其中一个适用的是密歇根州的法律,而另一个则适用的是俄亥俄州的法律。然而,当适用《宪法》第一修正案时,其适用应该是一致的,尤其是在同一法院中。

(一) Rose Parks 案[①]

1998 年 9 月,OutKast, LaFace, Arista Records 和 BMG Entertainment 发行了一张唱片,命名为 Aquemini。这张唱片中的主打歌曲为一首名叫 Rosa Parks 的歌曲,发行者在唱片的外侧贴了一张名为 Rosa Parks 的小广告以示对该首歌曲的强调,这个小广告还对唱片的详细内容进行了说明。Rosa Parks 是一位民权运动者,她与这张唱片没有任何关系,也没有参加该张唱片的制作或发行。基于此,Rosa Parks 就把被告起诉到州法院,诉因为侵犯公开权、名誉及破坏自己正在进行中的业务关系。该案随后被移送到联邦地区法院,这时原告以《拉纳姆法》第 43 条 a 款为根据增加了虚假广告的诉讼请求。最后联邦地区法院做出了对被告有利的判决。随后,原告将案件上诉到联邦第六巡回上诉法院。

联邦第六巡回上诉法院对联邦地区法院的判决进行了审查,并对以《拉纳姆法》为根据而提出的虚假广告请求进行了重新考虑,联

---

① 329 F. 3d 437, 442 (6th Cir. 2003).

邦第六巡回上诉法院认为，原告在自己的姓名中有明显的财产利益，这就如同原告拥有一个商标权一样。原告 Parks 先前在商业活动中所获得的广泛声誉及其作为一位民权运动者所获得的广泛声誉，使她的姓名获得了一个如同商标一样的利益，这就好比她是一位有名的演员或音乐家一样。从而就在原告 Parks 的姓名中产生了一种经济利益，而这正是一个公开权案件所需要的，对于这一事实，当事人也是毫无争议的。另外，当事人对适用密歇根州法律来审理该案也是同意的，而密歇根州的法律对于以公开权为根据而提出的诉讼请求也是认可的。但对于如何适用公开权，当事人却存在争议。

联邦第六巡回上诉法院注意到，当他人以侵犯公开权为诉因而起诉行为人时，行为人可以《宪法》第一修正案作为抗辩。联邦第六巡回上诉法院承认必须采用一种标准来对原告姓名中的财产权与艺术表达自由之间的利益进行平衡。为寻求这种标准，联邦第六巡回上诉法院对以《拉纳姆法》为根据而提出的虚假广告请求进行了分析。特别要说明的是，联邦第六巡回上诉法院采纳了联邦第二巡回上诉法院在审理 Rogers v. Grimaldi 一案中的标准。在 Rogers 案中，联邦第二巡回上诉法院主张，一般而言，一个名称是受到保护的，但如果该名称具有以下两种情况之一，那么该名称就不再受到保护：第一，该名称与作品的主要内容之间没有艺术上的相关性；第二，即使该名称与作品的主要内容之间具有艺术上的相关性，但却易于使人产生来源上或内容上的误解。

在 Rogers 案中，一部电影的名字涉嫌侵犯了 Fred Astaire 和 Ginger Rogers 的公开权。联邦第二巡回上诉法院主张，一般而言，电影的名字可以获得保护而免于以公开权为诉因的起诉，但如果该名字具有以下两种情况之一，那么该名字就会被起诉：第一，该名字与电影的内容没有任何联系；第二，该名字仅仅是一个被掩饰了的以销售商品或提供服务为目的的商业广告。以这些准则为基础，联邦第六巡回上诉法院对 Rosa Parks 案中的歌曲进行了审查。在 Rosa Parks 案中，这首名为 Rosa Parks 的歌曲并没有提到原告 Parks，但是却有一个禁止（a refrain），即到车厢后面去（move to the back of the bus）。联邦第六巡回上诉法院对歌词进行了翻译，看到在合唱部分有这样的歌词："请安静并停止骚动。OutKast 回来了，请其他人靠边站。你想压制或绞死我们吗？OutKast 是一个能让俱乐部达到兴奋和高潮的组合。"法院最后发现，合唱部分的"到车厢后面去"这句虽然可以清晰地听到，但却与原告 Rosa Parks 没有任何关系。而且 OutKast 组合中的一员也说，这首歌并不是有关原告 Parks 的，而是用来给 OutKast 组合的竞争者传递消息的。

从而，联邦第六巡回上诉法院注意到，这首歌的名字与其歌词之间是没有联系的，因此，这首歌的歌名仅是一个被掩饰了的商业广告或者仅用于吸引消费者的注意力。所以，在 Rosa Parks 案中，《宪法》第一修正案并不能成为原告 Parks 的公开权的一个有效抗辩，从而初审法院的判决被推翻并被发回重审。而 OutKast 组合和其他被告对联邦第六巡回上诉法院的判决不服，所以又把该案上诉到联邦最高法院，而联邦最高法院却拒绝调取案卷。现在该案正在密歇根州东区法院审理中。

（二）Tiger Woods 案[①]

在联邦第六巡回上诉法院审理完结 Rosa Parks 案后的仅仅一个月，联邦第六巡回上诉法院的另一个合议庭又对 ETW Corp. v. Jireh Publishing 一案作出了判决。正如前文已经论述的，原告 ETW Corp. 是一家拥有职业高尔夫球运动员 Tiger Woods 排他许可权的代理公司，其以多项诉因起诉被告 Jireh Publishing，该案中的画作是由 Rick Rush 创作的。原告在俄亥俄州北区法院起诉被告，并以联邦法和普通法为根据而提出了多项诉讼请求：商标侵权、致使商标价值降低、未经授权而使用 Woods 的照片、不正当竞争、虚假担保及侵犯隐私权。最后联邦第六巡回上诉法院作出了对被告有利的判决而驳回了原告的所有诉讼请求。

在该案中，原告主张被告侵犯了 Woods 肖像的商标权，而联邦第六巡回上诉法院却认为原告在所有有关 Woods 的肖像及照片上主张商标权是没有根据的。而且联邦第六巡回上诉法院认为，Woods 的肖像或照片并不能作为商标来受到保护，因为 Woods 的肖像或照片并不具有商标的标识作用。简言之，即一个人的肖像或照片并不具有

---

① 332 F. 3d 915 (6th Cir. 2003).

商标的功能，从而原告主张被告侵犯了 Woods 肖像的商标权的请求就不能得到支持。然而，这就与联邦第六巡回上诉法院在 Parks 案中的判决相冲突了，因为在 Parks 案中，基于 Rosa Parks 在商业活动中的广泛声誉，就使得在原告 Rosa Parks 的姓名中有了一个可以受到保护的权利。假使审理 ETW Corp. 案的合议庭跟随审理 Parks 案的合议庭的脚步，那么就很容易发现，Woods 的肖像或照片中有商业价值，这些就使得 Woods 有资格通过商标法对这些价值进行保护。

以上面的分析作为背景，联邦第六巡回上诉法院开始对 Woods 的公开权请求进行考虑。联邦第六巡回上诉法院注意到，当 1976 年俄亥俄州最高法院审理 Zacchici 案时，就承认了在俄亥俄州的普通法上存在公开权，并认为《宪法》第一修正案可以成为公开权的一个有效抗辩。随后，Zacchici 案上诉至联邦最高法院，而联邦最高法院却推翻了俄亥俄州最高法院的判决，并认为《宪法》第一修正案并不能免除被告的责任。自从 Zacchici 案对公开权进行了一定发展后，俄亥俄州的法院就很少再对这一权利进行发展了。于是，联邦第六巡回上诉法院就对俄亥俄州最高法院在 Zacchici 案中关于公开权的界定进行了回顾。

联邦第六巡回上诉法院发现，俄亥俄州最高法院主要是以《反不正当竞争法重述》（第三版）为根据，来对 Zacchici 案中的公开权进行界定的。从 Zacchici 案的判决可以看出，俄亥俄州最高法院在界定公开权的过程中，对公开权保护的个人利益和所有权利益与言论自由保护的公众利益进行了实质性的权衡。接着，联邦第六巡回上诉法院还对涉及公开权的其他判决进行了参考，如 Memphis Development 案、Carson v. Here's Johnny Portable Toilets 案、White v. Samsung Electronics America 案、Cardtoons v. Major League Baseball Players Association 案和 Comedy III Prods. , Inc. 案等。最后，联邦第六巡回上诉法院以俄亥俄州的普通法和《反不正当竞争法重述（第三版）》为根据，来确定如何在《宪法》第一修正案与 Woods 的知识产权之间划出一条清晰的界限。联邦第六巡回上诉法院最终决定适用变异使用标准，这一标准被加利福尼亚州最高法院审理的 Comedy III Prods. , Inc. 案所采纳。

联邦第六巡回上诉法院认为，俄亥俄州最高法院可能会以《反不正当竞争法重述（第三版）》为根据来对公开权进行解释，这样就会得到一个规则，该规则类似于著作权法中的合理使用规则。该规则主要是以名人肖像的市场价值为基础，从而考虑行为人使用名人肖像这一行为是否具有了创造性及是否传递了信息。简言之，联邦第六巡回上诉法院对名人肖像的市场价值与行为人使用名人肖像这一行为本身（即是否具有创造性及是否传递了信息）进行了权衡。因此，联邦第六巡回上诉法院作出了对被告有利的判决。联邦第六巡回上诉法院也对适用《宪法》第一修正案进行了说明，并引用了联邦第十巡回上诉法院审理的 Cardtoons 案中的判决。联邦第六巡回上诉法院认为，Woods 已经从他的工作中（即打高尔夫球）获得了大量的金钱，他的工作与他的公开权之间完全没有联系。而且，Woods 除了直接从其打高尔夫球中获得利益外，还以授权行为人使用其肖像及担保商品中窃取了物质利益，而这些物质利益是与他的公开权没有联系的。

联邦第六巡回上诉法院认为，Rush（即该案中画作的作者）享有言论自由权，虽然 Rush 在创作该幅画作的过程中使用了 Woods 的肖像，但 Rush 更加入了属于自己的具有重大创造性的内容。在对受《宪法》第一修正案保护的社会公共利益与受公开权保护的利益进行权衡后，联邦第六巡回上诉法院认为，在该案中对 Woods 的公开权进行限制所产生的不利影响是微不足道的，特别是与艺术表达自由中的社会利益相比更是这样。最终联邦第六巡回上诉法院认为，该案中的画作是具有变异使用性的。因为 Rush 的画作不仅仅是对 Woods 肖像的刻板使用，其作品是以拼贴画的形式来组成的，在画作中有 Woods 的肖像也有其他人的肖像，其还以艺术的形式对运动史上的重大历史事件进行了描述，并传达了在该事件中 Woods 取得胜利的重大意义这一信息。所以 Rush 的这幅画作是具有变异使用性的，从而使该幅画作获得了《宪法》第一修正案的保护。然而，联邦第六巡回上诉法院的这种判决理由似乎显得有些问题，因为如果我们以该案中的判决理由为基础，就可以推论出：假使行为人未经多个人的授权而使用了这些人的人格（如该案中的画作），那么行为人的使用行为就具有变异使用性，从而行为人就可以用《宪法》第一修正案来对抗公开权。

法官 Clay 对该案的判决表示了强烈的异议，他主张应推翻初审法院的判决，并应以《拉纳姆法》、俄亥俄州的普通法及不正当竞争法为根据而将该案发回重审。基于对公开权请求的考虑，法官 Clay 主张应推翻原判决并把该案发回重审，并应作出对原告有利的判决。对于 Woods 的肖像，法官 Clay 认为，原告并不试图去保护 Tiger Woods 的所有肖像，而只寻求对该幅画作中所使用的肖像进行保护而已。法官 Clay 的观点与大多数法官的观点不同，其主张个人的肖像或照片可以具有如同商标一样的功能，只要有证据显示该肖像或照片已经作为商标被使用；这就是说，肖像可以具有如同商标一样的功能，只要有证据显示当肖像用来标识商品的来源时，消费者不会产生误解即可。在该案中，原告提出了这样的证据，即一个调查所显示出的高度的误解性。

法官 Clay 对大多数法官关于公开权的观点进行了审视，并主张被 Comedy III Prods., Inc. 案所阐述的变异使用标准是正确的，但大多数法官在适用这一标准时却是不正确的。法官 Clay 认为，Rush 的画作之所以获得了商业价值，是因为该画作利用了 Woods 的名望和名人身份，从而该画作也就不具有任何变异使用性，这也就意味着言论自由并不能成为公开权的一个抗辩。以上两个案件不仅给各个联邦巡回上诉法院审理有关公开权的案件笼罩了迷雾，还给原告和被告在有关公开权的案件中带来了困难，特别是当案件起诉到联邦第六巡回上诉法院时更是这样。哪种标准将会用来平衡《宪法》第一修正案与公开权之间的关系？是 Parks 案中的仅限定于名字，还是 ETW Corp. 案中的仅限于画作？对于这些问题，联邦第六巡回上诉法院几乎没有给律师提供任何指引。

第二编 公开权的保护范围

关于公开权是否适用于专业运动协会的探讨

帕拉梅·爱德华兹*著 陈带喜**译

目 次

一、导论
二、历史背景
三、公开权的范围
四、对专业运动协会适用公开权的建议

一、导论

几十年来,法院在很多案件中都以"公开权"为名保护专业运动员和其他名人的具有市场价值的身份特征。而在那个时期,科技的发展改变了受保护的、具有市场价值的身份特征的组成要素。本文主要探讨以下两个问题:①公开权对运动员以及运动员群体的保护范围;②公开权是否适用于运动协会。为了解决以上问题,本文将从以下三方面着手:一是公开权的组成要素;二是公开权是否适用于运动协会;三是运动协会能否在比赛过程中运用公开权来限制有关数据和比分的传播。对于运动协会应如何运用法律来保护自己的利益,本文将以美国国家篮球协会(简称 NBA)的做法为原型提供一个范例。最近,NBA 控告一家对体育新闻进行实时报道的公司,认为其构成

---

* 纽约城市大学皇家学院助理教授。
** 中山大学法学院助教。

侵权。① NBA 提出的诉由包括美国联邦商标法（Lanham Act）的规定、② 侵害版权的规定以及州普通法的规定。③ 而对于州普通法的规定，NBA 没有运用"公开权"规则，而是引用了纽约州普通法中的"热点新闻"滥用，其原因可能是，纽约州法院并不认为在《纽约州民事权利法》(New York Civil Rights) 第 50 条、51 条外，存在独立的普通法意义上的公开权。

本文分为三部分，第一部分假设 NBA 这一名称具有市场价值，那它以公开权作为诉由在其他州起诉将会得到何种判决。第二部分讨论运动协会是否享有独立于内部运动员的具有市场价值的身份特征，如果享有，那么，比赛数据和比分能否引起这种特征。最后，本文得出以下结论：在承认公开权的州里，公开权保护运动协会具有市场价值的身份特征，并且这些身份特征是独立于内部运动员的。

二、历史背景

（一）公开权的定义

所谓公开权，是指名人或运动员对具有市场价值的身份特征所享有的所有权、控制权以及收益权。④ 它的作用在于防止行为人出于商业目的擅自使用名人或运动员具有市场价值的身份特征，而这些身价特征包括姓名、绰号、肖像、一定条件下的表演、人生经历、独特的语言以及可以塑造这种身份特征的其他方面。也就是说，任何能独立地识别名人或运动员的因素都是具有市场价值的身份特征的一部分。"社会公众对名人或运动员的姓名和肖像的强烈反应，无论这种反应是偶然发生的还是计划好的，都会使该姓名和肖像具有商业利用的价值。"⑤

对"公开权"的发展具有重要影响的一个案例是 Haelan

---

① NBAv. Motorola, Inc., 105F. 3d841, 843 (2dCir. 1997).
② 15U. S. C. 1125 (a) (1994).
③ Motorola, 105F. 3dat844.
④ Hirschv. S. C. Johnson&Son, Inc., 280N. W. 2d129 (Wis. 1979).
⑤ Abdul-Jabbar, 85F. 3dat413 (quoting Lugosiv. Universal Pictures, 603P. 2d4 25, 431 (Cal. 1979)).

Laboratories v. Topps Chewing Gum, Inc. 案。①在该案中，联邦第二巡回法院首次运用"公开权"保护社会公众人物（特别是棒球运动员）的利益。法院指出，公开权的主要目的是保护公众人物在授权广告商于报纸、杂志、帆船、火车、地铁上使用其身份特征做广告后得到补偿的权利，这与隐私权所保护的自然人宁静地过自己的生活而不被干涉的权利不同。②该案案情是：某棒球运动员与原告签订了一份独占许可合同，允许原告在推销口香糖时排他性地使用其姓名和照片，被告作为原告的竞争者，也得到了该运动员的同类授权。原告认为，被告的这一行为是故意引诱运动员违反与其签订的合同。但被告辩称，使用公众人物照片的行为只是侵害了隐私权，而不涉及其他权利，所以原告无权起诉。法院驳回了被告的抗辩，认为除了隐私权（在纽约州来源于成文法）外，公众人物还有权享受公开照片所产生的经济利益。也就是说，公众人物对姓名享有公开权，并且这种权利只有在成为独占许可使用合同的标的时才会产生经济利益。州法院也采用这种推理模式，比如说，在 Hirsch v. S. C. Johnson 案③件中，威斯康星州最高法院将公开权从隐私权中独立出来，并认为公开权可以保护个人身份特征中的公开价值所具有的财产利益。正如联邦高级法院在 Zacchini v. Scripps-Howard Broadcasting Co. 案④中所陈述的那样："保护公开权的目的就是防止被告通过盗用商誉而获得不当得利，对于原告具有市场价值的身份特征，被告要使用就必须支付报酬，因为如果允许被告任意免费使用就不符合任何社会目的。"⑤

（二）公开权的历史发展

虽然公开权和隐私权保护的利益不同，但法官和学者一直都把两者放在一起讨论。实际上，有些学者认为公开权是从隐私权中发展起来的。比如说，在一篇经常被引用的法律评论中，Prosser 教授把隐私权分为四种独立的侵权类型，其中一种是指行为人为了自己的利益

---

① 202F. 2d866（2dCir. 1953）.
② Hirschv. S. C. Johnson&Son, Inc., 280N. W. 2d129, 134（Wis. 1979）.
③ Hirsch, 280 N. W. 2d at130, 132.
④ 433 U. S. 562（1977）.
⑤ HarryKalven, Jr., Privacyin Tort Law-Were Warrenand Brandeis Wrong?, 31Law&Contemp. Probs. 326, 331（1966）.

而盗用他人的姓名或肖像。① 这种隐私侵权类型就与侵犯公开权的行为类似。公开权的实质是一种纯粹的隐私权法上的人格利益还是财产利益，对此，人们有不同的观点。② 而很多法院似乎都采纳以下观点：公开权不同于保护精神利益的一般隐私权，它是保护专有的金钱利益的财产性权利。

（三）评析 NBA v. Motorola③案
1. 案件事实

Motorola 公司推出了一款寻呼装置 Sports Trax，这款装置可以为篮球爱好者提供体育比赛（包括 NBA 比赛）的数据和比分。Sports Trax 的工作人员从有转播权的电台和电视转播节目中获取体育比赛的数据，然后输入电脑，传送给寻呼机用户。NBA 提出了很多诉由：

首先，NBA 认为自己对于比赛及转播节目拥有版权，所以，Motorola 公司在比赛进行中传播比分的行为侵犯了其拥有的版权。法院援引 Feist Publications. Inc v. Rural Telephone Service. Co 案④件的判决后认为，NBA 要想证明其版权被侵犯必须提供以下证据：一是其是有效版权的所有者；二是被告的行为是对作品原始组成部分的复制。⑤ 法院认为，NBA 不但未能证明自己对比赛本身的合法版权拥有所有权，也未能证明被告的行为是对比赛的原始复制。在接下来一系列涉及 NBA 比赛版权的案件中，法院都判定比赛不受版权法的保护。因为比赛本身并不构成版权法上的作品，所以，并不能成为联邦《版权法》第 102 条、103 条保护的客体。对于 NBA 认为 Motorola 公司侵害了其对比赛转播节目的版权这一主张，法院也认为 Motorola 公司并没有复制转播节目中任何受保护的部分。因为法院发现，虽然原告有直接证据证明被告实际上复制了 NBA 比赛转播中的某些内容，也能证明被告从特定的比赛中复制了 NBA 的比赛理念和赛况，但这些都是不受保护的。

---

① WilliamL. Prosser, Privacy, 48Cal. L. Rev. 383, 389 (1960).
② CompareHirsch, 280N. W. 2dat134.
③ 105F. 3d841 (2dCir. 1997).
④ 499U. S. 340 (1991).
⑤ Sports Team Analysis, 939 F. Supp. at 1088.

其次，NBA 主张被告的行为属于出于商业利益的滥用，法院也对此做出了裁决。原告诉称，被告在比赛进行中传播比分的行为侵害了原告对比赛及其转播节目所拥有的财产性利益，而这项利益受纽约州普通法保护。被告辩称，联邦《版权法》第 301 条的规定优先于普通法上关于商业滥用的规定，所以本案并不受联邦《普通法》上关于商业滥用规定的约束。对于被告的抗辩，法院既没有全部驳回也没有全部支持。法院认为，因为比赛转播节目受联邦《版权法》保护，所以优先适用联邦《版权法》的有关规定；但由于比赛本身并不受联邦《版权法》的保护，所以不能优先适用联邦《版权法》的规定。最后，法院作出判决认为，在本案中优先适用《纽约州普通法》中的商业滥用条款，而不是联邦《版权法》的相关规定。但联邦第二巡回法院作为上诉法院撤销了该判决。①

除上述两个主张外，NBA 还根据联邦法律提出了其他主张。比如，NBA 认为被告的广告包含了关于来源的错误标示，构成虚假广告，违反了联邦《商标法》第 43 条 a 项的规定。但法院驳回了原告的这一主张。NBA 还认为，被告从有线电视广播中盗用信息后，通过 Sport Trax 传播的行为违反了通讯法（Communication Act），该法禁止未经授权的州际和国际通讯。法院认为，NBA 没有提出任何证据证明 Motorola 公司拦截了有线广播，并且 Motorola 公司在信息传播中的作用也不大，所以 NBA 的这一主张也没有获得支持。结果，联邦地方法院的法官只部分支持了 NBA 关于商业滥用的主张，驳回了其他所有主张。而在上诉期间，Winter 法官连原告的商业滥用主张也驳回了。

2. 热点新闻滥用诉由

在 International News Service v. Associated Press 案②（以下简称 INS 案）中，联邦最高法院积极地保护事实性信息的传播。③最高法院认为，原告利用被告的有线服务小报向订阅者发布信息的行为实质上盗用了被告的财产。而联邦第二巡回法院在驳回 NBA 针对 Motorola 公司提出的滥用主张时，做出以下裁决：虽然联邦版权法优先于合法

---

① See NBA v. Motorola, Inc., 105 F.3d 841, 848–849 (2d Cir. 1997).
② 248 U.S. 215 (1918).
③ International News Serv., 248 U.S. at 239.

有效的热点新闻滥用主张,但在 INS 案发生后,纽约州有关"热点新闻"滥用的法律也可以优先。联邦第二巡回法院认为,在案件审理中要想适用类似于 INS 案中的热点新闻滥用诉由,原告必须证明以下五点:①原告在收集和处理信息时花费了代价;②信息具有时间敏感性;③被告对这种信息的使用构成了对原告劳动的"搭便车";④被告的相关产品与原告的产品构成竞争;⑤"搭便车"的行为直接削弱生产产品和提供服务的积极性,严重威胁既存产品的质量。由此可见,NBA 并不能证明 Sports Trax 符合以上要求。因为 NBA 和 Motorola 公司之间并不构成直接的竞争,不符合第四项要求,所以 NBA 就不能利用"热点新闻"滥用诉由来控制相关比赛数据的传播。如果两者具有竞争关系,那么法院很可能支持 NBA 的观点。联邦第二巡回法院做出这一判决的理由是:如果有争议的复制或滥用行为与受版权法保护的赛事转播节目有部分关联,那比赛本身以及对比赛的转播都满足优先的客体要求。法院的判决和联邦《版权法》的立法背景是一致的,立法机关在制定版权法时就为"热点新闻"滥用诉由专门留了一个例外。

实际上,Motorola 案的判决忽视了许多滥用案件中隐含的一个关键点,就如对后世影响深远的 Pittsburgh Athletic Co. v. KQV Broadcasting Co. 案[①]所反映的那样。该案案情是:双方当事人都是利用棒球新闻谋利的公司,原告以很高的成本获得并经营一个棒球场,其向参赛运动员支付费用,并通过向某些公司转让赛事转播权来营利,而这些公司就把转播当做销售货物的广告媒介。被告的广播电台未经授权就对原告的核心棒球队的主场比赛进行了赛况语言播报。原告认为,被告的行为侵害了球队授予其他广播电台的转播权。虽然被告的记者不是在比赛场地内而是在场地外可以观察到比赛的地方进行播报的,但法院还是认为被告的行为侵害了原告对于比赛的新闻价值所享有的财产利益。根据以上分析,我们可以得出这样的结论:Motorola 所提供的服务与 Pittsburgh Athletic 案中的转播行为的性质相似,虽然它并没有转播整个比赛,但它的行为与 NBA 对比赛新闻价值的营利权构成了竞争。

---

① 24 F. Supp. 490, 492 (W. D. Pa. 1938).

3. 公开权诉由与"热点新闻"滥用诉由的区别

正如前面所述，根据 Prosser 教授对隐私权的划分，可以将公开权界定为第四种隐私侵权类型。[①] 因此，在某些州，公开权被用于防止"出于商业目的的滥用"。作为诉由的公开权应该和"热点新闻"滥用诉由有所不同，"热点新闻"滥用诉由关注的不是为创造具有市场价值的身份而付出的努力，而是在各种活动中的个人信息。

三、公开权的范围

保护公开权的方法有两种，一种是通过制定成文法来保护，另一种是用普通法上的判例来保护。本部分以纽约州和加利福尼亚州（这两个州具有深厚的关于公开权的法理基础）的规定为切入点，剖析这两种方法。

（一）纽约州对公开权的保护

纽约州的法院均认为，能证明公开权合法性的只有《纽约州民事权利法》第 50 条、51 条，而任何普通法上的规定都不能胜任。既然纽约州的判例法并不承认存在普通法上的公开权，那我们就要考虑为什么 NBA 不引用《纽约州民事权利法》第 50 条、51 条作为诉由。这些条款禁止行为人出于商业目的在未经授权的情况下使用他人的姓名和照片。纽约州法律还为原告提供了合理的救济，其中包括一般的损害赔偿以及适当的惩罚性损害赔偿。《纽约州民事权利法》第 50 条规定对侵犯隐私权的行为要处以刑事处罚，而第 51 条规定原告可要求民事赔偿。虽然 Motorola 公司在提供比赛实况以及销售产品时使用 NBA 或其中某一球队的名字的行为，似乎违反了这两条规定，但是这些条款却明确地表示只保护"自然人"具有市场价值的身份特征。[②] 并且这些条款的立法目的是为了保护个人身份特征不被他人出于商业目的的使用。所以《纽约州民事权利法》第 50 条、51 条并不保护法人利益。

然而，《纽约州成文法典》中有一独立的条款（第 397 条）保护某些类型的非营利组织的利益，这表明纽约州立法机关希望保护某些

[①] Prosser, supra note 5, at Page2.
[②] N. Y. Civ. Rights Law 50 – 51 (McKinney1992&Supp. 1998).

组织的公开权。① 但是，第397条没有明确说明所规定的受保护组织的名单是否包括促进运动发展的非营利组织。所以，该条款的适用带来了一个问题，当一个类似于国家足球协会的非营利组织，对侵害其公开权的行为提起诉讼要求赔偿损失时，法官是否应支持其主张。实际上，立法机关在1986年曾经修改过第397条，增加了"通过公布产品和服务的质量检验和升级结果来告知或警示消费者"这样的语句，作为对消费者协会的要求，因为在这些案件中，联邦和地方法院都不认为第397条保护这些协会。

（二）加利福尼亚州对公开权的保护

准确地说，加利福尼亚州从普通法和成文法两个角度为公开权提供了最为广泛的保护。

1. 成文法上的保护

保护公开权的成文法规定是《加利福尼亚州民法典》第3344条，其规定如下：基于广告、销售或兜售产品的目的而使用他人姓名、声音、签名、照片或肖像时：①任何人以任何方式在产品、商品、货物和服务上使用他人姓名、声音、签名、照片以及肖像的，无论其目的是做广告还是推销，只要其先前没有得到他人或其法定监护人的同意，都要为他人因此而遭受的损害承担赔偿责任。②对他人姓名、声音、签名、照片、肖像的使用行为，如果涉及新闻、公共事务、球赛转播或报道、政治活动，就不应被看做是①条款规定的需要得到他人同意的使用。③在商业媒介中使用他人姓名、声音、签名、照片、肖像的行为不被认定为①条款规定的需要得到他人同意的使用，其唯一原因是含有这种使用的节目拥有商业赞助或付费广告。更确切地说，使用他人姓名、声音、签名、照片或肖像的行为与商业赞助或付费广告的关系太过直接，以至于不能被认定为①条款规定的需要得到他人同意的使用。④本条款的内容不适用于广告媒介的雇主或雇员，除非能够证明他们知道这是本条款所禁止的未经他人同意而使用的行为。这些广告媒介仅限于报纸、杂志、广播、电视网络、电视台、有线电视系统、广告牌和中转站广告，因为通过这些媒介，任何

---

① N. Y. Gen. Bus. Law397（McKinney1996）.

违反本条款的广告和推销都可以发布和传播。①

表面上，这些条款似乎可以适用于类似 NBA 这样的运动协会。与其他州的成文法不同，《加利福尼亚州民法典》第 3344 条没有明确将保护范围限于自然人，立法者在法典中也没有明确界定"人"的概念，并且在 1872 年第一次实施时，第 14 条②就把一定的组织包括在"人"的概念中，这对于解释第 3344 条非常有用。当"人"被用于指代其财产成为抗辩、诉讼或程序标的一方当事人时，它包括州、政府或在一州内拥有合法财产的国家、任何公有或私有企业、联合协会以及自然人。简而言之，"人"这一概念不仅包括自然人，还包括政治团体和法人。③ 虽然在 1874 年修改过第 14 条，但加利福尼亚州民法典还是继续规定"人"包括协会和法人。

2. 普通法上的保护

除了成文法上的保护，加利福尼亚州的法院也承认普通法意义上的公开权，并且保护范围比第 3344 条要宽。这些法院一直认为，成文法上的公开权不是对普通法上公开权的法典化，而是一种补充，并且在保护范围上，成文法要比普通法窄。一位前 NBA 球员 Kareem Abdul Jabbar 控诉被告出于商业目的在未经同意的情况下，使用了其曾用名 Lew Alcindor 的行为侵害了其合法权利，并以商标法、加利福尼亚州普通法中的公开权以及《加利福尼亚州民法典》第 3344 条为依据请求赔偿。第九巡回法院的法官在裁决本案时，承认加利福尼亚州的普通法是坚定地保护公开权的。④ 虽然法条表明保护范围只包括姓名和肖像，但第九巡回法院的法官却认为加利福尼亚州普通法上的公开权并不限于保护姓名和肖像，只要是原告的身份特征都可以受到保护。因此，在一般情况下，任何可以引起原告身份特征的属性都被加利福尼亚州普通法上的公开权保护。

在涉及普通法上的公开权的案件中，原告要胜诉就必须有充分证据证明以下几点：①被告使用了原告的身份特征；②被告的使用行为

---

① Cal. Civ. Code3344（West1997）.
② Cal. Civ. Code14（West1992）.
③ Cal. Civ. Code14note（West1982）.
④ Abdul-Jabbar, 85F. 3dat413.

是为了自己的利益并以商业或其他的方式进行；③被告在使用前未经原告同意；④该使用行为对原告造成了损害结果。

除此之外，原告要想根据第 3344（a）条款获得胜诉，还必须证明其他两个因素：①被告存在主观故意；②使用行为与商业目的之间存在直接的联系。在 White v. Samsung Electronics America 案①中，原告作为游戏节目名人，控诉被告销售机器人的行为侵犯了他基于普通法和成文法第 3344 条所享有的公开权，因为该款机器人的某些特征与原告具有市场价值的身份特征类似。联邦地方法院驳回了原告的主张，认为本案不应适用普通法和第 3344 条有关公开权的规定。但第九巡回法院并没有完全同意地方法院的判决，认为虽然本案不应适用第 3344 条的规定，但应适用普通法上有关公开权的规定。在讨论普通法上的公开权时，法院认为该权利保护的范围包括盗用姓名或肖像的方式，以及实际的姓名或肖像。审理 Abdul Jabbar 案的法官认为，当第 3344 条的适用范围仅限于出于商业目的的盗用行为时，普通法的有关规定还适用于非商业目的的盗用行为。因此，如果 NBA 可以证明其拥有具有市场价值的身份特征，那就可以根据普通法上有关公开权的规定，为诉讼提供充分诉由。当然，这种身份特征包括但不限于 NBA 的名称。

虽然普通法上有关公开权的判例和第 3344 条都承认新闻媒体在报道新闻事件时拥有特权，但问题是 Motorola Sport Trax 的服务是否构成对新闻事件的报道，也就是说，是否构成"赛事转播和报道"，②本文得出的结论是不构成。

（三）其他州有关公开权的最新规定

1. 普通法的规定

包括新泽西州、宾夕法尼亚州和明尼苏达州在内的一些州的普通法都保护公开权，其中还曾发生过几起涉及体育明星公开权的重要案件。最近联邦法院在伊利诺伊州裁决了一起涉及运动员的公开权的案件，也就是 MJ & Partners Restaurant Limited Partnership v. Zadikoff

---

① 971F. 2d1395（9thCir. 1992）.
② Cal. Civ. Code3344（West1997）.

案。① 法院认为，伊利诺伊州的普通法承认行为人未经同意的盗用行为构成侵权，即使州法院没有明确指明该种侵权与公开权之间的关系。在最近发生的另一起案件 Allison v. Vintage Sports Plaques 案②中，第十一巡回法院将公开权与普通法上的隐私权作了区分。法院认为，阿拉巴马州普通法上的隐私权与传统定义的公开权所代表的利益及防止的损害是一样的。"实际上，阿拉巴马州普通法上的隐私侵权行为的责任基础是经济上的而不是精神上的利益，在组成要素上，其与公开权侵权行为没有实质区别。"

2. 成文法的规定

除了纽约州和加利福尼亚州，其他州也制定了成文法保护公开权。

（1）明确将保护范围限于自然人的规定。1977年，威斯康星州的立法机关参照隐私权的一般规定通过了《威斯康星州成文法》第895.50条③。第895.50（2）（b）条就规定了隐私侵权的定义："为了广告或交易目的，在未经他人书面同意的情况下使用他人姓名、肖像或照片的行为……"④《佛罗里达州成文法》第540.08条也将公开权的保护对象限定在"自然人"上，内布拉斯加州、内华达州、犹他州的规定也一样。德克萨斯州创造性地规定侵犯隐私权要承担财产赔偿责任，该项法律也把公开权的保护范围限于"自然人"。⑤虽然肯塔基州的法典没有明确将"人"限定于自然人，但条款中承认"公开权在所有人死后也不会终止"，这充分表明该条款所规定的保护范围仅限于自然人。⑥ 田纳西州的法典严格地将公开权的保护范围限于自然人，包括"活着或死去的自然人"。⑦ 虽然，弗吉尼亚州的制定法没有明确将保护范围限定在自然人中，但法典的语言却默示了保护范围仅限于自然人。⑧

---

① 10F. Supp. 2d922（N. D. Ill. 1998）.
② 136F. 3d1443（11thCir. 1998）.
③ Wis. Stat. Ann. 895.50（West1997）.
④ Hirschv. S. C. Johnson&Son, Inc., 280N. W. 2d129, 138（Wis. 1979）.
⑤ Tex. Prop. CodeAnn. 26.001to. 015（WestSupp. 1998）.
⑥ Ky. Rev. Stat. Ann. 391.170（Michie1984）.
⑦ Tenn. CodeAnn. 47 - 25 - 1102（1995）.
⑧ CompareVa. CodeAnn. 8.01 - 40（MichieSupp. 1992）.

(2) 没有明确将保护范围限于自然人的规定。除了加利福尼亚州外，还有一些州没有明确将公开权的保护范围限于自然人，这些州包括马萨诸塞州、印第安纳州和罗得岛，并且，《俄克拉何马州法典》专门将其保护范围扩大到了棒球队。《俄克拉何马州法典》第1449条的相关部分规定："可确定的被保护团队包括但不限于体育运动球队，比如说棒球队。"①

四、对专业运动协会适用公开权的建议

（一）公开权适用于运动协会的原因

1. 对 NBA 名称的使用

无论是基于普通法还是制定法，公开权都保护的身份属性是姓名或名称。在 Motorola 案中，Motorola 公司在销售 Sport Tarx 时使用了"NBA 赛事寻呼机"以及一些 NBA 球队的名称。虽然没有证据证明 Motorola 公司在广告中宣称了该寻呼机是由 NBA 制造、注册、赞助或批准的，但法院还是认为 Motorola 公司使用了 NBA 的名称。

2. 对具有市场价值身份特征的使用

在 Motorola 案中，地方法院承认了 NBA 比赛的商业价值以及 NBA 对于保护和提高该商业价值所付出的努力。法院认为 NBA 比赛拥有"巨大的商业价值和吸引力"，这大部分要归因于 NBA 几年来所做的宣传投资和活动。NBA 比赛实况的商业收益几乎达到整个协会收入的 80%，这些商业收益来源于广播许可协议和门票收入。因此，在比赛过程中限制比赛实况的转播能够为 NBA 带来巨大利益。法院支持了 NBA 在比赛进行中限制相关信息传播的主张，因为虽然 NBA 要依靠对比赛实况的公开传播来提高社会公众对比赛的热情，但为了保证收益，它必须限制其传播。因此，大部分的专业运动协会已经投入或将继续投入大量的金钱和时间用于推销它们的比赛以及努力控制比赛信息的传播。正如联邦最高法院在 Zacchini v. Scripps-Howard Broadcasting, Co. 案中所认定的那样，对演员的整个表演进行转播的行为对该表演的经济利益构成了实质性的威胁。这些表演是

---

① Okla. Stat. Ann. tit. 12, 1449 (West1993).

演员才能和精力的产品，是投入大量时间、努力和金钱的结果。而表演的大部分经济利益存在于"对公开表演所拥有的排他控制权中"，如果社会公众可以从电视上免费观看表演，那会导致更少人愿意付费观看……允许随意公开转播的后果就会和限制表演者收取入会费的结果一样。

NBA 进行宣传活动的投入大部分是以资金作为回报的，比如说通过转播许可权获得金钱利益，这种权利是协会为了控制在比赛进行中相关信息的传播而产生的。因为如果允许 Motorola 公司随意向社会公众提供最新的篮球实时赛况，那就会威胁到 NBA 对于比赛所拥有的经济利益。这种威胁与 Zacchini 案件的法官所关心的一样，它不是来自于电视转播，而是来自于类似 Sport Trax 这种服务。虽然，社会公众有权利选择亲自付费买票看比赛或在家看免费的电视转播，但协会还是可以从转播方那收取转播费。因此，NBA 对于因现场观看率的下降而导致的门票收益损失是可以获得补偿的，因为，社会公众选择通过电视观看比赛的话，协会就可以享有转播费收入。但协会不能像收取转播费那样从 Sport Trax 服务商那收取费用，所以这类服务会威胁到 NBA 的收益。但最根本的问题还是 NBA 所做的这些努力能否在运动员之外创造一个整体的具有市场价值的身份特征，本文认为是可以的。

（1）什么是具有市场价值的身份特征。具有市场价值的身份特征这一概念，反映了运动员在创造消费者极其渴望与之有联系的社会公众形象时所付出的努力。这种渴望很明显是由利益驱使的，而这种利益来自于运动员的身份特征对于推销比赛、饭馆和其他消费品的作用。Zadikoff 案说明了社会公众以及公司销售人员的这种渴望，双方当事人不仅对 Michael Jordan 的姓名和肖像的使用有争议，原告还诉称，被告（包括 Michael Jordan）企图通过开办经营性饭馆并采取下列活动利用 Michael Jordan 的身份特征牟利：将饭馆的位置故意安排在芝加哥公牛队的主场——联合中心球馆，使其更容易招揽大量前往比赛场地的球迷；企图让这间新饭馆坐落在 Michael Jordan 的另一套别墅旁；企图经营卡罗莱纳风格的食物以利用 Michael Jordan 来自卡罗莱纳北部这一事实；企图在 Michael Jordan 造访时在饭馆门外陈列乔丹的名车以招缆顾客。①

（2）NBA如何创造其整体的具有市场价值的身份特征。运动协会致力于制造一种对比赛和相关物品的消费需求，这种努力与个体运动员在创造具有市场价值的身份特征时的付出是相类似的。在讨论Motorola案时也曾提到，协会为制造这一需求所投入的时间、金钱和其他资源是有回报的。其中一些努力使得协会整体成为了被追捧的对象，而不仅仅突出某些运动员或球队。这种局面是协会故意创造的，而不是自发形成，但这一事实无关紧要。上文曾引用了第九巡回法院在审理Abdul-jabbar案中的语句：社会公众对名人社会公众形象的迷恋是"偶然发生的还是有计划有安排的"。在解答这个问题时，应该将焦点放在这种迷恋所带来的商业机会上。问题在于协会以自己的努力创造出了商业机会，而其他人是否应该从中获利？正如某一联邦地方法院所宣称的那样："一个人有权去享受自己的努力所换来的成果，而不受他人非正义的干扰。"

在一篇关于媒体宣传与隐私权的冲突的论著中，作者从正反两方面探讨了这一类型的"不当得利"问题。② 一方面，运动协会成功地引起社会公众对比赛的兴趣，毫无疑问是以向社会公众提供信息为代价的，它们使这些信息成为公共领域的一部分，社会公众可以免费获得和使用。另一方面，关键问题不是这些信息应否被社会公众获得，而是谁应该从社会公众的兴趣中获利，是兴趣的制造者还是第三方？毕竟"真正的政策选择不是在富有的名人和有需要的社会公众之间，而是在名人和希望使用名人的名气来销售产品的公司之间"。虽然这些文字将注意力集中在广告对公开权的使用，但联邦最高法院在Zacchini案中就新闻报道对公开权的使用作了类似的分析。

（3）转播许可协议的存在如何影响NBA具有市场价值的身份特征。运动协会是通过转播许可协议公开比赛信息和赛事实况的。比如说，在Motorola案中，地方法院就列举了一系列事实调查结果；比如说，NBA 80%的收益来自于这些许可协议。如果NBA在比赛进行中不能限制比赛实况的转播，那这些协议的价值将不复存在。正如法院

---

① Zadikoff, 10F. Supp. 2dat926.
② McCarthy, supranote27, 2.1（该文详细说明了公开权的政策原因）.

所认定的那样:"虽然 NBA 依靠公开传播赛事实况来提高社会公众对比赛的兴趣,但为了保有这些信息的经济利益,它必须限制其传播。"转播许可协议的存在并没有影响 NBA 在控制赛事信息传播中的利益。① 曾有观点认为,新闻媒体对运动员比赛实况的广泛传播,或者允许社会公众在很大范围内获得这些信息,不利于保护公开权。法院驳回了这种观点,正如某一法官所认定的那样:"如果仅仅因为某人的成就被高度公开,就允许他人任意将其姓名、名誉或成就用于商业活动,那会造成不公平。"在 Palmer v. Schonhorn Enterprises 案② 中,有观点认为使用运动员的人生经历在任何情况下都是不需要经过授权的,因为这些信息之前早已被公开过了。法院也驳回了这一观点。

3. 某些法院已经将公开权适用于专业运动员

早期发生的涉及运动员公开权的重要案件是 Haelan Laboratories v. Topps Chewing Gum, Inc 案。③ 从那时起,法院就裁决了许多涉及这一话题的案件,比如本文所引用的那些。在 Baltimore Orioles, Inc. v. Major League Baseball Players Association 案④中,第七巡回法院认为,在某些情况下运动员有权控制对身份特征所进行的商业使用。该案被告寻求一个宣言式判决以决定是球员还是所在的球队有权"转播队员在大联盟棒球比赛"的情况。然而,对于这一问题,法院却认为,球队作为比赛电视转播节目的版权所有者,有权控制运动员对节目所拥有的公开权,而球员自己无权控制。

4. 某些法院已经将公开权适用于专业球队

在 Shamsky v. Garan, Inc 案⑤中,纽约州最高法院认为,被告在衬衣上印刷 1969 年世界杯纽约大都会队的照片的行为,侵害了照片中人物的公开权。事实上,被告没有得到原告的同意,而是"在国家棒球名人堂的授权下使用的"。法官承认纽约州的法律规定个体运动员有权为了商业利益而授权他人使用自己的身份特征,所以,当被

---

① Sports Team Analysis, 939F. Supp. at1078.
② 232A. 2d458(N. J. Super. Ct. Ch. Div. 1967).
③ 202F. 2d866(2dCir. 1953).
④ 805F. 2d663(7thCir. 1986).
⑤ 632N. Y. S. 2d930(Sup. Ct. 1995).

告主张，运动员在与大都会球类俱乐部签订合同时就已经放弃了一定的公开权，法院没有支持被告的这一观点。法院认为，"在本案中，每一位运动员仍然有权决定是否为了商业利益授权他人使用该争议照片所反映的身份特征。"① 法院承认运动员拥有总括的公开权，并将之与比赛内容所涉及的公开权，比如说主题照片所反映的权利，作了区分。因为运动员与大都会球类俱乐部所签订的合同的第三段c项规定，运动员仅仅是基于公开目的才转让比赛照片的使用权，所以这一合同并不允许球队为了其他目的（比如说为了做广告）而使用这些照片。虽然这类合同会部分地限制运动员控制其公开权的能力，但棒球协会的运动员并不是唯一与球队或协会签订这类合同的运动员。

国家曲棍球协会（NHL）运动员标准合同第 8 段的相关部分规定如下：俱乐部承认运动员对其个人身份特征拥有排他性的所有权，因此运动员可以在合同有效期内以及根据此合同所订立的其他合同约束时间内，授权俱乐部许可任何自然人或法人使用运动员穿运动服时的任何照片、动画或电子（包括电视的）形象；运动员也可以承认俱乐部为了某一目的有权排他地拥有这些照片、图片和形象中的权利，也有权给队员命名，这一目的是拍摄电视广播、纪实性的或专题性的电影和视频、俱乐部比赛的广告和宣传短片；这些内容可以由媒体基于报道的目的而在比赛节目、年鉴、杂志以及其他类似的中介中使用，并且这种使用的目的不是为了强调运动员个人，而是为了突出俱乐部及其比赛。② 国家足球协会（NFL）运动员合同第 4 段的相关部分规定如下：运动员整体地授权协会或单独地授权各个俱乐部，可以为公开和推广 NFL 足球比赛而使用其姓名和照片；但协会及其旗下的任何俱乐部向报纸、杂志、动画、比赛节目、名册手册、广播以及其他所有的宣传媒体提供这类公开信息和宣传资料并不等同于运动员对某一商业产品的宣传。③ 国家篮球协会运动员统一合同第 18 段 a 项规定如下：运动员允许俱乐部或协会为自己单独或与他人集体照

---

① 运动员与球队之间的合同称为"统一的运动员合同"。
② 关于 NHL 和 NHL 标准合同的内容翻印在 1 Aaron N. Wise & Bruce S. Meyer, International Sports Law and Business 405（1997）。
③ 关于 NFL、NFL 运动员合同的内容翻印在 1 Wise & Meyer, supranote183, at426.

相,因为俱乐部或协会可能需要根据自己的设计拍摄一些照片、动画或电视,它们也可能会为了公开或推广的目的而以所设想的方式使用这些照片,而这些照片中所包含的权利都应该属于俱乐部或协会,其中可能会包含他们的利益。① 除了 NHL 的运动员外,作为以上合同内容的一部分,运动员们也愿意在赛季时限制自己的曝光率,或者在得到所在队的准许后才曝光。②

在 Shamsky 案中,被告(衬衫制造商)主张这衬衫可以"将1969年世界杯纽约大都会队作为一个独立的历史性的实体来纪念",法院支持了这一主张,并在此基础上认为,这不仅仅纪念了整个球队,还说明了整体是大于部分之和的。因此,整个队伍的身份特征的市场价值很可能要高于队员个人的身份特征的市场价值总和。

(二) 公开权不适用于运动协会的原因

1. 对协会的保护独立于运动员的权利

正如前面所述,专业运动协会控制着个体运动员对比赛所享有的公开权。虽然运动员对自己的身份特征拥有公开权,但运动协会可以通过合同控制这些权利。然而,还是存在这样的问题,组织是否拥有具有市场价值的独立于其组成人员并且受法院保护的身份特征。因为公开权是从隐私权中衍生出来的,而隐私权保护的是个人保有一些信息而不被他人知道的权利,所以,保护组织的身份特征意味着公开权原始目的的扩张。最近某一法院的最后裁决认为法人没有公开权。③

2. 球员联合会在保护个体运动员权利中所发挥的作用

像大部分棒球运动员那样,很多专业运动员都建立一定的组织来代表自己的利益。④ 这类组织不仅仅发挥工会的作用,还为成员使用公开权提供帮助。美国职棒大联盟球员联合会是这类组织的典型代表,它不仅独家代理所有活跃的成员集体谈判,还开展一个集体许可项目,在这一项目里,它是所有成员的公开权的受让人。最近,第十巡回法院审理了一个相关的案子,法院在该案件中简单地讨论了联合

---

① 关于 NBA、NBA 运动员统一合同的内容翻印在 1Wise&Meyer, supranote183, at462.
② 引自前三注释及其相关文章。
③ BearFootInc. v. Chandler, 965S. W. 2d386, 389 (Mo. Ct. App. 1998).
④ Uhlaenderv. Henricksen, 316F. Supp. 1277, 1278 (D. Minn. 1970).

会在许可合同中的责任：1966年以来，联合会就介入了集体许可合同中，这些许可合同涉及各种各样的产品，其中，包括糖果、饼干、谷物以及许可收益超过总收益70%的棒球交易卡，联合会从这些产品的销售中收取特许权使用费，然后发放给运动员。① 在审理 Uhlaender 案②时，法院发现"联合会拥有超过850名职棒大联盟球员并且代表这些球员签订了大约270份不同的许可合同"。联合会还与个体运动员联名起诉某棋盘游戏制造商，认为被告未经许可使用运动员姓名及其他数据的行为侵犯了他们的公开权。另外，联合会还通过起诉和应诉来维护成员的权利。比如说，在 Baltimore Orioles 案中，联合会努力保护大联盟球员在转播比赛中的权利，虽然结果以失败告终。③

3. 公共事实的私有化

曾经有法官和法学家们断言，保护公开权会让个人有权控制公共事实和信息的传播。在 Cardtoons L. C. v. Major League Baseball Players Ass'n 案④中，第十巡回法院比较了运动员的公开权与《美国宪法》（以下简称《宪法》）第一修正案所保护的权利（言论自由权）的重要性，并且发现后者比前者更重要。法院认为，在保护公开权的背景下，言论自由权会受到更严重的压制，因为涉及的是名人的公众形象。关于公开权的争议不仅涉及公开权与《宪法》第一修正案所保护的自由权之间的冲突，还涉及谁有权"拥有"这些社会公众感兴趣的信息的问题。

（三）运动协会是否享有公开权

除了在限制自然人享有公开权的州里，运动协会都符合拥有公开权的条件。它们不仅拥有达到一定社会知名度的名称（这似乎可以被商标法的条款所保护），而且在成员的整体身份特征外创造了属于自己的具有市场价值身份特征。比如说，NBA举办的"我爱这项运动"比赛就在总体上为协会的比赛创造了一种商业利益。

---

① Cardtoons, L. C. v. Major League Baseball PlayersAss'n, 95F. 3d 959, 963 (10thCir. 1996).
② Uhlaender, 316 F. Supp. At 1279.
③ 见 page9 注释④.
④ Cardtoons, 95F. 3dat975.

1. 新闻报道的自由

法院已经承认了在公开权的背景下,新闻媒体有特权报道具有新闻价值的事件。加利福尼亚州上诉法院曾经简明扼要地阐述过这一特权:为了社会公共利益而公开某些事项的行为是不可诉的,因为这种行为是基于社会公众的知情权和媒体的出版自由权,并且,为了公共利益而公开的事项并不限于最近的事情而是包括对过去事情的重现。[①] 在 Montana v. San Jose Mercury News, Inc 案中,原告是国家足球协会的四分卫,被告是一家报业公司。被告所销售的一种小报的内容是从含有关于超级保龄球比赛的文章的报纸中复印过来的。法院认为,被告并没有单独使用原告的面容和姓名以抽取其中的商业价值。许多州已经将媒体的这种特权法典化了。比如说,《加利福尼亚民法典》第 3344 条(d)项就明确规定了这种例外特权,该条款规定:使用与任何新闻、公共事务、体育比赛的转播和报道或者政治运动有关的姓名、声音、签名、照片、肖像的行为,都不构成(a)项下需要经同意的使用行为。[②] 在 Abdul-Jabbar 案中,被告认为原告所做的学院纪录片属于具有新闻价值的事件,因此对它的使用不需要原告授权。第九巡回法院驳回了被告的这一主张,认为第 3344 条(d)项不适用于本案,因为被告是在汽车广告中使用这些信息,而不是在新闻或比赛报道中。

然而,这种特权并没有为新闻媒体提供一揽子的保护。在 Zacchini v. Scripps-Howard Broadcasting Co. 案[③]中,联邦最高法院支持了一名艺人关于保护公开权的主张,尽管被告以《宪法》第一修正案作为抗辩,但法院还是阻止了他未经授权而对原告的表演进行转播的行为。法院认为,公开权是用来补偿演员为表演所付出的时间和精力的,它比转播者的表达自由权更为重要。该案案情是:一名电视台记者私自录制了一位马戏表演者长达 15 秒钟的表演,并在电视台的新闻节目中播出,观众因此看到了表演者的全部表演。表演者提起诉讼称电视台未经同意录制其表演并转播的行为构成"对其专业表

---

① Montanav. San Jose Mercury News, Inc., 40Cal. Rptr. 2d639, 640 (Ct. App. 1995).
② Cal. Civ. Code 3344 d) (West 1997).
③ 433 U.S. 562 (1977).

演所产生的财产利益的非法盗用"。法院支持了原告的这一主张。在涉及新闻媒体的特权时值得考虑的问题是什么属于具有新闻价值的事件。在 Montana 案中,法院把具有新闻价值的事件比作是社会公众感兴趣的事件。① 然而,该案中的双方当事人对原始的新闻故事是社会公众感兴趣的事件这一点上并没有争议,有争议的是从其他文章中复制内容的小报是否也具有新闻价值。法院认为,这些小报实际上是不具有新闻价值的,是需要原告授权的。

在 Zacchini 案中,美国联邦最高法院虽然承认"娱乐报道和新闻事件都毫无疑问地受到《宪法》第一修正案的保护,并且娱乐报道本身也是一种重要的新闻"。② 但法院在衡量了公开权与新闻自由的冲突后认为,《宪法》第一修正案不再阻止州法律规定如果电视台要在电视上转播表演者的表演就必须给予补偿;《宪法》第一修正案也不再规定电视台享有随意拍摄和转播拥有版权的戏剧作品而不需要对版权所有者承担责任的特权,或者有权随意拍摄和转播一场大奖赛以及筹办者和参与者有其他公开计划的棒球比赛。

虽然像 Motorola 公司那样的使用行为达不到转播整个节目的程度,但很明显,它不仅仅提供了比赛的结果,还为观众提供了两种观看比赛的方式:①亲自到现场观看;②在家里看赛事转播。而这两种方式都可以为协会带来收益。但是,如前所述,协会不能从寻呼机的更新服务中获得利益。即使法院承认寻呼机服务是一种合理的体育报道,如果所谓的"具有新闻价值的事件"是被放在一个类似广告那样明显的商业或贸易背景下考虑的,那 Motorola 公司也没有特权。比如说,如果 Motorola 公司在销售寻呼机时大力地宣传自己提供最新的 NBA 比赛赛况的能力,那特权规则将不再保护 Motorola 公司。并且有些法院认为,营利动机与对信息的公开是否有特权是没有关系的。③"《宪法》第一修正案并不限于保护不收费的出版活动。无论行为涉及的是报纸发行还是动画生产,都会受到《宪法》第一修正

---

① Montana v. San Jose Mercury News, Inc., 40 Cal. Rptr. 2d 639, 641 (Ct. App. 1995).
② Zacchini, 433 U. S. at 578.
③ Davisv. HighSoc'yMagazine, Inc., 457N. Y. S. 2d308, 313 (App. Div. 1982).

案的保护，因为它都体现了作者的利益。"① 然而，法院倾向于对商业活动采取比其他活动更宽松的复查程序。

2. 联邦《版权法》的优先性

在 Motorola 案中，第二巡回法院认为体育比赛是不受联邦《版权法》保护的。法院认为，虽然对比赛的转播节目受联邦《版权法》的保护，但 Motorola 公司和 STATS 并没有侵犯 NBA 的版权，因为他们复制的只是转播节目中的事实部分，而不是关于比赛的说明和描述。法院的这一认定是非常正确的。划分事实与说明是联邦《版权法》的基本原则，这项法律把版权的保护范围严格地限定在以说明为基础的作品上。

即使体育比赛的电视转播节目受联邦《版权法》保护，并由此判定联邦《版权法》优先于球员对比赛的电视转播节目所享有的公开权；但是，至少有一间法院的判决暗示，在其他背景下版权法不会优先于球员的公开权。在 Baltimore Orioles 案中，第七巡回法院认为，只有在保护俱乐部对电视转播节目所享有的版权会侵害球员的公开权的情况下，联邦《版权法》才具有优先性；但在以下情况下，联邦《版权法》就不具有优先性：公司未经球员同意使用球员的姓名去做广告，将球员的照片用于棒球交易卡上，利用球员的职业数据去赌球。②

因为公开权只能是由球员或者球队一方所有，所以有争议的是，协会可以根据其与球员签订的合同条款提起诉讼保护它们的公开权。而在热点新闻滥用诉由下，存在的问题是联邦《版权法》能否优先于公开权。"如果寻求州法律保护的权利相当于版权，那联邦《版权法》就优先于州法律的诉由。"③ 换句话说，某种权利会仅仅因复制、表演、分销或者展览等行为而被侵害⋯⋯如果根据州法律的规定，这些行为本身会侵犯州法律创制的权利，那么这种权利将会被优先。但是，要构成州法律上的诉由，还需要在行为要素之外再加上其他额外

---

① Montana, 40 Cal. Rptr. 2d at 643 n. 2.
② BaltimoreOrioles, Inc. v. MajorLeagueBaseballPlayersAss'n, 805 F. 2d 663, 676 n. 24 (7thCir. 1986).
③ Shamskyv. Garan, Inc., 632 N. Y. S. 2d 930, 935 (Sup. Ct. 1995).

的或独立于这一要素的条件,这时,这一权利就不"在版权法的一般范围之内",也不存在优先性的问题。在 Shamsky 案中,法院发现公开权构成上述的其他条件。法院认为,公开权与版权有质的不同,公开权保护的是对身份特征进行商业利用的权利。联邦《版权法》涉及优先权立法的历史表明,起草者并不是故意要让版权法优先于州的公开权法。白宫报告在相关部分规定,普通法上的隐私权和公开权……将不会受影响,只要诉由中包括的因素,比如说对个人权利的侵犯,与版权侵权行为有实质不同……①在 Shamsky 案中,法院对特定表演中的公开权与出于商业目的利用身份特征的权利进行了区分。关于在职棒大联盟运动员合同第 3 条 (c) 项下如何解决版权的保护和优先性问题,审理 Baltimore Orioles 案的法官认为,如果俱乐部在未经同意的情况下出于商业目的使用了球员的身份特征,"那位球员对自己的姓名和肖像所享有的公开权就不会被优先"。从 NBA v. Motorola 案看来,似乎运动协会不能引用"热点新闻"滥用作为诉由,除非它们提供的服务是直接传播比赛的数据和比分。因此,有关联邦法上优先性的例外并不适用于运动协会。

3. 联邦《商标法》对商标的保护

假如这些名称都是经过注册的或没有注册的商标,那联邦《商标法》的规定就为对这些名称的虚假背书行为进行索赔的主张提供了联邦法上的诉由。然而,在一般情况下,法院并不会将原告的诉由限制在《公开权法》和联邦《商标法》之间。

如果对任何字眼、词语、姓名、标志或装置的商业使用可能会导致消费者错误地相信这些东西所标记的人与使用者的产品或服务有关,那联邦《商标法》就会禁止这种使用。② 正如第九巡回法院在 Abdul-Jabbar 案中所认定的那样:"联邦《商标法》的明确目的是保护商事主体免受不正当竞争的影响。"……"第 43 条 (a) 项明确规定:"如果某些标志或装置很可能会使消费者误以为其商品或服务与他人有联系或是被他人赞助或批准的,那么商家就不得使用该种标志或装置。"……因此,"一个基于擅自使用名人身份特征的虚假背书

---

① H. R. Rep. No. 94-1476, at132 (1976), reprintedin1976U. S. C. C. A. N. 5659, 5748.
② 15U. S. C. 1125 (1994).

索赔请求……主张对商标的误用很有可能使消费者混淆原告是否赞助或批准了这些产品，这些商标可以包括标志、能造成视觉上相似或能模仿声音的装置、其他唯一拥有的特点".①

然而，在 Motorola 案中，第二巡回法院认为，Motorola 公司在新闻稿中就 Sport Trax 是如何收集比分的问题上虽然发表了不准确的观点，但这些观点却没有达到商标法所要求的重要性。法院做出这种判决与对 NBA 的"热点新闻"滥用诉由做出如此判决的原因一样，都是因为 Motorola 与 NBA 之间在传播赛事比分上缺乏直接的竞争。

（四）如果运动协会拥有公开权，那是否保护比赛的比分或数据

1. 比赛的比分和数据能否引起 NBA 的具有市场价值的身份特征

有观点认为，Motorola 在传播比赛的统计数据时并没有侵犯公开权，因为这一权利保护的是名人的形象和身份特征。根据公开权的有关判例，这一观点是站不住脚的。法院已经承认未经授权而使用涉及运动员职业的统计信息的行为侵犯公开权，即使社会公众通过其他途径也可以获得这些信息。比如说，根据加利福尼亚州法律，任何可以引起名人商业化公开形象的因素都会受到公开权的保护。② 在 White 案中，Vanna White 控诉 Samsung 使用了会引起原告商业化公开形象的机器人并胜诉了，这一机器人因为拥有金色的头发、一件礼服和珠宝并且还站在游戏盘的前面而被认为可以引起 Vanna White 的商业化公开形象。在 Motschenbacher v. R. J. Reynolds Tobacco Co. ③一案中，第九巡回法院认为一辆跑车的突出外观也会引起名人驾驶员具有市场价值的身份特征。被告在做广告时所使用的照片中有原告的跑车，虽然照片中车的很多属性都被改变了，但车的最重要的特点仍然完好无损地保留在照片中，改变太过微小以至于社会公众能够认出原告是车主。

在 Abdul-Jabbar v. General Motors Corp. 案中，第九巡回法院认为，擅自使用运动员的曾用名及其职业数据的行为侵害了该运动员基

---

① Abdul-Jabbar, 85F. 3dat410.
② Abdul-Jabbar, 85F. 3dat414 (citingCal. Civ. Code3344 (a) (West1971).
③ 498F. 2d821 (9thCir. 1974).

于普通法所享有的公开权。① 在该案中，原告诉称，在 1993 年全国大学生体育协会男子篮球锦标赛时期播出的电视广告侵害了他的商标权和公开权。事实是这样的：在播放这一特殊的广告时，播音员问："在投票选出这次锦标赛最突出的队员时，谁能保持纪录？在屏幕上出现了以下文字：刘易斯，加州大学洛杉矶分校，67 秒，68 秒，69 秒"之后，播出了一些关于被告产品性能的信息。第九巡回法院认为，这一广告侵害了 Abdul-Jabbar 的公开权，虽然被告认为有关 Abdul-Jabbar 的纪录是具有新闻价值的，因而将其纳入该广告中是一种新闻特权。但法院驳回了被告的这一主张，法院宣称："即使关于 Abdul-Jabbar 的纪录是具有新闻价值的，但对它的使用并不必然就是一种特权。"② "被告是如何盗用原告身份特征的不重要，重要的是被告是否盗用了……法律规定侵犯公开权只能通过使用九种不同的方法来盗用身份特征才能达到，这种规则仅仅是为了建议聪明的广告策略者想出第十种方法。"

在 Palmer 案中，许多专业的高尔夫球手，包括 Arnold Palmer，提起诉讼要求被告停止对他们的姓名和所谓的简介进行擅自使用的行为。③ 因为被告派发的传单中含有高尔夫球手职业生涯的有关信息，并且这些传单被作为"业余高尔夫球赛"的组成部分。新泽西州法院裁定，被告使用原告职业数据的行为提高了被告产品的市场占有率，被告的这一使用行为侵害了原告的公开权，被告辩称："因为包含在简介中的信息是社会公众可以直接获得的信息，是面向所有人开放的，所以法院不能否认被告有权复制这些已经在报纸、杂志或其他期刊的文章中发表过的信息。"法院驳回了被告的主张，并做出最后总结认为，这些构成原告具有市场价值身份特征的信息是自愿地通过各种媒体公之于众的事实，但这并没有否定高尔夫球手对他们的姓名、数据以及包含这些属性的广告所拥有的财产性利益。

经批准援引 Palmer 案后，法院在 Uhlaender v. Henricksen④ 案中

---

① Abdul-Jabbar, 85F. 3dat415.
② Abdul-Jabbar, 85F. 3dat416.
③ Palmerv. SchonhornEnters., 232A. 2d458, 459 (N. J. Super. Ct. Ch. Div. 1967).
④ 316F. Supp. 1277 (D. Minn. 1970).

发现，对专业职棒大联盟队员的姓名和数据的类似使用行为也侵害了队员的公开权。在 Uhlaender 案中，几百位职棒大联盟队员提起诉讼，要求游戏制造商停止在转盘游戏中使用队员具有身份特征的数据。这些游戏使用了"姓名和专业的统计信息，比如说，击球、防守、赢的纪录以及其他大概 500 名到 700 名职棒联盟的队员的统一号码和比赛的位置"。法院驳回了被告以下主张：①这些数据可以非常直接地被社会公众所获得，并且已被新闻媒体广泛传播；②队员希望公开自己的信息，而将他们的姓名和数据在转盘游戏中使用可以提高这些队员的知名度。法院在探讨了公开权的发展历史并认为原告拥有这种权利后，碰到了一个问题："原告的姓名和已经公开的数据是否可以被认为是应受法律保护而不被擅自使用的财产权益。"法院认为，队员的相关数据是他们具有市场价值的身份特征的一部分，因此，被告的使用行为侵害了队员的公开权。在涉及公开权的案件中，运动协会致力保护的是比赛实况和计划的完整性。

2. Motorola 公司传播实时比分的行为是否构成新闻和赛事报道的例外

正如前面所讨论的那样，法院和立法机关为公开权规定了一种例外。这种例外允许在新闻和体育报道以及对这种报道的附带重印中任意使用他人的人生经历，其中包括使用他人的职业统计数据以提高销量。在 Motorola 案中，地方法院和联邦第二巡回法院都把寻呼机传播比分的服务当做是对新闻和赛事的报道，而没有将这种传播与典型的报道区分开来。即使有人认为，Motorola 型的传播构成对新闻和赛事的报道，但一个针对 Zacchini 案的分析似乎要求这一类型的传播并不应该被授予特权，因为如果授予特权会影响协会因控制比赛信息传播而享有的利益。法院在 Pittsburgh Athletic Co. v. KQV Broadcasting Co. 案中，认为记者站在比赛场地外围可以观看到比赛的地方所进行的实时报道行为也构成侵权，所阐述的理由也与上述观点一致。

在法院首次承认公开权以来的几十年里，这一权利已经被用来保护名人具有市场价值的身份特征。它的保护范围已经超出了姓名及其类似方面，扩大到声音、一定情况下的表演、人生经历以及代表性的标志。保护的对象也从个体名人扩大到名人的集团。至少有一个州的立法机关从成文法上规定公开权也适用于非营利组织。因此，如果发现组织法人也拥有公开权,并且独立于其组成人员的公开权,这也并不代表公开权现状的一个重大的扩张。倘若,今天的公开权与45年前的公开权有非常大的不同,那么,侵犯公开权意欲保护的利益的方法是一样的。如果承认运动协会也拥有公开权,就可以保护其不被联邦《版权法》、联邦《商标法》中的虚假广告条款、其他州的普通法上的不正当竞争条款所保护的利益。接下来想谈的是在 Motorola 案中,地方法院承认,NBA 在保护记录有 NBA 比赛规则、教练员次、NBA 比赛的一本书时所做的努力。实际上,地方法院应该努力去保护 NBA 的比赛本身——这是 NBA 比赛规则与教练员次互动的顶点,组成 NBA 赛事互动的人还包括裁判、队员,甚至有可能包括比赛的广播员、媒体成员、供应商、观众、保安、售票员以及其他在比赛进行中出现在比赛场地上的任何人。①

如果我们承认类似于运动协会这样的组织拥有独立的公开权,比赛进行中的实况就很自然地成为这些协会具有市场价值的身份特征中的组成部分。协会许可某些媒体转播比赛实况的行为也并不会改变协会对于这些信息所拥有的利益。

---

① Sports Team Analysis, 939 F. Supp. at 1088.

公开权是否应保护演员所饰演的角色

安吉拉·D. 库克[*]著　温良苑译[**]

目　次

一、导论
二、公开权保护的角色类型
三、公开权保护演员饰演的角色所面临的主要问题
四、公开权保护演员饰演的角色：本文之见解
五、结语

一、导论

"你好，Newman。""出去！""我是Shrinkage，""快跑！"

喜欢收看电视连续剧的观众们一定会发现，这是当下最热的情景喜剧《宋飞正传》（Seinfeld）里演员的口头语，喜剧中的角色在每一集中都会出现这段对话。根据联邦著作权法，剧中的角色是通过有形媒体表达的原创作品，它们是受到著作权法保护的。如果行为人将原创作品里的这些角色使用在其他作品中，则可能侵权他人的著作权。在这些情况下，法院会禁止行为人未经他人授权使用剧中角色的肖像、说话方式、性格特征、交往方式以及背景设置等侵犯他人著作权的行为。例如，Kramer是《宋飞正传》里的一个角色，这个角色属于原创作品的一部分。如果有人未经授权使用了这个角色，那么《宋飞正传》的著作权人城堡石电影公司就可以寻求救济。但是，《著作权法》没有为饰演 Kramer 的演员提供任何保护。所以，问题就在于如果演员饰演的角色无法得到著作权法的保护，那他们是否应该得到公开权的保护。

所谓公开权（Right of Publicity），是指个人尤其是公众人物和名

---

[*] 作者资料不详。
[**] 中山大学法学院助教。

人对其姓名和肖像所享有的权利。这种权利表现为他人有权对其姓名和肖像进行商业开发和利用,也表现为他人有权禁止行为人未经授权利用他们的姓名和肖像。侵权法之所以保护公开权,其原因在于名人的姓名、肖像以及代言是有价值的。行为人未经授权使用他人的姓名和肖像会损害他人的利益,会使他人姓名和肖像的价值受到贬损,也会剥夺他人获得报酬的权利。现在,有些学者和法院主张扩大公开权的保护范围,对演员所饰演的角色也提供保护,其原因是:在某些情况下,演员采用了独特的方式来塑造这个角色,观众一看到角色就容易联想到演员,角色和演员的人格融为一体。公开权的宗旨就是要禁止行为人未经授权利用他人的人格要素,所以侵权法保护他人的公开权,就应该禁止行为人未经授权利用演员饰演的角色。

虽然公开权获得了社会的普遍承认,并且在美国大约一半的州的法律都规定了公开权,但还有一些学者和法院反对这种权利。那些反对的学者和法院认为并不是演员创造了剧中的角色,那些角色是由摄影人、出品人、作者以及观众所创造的。那些赞成的学者和法院则认为,虽然其他人在塑造角色的过程中起到了一些作用,但主要是演员通过表演把那些角色的形象传达给观众的。演员的表演虽然是根据作者写好的剧本,并且有导演的指导,但演员在角色的塑造中起到了最重要的作用。比如:一提到 Kramer,观众还是会把他与演员 Michael Richard 的形象联系起来;《宋飞正传》里的口头语并不是作者在剧本里创造的,而是演员在剧中的即兴表演。

在现实生活中,有很多演员饰演的角色与演员的联系没有那么紧密,那是不是都要给予保护呢?本文提出公开权只应保护与演员有密切联系的角色。演员可以利用其他法律手段来获得救济,禁止行为人未经授权对他们饰演的角色进行商业利用。例如,演员可以根据《Lanham 法案》第 43 条提出诉讼,也可以提出禁止不正当竞争的诉讼。但是,这些诉因都不是这里要讨论的。近些年来,法院受理了许多演员主张其对角色的公开权受到侵犯的案件。虽然法院为演员们提供了救济,但并不是基于公开权的理论。本文主张行为人未经授权利用他人的身份要素是侵犯他人公开权的行为,而且公开权不仅保护演员自己的肖像,也保护与演员联系密切的角色的肖像。

本文分为三大部分。第一部分对法院审判的这类案件进行了梳理，大部分法院给演员提供了救济，保护演员饰演的与其有密切联系的角色不被行为人未经授权利用。但是，只有一个法院明确提出演员拥有公开权，可以禁止行为人未经授权使用与演员们不可分割的角色。这个法院认为利用那些角色就相当于利用了演员的身份要素。第一部分通过梳理那些案件总结了六种不同类型的角色，这些不同类型的角色会得到不同程度的保护。第二部分分析了现行法律存在的一些缺陷，并提出了三个问题，在处理这些问题上法院存在很大分歧。这三个问题是：①哪些角色有资格获得公开权的保护；②角色的哪些方面可以获得公开权的保护；③侵权行为的构成要件。第三部分提出要实现公开权的立法目的，就要进行联邦立法。因为在保护人格权方面各州的法律一般比较宽大，只有进行统一的联邦立法才足以警示那些潜在的侵权者和防止被告诉讼。第三部分还提出了一种判断标准，用以判断公开权应该保护哪些角色。这种判断标准要求评价演员对角色投入的独创性和观众心目中演员与角色之间的联系程度。我们主张行为人使用演员饰演的角色是否构成公开权侵权，需要逐案进行分析。

二、公开权保护的角色类型

虽然许多法院保护演员对其饰演的角色的权利，禁止行为人未经演员授权进行利用。但是，这些法院并不承认演员对这些角色享有公开权。这一部分介绍了一些案例，其中不同的法院对角色提供了不同程度的保护。案例中演员和其饰演的角色的联系程度各不相同：在一些案例中演员参与了角色的创造，另外一些案件中演员与其饰演的角色联系则没有那么紧密。法院需要进行个案分析，分析公众心目中演员和角色的联系程度，再据此决定是否给予保护。

从这些案例中，本文总结出六种类型的角色，不同类型的角色可以获得不同程度的保护：①体现了演员真实人格的角色；②由演员创造的角色；③根据演员的个性和人格塑造的角色；④与演员同名同姓的虚构角色；⑤与演员同名不同姓的虚构角色；⑥与演员人格不同，但与演员有密切联系的角色。以上这些分类只是列举，并没有列完，还可能出现其他类型。这些类型之间也存在重叠，一个角色可能会同时属于不同类型。

(一) 体现了演员真实人格的角色

近50年来,法律逐渐承认名人的公开权,承认名人有权利用其人格要素获得财产利益。当一个演员出演的角色表现的就是自己的人格时,那么角色的人格和演员的人格是同一的。在这种情况下,法院主张演员对其角色享有公开权,禁止行为人未经授权使用这个角色。

游戏节目或谈话节目的主持人就属于这种类型。主持人在节目中不需要按照剧本进行表演,他们只需尽情地表现自己。而且他们使用的都是自己的姓名。这种类型的角色和表演者有着相同的个性、行为方式和说话方式。在 Carson v. Here's Johnny Portable Toilets 一案[①]中,第六巡回法院主张这类角色应该获得公开权的保护。在该案中,被告 Here's Johnny Portable Toilets 在他的便携式厕所的广告中使用了"Here's Johnny","The World's Foremost Commodian"口号。法院认为,虽然被告没有使用 Carson 的肖像和名字,但也侵犯了 Carson 的公开权。因为 Carson 饰演的主持人与演员的人格是统一的,演员对这个角色享有公开权。涉案的口号属于角色的人格要素之一。"Here's Johnny","The World's Foremost Commodian"这些口号虽然不是属于 JohnnyCarson 本人的,但是标识了他扮演的节目主持人的身份。因此,被告未经 Carson 授权使用这些口号侵犯了 Carson 对其扮演的角色的公开权。Carson 一案为其他名人主张权利提供了根据。就像 David, Conan O'Brien, Oprah Winfrey, 甚至 Jerry Springer 都对其谈话节目的主持人角色享有公开权。尽管有些主持人的对话和访问内容是他人事先撰写的,但是主持人大都是即兴表演,存在很多不可预测的情况要他们随机应对,因此主持人可以把自己的真实人格融合到角色里面。

(二) 由演员创造的角色

1979年, Mosk 法官提出了自己的观点,支持法院对 Luglsi v. Universal Pictures 一案的判决,认为演员并非永远无法获得对其饰演角色的财产权利。如果一个虚拟的角色是由演员原创的,那么演员对这个角色拥有公开权。比如由 Groucho Marx 创造的一个角色 Groucho Marx, 这个角色具有独特的形象,他留着长长的胡子、喜欢

---

① 698 F. 2d 831 (6th Cir. 1983).

抽雪茄烟、总是表现出一副懒散的样子。Groucho Marx 对这个角色享有公开权，可以禁止行为人未经授权使用这个角色。同样的，Red Skelton 自己设计的许多角色以及演员们创造的 Abbotthe，Costello，Laurel 以及 Hardy 这些具有独特个性的角色都可以受到公开权的保护。Mosk 法官认为演员对第二类角色也享有公开权。这种类型的角色与第一种很类似，演员都没有被束缚在固定的剧本之中。两者的不同之处是前者演员表现的是自己的人格，后者演员表现的是虚拟的角色。

在 Price v. Worldvision Enterprises. Inc. 一案①中，Stanley Laurel 和 Oliver Hardy 的后代起诉被告侵犯了他们的公开权。Worldvision Enterprises. Inc. 是 Stanley Laurel 和 Oliver Hardy 主演的电影的著作权人。Worldvision Enterprises. Inc. 在一个电视连续剧 Stan n'ollie. 中模仿他们俩曾经扮演的一些角色。法院认为，被告的行为违反了先前颁布的禁令，即禁止被告在广告、动画和电影中模仿 Stanley Laurel 和 Oliver Hardy 的肖像、穿着、行为方式和声音的行为。法院还特别指出，公开权的保护应延伸到演员所创造的角色。这个案件原告继承的公开权战胜了被告对电影的著作权，因为著作权并没有给予被告使用 Stanley Laurel 和 Oliver Hardy 的姓名和肖像的排他权。

在 Goucho Marx Prods. v. Day and Night Co., Inc. 一案②中，法院采纳了 Mosk 法官的观点。法院认为，Goucho，Harpo 和 Chico Marx 创造的角色应该受到公开权的保护。原告 Goucho Marx Prods. 是 Grouch 这个角色一切公开权的受让人。他起诉被告在百老汇的表演中模仿 Marx 兄弟的独特外表、穿着和行为方式侵犯了他的公开权。法院认为，Marx 兄弟是一种独特的舞台角色，与演员真实的人格并没有什么关系。但是这些角色是演员创造的，演员对这些角色具有公开权。因此被告未经授权模仿这些角色的行为侵犯了原告的公开权。

在一些情况下，一个演员可能创造了很多属于同种类型的角色。他们具有相似的外形、衣着和行为方式。Allen 是一个出名的电影演员和电影导演。他早期所创造的一些角色非常出名，这些角色表现得

---

① 455 F. Supp. 252 (S. D. N. Y. 1978).
② 523 F. Supp. 485, 491 (S. D. N. Y. 1981), rev'd on other grounds, 689 F. 2d 317 (2d Cir. 1982).

有些神经质、紧张兮兮。这些角色的特点是相似的,虽然他们在电影里的身份往往不一样。这些角色有许多独特的个性,区别于 Allen 自己的人格。在 Allen v. National Video, Inc. 一案中,① 被告在广告中模仿了 Woody Allen 在 Annie Hall 等电影中塑造的这些角色。法院认为,这个广告利用了 Woody Allen 创造的角色的个性。最终法院判决原告胜诉,但是并没有指出被告是否侵犯了原告的公开权,而是认为被告的行为违反了 Lanham 法案,造成了消费者混淆。尽管如此,法院还是承认公开权的保护应该延伸到演员所创造的那些角色。

综上所述,如果演员创造了一个独特的角色或者创造了一种独特的角色类型,使用这些角色会让公众联想到演员,那么演员就对这些角色享有公开权。这些判决都证明了法院意欲对演员创造的角色提供公开权保护。

(三) 根据演员的个性和人格塑造的角色

如果一部影视作品是以一位演员的形象为题材,那么作品会根据演员真实的个性和生活创造角色。这种情况下一般是由演员本人出演这个角色,甚至有时角色使用的就是演员的姓名。但是,演员在表演过程中不能脱离剧本,也不能完全自由地表现自己。例如,在 Ace Ventura: Pet Detective 这部电影中,Dan Marino 扮演 Dan Marino,这个角色就是根据 Dan Marino 的故事和人格特点创造的。但是,Dan Marino 在表演时并不能完全地表现自己,因为根据电影情节的需要,剧本对这些角色的特点做了一些改变。

这种类型的案子还有很多。比如:在 Murphy Brown 电视剧中,虽然演员饰演的新闻广播员这个角色的原型就是演员自己,但是剧本对这个角色还是进行了一些艺术创造。还有,Woody Allen 最近的一部电影: Celebrity 中,他表演的是一个名人 Leonardo DiCaprio 的形象,而 Leonardo DiCaprio 基本上是根据 Woody Allen 的个性和人格创造的。② 这种类型的案件中也存在公开权的问题。在 Rogers v. Girmaldi

---

① 610 F. Supp. 612 (S. D. N. Y. 1985).

② DiCaprio portrays an out-of-control movie star who is followed by a writer/journalist who is assigned to the celebrity beat. Celebrity (visitedOct. 22, 1998) http://www.miramax.com: 8888/owsdoc/celebrity.

and MM/UA Ent. Co. 一案[1]中，纽约的南部地区法院提出了演员对这类角色的公开权问题。在这个案件中，被告拍了一部电影，电影中的舞者模仿了 Fred Astaire 和 Ginger Rogers 的形象。原告认为，被告侵犯了原告在多部电影中塑造的广为人知的舞厅舞者的形象。Rogers 经过调查提供了一项证据，证明许多观众在听到电影的名称或看到电影的广告后都会想起 Rogers。Rogers 也引用了 MGM 对这部电影的市场策略来证明他们构成侵权行为。比如：在电影的首映礼上，他们要求来宾模仿 Ginger 和 Fred 的穿着和装扮。虽然法院没有否认被告侵犯了 Rogers 对其饰演的舞者角色的公开权，但是法院认为被告没有将 Roger 的名字进行商业利用，于是拒绝了原告的公开权请求。

虽然法院的判决支持了被告的做法，但是它的观点不足以否认演员在这种情况下对其扮演的角色拥有的公开权。其实，Rogers 的观点体现了这些角色也应该获得公开权保护。

（四）与演员同名同姓的虚构角色

这种类型的角色与上面的类型有许多相同的地方。不同的是，这种角色虽然和演员同名同姓，但是他们都是虚构的人物，与演员的真实人格并没有什么关系。在《宋飞正传》和 Cosby Show 剧中塑造的角色就属于这种类型。在《宋飞正传》中，剧名和主要人物的姓名都是来源于其中一个演员的姓名。剧中角色是虚构的，他和演员的真实人格没有什么关系，他们唯一的共同之处是职业——纽约的喜剧演员。[2] 虽然有点类似于第三种类型的角色，但是剧中塑造的 Jerry Seinfeld 这一形象并不是根据演员的个性和人格塑造的。在 Cosby Show[3] 中，剧名同样是来源于剧中的主演。但与《宋飞正传》不同的是，Bill Cosby 扮演的角色并不是以 Bill Cosby 命名的而是另外起名为 Heathcliff Huxtable。[4]

第九巡回法院还审判了一个类似的案子 White v. Samsung

---

[1] 695 F. Supp. 112 (S.D.N.Y. 1988).
[2] http://www.spe.song.com/tv/shows/seinfeld.
[3] (NBC television broadcast, 9/20/84 to 9/17/92).
[4] http://www.suite101.com/article.cfm/television/8088.

Electronics, Inc. 。① 在该案中被告三星公司拍摄了一系列广告,这些广告用于宣传三星的产品,它用幽默的手法预言了 21 世纪时三星的产品依然流行。这个广告的主角是一个机器人,这个机器人的穿着和发型酷似 Vanna White。机器人站在财富车轮的游戏板前,手放在板前转动它。这个广告的标题是:在公元 2012 年持续最久的游戏节目。第九巡回法院认为被告在广告中未经授权使用了原告的肖像侵犯了原告的公开权。虽然有人认为机器人的外貌并不像 White,但是法院认为机器人的金发、穿着和节目中的表演会让观众联想起 White 的形象,因此被告使用另一种方式利用了原告的肖像。法院引用了 Prosser 教授的观点:即使没有直接使用他人的名字或者肖像,而是进行模仿,也有可能是滥用了他人的身份,侵犯了他人的公开权。

所以,White 一案的判决支持了本文提出的观点,即 White 有权禁止行为人未经授权使用她在节目中扮演的角色。② 尽管 Vanna White 和 Jerry Seinfeld,Bill Cosby 扮演的角色是不同的,但是这些角色都是虚拟的,也都是与演员同名的。可能有人会说,Vanna White 是一个节目主持人不是一个角色,但是 Vanna White 表现的不是她自己的人格,而是扮演游戏节目中的一个主持人。

(五)与演员同名不同姓的虚构角色

这种类型的角色与演员同名但不同姓。例如 Tony Danza 在 Taxi,Who's the Boss 和 The Tony Danza Show 剧中饰演的角色与他同名。③ 还有,在连续剧 Roseanne④ 中,主角的名字也与饰演她的演员相同。虽然 Roseanne Connor 的角色是虚构的,但是她与 Jerry Seinfeld 有一点相似,就是他们都与现实中的演员有一些联系。剧中的 Roseanne 和现实中的 Roseanne 一样,在成名以前也是生活在收入微薄的底层社会。⑤

---

① 971 F. 2d 1395 (9th Cir. 1992), reh'g denied, 989 F. 2d 1512 (9th Cir. 1993), cert. denied, 508 U. S. 951 (1993).
② White 989 F. 2d at 1517 (Kozinski, J., dissenting).
③ E! Online - Fact Sheet - Tony Danza (visited Nov. 23, 1998) http://www.eonline.com/Facts/People.
④ http://www.tardis.ed.ac.uk/dave/guides/Roseanne/index.html.
⑤ http://www.tardis.ed.ac.uk/dave/guides/Roseanne/index.html.

在 McFarland v. Miller 一案①中，第三巡回法院展开了对公开权是否应该保护演员扮演的与其同名的角色问题讨论。George McFarland 在 Our Gang 95 集的连续剧中扮演 Spanky。这部连续剧从 1937 年一直播放到 1942 年。从此，人们就将 McFarland 称为 Spanky McFarland。在 McFarland 出演的八部电影中，有七部电影的演员名单中都显示 Spanky McFarland。后来，McFarland 起诉一家餐馆侵犯了他的公开权。这家餐馆以 Spanky McFarland 命名，并且在它的装潢和菜单上使用 the Little Rascals 和 Our Gang 里 Spanky McFarland 扮演的角色的照片。第三巡回法院支持了原告的诉求，认为当一个角色的人格与演员的人格发生了紧密联系，角色的形象和演员的公众形象不可分离时，演员就可以起诉行为人侵犯其对角色的公开权的行为。另外，法院认为，在判断一个角色是否可以受到保护时要判定它是否具有独特性。这与 Mosk 法官的观点一致。

尽管 George McFarland 是从他出演的角色中获得"Spanky"这个名字，不同于其他案子中角色的名字来源于演员，但法院的说理没有讨论这个区别，而是强调了演员和角色有相同的名字。第三巡回法院是第一个明确地承认演员在有些情况下对他们出演的角色有财产权的法院；同时，法院还提出了一种"关联价值"（associative value）的标准用于判断在什么情况下演员的公开权可以延伸到保护他出演的角色。在辩论中，McFarland 提出，如果角色与演员紧密联系在一起，角色的形象与演员的公众形象难以分离，那么这些角色就达到了受公开权保护的标准。

（六）与演员不同，但与演员有密切联系的角色

一些学者认为，这类角色的人格特征完全不同于演员，但是，由于他们和演员有某种密切的联系使他们的形象和演员的公共形象难以区分，因此，法律要给予演员禁止行为人未经授权使用这些角色的权利。比如 McFarland 就应该属于这种情况。他的一生基本上都扮演了同样的角色，这个角色的形象和 McFarland 的公共形象密不可分。当然，如果一个角色是演员独创的，那么演员跟角色也会有很密切的联

---

① 14 F. 3d 912 (3d Cir. 1994).

系,演员对角色也会有公开权。

在 Wendt v. Host International, Inc. 一案中,主要的争点是 George Wendt 和 John Ratzenberger 能否根据加利福尼亚州的制定法和普通法规定的公开权获得赔偿。被告模仿 Cheer 剧中的场景建立了一个飞机酒吧并在酒吧前摆设了两个机器人。这两个机器人会让人们联想起剧中的角色 Norm 和 Cliff。被告辩称这两个叫做 Hank 和 Bob 的机器人与原告的外形迥异,并不是模仿剧中的角色,因此并没有侵犯原告的公开权。地方法院支持被告的主张。但是,第九巡回法院支持了原告的诉求,撤销了地方法院的简易判决。在 Wendt 一案中,法院认为如果行为人滥用演员的角色,那么,演员就可以起诉行为人侵犯了他的公开权。法院将案件发回重审,要求判定机器人是不是很像演员的外貌,进而判定是否侵犯了原告的公开权。虽然第九巡回法院没有明确地采用第三巡回法院的观点,但是,根据法院重审的要求可以看出,它承认了行为人如果未经授权使用演员饰演的角色,就可能侵犯了演员的公开权。

虽然法院认为只有被告利用了角色的肖像才构成侵权,但是实际上就是给予了演员对其饰演的角色的公开权。这种层次尚未出现现实的案例,这种案件中需要证明演员和他饰演的角色有密切的联系。Wendt 的原审法院不承认公开权延伸到演员饰演的角色,这种观点非常普遍。另外,法院在演员创造了角色的情况下一般会提供保护。但是,对于不是演员创造的角色是否给予公开权的保护,各法院的做法却不一致。McFarland 的法院认为演员创造了角色并不是提供保护的唯一理由。在 McFarland 一案中,并不是 McFarland 创造了 Spanky 这个角色。但是,人们都把角色的名字作为他的本名,足以证明 McFarland 与这个角色紧紧地联系在一起。[①] 因此,法院主张保护 McFarland 对角色的公开权。

三、公开权保护演员饰演的角色所面临的主要问题

目前只有一个法院明确地认为演员对他们饰演的角色有公开权,因此,关于角色的公开权保护的许多问题,法院并没有讨论和研究,

---

① McFarland, 14 F. 3d at 915-919.

比如：①哪些类型的角色可以获得公开权的保护；②角色的哪些方面可以获得公开权的保护；③侵犯公开权行为的构成要件。

(一) 哪些类型的角色可以获得公开权的保护

毫无疑问，如果一个法院为名人提供了公开权的保护，[①] 其他的法院也会效仿。但是法院应该根据什么标准，在什么情况下给予保护却没有统一的认识。第三巡回法院提出了用"关联价值"的判断标准来判定演员在什么情况下对他们的角色有公开权。[②] 不过，要在具体的案件中判定角色与演员的联系程度，难度是非常之大的。

《宋飞正传》中的另外一个演员：Jason Alexander，在九年里他一直扮演 George Costanza 这个角色。根据统计，平均每周有 3200 万的观众收看《宋飞正传》，可以想象很多人都已经将 Jason Alexander 和 George 联系在了一起。根据 McFarland 一案中提出的标准，Jason Alexander 对 George Costanza 享有公开权。有学者提出，Alexander 还在其他的影视剧中扮演了角色，比如在 Pretty Woman 中扮演邪恶的律师，在 Jerome Robbins' Broadway 中扮演 Tony-winning roll。这些学者提出一个疑问：Jason Alexander 扮演过许多角色，那他是否还对 George Costanza 享有公开权。关于这个问题在 McFarland 一案中法院没有提及，其他法院也没有具有指导意义的意见。例如，在 Wendt 一案中，法院认为，如果地方法院判定那些机器人是酷似原告的，那么 George Wendt 和 John Ratzenberger 对 Cheers 里的角色就享有公开权。[③] 其实，案中原告都出演了很多其他角色，但是法院在审理中没有考虑演员扮演的其他角色，所以这对法院来说似乎不是很重要。

另外，在 McFarland 一案中，法院认为，演员死后仍然享有对角色的公开权。这个观点很重要，主要有两个方面的原因。首先，像 McFarland, Wendt 和 Ratzenberger 一样，很多演员除了受诉的角色以外，都演过许多其他角色。但法院认为，在 McFarland 的演艺生涯中，他与"Spanky"的联系最紧密。这产生了许多问题。第一，假如 Jason Alexander 起诉行为人侵犯了他扮演的 George Costanza 的公开

---

① McFarland, 14 F. 3d 912.
② McFarland, 14 F. 3d at 920.
③ Wendt, 125 F. 3d at 811–812.

权,那么法院就不能综观他的演艺生涯来判断这个角色与他是不是联系最紧密,因为他的演艺生涯还在继续,他还可能会扮演很多更令人记忆深刻的角色。第二,如果法院认为,Jason Alexander 和 George Costanza 联系非常紧密,但假设后来他又扮演了另一个很出名的角色,那他的公开权是否要保护后来扮演的角色呢?第三,公开权是否保护演员出演的多个角色?演员是否会因为与另一个角色产生新的联系而丧失对之前的角色的公开权?第二个原因是 McFarland 的案例不具有普遍性。他演的角色堪称美国电视剧中的典型角色,Spanky 这个角色在几代人中都非常流行,流行时间长达 70 多年。但是,随着科技进步年青一代不断探索未知领域,这种如此广为人知的角色当今是不可能再出现了。所以,McFarland 案的分析方法带来了一个问题,是不是演员一定要与角色永久地糅合在一起才能够符合"关联价值"标准?

McFarland 案没有涉及一个问题,就是什么时候才应适用"关联价值"标准?以及在适用这个标准时,公众的范围是整个社会还仅仅是那些关注电视剧的相关观众?在 McFarland 和 White 案中似乎是根据一般公众的看法。但是,在 Allen 一案中,法院认为被告的行为虽然不会引起后来只看过 Annie Hall 的观众的联想,但是被告还是滥用了原告早期的角色。[①] 因此,在此案中法院取证时针对的是那些目标观众,判定他们心目中演员和角色的联系。McFarland 案中,法院也没有涉及判断公众认知的方法。在 Rogers 案和 Wendt 案中,原告使用了调查的方法,用数据证明了公众是否将原告和被告使用的人格要素联系起来。不同的是,Rogers 的调查对象是全体社会公众,而 Wendt 的调查对象只是接触到被告的滥用行为的那些观众。[②]

(二)角色的哪些方面可以获得公开权的保护

当我们可以确定哪些角色可以受到公开权的保护时,下一步就是要判断角色的哪些方面可以受到保护。公开权已经不再仅限于保护公开权人的姓名和肖像,它已经扩张到了保护公开权人的昵称、签名、身体特征、个性、唱腔、声音、口头禅、汽车、表演类型、行为方式

---

① Allen, 610 F. Supp. at 624. The court notes.
② Wendt, 125 F. 3d at 814.

和姿势等。只要这些特征非常独特并且与公开权人紧密联系在一起，就可以获得保护。White 案法院承认公开权保护范围的扩张，法院认为，"普通法上的公开权除了保护权利人姓名和肖像，还保护其他人格要素不被他人未经授权利用"。[①] 法院还认为，"法律没有规定只有使用特定方式滥用他人的身份才构成侵权。只要行为人的行为侵犯了他人的人格价值都是可诉的"。虽然被告摆设的机器人外形上与 White 相差甚远，但是机器人放置的地点会让公众联想到 White，法院认为这也是利用了 White 人格价值，侵犯了 White 的公开权。

Carson 案与 White 案很相似，法院认为侵犯公开权的行为不仅仅包括未经授权使用他人的姓名和肖像，还包括使用其他的人格要素。[②] "Here's Johnny" 这个口号是原告的身份要素之一，所以法院认为被告未经授权使用这个口号侵犯了原告的公开权。Carson 案还有一个重要的意义。"Here's Johnny" 这个口号并不是 Carson 说的，而是他的拍档 Ed McMahon 介绍 Carson 时所说的。因此，综合该法院的观点和"价值联系"标准，可以得出这样一个结论：如果一个口号或昵称与角色联系紧密，而这个角色又和演员的身份密不可分，那么演员的公开权可以延伸到保护这些角色的短语或昵称不被行为人滥用。

并非所有法院都主张公开权的扩张。Wendt 案法院虽然认为公开权 "不仅仅保护原告的名字和肖像的商业利用"，但是法院发回重审时是要求地方法院 "判定那些机器人是否像原告的肖像"。可见，这个法院似乎反对公开权保护范围的扩大。

（三）侵犯公开权行为的构成要件

这部分讨论的是侵犯公开权行为的构成要件。案件的判决体现了法院对此存在很多分歧。公开权侵权呈现出各种各样的方式。比如直接使用他人的人格要素或者通过某种方式使公众产生联想到名人。在一些情况下，虽然行为人对名人的身份进行商业利用，但没有暗示名人代言了他们的产品，法院也认为这种行为滥用了名人的身份，是属于可诉的行为。

McFarland 案中被告未经授权使用了原告的姓名和肖像，将他的

[①] White, 971 F. 2d at 1398.

[②] Carson, 698 F. 2d at 835. The Sixth Circuit in its reversal of the district court's opinion held.

餐厅命名为 Spanky McFarland's，并在餐厅内部装饰中使用了原告角色 Spanky McFarland 的照片。据此，法院判定被告使用了原告的姓名和肖像，侵犯了原告的公开权。Wendt 案中法院并不认为未经授权使用与他人有关的环境和装潢的行为侵犯了他人的公开权。案中被告开设了一个酒吧，其设计酷似 Cheers 剧中的酒吧。被告还在酒吧里放置了模仿剧中角色的机器人。① 法院认为，如果机器人的外形与演员的角色相似就构成侵权。因此，法院比较了机器人和角色的外形，而没有考虑被告是否利用了与角色密切联系的环境和装潢这个要素。相反，White 一案的法院则认为，未经授权使用与演员的角色相联系的地点和环境也会构成侵权。本案中被告基本上没有使用演员扮演的角色的形象，而仅仅使用了与角色有联系的地点。② 但是，法院认为，机器人放置的地点足以侵犯 White 的公开权，因为这个地点和 White 有密切的联系。人们看到这个地点就会联想到演员以及他的角色。③ 可见，有的法院主张滥用与演员的角色相关的典型环境也构成侵权，但是有的法院则不支持。

　　从以上的讨论可以看出：对于哪些类型的角色可以获得公开权的保护？角色的哪些方面可以获得公开权的保护？被告的哪些行为构成侵权这些问题？法院的看法和判断存在很大的分歧。存在分歧的原因主要在于法律规定的差异。由于不存在统一的联邦立法，各州的法律规定存在一定的差异。如果要实现公开权的目标：保护名人的声誉和阻止潜在的侵权者滥用名人的人格要素，那么就有必要统一使用权利的原则，至少统一权利的保护范围。最后一部分提出了一个建议：当满足条件时，法院必须承认演员饰演的角色受到公开权的保护。最后一部分也会提出一种判断哪些角色可以获得保护的标准，并列举了一些辅助判断的要素。

四、公开权保护演员饰演的角色：本文之见解

　　现在，基本上各州的法律都规定了公开权。但是，因为法律规定

---

① Wendt, 125 F. 3d at 809.
② White, 971 F. 2d at 1399.
③ White, 989 F. 2d at 1514.

和理论基础都各不相同,所以,法院根据本州的法律所作的判决也存在很大的差异。这些不统一的判决阻碍着公开权价值目标的实现。① 各州立法的不统一导致不能为公开权人提供统一的保护;也不能有效追究被告的责任。法律对于侵权行为的构成理论的统一一直没有给予足够的重视。统一各州的法律是不实际也是不可能的,因此我们的建议是制定联邦法律。这部分提出的方法可以作为法院在审理案件时的根据,但是,假如没有统一的联邦法律,这种方法也不能为那些角色提供有效的保护。

这种方法可以解决上一部分提到的那些问题。简单地说,这种方法就是将角色分为几种不同类型,然后针对不同类型提供不同程度的保护,这些类型在第一部分已经列举。第一种类型的角色最容易得到保护。这些角色不需要和演员有紧密的联系,只要是演员的创造,演员就对它们享有公开权。但依次过渡到最后一种类型的角色,演员需要证明角色与演员有紧密的联系才可以主张公开权。这个判断标准还表明,未经授权对角色的任何一个方面进行商业利用,如果可以让观众联想到演员,那么这些行为就是可诉的。不过,这种判定要个案进行。在提出这个标准之前,我们有必要先讨论由一些案件如 Fleet v. CBS, Inc. 和 Baltimore Orioles v. Major League Baseball Players. 所引发优先权问题。

(一)角色的公开权问题中《著作权法》并没有优先适用权

《美国宪法》的至上条款规定,如果州法律与联邦法律相冲突或者州法律与议会的立法目标相违背,那么该州的法律就属于抢占。根据宪法的规定、《著作权法》第 106 条和 Fleet 案件的判决,如果根据加利福尼亚州的法律提出公开权的侵权诉讼涉及受著作权保护的作品,那么联邦著作权法要优先适用。

在 Fleet 一案中,上诉法院赞成原审法院的判决,认为主张滥用演员的表演侵犯了演员的公开权的诉求违反了著作权法的规定:著作权领域禁止各州的立法。法院认为,如果一个演员的表演被拍成电

---

① Haelan Laboratories, Inc. , 202 F. 2d at 870.

影，它们就成为了通过有形媒体表达的戏剧作品，借助工具可以让人们观看、复制和传播。这些作品受到著作权法的保护。案件的上诉人——一位年轻演员的父母，曾经与CBS达成协议转让电影 White Dragon 的著作权，包括电影的主题、标题和角色。后来，由于在给付报酬方面有争议，转让协议没有达成。因此，上诉人认为CBS不得使用电影中的姓名、图片或者肖像。但是，CBS仍然出版了电影录像带，还将Stephan Fleet的照片印在盒子上。

法院没有把这个案件当做合同纠纷来处理。法院认为案件中涉及的表演录制在有形媒体上，属于受著作权保护的作品。公开权在这种表演中不能优先适用。原告的诉求涉及受著作权保护的作品的复制和发行。所以，Fleet起诉时是根据《著作权法》第106条来主张排他权的。法院的判决和第七巡回法院和其他的一些地方法院的判决类似。他们都主张公开权诉求在受著作权保护的表演中要优先适用《著作权法》。

Fleet一案中法院认为，如果涉及受著作权保护的作品，要优先适用《著作权法》。在这类案件中演员的表演被行为人未经授权直接使用。但是，如果他人在另外一种表达媒体中使用角色的表演，公开权是否优先适用？这种类型的案件尚未出现。关于这个问题，Wendt的法院认为，Fleet的控制权仅仅在于控制演员在电影中的表演。[①] 因此，法院认为在这种情况下著作权没有优先适用权，因为行为人并没有利用原创作品。因此，法院这类案件的原告的权利并不会受到《著作权法》的保护。

本文提出的案例并非都存在优先权问题。假设《宋飞正传》里JuliaLouis-Dreyfus扮演的角色Elaine Benes被某商家未经授权利用，该商家使用了Elaine在纽约城到处寻找Mr. Pitt的袜子的情节。那么，城堡石公司可以起诉商家侵犯了它的著作权。但是，JuliaLouis-Dreyfus却不能获得救济，因为商家使用的是原创作品，《著作权法》优先适用。

（二）判断哪些角色受到公开权保护的标准

公开权的保护应该扩张到那些与演员联系紧密的角色。[②] 判断演

[①] Wendt, 125 F. 3d at 810.
[②] McFarland, 14 F. 3d at 920.

员和角色联系的紧密程度，需要根据一定的标准来进行。McFarland 案中法院提出的"关联价值"标准便是其中一种。根据"关联价值"标准，不同类型的角色证明的标准是不同的。第一种类型的角色不需要证明演员和角色的联系，而最后一种类型的角色则需要强有力的证明。适用不同的证明标准是因为不同类型的角色和名人的关系不同。对于第一种类型的角色（比如：谈话节目主持人），演员自身的人格体现在角色之中，演员的人格和角色的人格密不可分。而最后一种角色类型，演员扮演的角色与演员的人格截然不同。因此，必须证明演员对于角色的塑造倾注了自己的创意和心血，或者证明使用这些角色时会引起人们对演员的联想，才可以获得公开权的保护。

名人可以采用商标侵权案件中常用的证明方法来证明他们与其饰演的角色之间的关系。这些证明方法包括调查、数据分析、个案分析以及专家证言等。公开权人可以使用这些方法证明他们与那些角色是融为一体的。而且，要采用法院适用《Lanham 法案》43（a）时的做法，以相关的观众而不是社会全体公众作为调查的对象。如果行为人对角色进行了商业化利用，那么，就可以间接证明演员与角色是联系在一起的。最后，法院必须在个案中分析这些联系，就算在先前的案件中演员扮演的角色受到了公开权的保护，在其他的案件中也要重新证明其余演员的关系。

（三）使用角色的哪些方面会构成侵权

一个角色由"姓名、外貌、性格、行为方式、说话方式、兴趣爱好、服装服饰和特定环境"等众多人格要素组成。行为人未经授权使用角色的哪些方面会构成侵权，法院必须做出判断。如果某个人格要素与众不同，行为人未经授权使用这个要素则会让观众联想到演员，那么就可能构成侵权。有许多学者不同意 White 案法院的意见，[①]他们认为不能因为被告的广告让观众联想到 Vanna White，就认为他侵犯了原告的公开权，从而禁止被告的这种行为。White 案的法院认为，除了利用角色的姓名和肖像可以让公众联想到名人以外，利用其他的人格特征也可能会起到同样的作用。[②] 因此，行为人使用与角色

---

① See Barnett and Braatz, supra notes 142 and 156, respectively.
② Midler v. Ford Motor Co., 849 F. 2d 460 (9th Cir. 1988).

有关的场景，这些场景虽然不属于演员的人格的一部分，但是仍然会被认为使用了演员的形象，即侵犯了演员对角色的公开权。

（四）逐案分析

正如第二部分讨论的，公开权禁止行为人采用各种方式未经授权利用名人的人格要素。因此，法院在处理不同的公开权案件时，要具体分析和判断行为人的行为是否滥用了角色的人格，是否让观众联想到演员。在认定这些事实时，要将被告的行为作为一个整体来分析而不是独立地看每个要素。此外，公开权的侵权行为要逐案分析，如果有人说有九种使用他人的人格要素的行为构成侵犯公开权的行为，那么，聪明的广告商一定会想出第十种方式来使用他人的人格要素。①

五、结语

美国人非常看重个人成就，很看重从这些成就中获得经济利益的权利。② 美国人也尊重有名望有声誉的人。公开权保护这些公开价值和权利，禁止他人未经授权使用名人的人格要素。随着公开权的发展，公开权的保护范围扩大了很多。越来越多的法院和学者们开始支持公开权的存在，承认个人有许多特征是非常独特的，行为人利用这些人格特征可能会让人们联想起名人，从而侵犯名人的公开价值。

这篇案例注释承认了这种现象的存在，也承认在一些情况下行为人利用不属于名人自身的实体也会构成侵犯名人的公开权，比如演员扮演的角色。如果仅仅因为名人对这些实体没有所有权就不给予保护，是不符合公开权的目标的。如果不提供这种保护，演员就很难有动力来创造角色，让角色变得与众不同。类似于《著作权法》和《专利法》，公开权的目标就是保护那些"使社会变得丰富多彩的表演、发明和努力"。因此，禁止行为人未经授权利用名人的人格要素，对于保护名人公开权这个目标的实现非常重要。

---

① White, 971 F. 2d at 1398.
② Nimmer, The Right of Publicity, 19 Law & Contemp. Prob. 203, 216 (1954).

普通法上的公开权和名人身份的商业性滥用:"VANNA*的新衣柜"

亚历山大·C. 吉夫托斯** 著　张玲*** 译

目　次

一、导论
二、公开权概述
三、公开权保护的不仅仅是姓名和肖像
四、White v. Samsung 案
五、White v. Samsung 案的影响
六、结语

一、导论

　　大约在 1953 年,第二巡回法院的 Frank 法官在 Haelan Laboratories v. Topps Chewing Gum 一案①中率先提出了"公开权"的概念,他认为社会中的"明星"应当享有"公开权"。现在,公开权的名单表上有众多的公众人物和名人。用 Frank 法官的话来说,就是"如果商家在报刊杂志、公共汽车、火车和地铁上使用名人的肖像做广告而不支付广告费的话,与其说是这些名人在感情上遭到了伤害,不如说他们在财产上遭受了损失"。当然,与 Haelan 案一样,当今大多数法院并没有对普通法中的公开权概念和法律效力问题产生过争执,它们都认为,公开权是一种"保护名人身份所产生的商业利益"的权利。

---

* Late Show With David Letterman (CBS television broadcast, Aug. 30, 1993). See infra note 196. VANNA 是 CBS(美国哥伦比亚广播公司)电视台的一个晚间节目的主持人,此案开创了公开权保护的新范围。——译者注

** 作者资料不详。本文选自 1994 Saint Louis University School of Law, Saint Louis University Law Journal, 38 St. Louis L. J. 983。

*** 中山大学法学院助教。

① 202 F. 2d 866 (2d Cir. 1953) Id. at 868.

截至 1994 年，美国已有 15 个州在普通法上认可了公开权，以禁止行为人未经授权、出于商业目的滥用名人的姓名、肖像、表演和其他人格特征。其他几个州，特别是纽约州也早已颁布法令对名人的公开权提供了保护。另外，加利福尼亚州、佛罗里达州和威斯康星州则通过普通法和制定法对该权利提供保护。著名喜剧演员 Woody Allen、娱乐节目名人 Johnny Carson、著名乐团领头人 Guy Lombardo、流行歌手 Bette Midler 和 Tom Waits，他们都出演过《小淘气鬼》（*Little Rascals*）和《我们的帮派》（*Our Gang*）等。喜剧故事的儿童明星 George McFarland、名厨 Paul Prudhomme、前职业赛车手 Lothar Motschenbacher、拳击手 Muhammad Ali 和足球运动员 Elroy Hirsch 等名人，也都曾经因为他们的"公开权"被侵犯而作为原告起诉到法院，请求法院给予普通法上的保护。

本文第二部分简要阐述了公开权发展的艰难历程。公开权的理论最初是由 Frank 法官提出的，之后得到了其他法院的支持，它们都认为，名人享有的公开权独立于他们所享有的隐私权。现在，法院通常把公开权看做是一种特别的财产利益而加以保护。从 1980 年开始，名人才被明确赋予享有公开权——"一种可以自由处分自己姓名、图片和肖像上的财产利益的权利，当他们的利益遭到侵害时可以请求法律上的保护"。[1]

本文第三部分阐述了公开权的保护范围。近些年来，法院扩展了公开权的保护范围，认为公开权不仅保护名人的姓名、图片和肖像，而且还保护名人自身所具有的独特性的东西，比如表演、声音等。在 Vanna White v. Samsung Electronics America 一案[2]中，第九巡回法院将公开权的保护范围扩展到可识别性的人格特征，认为滥用名人身份上的可识别性特征也构成对该名人的侵权。

本文第四部分集中讨论了 Vanna White v. Samsung Electronics America 一案。在 White 一案中，原告 Vanna White 诉称被告 Samsung

---

[1] Estate of Presley v. Russen, 513 F. Supp. 1339, 1353 (D. N. J. 1981). See also Bi-Rite Enters. v. Button Master, 555 F. Supp. 1188, 1198 – 1199 (S. D. N. Y. 1983).

[2] White v. Samsung Electronics Am., Inc., 971 F. 2d 1395 (9th Cir. 1992), reh'g denied, 989 F. 2d 1512, cert. denied, 113 S. Ct. 2443 (1993).

电子公司在销售其产品的宣传广告上，擅自使用了她所拥有的可识别性身份特征。White 向联邦地区法院提起诉讼，请求法院对她的公开权给予普通法上的保护。White 还提出了以下诉讼理由：被告的行为违反了联邦《商标法》第1125（a）条的规定，构成虚假广告；被告的行为也违反了《加利福尼亚州民法典》第3344（a）条的规定，构成滥用侵权。在本案中，双方当事人争议的焦点是，被告 Samsung 公司未经许可将机器人打扮成《幸运之轮》（Wheel of Fortune）游戏节目主持人 Vanna White 的模样，该机器人有着女性柔美的身段和金黄色的头发，身穿晚礼服并佩戴珠宝，机器人站在一块游戏板前并且手指向木牌，就像 Vanna White 在节目中的姿势那样。[①] 地区法院判决 Samsung 公司胜诉。原告不服，遂向第九巡回法院提起上诉。第九巡回法院受理后，并不同意地区法院依据普通法和联邦《商标法》作出的判决，并对该案进行了重新审理。第九巡回法院的大多数法官认为，Samsung 公司的机器人所处的工作环境和身上所装饰的物品以及机器人的总体形象特征，侵犯了专属于名人 Vanna White 的独一无二的可识别性特征。法院的多数意见扩张了公开权侵权诉讼的诉因。本文正是对第九巡回法院在 White 一案中的法院多数意见进行探讨。法院多数意见认为，一些特征组合起来就可以形成 Vanna White 所具有的独特特征，因而具有商业价值。但本文认为，是 Vanna White 所主持的电视节目具有独特的特征，而非 Vanna White 具有独特特征。

  本文第五部分指出，第九巡回法院的判决给其他法院审理公开权侵权案件留下了明显的不确定性因素。公开权侵权诉讼可以发生在以下两种情形：第一种情形是名人与他（她）在银幕上所扮演的角色有非常紧密的联系，White 一案的原告与《幸运之轮》游戏节目的联系无疑是非常紧密的，而且具有一定的商业价值；另外一种情形是，名人与他（她）所参与演出的节目之间有着密切或者更密切的联系，但是，当一则广告与名人发生联系时，并不一定是该广告侵犯了该名人的公开权。

  White 一案虽然已经完结，但留下了一系列问题值得我们进一步

[①] Id. See White, 989 F. 2d at 1522, (Kozinski, J., dissenting)（对有争议的观点，已附录上一张 Samsung 公司宣传的广告照片）。

去思考。当被告为了商业利益使用原告所扮演的角色，从而仅仅唤起了人们对扮演该角色的演员的联想，该演员是否就可以提起普通法上的公开权侵权诉讼，从而向法院控告被告擅自使用了其独特的名人身份特征？第九巡回法院的法官似乎并没有对这样的问题给出明确的答案。

二、公开权概述

（一）公开权是由联邦法院发展而来的州法上的法律制度

包括 White v. Samsung 一案在内的一系列公开权案例，其事实都相似——原告一方为名人，被告一方为商事主体。在这类案件中，原告诉称被告未经许可、出于营利性目的而使用了原告的姓名、肖像、图片等人格特征。被告之所以这样做，是为了向公众暗示其广告已经获得了原告的授权，从而提高其广告产品的价值，而公众通常都会被这种暗示所迷惑。最重要的是，被告这样做并没有向原告支付许可使用费。这种行为侵犯了原告的公开权，将会构成法律规定的不正当竞争和虚假广告。

在普通法中，公开权最初是从美国州法中产生而来的。虽然州法也对提起不正当竞争之诉的原告提供保护，但是，更多的不正当竞争诉讼都是根据联邦《商标法》第 43 条的规定进行保护的。联邦《商标法》第 43（a）规定，禁止在商品和服务的广告、销售中使用虚假的来源标示、虚假的描述和虚假的陈述。《美国商标法》赋予名人请求停止侵害、获得损害赔偿的权利，如果在案件中查明侵权人的侵权行为是恶意、欺诈、故意的话，名人还有权要求被告支付其律师费。要成功地证明被告违反了联邦《商标法》的规定，原告必须证明：第一，被告的行为出于营利性目的；第二，被告使用了原告所特有的人格特征从而使消费者产生混淆，以致大多数消费者认为原告是在代言被告的产品或服务。如果原告要向法院申请禁止令，那么原告就必须证明被告的行为存在造成消费者混淆的可能性；如果原告要请求获得损害赔偿，则必须证明被告的行为真实地造成了消费者混淆。

当名人既依据州法提起公开权保护的请求，又依据联邦法律请求联邦《商标法》的保护，法院就需要决定到底是适用州法还是联邦法。例如，在 White v. Samsung 一案中，Vanna White 既依据州普通法向法院提起公开权请求，同时也依据联邦《商标法》第43（a）条提起虚假广告的请求。其实，原告完全可以基于多元管辖权（diversity jurisdiction），向联邦法院主张公开权的保护。因为，不论是基于多元管辖权还是未决事项管辖权（pendent jurisdiction），[①]受理原告依据州法提起的公开权诉讼的联邦法院，必须适用法院所在州的法律来审理该诉讼。

（二）公开权保护的是名人身份特征的财产利益

公开权理论是从隐私权的普通法制度中派生而来的。在1905年的 Pavesich v. New England Life Ins. Co. Pavesich 案[②]中，该案被告未经许可将原告的照片用于该公司的广告宣传中。乔治亚州法院通过普通法的形式确认了原告的隐私权。但在 Pavesich 一案之前，早期的司法判例认为，行为人未经授权将他人的照片用于媒体广告上，法律对此不能提供隐私权方面的救济。审理 Pavesich 一案的乔治亚州最高法院并没有援引早期的司法判例，而是对案件采取了两分法：即个人一方面享有公开权，同时也享有隐私权。[③]虽然原告 Paolo Pavesich 并不是公众人物，但法院基于原告遭受了精神痛苦，支持了原告提出的损害赔偿请求，判决被告侵犯了原告的隐私权。法院的判决并没有论述，当原告是一名公众人物时，是否还应将被告未经许可使用原告照片的行为认定为侵犯原告的隐私权，因为原告可以被认为是基于其公众地位而放弃了其享有的隐私权。

在 Pavesich 一案审结55年后，William Prosser 教授撰写了一篇非常有影响力的文章。在文章中，Prosser 教授将侵犯他人隐私的行为归纳为四大类：第一，侵入他人的私生活；第二，披露他人感到窘迫的私人事实；第三，公开歪曲他人的形象；第四，为获取利益而滥用

[①] 未决事项管辖权，是美国法律制度中的术语，是指法院对某一诉讼请求本无管辖权，但因与该诉讼请求源于同一事件或事由的另一诉讼请求正在法院审理期间，因而法院可取的对前一诉讼请求的管辖权。——译者注，参考法律出版社《元照英美法词典》。
[②] Pavesich v. New England Life Ins. Co., 50 S. E. 68 (Ga. 1905).
[③] Pavesich, 50 S. E. at 70. Regarding publicity the court wrote, "个人在社会中虽然必须舍弃部分的自然权利，但并不须全部抛弃。个人可以决定在何时、何地，以何种方式展现自己，这是一种自由权，包括随时从大众眼光退出的自由。"

他人的姓名和肖像。该分类被称之为"隐私侵权四分法"。Prosser 教授将其中的第四类看做是"对原告独一无二的身份特征的滥用"。这些身份特征通常被认为是姓名和肖像。另外，Prosser 教授在文章的脚注中指出，没有使用他人的姓名或肖像也有可能构成滥用他人身份特征的侵权，如通过模仿使用他人的身份特征。同时，Prosser 教授也指出，目前尚未出现这种情形的案例。

Prosser 教授并没有回答 Pavesich 一案所延伸的问题——公众人物是否可以基于行为人擅自使用其身份特征而提起隐私权侵权诉讼。但他认为，滥用肖像方面的侵权诉讼所保护的与其说是一种精神性的权利，还不如说是一种财产权，即原告对作为其身份之一的姓名、肖像的排他使用权。为了说明滥用侵权侵犯了权利人的财产利益，Prosser 教授引用了 Haelan 案中法院的观点，即名人享有对身份进行控制的排他性权利。因此，如果行为人未经授权使用了某个名人的姓名、肖像或者图片，该名人不能提起隐私权侵权诉讼，但该名人仍然可以起诉行为人侵犯其公开权。

随着公开权的发展，法院普遍认为，由于名人选择了将自己展示在公众面前，所以他们放弃了自己的隐私权。从 Pavesich 案的发生到 Prosser 教授提出隐私侵权四分法理论的时期里，大概是 1941 年，第五巡回法院在 O'Brien 一案中认定，足球运动员对于被告未经授权在日历上使用其照片以促销啤酒的行为，并不能主张隐私权的保护。[①] 在 1983 年，联邦地区法院就认为，那些已在公共领域暴露过自己肖像、姓名和图像的公众人物，其实就已经放弃了他们依据普通法提起隐私权侵权诉讼的权利。

因此，当名人的姓名或肖像被擅自用作广告时，名人不能主张行为人侵犯了其隐私利益，但 Haelan 一案的判决和 Prosser 教授的论述确立新的规则——当名人的姓名或肖像被擅自用于商业活动时，名人可以提起公开权侵犯诉讼，主张保护其财产利益。在处理这类案件时，法院开始确认，名人对其身份享有财产利益，因为名人的姓名、肖像和其他身份特征都是名人自己的劳动成果，故应当是一种财产。

---

① O'Brien v. Pabst Sales Co., 124 F. 2d 167, 170 (5th Cir. 1941).

在1977年，美国联邦最高法院受理了 Hugo Zacchini 一案。① 该案原告 Zacchini 是一家马戏团的杂技演员，在俄亥俄州的一个集市上表演"人体炮弹"的节目，每次表演的持续时间约为15秒钟。被告是当地的一家电视台，被告在原告反对的情形下拍摄了原告的全部表演过程，并在晚间新闻中加以播放。原告认为被告侵犯了自己的专有财产权。原告 Zacchini 向俄亥俄州法院提起诉讼，主张电视台非法滥用了其享有的公开权。杂技演员通常并不反对将他们的表演广泛传播，但其前提条件是获得相应的商业性利益。俄亥俄州最高法院依据《美国宪法》第一修正案，认为被告享有报道新闻事件的自由，故作出有利于被告的判决。美国联邦最高法院则最终推翻了俄亥俄州最高法院的判决，作出了支持原告的判决。美国联邦最高法院指出，早期的判例法和相关评论已经对许多类似的案件作了详细的讨论，未经许可基于商业目的使用他人的姓名、肖像的诉讼已经被大多数法院所认同和理解。联邦最高法院强调，该案被告侵犯了原告 Zacchini 对其表演享有的财产权，被告不能免除因擅自使用原告的全部表演过程而应承担的侵权责任。同时，法院还谨慎地指出，该案并不意味着，当被告表演或摄制其自己的"人体炮弹"表演，原告也可以依据公开权禁止被告的行为。

在 Zacchini 一案中，大多数法官对于保护名人的公开权提出了两点理由。一是保护名人的公开权，可禁止被告盗用权利人的良好名声，从而禁止被告获得不当利益；二是公开权鼓励名人在其表演上投入时间和资源，从而为社会公众带来表演。自美国联邦最高法院对 Zacchini 一案作出判决后，对于公开权是否保护名人免被擅自公开或播放，出现了不同的意见。法院也面临着新的问题——当被告使用的客体是一种更加无形但仍可以辨认的原告身份特征时，公开权的保护范围应当扩张到多远。

正如本文下面所介绍的案例那样，联邦法院的普遍观点是，公开权不仅应该保护权利人的姓名、肖像免受他人商业性滥用，还应该保护名人身份的其他有价值部分，如 Zacchini 一案中所涉及的个人表演。在处理被告出于商业目的擅自使用名人的身份特征这类案件时，

---

① Zacchini v. Scripps-Howard Broadcasting Co., 433 U. S. 562, 569 (1977).

大多数法院将普通法上的公开权扩张至保护名人的任何身份特征；也就是说，只要被告使用了名人的独特身份特征，并且该使用行为误导了公众，使公众以为该名人在代言被告的产品，那么该名人可以主张被告的行为侵犯其公开权。

三、公开权保护的不仅仅是姓名和肖像

在 Carson v. Here's Johnny Portable Toilets, Inc. 一案①中，第六巡回法院首次扩张了公开权的保护范围。该案原告 Johnny Carson 是美国电视节目《今夜秀》(Tonight Show) 的著名主持人，被告是一家生产方便厕所的制造商，被告将其产品命名为"这里是约翰尼方便厕所"("Here's Johnny Portable Toilet")。原告 Carson 因被告使用了"Here's Johnny"的广告语而诉至法院，请求法院颁发禁止令，并请求被告进行损害赔偿。原告 Carson 认为，被告无权使用"Here's Johnny"这个标题语，因为多年来，《今夜秀》节目开始前，节目旁白人员都会以"Here's Johnny"的标题语来介绍 Carson 出场。被告在答辩时请求法院作出简易判决，初审法院同意了被告的请求，作出了有利于被告的简易判决。Carson 不服该判决，向上级法院提起了上诉。第六巡回法院受理后，推翻了初审法院的判决，将公开权的保护范围扩展到姓名、肖像权以外的范围，即擅自使用名人的、具有独特身份指示性的标题语的行为也认定为公开权侵权。

初审该案的地区法院认为，原告 Carson 既不能依据联邦《商标法》第 43 条的不正当竞争规定提起诉讼，也不能提起普通法上的隐私权侵权诉讼。对此，第六巡回法院予以了认可。但是，在认定被告是否侵犯了 Carson 所主张的公开权的问题上，第六巡回法院则不同意地区法院的观点，最终认定被告的行为侵犯了原告 Carson 的公开权。

随着第六巡回法院的判决被美国法学界所承认，该判决也为公开权的发展提供了一个简洁却丰富的说明。第六巡回法院进一步阐释了隐私权与公开权的区别，它将 Prosser 教授主张的"隐私侵权四分法"中的前三种类型所指向的权利归类为一种"独处的、不受干涉的权

---

① 698 F. 2d 831 (6th Cir. 1983).

利"，并将第四种类型所指向的权利称为公开权。法院把隐私权和公开权看做是两种不同的利益，并且将公开权描述为"名人对商业性开发其身份特征所享有的、受保护的财产利益"。

初审 Carson 一案的地区法院之所以驳回原告提出的公开权诉讼请求，是因为它认为，被告既没有出于营利目的使用原告的姓名，也没有出于营利目的使用原告的肖像。但第六巡回法院认为，地区法院将公开权的保护范围限定在姓名和肖像上，这种观点过于狭窄。在这个问题上，第六巡回法院认为，只要行为人出于商业目的而故意地擅自使用了名人的身份特征，行为人就是侵犯了该名人的公开权。在法院审理该案之前，被告已经公开地使用了 "Here's Johnny" 这个短语，因为这个短语与原告的名人价值有某种联系。第六巡回法院把本案的焦点放在被告是否故意使用这个问题上，并援引了三个早期的公开权判例来支持它的观点，这三个判例分别是：Motschenbacher v. R. J. Reynolds Tobacco Co. 一案①、Ali v. Playgirl, Inc. 一案②和 irsch v. S. C. Johnson & Son, Inc. 一案。③

在 1974 年的 Motschenbacher 一案中，一位著名的职业赛车手起诉被告未经许可而出于商业目的使用了他的照片，并成功地获得了法院的支持。尽管该赛车手的面孔在照片中很难被识别出来，但是由于他的车很特别，社会公众一看到他的车就知道车上的人正是原告。在 1978 年的 Ali 一案中，著名拳击手 Muhammad Ali 起诉被告在报纸上刊登了属于他的一张照片侵犯了他的公开权，照片上一个轮廓模糊的光着上半身的黑人在拳击场上参加比赛，原告 Ali 最终获得了胜诉。因为被告刊发的照片上有一句说明性文字："最伟大的拳击手"。法院认为，原告一直被公众这样称呼，因此，认定被告的行为构成对原告的侵权。在 1979 年的 Hirsch 一案中，该案原告 Elroy Hirsch 是一个著名的足球运动员，由于他与众不同的踢球风格，人们都习惯把他称呼为"疯狂之腿"（Crazylegs）。同样，原告 Elroy Hirsch 起诉一家专门制造女性剃毛膏的厂商，认为厂商在产品名称上使用了其绰号的行

---

① Motschenbacher, 498 F. 2d 821 (9th Cir. 1974).
② Ali, 447 F. Supp. 723 (S. D. N. Y. 1978).
③ Hirsch, 280 N. W. 2d 129 (Wis. 1979).

为侵犯了他的权利,也获得了法院的支持。

虽然审理 Carson 一案的法院认为,Motschenbacher 一案、Ali 一案和 Hirsch 一案表明,除了擅自使用名人的姓名或肖像外,还有其他方式可以构成擅自使用名人的身份特征,这些情况可能发生而且也确实发生了。但是,法院所援引的三宗判例不能对法院所持的观点提供强有力的支持。Motschenbacher 一案和 Ali 一案,更准确地说,应当是涉及行为人擅自使用名人肖像的案例。在这两个案件中,如果有人说被告侵犯的正是原告本人的图片,那么,被告所使用的属于原告本人的图片也是非常少的。在 Hirsch 一案中,原告诉称被告滥用了他的绰号,由于该绰号是一个能指示原告身份的姓名,因而原告应受保护。上述三个案件与 Carson 一案的重要区别在于,Carson 一案中的被告既没有使用名人的肖像,也没有使用名人的姓名。

但是,在被告以营利为目的故意地实施了侵权行为这个问题上,至少 Motschenbacher 一案、Hirsch 一案与 Carson 一案的情况是相同的。三个案件的被告都擅自使用了原告身份的某一方面特征,并将其展示在公众面前,三个被告都明知其所使用的身份特征是原告所独一无二的身份特征。例如,在 Motschenbacher 案中,即使赛车中的驾驶员面孔模糊而不能被人们认出来。但是,原告的赛车具有独特的装饰风格,只有原告才是这部赛车的驾驶员。在 Hirsch 案中,被告承认他知道 "Crazylegs" 是原告的绰号。同样,在 Carson 案中,被告也承认,它明知其所使用的 "Here's Johnny" 的短语与原告有多年的联系,并且,如果没有这种联系他也不会在产品广告上使用该短语。事实上,Carson 一案中的被告不仅使用了 "Here's Johnny" 的短语,还使用了 "世界上最著名的喜剧主持人" 等标志性语言。

在类似情况的案件中,第九巡回法院已经先后两次将公开权的保护范围扩张到个人的声音,对于行为人出于商业目的故意假冒名人的声音,第九巡回法院将该行为认定为侵犯名人的公开权。比如在 1988 年的 Midler v. Ford Motor Co. 一案①中,著名明星 Bette Midler 将 Ford Motor 公司及其广告代理商起诉到法院,诉称 Ford Motor 公司在宣传其产品的电视广告上故意聘用其他歌手来演唱原告的歌。而且该

---

① 849 F. 2d 460 (9th Cir. 1988).

案的被告指示其所聘请的歌手的声音尽可能地与 Midler 的声音相似。而在 1993 年的 Waits v. Frito-Lay, Inc. 一案[①]中，法院认定联邦《版权法》对该诉讼请求不具有优先权。在该案中，被告一家商业性电台在其广告上故意模仿著名歌星 Tom Waits 奇特的声音，使歌曲听起来就像 Waits 演唱的那样，以便为他们的玉米片圆饼做宣传广告。

在前面所提到的 Midler 案中，审理该案的法院将加利福尼亚州普通法上的公开权保护范围扩张至个人声音，增加了对擅自使用他人声音的保护规定。法院在驳回了原告依据反不正当竞争法和加利福尼亚州制定法的规定提出的请求后，认定原告 Midler 可以寻求普通法上公开权的救济。但是，有一个微小的却不可克服的分析上的障碍摆在法院的面前无法解决，那就是——该案被告在其商业广告中既没有使用原告 Midler 的姓名，也没有使用 Midler 的肖像。

与审理 Carson 案的第六巡回法院一样，审理 Midler 案的法院支持了 Motschenbacher 一案中法院扩张公开权保护范围的观点。与 Carson 案不同的是，审理 Midler 案的法院仔细地考察了 Motschenbacher 案的事实后认为，尽管在香烟的宣传广告上原告 Lothar Motschenbacher 的五官面孔是不能被识别的，但是被告使用了原告的赛车图片，从而误导了消费者，使消费者以为原告支持并认同被告香烟产品的销售。同样，在 Midler 案中，法院指出，虽然我们不能武断地认定被告使用了原告 Midler 某一方面的身份特征，但被告的广告错误地给社会公众制作了一种暗示，使公众以为 Midler 是为被告公司的产品做宣传。Midler 案的法官指出，个人的声音比 Motschenbacher 案所保护的原告赛车的装备更加具有独特性和人身专属性。虽然法院并没有认定任何模仿他人声音的行为都是可诉的，但法院也确立了这样的规则：当一个专业歌手的独特声音广为人知的时候，如果行为人以营利性为目的将该歌手的声音擅自用于产品宣传，那么行为人就是擅自使用了本不为其所有的东西，其行为触犯了加利福尼亚州的侵权法规定。

虽然 Carson 案和 Midler 案都允许在下述情形提起公开权侵权诉讼——行为人使用了名人的姓名或肖像以外的其他身份特征从而使人们联想到该名人，但是，这两个案件在对公开权保护范围的扩展上还

[①] 978 F. 2d 1093 (9th Cir. 1993).

是有所不同的。首先，审理 Midler 案的法院强调，被告 Ford 公司的广告向社会公众虚假地传达了信息，使人们以为广告中的歌曲是由原告 Bette Midler 演唱的。另一方面，在 Carson 案中，对于被告使用"Here's Johnny"是否使公众产生误解，从而使人们以为原告 Johnny Carson 支持并认可被告公司的产品，法院则没有作周详的考虑。

在 Waits v. Frito-Lay, Inc. 案①中，第九巡回法院在审理这个涉及模仿声音的公开权侵权诉讼时，也重申了被告是否具有"故意"以及被告的行为是否虚假地传递了信息这两个因素。在 Waits 案中，原告 Tom Waits 的诉讼请求与 Midler 案中原告 Bette Midler 的诉讼请求似乎非常相似，这就给法院提供了一个机会，让法院可以进一步地完善个人对蕴含在其声音内的身份所享有的个人财产权。

审理 Waits 一案的法院认为，联邦《版权法》并不优先于规定公开权的州普通法，尤其是在原告提起的请求是一个关于声音滥用的公开权请求时。Waits 一案的判决具有重要意义，在面对被告提出的"联邦《版权法》应对滥用声音的侵权诉讼具有优先性"这个观点时，它重申了 Midler 一案的规则，即滥用声音的诉求只能适用州普通法来审理。

联邦《版权法》以及联邦法律与州法的优先性理论与公开权存在相互的联系，虽然说讨论联邦《版权法》以及联邦法与州法的优先性理论超出了本文的讨论范围，但是，在公开权领域中不应当轻视联邦《版权法》的适用。也许，如果名人提出的"将公开权的保护范围扩张至其身份的无形要素"的请求，与有版权作品所要求的有形要素具有非常紧密的联系，那么联邦《版权法》就对名人提出的公开权请求具有优先性。但对于本文的讨论而言，我们不难理解，由法院判例所推动的普通法公开权在很大程度上都倾向于保护名人，以至于名人提出的公开权请求不会成为联邦法律优先性理论的牺牲品。下文就是对联邦《版权法》的相关规定、联邦法律与州法的优先性理论与公开权的概述。

联邦《版权法》保护为作者创作的、能在某种有形表达介质上被固定的独创性作品。这些有版权作品包括文学作品、音乐作品、戏

---

① 978 F. 2d 1093 (9th Cir. 1993).

剧作品、哑剧和舞蹈作品、绘画、刻印、雕塑作品、电影及其他视听作品、录音作品等。联邦《版权法》将"有版权的作品"定义为，可以通过某种有形介质表现出来、可以通过复制形式具体化的、可以稳定地被理解、复制或者在一定时期内被传播的作品。只要一件作品可以在某种有形的介质上被固定，并且该作品属于联邦《版权法》第102条和第103条规定的保护客体，如果州普通法或州制定法就该作品所授予的权利等同于联邦《版权法》所授予的权利，那么该作品就只能受联邦《版权法》的保护，即联邦《版权法》对州普通法或州制定法具有优先性。

普通法上的公开权并不属于联邦《版权法》所保护的客体范围，这是因为，公开权所保护的名人身份特征不能被认定是一件能被固定的版权作品。个人的姓名和肖像不能被看做是具有版权的，任何人既不能被看做是其姓名的作者，因为个人的姓名是其父母所赋予的，也不能成为其肖像的原创作者。况且，个人的外貌会随着时间的推移和生活的磨难而不断地发生变化，因此这些也是不能够被固定下来的。在 Waits 一案中，法官进一步完善了"个人的声音不能被固定下来"的观点。因此，关于滥用他人声音的公开权诉讼不会被优先适用于联邦《版权法》，但对于侵犯他人声音记录的诉讼请求（即当行为人将他人的声音固定在有形介质上的时候），联邦《版权法》优先于州法上的公开权规定。因此，如果行为人以营利为目的模仿 Tom Waits 的声音，模仿 Tom Waits 曾经演唱过的歌，那么 Tom Waits 就可以依据州普通法提起公开权侵权诉讼，此时，联邦《版权法》将不具有优先性，该歌曲的版权人不能提起州法的版权侵权诉讼寻求救济。

例如，在 Waits 和 Midler 案中，名人不能提起版权侵权的诉讼，而只能寻求公开权的保护。在这两个案例中，被告故意尽可能地模仿使用原告独特的声音，并且试图向公众传达这样一个不实的信息——该名人正在为被告的产品做宣传。如果是被告故意地使用了原告的真实声音，如使用了他人有版权的录音带，那么，这些事实对于擅自使用他人声音的诉讼请求而言则不具有决定性。

有争议的是，如果被告出于营利性目的复制使用了原告的外在特征，如头发的颜色或者服装，但被告显示这些特征并没有明示地指出原告出现在该商事活动中，那么结果就会出现不同。如果被告所使用的他人特征与某人有联系,以至于人们会从视觉上联系到原告,如被告使用了某个舞台背景,并且被告的使用行为能充分地使人们联想到该特征属于原告的独特身份特征,那么被告的行为是否构成侵权呢?如果构成侵权的话,那么,当被告未经许可所使用的他人身份特征出现在有版权的电视节目上,是否能够限制受害人提起公开权请求呢?显然是不能的。

四、White v. Samsung 案

在 White v. Samsung Electronics America, Inc. 一案[①]中,原告 Vanna White 是著名的电视娱乐节目《幸运之轮》(*Wheel of Fortune*)的女主持人,被告是 Samsung 电子公司。被告为新上市的盒式磁带产品制作了一则广告,广告画面是一个拟人的机器人形象,头戴金色假发,身着晚礼服,佩戴珍珠项链。这个机器人站立在一块竞赛牌子旁边,牌子上写有各种英文字母,机器人的装扮与著名主持人 White 主持《幸运之轮》节目时的装扮很相似。被告 Samsung 电子公司用作宣传的海报上有一行标题语,写着"历时最久的竞赛游戏节目,公元 2012 年",该海报向公众广泛印发。原告 Vanna White 随即向法院提起了诉讼,认为 Samsung 电子公司及其代理商违反了联邦《商标法》、《加利福尼亚州民法典》的规定以及普通法上的公开权规定。初审法院作出了有利于被告 Samsung 电子公司的简易判决。White 不服遂向第九巡回法院提出上诉,第九巡回法院撤销了初审法院的简易判决,认为初审法院并没有对法律以及当事人诉讼请求作出正确的解读。

初审法院认为,被告的机器人形象并没有侵犯 Vanna White 的肖像权,因而没有违反《加利福尼亚民法典》第 3344 条的规定,第九巡回法院对此表示同意。初审法院在参考了前述 Midler 一案中法官依据《加利福尼亚民法典》第 3344 条规定对"肖像"的定义后,认为由于《加利福尼亚民法典》第 3344 条只规定了行为人擅自使用他人的"姓名、声音、签名、照片和肖像"才构成侵权,而本案被告在广告中的机器人形象不属于原告的肖像,所以裁定被告并没有违反

---

① 971 F. 2d 1395 (9th Cir. 1992).

第 3344 条的规定。

初审本案的地方法院认为，因为被告 Samsung 电子公司在其广告中没有使用 Vanna White 的姓名和肖像，因此，Vanna White 向法院主张普通法上的公开权保护是不能获得支持的。初审法院之所以持这样的观点，是因为加利福尼亚上诉法院的某些先前判例将普通法上的公开权保护范围限定在姓名和肖像上。例如，在 Eastwood v. Superior Court 一案[1]中，法官就认定，当原告诉称被告出于商业目的或其他目的擅自使用了原告的姓名或者肖像，原告就可以向法院提起公开权侵权诉讼。但是，White 案的初审法院忽略了一个问题，即公开权的保护范围毕竟是通过州法院在审理公开权诉讼中逐渐发展而来的。第九巡回法院认为，由于在 Eastwood 案中，该案仅是由于原告的照片被滥用才产生了公开权诉讼，该案的法官并没有来得及考虑公开权侵权的其他方式。第九巡回法院的多数意见支持这一观点，并且引用了 Midler 案、Motschenbacher 案和第六巡回法院在 Carson 案中的判决来支持其观点。

第九巡回法院指出，这些案例告诉我们，公开权的侵权方式并不是公开权诉讼的决定性因素，而且，如果忽视了这个权利的"主要部分"，则难以对那些最需要保护的原告提供保护。法院还指出，那些最受欢迎的名人的身份不仅对广告商最具有吸引力，而且最容易使人们联想到该名人而不需要通过使用诸如姓名、肖像或声音的方式。最终，第九巡回法院推翻了初审法院的判决，裁定该案应当交由陪审团来决定被告 Samsung 电子公司的广告是否滥用了原告 White 的身份。

第九巡回法院的多数意见得到了一些重要事实的支持，那就是，被告在广告中复制使用了《幸运之轮》游戏节目的舞台场景。第九巡回法院的多数意见认为，在美国，除了 Vanna White 之外，其他妇女也是金黄色的头发，在晚会上都会身着晚礼服并佩戴珍珠项链；但是，法院并没有忽略这样一个事实——当 Vanna White 出现在《幸运之轮》节目上翻转字母时，她是唯一这样穿着的金发女人。

表面来看，第九巡回法院的多数意见似乎具有很好的逻辑推理，

---

[1] 198 Cal. Rptr. 342 (Cal. Ct. App. 1984).

而且已经得到了早期判例的支持。例如，在前面提到的 Midler 案中，对于人们来说，Bette Midler 并不是唯一一个与 Bette Midler 的演唱声音相似的人。如果另一个歌手的嗓音与 Bette Midler 很相似，她可以获得版权人的许可，进而演唱 Bette Midler 之前录音的一首歌曲。当这个歌手在某种背景下演唱该歌曲，从而使人们相信这是 Bette Midler 的声音，此时，该歌手的行为已经构成了滥用 Bette Midler 声音的公开权侵权。在另一个早期的案例中，人们只要在赛车道上看到 Lothar Motschenbacher 的车，马上就会联想起 Lothar Motschenbacher 在车内。但是，在 White 一案中，陪审团是否应当将 Samsung 电子公司的机器人放在其出现的商业背景中予以看待？陪审团是否应当裁定，他们是否被欺骗了，该机器人是否是 Vanna White 的真实形象？问题是：一个机器人可以达到如此的欺骗效果吗？难道不成是游戏板的装饰才会出现欺骗的效果？如果是这样的话，这个游戏木板是不是应当作为 Bette Midler 的独特性特征来考虑呢？就像 Motschenbacher 案中人们看到原告的独特赛车就知道是原告一样？《幸运之轮》节目的游戏板是属于 Vanna 个人所有的吗？通过仔细分析 White 一案的法院多数意见，可以发现，该案中原告诉称的身份特征，并不像其他案件那么容易发现。

在法院的反对意见中，Arthur L. Alarcon 法官与法院的多数意见发生了争论。Alarcon 法官的反对意见虽然也赞成援引之前的判例来论证公开权侵权案件，但同时，反对意见也认为，本案不同于法院多数意见所援引的案例。Alarcon 法官认为，Midler 案、Motschenbacher 案以及 Carson 案都具有一个共同的情况——被告都使用了原告所具有的独一无二的可识别性特征，这些特征正是人们识别原告身份的唯一信息；但 White 一案不存在这样的事实。

反对意见认为，任何一个有理智的陪审员都不会将被告的机器人与 Vanna White 相混淆。撇开机器人不谈，第九巡回法院的多数意见将公开权的保护范围扩展到原告 Vanna White 独一无二的身份特征，这些特征是女性特征、金色的头发、晚礼服、珠宝以及站在游戏牌前的姿势。在法院的反对意见看来，这些特征都不属于 Vanna White 的独特特征。《幸运之轮》节目中的木板可以是不同于其他的独特木板，但它也只不过是《幸运之轮》节目的特征，而非 Vanna White 本人的特征，换句话说，Vanna White 是这个节目的主持人，White 所表现的主持人角色并不是她自己。

Alex Kozinski 法官在其反对意见中进一步分析了这个观点。Kozinski 法官指出，事实上是因为被告的机器人站在《幸运之轮》节目游戏木板前面的装扮，才使法院多数意见支持了原告的公开权保护请求。Kozinski 法官写道，一旦游戏板面前站着的是一位黑色皮肤的妇女或者男人，或者是一个戴着假发的猴子，难道这也可以使公众联想起 Vanna White 吗？Kozinski 法官对法院的多数意见进行了批评，认为该判决对公开权保护范围的扩张，使原告获得了控制他人联想的排他性权利。

为了进一步分析原告 Vanna White 提起的公开权侵权诉讼，Kozinski 法官适用了联邦版权法，以分析该案的法律关系。Kozinski 法官认为，法院的多数意见既没有考虑适用"合理使用"的抗辩，也没有考虑适用联邦法律的优先性，其判决无疑是授予原告 Vanna White 享有控制其身份特征开发的权利。该判决意味着，即便行为人只是借用了《幸运之轮》游戏节目的特征，该节目的主持人仍然有权禁止行为人的行为。Kozinski 法官表达了一个比较有见识的观点，即法院的多数意见会减损版权人的权利。

反对意见中的两种观点在 Nurmi v. Peterson 一案[①]中得到了结合。该案发生在 1950 年，原告 Maila Nurmi 是一个名叫 *Vampira* 电视节目的女演员，她对女演员 Cassandra Peterson、制片商及广播公司提起诉讼，因为他们在 1980 年至 1990 年期间扮演、创作了一个名叫 *Elvira* 的恐怖电视节目。原告诉称，被告未经许可使用了原告在 *Vampira* 节目中的道具、服装以及具有独特性的特征，被告的行为侵犯了原告对其肖像所享有的公开权。节目 *Vampira* 并没有起诉节目 *Elvira* 是一个故意的、商业性的欺骗。审理该案的地方法院认为，由于被告并没有使用原告 Nurmi 的实际特征的任何部分，被告仅仅是创作了一个由 Peterson 扮演的角色，而这个角色与 Nurmi 所扮演的角色相类似，所以，原告提出的"被告侵犯了其依据普通法享有的公开权"的诉讼请求是不能获得法院支持的。

---

① 10 U. S. P. Q. 2d 1775 (C. D. Cal. 1989).

五、White v. Samsung 案的影响

正如 White 一案中两种不同的反对意见所指出的那样，White 一案的发言多数法官意见与早期的公开权案例的观点大不相同。第九巡回法院的多数意见认为，被告所使用的身份特征是属于原告 Vanna White 的独一无二的特征，其实不能这样简单地认为。Kozinski 法官注意到，White 一案的判决与联邦《版权法》之间存在明显的冲突。随着公开权的保护范围扩张到这种程度，我们应当重新思考有形介质表演（the fixed performance）的版权人与享有公开权的表演者之间的关系。以下两个最近发生的例子能有助于说明潜在的问题。

1993 年 8 月 30 日，晚间娱乐电视的主持人 David Letterman 从 NBC 电视台转到 CBS 电视台继续主持他的娱乐脱口秀节目。NBC 电视台宣称，一旦该节目被制作出来，Letterman 就不能继续使用与旧节目密切联系的滑稽形式主持节目，因为 NBC 电视台对该节目享有版权。值得一提的是，NBC 电视台曾拒绝许可在 Late Night with David Letterman 节目中扮演"Larry Melman"的演员 Calvert DeForest，在 CBS 电视台所播放的 Late Night with David Letterman 节目中继续使用这个艺名。一个公认的事实是，由于 Calvert DeForest 扮演了"Larry Melman"这个角色，Calvert DeForest 是一个名人（也许这只是对夜间电视节目的粉丝而言是如此）。Calvert DeForest 并不对其真实的姓名享有公开权，而是对 NBC 电视台拒绝其使用的艺名"Larry Melman"享有公开权。

如果 DeForest 并没有对 NBC 电视台依据联邦《版权法》对"Larry Melman"这个艺名享有权利表示反对，那么，当广告商或 NBC 电视台出于商业目的擅自使用了 DeForest 所扮演的角色，DeForest 是否可以提起普通法上的公开权诉讼？DeForest 所享有的公开权是否允许他继续扮演像"Larry（Bud）Melman"这样的角色？或者说，NBC 电视台是否可以依据其所享有的版权阻止 DeForest 这么做？

另外一个例子是关于当前在电视上播放的一则某品牌的啤酒商业广告。该广告的商家试图推广其产品的"经典"理念，以促销该品牌的啤酒。在广告中，一群男演员和女演员围坐在一张桌子上，讨论

20世纪六七十年代的性感电视人物，如电视剧 *Gilligan's Island* 中的 Ginger 和 Mary Ann，还有 *Family Affair* 中的 Mr. French 和 *I Dream of Jeanie.* 中的真实演员 Barbara Eden。随着列举这些角色，广告试图让人们联想起一种"经典"的形象。广告是否唤起了人们对 Barbara Eden 身份的联想，从而侵犯了 Barbara Eden 所享有的公开权呢？

在 White v. Samsung 一案宣判之后，对这个问题的回答就不那么简单了。假设被告以营利为目的滥用了从 1964 年播放到 1972 年的喜剧电视剧《家有仙妻》中的角色，从而使人们能够从被告的行为中识别出或联想到该节目的角色，那么，到底谁才有权提起公开权诉讼呢？是该电视剧的角色 Darrin，还是扮演该角色的演员 Dick York？

六、结语

尽管上述的争论显得有些极端，但我们绝不能忽视 White 一案中所存在的问题。不同于 Barbara Eden，Dick York，Calvert DeForest 以及 Maila Nurmi 这些扮演虚拟角色的演员，White 一案的原告 Vanna White 所扮演的是他自己。然而，对比这些案件后，我们发现它们之间其实是没有差别的：因为在 White 一案中，Vanna 仅仅扮演了一个节目秀的主持人角色。另外，前面所提到的这些男演员和女演员，包括 Vanna White 在内，都是由于其在电视屏幕上所扮演的角色而获得广泛的知名度。

White 一案判决后，一个颇具争论性的问题摆在了陪审团的面前——在名人没有权利控制自己的可识别性人格特征时，如果公众仍然识别出了名人，那么广告商就是侵犯了名人的公开权。通过分析 Judge Kozinski 法官的反对意见，可以知道，提起普通法上的公开权侵权诉讼，不仅要求有使用名人的姓名、声音、签名或肖像，或者要求被告的行为暗示了名人在代言被告的产品，而且还要求该行为使社会公众联想起了原告名人的形象。

White v. Samsung 案与其之前的其他案件都大不相同。该案之前的其他案件都具有以下两个因素：第一，被告出于商业目的而擅自使用了名人的姓名、肖像、声音、表演或其他独特的身份特性；第二，被告的姓名给消费者制作了一种错误的信息。但是，在 White 一案中，一个有着金黄色头发、穿着晚礼服、佩戴珠宝首饰的机器人，不应当被合理地推断为它会使人们联想到 Vanna White 的形象。但是，由于机器人被放置在与《幸运之轮》游戏节目场景相似的木牌前面，而且也许是因为公开权法是一项由联邦法院发展的法律制度，法院认定被告的机器人会使人们联想到 White。

然而，我们可以回想一下，美国联邦最高法院在 1977 年的 Hugo Zacchini 一案中认为，原告享有的公开权并不应当允许他阻止其他人进行人体炮弹表演。同样的，Vanna White 享有的公开权并不能阻止其他人的创作行为，比如，刚好将一个金黄色的头发、佩戴珠宝的机器人、猴子或猪放置在字母牌前面。毕竟，公开权不能允许 *Vampira* 节目禁止他人创作 *Elvira* 节目。进一步来说，正如本人所持的观点以及 Alarcon 法官所指出的那样，如果被告涉诉的滥用他人身份特征的行为不具有"故意欺骗"这个因素时，认定被告的行为构成侵权则是不全面的。在 White 一案中，法院在分析中就忽略了这个因素。正是由于忽略了这个因素，所以，该案不应该交由陪审团裁定。

美国公开权的保护范围
——White v. Samsung Electronics America, Inc. 一案评析

林泰松[*]、刘敏[**]著

目　次

一、White v. Samsung Electronics America, Inc. 案情简介

二、法院对 White v. Samsung Electronics America, Inc. 一案作出的判决

三、对 White v. Samsung Electronics America, Inc. 一案的评析

一、White v. Samsung Electronics America, Inc.[①] 案情简介

1988年，三星电子美国子公司（以下简称为"三星公司"）在大约六个不同的出版物上发行了一组系列广告。这些出版物的发行范围都十分广泛，有些甚至在全国范围内广泛流行。三星公司发表的系列广告是由 David Deutsch 合伙股份有限公司（以下简称为"Deutsch 公司"）创作的，这些广告都采用了一个相似的主题——消费者现在购买的三星公司产品到了21世纪仍然可以正常运作。而且，这些广告通过流行的文化主题描绘出一些令人震惊的未来景象，创造一种幽默的效果。

本案涉诉的广告是一则推销三星公司录像机的广告。该广告描述了一个身穿长袍、头戴假发、佩戴珠宝的机器人，它酷似《幸运之

---

[*] 中山大学法学院2009级博士研究生，国信联合律师事务所合伙人、执业律师。
[**] 中山大学法学院助教。
[①] 971 F. 2d 1395 (9th Cir. 1992).

轮》电视游戏节目的主持人 Vanna White。这个机器人站立在一块游戏牌前面，该游戏牌与《幸运之轮》游戏节目场景中使用的游戏牌明显相似，而且，机器人站立的姿势是 Vanna White 所闻名的姿势。该广告的图片旁还附有一行文字，写着"历时最久的竞赛游戏节目，公元 2012 年"。

由于 Vanna White 既没有事先同意三星公司发布这则机器人广告，也没有获得三星公司支付的任何报酬，所以，在三星公司发布该机器人广告后，Vanna White 就向属于美国联邦地区法院的加利福尼亚州中区法院提起诉讼，控告三星公司和 Deutsch 公司。Vanna White 提出了以下三项诉讼理由：①被告违反了《加利福尼亚州民法典》第 3344 条的规定；②被告侵犯了自己依据加利福尼亚州普通法享有的公开权；③被告违反了联邦《商标法》第 43（a）条的规定。地区法院对这三项诉讼理由作出了不利于 Vanna White 的简易判决。White 遂向美国联邦第九巡回上诉法院提起上诉。

二、法院对 White v. Samsung Electronics America, Inc. 一案作出的判决

（一）法院多数意见

1. 《加利福尼亚州民法典》第 3344 条的规定

White 首先主张，地区法院驳回其依据《加利福尼亚州民法典》第 3344 条规定提出的请求是不正确的。《加利福尼亚州民法典》第 3344 条规定，任何人未经他人的事先同意，以广告或销售为目的，以任何方式故意使用他人的姓名、声音、签名、图片或肖像，应对他人因此而遭受的损害承担责任。

White 主张，被告三星公司擅自使用其肖像的行为违反了《加利福尼亚州民法典》第 3344 条的规定。对此，我们援引了 Midler v. Ford Motor Co. 一案。[①] 在该案中，被告福特汽车公司在其电视商业广告中使用了与原告 Midler 的声音相似的演唱歌曲，该案法院拒绝了原告依据《加利福尼亚州民法典》第 3344 条提出的请求。法院指

---

① 849 F. 2d 460 (9th Cir. 1988).

出，被告福特汽车公司并没有使用原告 Milder 的姓名或其他被制定法所禁止使用的东西，被告所使用的声音是另外一个人的声音，而非原告的声音。制定法中的"肖像"一词，所指的是他人的可视形象，而不包括声音模仿。

在本案中，三星公司和 Deutsch 公司使用的是一个具有机械特征的机器人，而不是与原告 White 相一致的人体模特。我们认为，涉诉的机器人不符合《加利福尼亚州民法典》第 3344 条中"肖像"的含义，不属于原告 White 的肖像。因此，对于地区法院驳回 White 依据《加利福尼亚州民法典》第 3344 条提起的请求，我们表示同意并予以维持。

2. 普通法上公开权的保护范围

White 接着主张，地区法院对其提起的普通法公开权请求作出有利于被告的简易判决，也是不正确的。对此，我们援引了 Eastwood v. Superior Court 一案。[①] 在该案中，加利福尼亚州上诉法院指出，原告要依据普通法提起公开权侵权诉讼，必须证明以下四个要件：①被告使用了原告的身份；②被告使用原告姓名或肖像的行为有利于其商业利益或其他利益；③被告的使用行为未获得原告的同意；④原告因此遭受了损害。地区法院之所以驳回 White 提起的普通法公开权请求，是因为它认为 White 提出的请求不符合上述要件中的第二个要件，即被告在机器人广告中并没有擅自使用 White 的"姓名或肖像"，我们对此表示同意；但是，我们同时也认为，普通法上的公开权并不是这样定义的。

Eastwood 一案并没有认定，只有在被告擅自使用了原告的姓名或肖像的情况下，原告才能提起普通法上的公开权侵权诉讼。由于 Eastwood 一案的事实涉及被告擅自使用原告的姓名和图片，故审理该案的法院并没有机会去考虑公开权的保护范围是否不仅限于姓名或肖像。该案法院只是认定，姓名或肖像被滥用是提起公开权侵权诉讼的其中一个诉因，而并不是唯一的诉因。

与 Eastwood 一案有关的"姓名或肖像公式"，最初并不是作为普通法公开权侵权的要件出现的，而是作为已经被认可的公开权侵权诉

---

① 198 Cal. Rptr. 342 (Cal. Ct. App. 1983).

因出现的。该公式来源于 Prosser 教授撰写的《隐私权》一文，① 该文是最早论述普通法公开权侵权诉因的不朽文献之一。在该文中，Prosser 教授通过考察，总结出公开权侵权案件涉及以下两种情形：其一是被告擅自使用他人的姓名构成的侵权；其二是被告擅自使用他人的图片或肖像构成的侵权。

虽然 Prosser 教授在讨论公开权时仅仅谈到了擅自使用他人姓名或肖像的侵权，但他也在文章的注释中指出，未使用原告的姓名或肖像也有可能侵犯原告的身份，如模仿使用，这构成了对原告隐私权的侵犯。不过，Prosser 教授也指出，目前尚未出现这种情形的案件。

鉴于 Prosser 教授的早期论述，判例法也支持了他的观点，认为公开权的保护范围不仅限于姓名或肖像。在 Motschenbacher v. R. J. Reynolds Tobacco Co. 一案②中，被告在一则电视商业广告中使用了原告的赛车图片，尽管原告是图片中赛车的驾驶员，但他的面孔模糊、不能被识别。即便被告并没有滥用原告的姓名或肖像，但法院还是认定，原告依据加利福尼亚州普通法提起的公开权请求应当交由陪审团裁决。在 Midler 一案中，法院指出，即便被告没有使用原告 Midler 的姓名或肖像，但 Midler 仍然可以提起加利福尼亚州普通法上的公开权请求，因为被告为了促销商品获取利益而使用了与 Midler 相似的声音，该行为已经滥用了原告的身份。在 Carson v. Here's Johnny Portable Toilet, Inc. 一案③中，被告未经原告同意，在市场上销售以原告在《今夜秀》节目中的开场白"Here's Johnny"命名的方便厕所。因为被告没有使用原告的姓名或肖像，所以，审理该案的地区法院驳回了原告依据密歇根州普通法提起的公开权请求。第六巡回法院推翻了地区法院的判决，第六巡回法院认为，地区法院对公开权概念的界定过于狭窄，由于本案被告擅自使用了"Here's Johnny"的短句从而滥用了原告的身份，故被告的行为侵犯了原告的公开权。

这些判例不仅意味着，普通法上的公开权保护范围不仅限于姓名或肖像，而且也表明，被告实施滥用侵权的具体方式只是与认定被告

---

① Privacy, 48 Cal. L. Rev. 383, 401–407 (1960).
② 498 F. 2d 821 (9th Cir. 1974).
③ 698 F. 2d 831 (6th Cir. 1983).

实际上是否滥用了原告身份相关。公开权侵权诉讼的提起，并不要求被告实施的滥用行为方式是可诉的具体侵权方式。值得注意的是，Midler 一案和 Carson 一案中的被告不仅没有使用原告的姓名或肖像，而且也没有滥用原告的声音、签名或图片。至于 Motschenbacher 一案，虽然被告所使用的图片的确含有原告，但由于原告在该图片中不能被识别、驾驶赛车的可能是一名演员或假人，故分析被告是否侵犯原告公开权与前述两个案例的分析思路一致。

虽然上述判例中的被告都没有采用最明显的滥用原告身份的方式，但是，上述的每一宗判例都直接表明，被告的行为损害了公开权所保护的商业利益。正如 Carson 一案的法院判决所言："公开权旨在保护名人对其身份享有的商业利益，公开权的理论基础在于，名人的身份对于促销商品具有价值，因而名人享有某项利益，以禁止行为人未经授权商业性开发其身份……如果行为人商业性地开发使用了名人的身份，那么，不论行为人是否使用了该名人的姓名或肖像，该行为也是侵犯了名人的权利。"我们认为，被告是怎样滥用原告的身份并不重要，重要的是被告是否这样做了。Motschenbacher 案、Midler 案和 Carson 案都表明，不可能对公开权的保护范围作出明确的限定，即不可能将公开权侵权规定为某份清单上所列的滥用身份的具体方式。如果法律仅仅规定滥用他人的姓名或肖像构成公开权侵权，那么，该规定只会促使那些聪明的广告商创造出滥用他人身份的其他方法。

实际上，如果我们将滥用身份的方式看做是认定是否构成公开权侵权的决定性因素，那么不仅会对公开权造成减损，也使公开权丧失其精髓。如此一来，公开权将不能对那些最需要保护的原告提供保护。广告商之所以热衷于使用名人来销售产品，是因为名人越有名，能够认出他的人就越多，广告商的产品也就会被越多的人看到。至于那些最受欢迎的名人，他们的身份不仅对广告商而言最具吸引力，而且也最容易唤起人们的联想——即便广告商没有使用诸如姓名、肖像或声音这样明显的方式。

我们假设这样一个广告：一个有着美国黑人男性特征的机器人，秃着头，脚上穿着篮球明星迈克尔·乔丹品牌的运动鞋，身上穿着红色的篮球运动服，运动服上写着"23 号"，但没有显示"公牛"或

"乔丹"的字样。这则广告描述该机器人一手拿着篮球、双手伸直、双脚成剪刀状地做扣篮动作。现在，我们想象这则广告出现在专业篮球比赛的电视节目空档中。如果我们分别单独地考虑机器人的身体特征、穿着和姿势动作，那么该机器人并没有告诉我们什么信息；但是，如果我们将这些要素集中起来一并观察，那么就只能得出一个结论——任何观看体育比赛的观众都会认为，该广告与篮球明星迈克尔·乔丹有关。

至于本案涉诉的广告，如果单独地看待广告中的某个方面，那么这则广告并没有告诉我们什么信息；但是，如果将广告中的各方面因素都结合起来，那么就几乎可以肯定，这则广告涉及它所要描写的某个名人。被告广告中的机器人有着女性的特征，穿着长礼服，头戴假发，佩戴着珠宝；原告 Vanna White 经常都像这样穿着，但很多女性都是这样打扮的。被告广告中的机器人站在一块游戏牌前翻转字母牌；原告 Vanna White 在《幸运之轮》游戏节目中翻转字母牌时也是这样穿着，但也许拼字游戏节目中的女性也是类似这样地打扮。被告广告中的机器人所处的场景酷似《幸运之轮》游戏节目的场景；原告 Vanna White 的穿着也如机器人一样，她也是翻转字母牌，并且也出现在《幸运之轮》游戏节目中，因此，原告 Vanna White 是独一无二的。实际上，被告的广告正是以 Vanna White 为原型制作的。对此，我们并不感到惊讶。

电视以及其他媒体创造出可在市场上交易的名人身份价值，那些已经获得名人身份价值并对之进行开发谋利的人，也为此付出了大量的精力和创造。不论名人是基于罕见的技能、好运气还是技能与运气的集合获得了知名的名声，法律都应当保护名人享有开发其名人价值的专有权。由于 White 已经证明三星公司和 Deutsch 公司擅自使用了她的身份，所以我们认为，地区法院对 White 提出的普通法公开权请求作出的简易判决是不正确的。

3. 联邦《商标法》的保护

White 最后主张，地区法院驳回其依据联邦《商标法》第43（a）条规定提出的请求是不正确的。联邦《商标法》中可适用于本案的规定是这样的：任何人在商品或服务上使用了任何虚假描述或陈述，应就使用虚假描述或陈述造成的或可能造成的损害承担民事责任。①

　　为了支持其提出的联邦《商标法》请求，White 必须证明，被告三星公司和 Deutsch 公司的机器人广告制造了一种混淆的可能，② 从而使人们以为 White 是在代言三星公司的录像机产品。③ 在之前的一些判例中，巡回法院通过适用不同的多因素标准，以认定被告的行为是否存在混淆的可能。④ 一般而言，巡回法院在复审地区法院的判决时，会适用地区法院所适用的具体标准。⑤ 但是，由于本案的地区法院在认定被告的行为是否存在混淆可能时并没有适用任何多因素标准，而且，由于本案是关于简易判决的上诉，我们需要重新审查地区法院的判决，所以，我们决定适用 AMF, Inc. v. Sleekcraft Boats 一案⑥中的八因素标准。根据 AMF 一案，与"混淆的可能"相关的因素包括：①原告商标的强度；②商品的关联性；③商标的相似性；④存在真实混淆的证据；⑤所使用的销售渠道；⑥消费者关注的可能程度；⑦被告在选择商标时的意图；⑧产品系列扩张的可能性。⑦ 现在，我们对照上述的每项因素来分析 White 提出的联邦《商标法》请求。

　　对于第一项因素，在涉及名人代言混淆的案件里，所谓"商标"是指名人的人格身份。⑧ 所谓"原告商标的强度"则是指名人在社会成员中被识别出来的程度。⑨ 如果原告 Vanna White 在三星公司投放机器人广告的社会范围内不享有知名度，那么，该社会范围内的人们就不会对 Vanna White 是否代言三星公司的录像机感到混淆；相反，

---

① 15 U.S.C. § 1125 (a).
② Academy of Motion Picture Arts v. Creative House, 944 F. 2d 1446, 1454 (9th Cir. 1991); Toho Co. Ltd. v. Sears Roebuck & Co., 645 F. 2d 788, 790 (9th Cir. 1981) New West Corp. v. NYM Co. of California, 595 F. 2d 1194, 1201 (9th Cir. 1979).
③ HMH Publishing Co. v. Brincat, 504 F. 2d 713 (9th Cir. 1974); Allen v. National Video, Inc., 610 F. Supp. 612 (D. C. N. Y. 1985).
④ See Academy, 944 F. 2d at 1454, n. 3.
⑤ Academy, 944 F. 2d at 1454, n. 3; Eclipse, 894 F. 2d at 1117 – 1118.
⑥ 599 F. 2d 341 (9th Cir. 1979).
⑦ 599 F. 2d at 348 – 349.
⑧ See Allen, 610 F. Supp. at 627.
⑨ See Academy, 944 F. 2d at 1455.

如果 Vanna White 广为公众所知悉，那么，被告的行为就可能对人们造成了一种混淆可能。鉴于 AFM 案八因素标准的目的，我们认为，White 的"商标"或者说 White 作为名人的身份具有很大的强度。对于第二项因素，在涉及名人代言混淆的案件里，原告的"商品"与原告享有名声的理由或原告名声的来源有关。因为 White 的名声是建立在其在电视节目中的演出这个基础上的，因此，她的名声与三星公司的录像机产品具有关联性。实际上，被告的广告向广告观众传达这样一个信息——观众将来可以使用三星公司的录像机录制《幸运之轮》这个"历时最久的竞赛游戏节目"，以此强化了 Vanna White 与录像机产品的关系。对于第三项因素"商标的相似性"，我们认为，这个因素既有利于认定被告的行为存在混淆的可能，同时又不利于认定被告的行为存在混淆的可能。一方面，被告机器人广告的所有方面都能指示出 White；另一方面，广告中的物品显然是一个机器人，而非一个真实的人。鉴于第三项因素的模糊性，我们必须转而考察其他因素。对于第四项因素，我们认为，该因素不利于 White 提出的请求，因为 White 并没有提供任何可证明存在着真实混淆的证据。对于第五项因素，随着被告的机器人广告出现在众多杂志上（当中包括部分杂志的封面），White 也随之一同出现。杂志是该机器人广告的营销渠道，这项因素有利于认定被告的行为存在混淆的可能。至于第六项因素，我们认为，消费者不可能特别关注是谁在代言被告的录像机产品。对于第七项因素"被告的意图"，地区法院认为，被告制作这个机器人广告，其意图在于嘲弄《幸运之轮》这个节目。与之相关的问题是，被告是否故意使人们产生"原告在代言三星公司的录像机"的混淆，进而从中获利。[1] 我们并非不赞同，被告制作机器人广告的意图在于嘲弄 Vanan White 和《幸运之轮》节目；但是，这并不排除被告也故意让消费者产生代言混淆的可能性。本案涉诉的机器人广告，是被告制作的同一主题系列广告中的其他一则广告。系列广告中的另一则广告是描述演讲秀主持人 Morton Downey Jr. 成为 2008 年总统候选人。显然，被告是故意通过这个广告来嘲弄总统选举和 Downey 先生。但是，消费者可能会相信并且肯定会相信，Downey 先

---

[1] Toho, 645 F. 2d 788 (9th Cir. 1981).

生是在代言三星公司的产品并且获得了三星公司支付的许可使用费。从整体上看被告的系列广告，一个有理性的陪审员将会合理地认定，在系列广告的幽默表面下隐藏着被告的某种意图，那就是，让消费者相信名人 Vanna White 和 Downey 是在代言三星公司的产品。最后，对于第八项因素"产品系列扩张的可能性"，我们认为，该因素对于像本案这样的名人代言案件并不适用。

通过适用 AMF, Inc. v. Sleekcraft Boats 一案中的八因素标准分析本案，我们认定，地区法院作出简易判决驳回 White 提出的联邦《商标法》请求，是不正确的。同时，我们也有必要强调以下两个事实：第一，对于 White 提出的动议，我们倾向于支持 White，我们仅仅是认定，White 对于涉及她自己的代言混淆提出了重要事实，至于 White 依据联邦《商标法》提出的请求是否能够获得支持，则应当由陪审团来决定。第二，我们强调，我们否定地区法院的做法，是根据本案的具体事实作出的。尤其是我们注意到，涉诉的机器人广告指示了 White 的身份，并且该机器人广告是系列广告的组成部分，而参与其他广告的名人均获得了三星公司支付的产品代言费。

4. 对"模仿使用"抗辩的分析

在答辩中，被告辩称其机器人广告构成一项受保护的言论，并援引了 Hustler Magazine v. Falwell 案[①]、L. L. Bean, Inc. v. Drake Publishers, Inc. 案[②]等许多判例加以论证。这些案例所涉及的广告，分别是关于以嘲弄 Jerry Falwell 和 L. L. Bean 为目的而进行的模仿使用。而本案涉诉的广告，是一则以销售三星公司的录像机为目的的真实广告。本案的广告对 Vanna White 和《幸运之轮》节目进行嘲弄只是一种奉承，而与该广告的主要信息"购买三星公司的录像机"无关。被告提出的"模仿使用"抗辩，应当是一种非商业目的的模仿使用。"模仿使用"与"仿冒"（knock-off）的区别在于，前者是以娱乐为目的，而后者是以营利为目的。

首先，为了让名人广告给人留下深刻的印象，这些广告必须能唤起观众对某个名人身份的联想。广告的唤起效果越深刻，广告就越成

---

① 485 U. S. 46 (1988).
② 811 F. 2d 26 (1st Cir. 1987).

功。正如被告三星公司所言，如果它的广告只是以一个普通的游戏节目主持人作为原型而不是以 Vanna White 作为原型，那么，这则广告虽然不会侵犯到任何人的公开权，但它也不能够像现在这样幽默或让人印象深刻。

其次，即便某些表达活动确实是建立在"身份联想"的基础上，如模仿使用，这些活动可能会被控侵犯他人的公开权，但《美国宪法》第一修正案对大多数的公开权侵权诉讼提供了抗辩。① 然而，在关于商业广告的案件中，《美国宪法》第一修正案的抗辩作用就不那么明显了。② 被告正是意识到这一点，所以它们主张其广告是对 Vanna White 的模仿使用，从而试图将其广告上升到普通言论的地位。我们认为，三星公司提出的"模仿使用"抗辩是无效的。③ 除非《美国宪法》第一修正案可以阻却所有的公开权侵权诉讼，而事实上这是不可能的，Zachini v. Scripps-Howard Broadcasting Co. 案④就是一例，所以，《美国宪法》第一修正案也不能阻却本案诉讼。

5. 结论

对于地区法院的判决，我们认为，对当中的部分认定予以维持，同时对部分认定予以推翻，故将本案发回重审。我们仅仅认定，White 提出的请求可以交由陪审团进行裁定。

（二）法院反对意见

Alarson 法官赞同法院多数意见的部分意见，同时也对部分意见表示反对。以下是 Alarson 法官的反对意见。

1. 反对多数意见对 White 的普通法公开权请求作出的裁定

根据多数意见，只要被告擅自使用了他人的"身份"即应当承担损害赔偿责任。对此，我们首先找不到任何一个加利福尼亚州法院的判例可以支持多数意见的观点。而且，也没有事实证明，被告擅自使用了 Vanna White 的"身份"。

---

① Cf. Falwell, 485 U. S. at 46 (1988).
② Central Hudson Gas & Electric Corp. v. Public Service Comm'n of New York, 447 U. S. 557, 566 (1980).
③ See Board of Trustees, State Univ. of N. Y. v. Fox, 492 U. S. 469, 474 – 475 (1988); Bolger v. Youngs Drug Products Corp. , 463 U. S. 60, 67 – 68 (1983).
④ 433 U. S. 562 (1977).

在我们的研究中所披露的所有加利福尼亚州法院判例都表明，原告要提起普通法上的公开权侵权诉讼，必须证明被告擅自使用了其姓名或肖像。① 多数意见通过援引 Eastwood 一案和 Prosser 教授的论述，论证加利福尼亚州普通法上的公开权保护范围不仅限于姓名或肖像。对此，我们认为，多数意见的论述不足以为加利福尼亚州的公开权法创设新的规则。

第一，多数意见忽略了这样一个事实——审理 Eastwood 一案的加利福尼亚州上诉法院指出了普通法公开权诉讼和依据《加利福尼亚州民法典》第 3344 条提起的公开权诉讼的不同之处：①第 3344 条（a）要求被告是故意使用，错误和疏忽不能作为商业性滥用侵权的抗辩；②第 3344 条（g）明确规定，除了法院明确规定之外，原告获得的救济是累计的。可见，法院列明的制定法公开权诉讼和普通法公开权诉讼的区别，并没有包括"普通法上的公开权保护范围不限于姓名或肖像"这一点。

第二，Prosser 教授虽然肯定可能存在着未使用姓名或肖像的公开权侵权，但他同时也指出"目前尚未出现这种案件"。加利福尼亚州的法院也确实从来没有审理过"未使用原告的姓名或肖像却侵犯原告公开权"的案件。

第三，加利福尼亚州立法机关在制定《加利福尼亚州民法典》第 3344 条中时的立法意图，足以排除多数意见的判决所发生的结果。《加利福尼亚州民法典》第 3344 条最初只保护姓名或肖像。1984 年，在 Motschenbacher v. R. J. Reynolds Tobacco Company 一案②审结 14 年、Prosser 教授发表《隐私权》一文 24 年后，加利福尼亚州立法机

---

① See, e. g., Lugosi v. Universal Pictures, 25 Cal. 3d 813, 603 P. 2d 425, 160 Cal. Rptr. 323 (1979) ("所谓公开权，在本质上意味着公众对他人姓名或肖像的反应……它授予个人商业性开发其姓名或肖像的权利")；Guglielmi v. Spelling-Goldberg Prods., 25 Cal. 3d 860, 603 P. 2d 454, 160 Cal. Rptr. 352, 355 (1979) (被告在虚构的传记中使用了 Rudolph Valentino 的姓名)；Eastwood v. Superior Court, supra (在小报上使用了一名演员的姓名和图片)；Fairfield v. American Photocopy Equip. Co., 138 Cal. App. 2d 82 (1955), later app. 158 Cal. App. 2d 53, 322 P. 2d 93 (1958) (被告在广告中使用了一名律师的姓名)；Gill v. Curtis Publishing Co., 38 C. 2d 273, 239 P. 630 (1952) (被告在一本杂志上使用了一对夫妇的照片)。

② 498 F. 2d 821 (9th Cir. 1974).

关修订第 3344 条，规定个人的声音或签名与个人的姓名、肖像同样受到《加利福尼亚州民法典》的保护。① 也就是说，在 Motschenbacher 一案后，加利福尼亚州立法机关确实是深刻思考了保护姓名或肖像以外其他利益这个问题，但最终并没有将擅自使用他人身份确定为一种诉因。根据"包括即排除其他"（inclusio unius est exclusio alterius）的古老谚语，法院多数意见扩张公开权保护范围的创新性做法是不符合立法机关的立法意图的。加利福尼亚州立法机关选择只将声音和签名增加到法律保护的范围中，意味着立法机关希望将公开权侵权的诉因限定在制定法所列举的侵权方式范围内。

第四，多数意见所援引的案例案情都是，被告的广告能肯定地指示出广告中所描述的人正是原告本人。而在本案中，我们都清楚，被告的商业广告中所描述的是一个机械制造的机器人，而非原告 Vanna White，即被告并没有使用原告的身份。多数意见认为"Vanna White 是独一无二的"，并进一步认定被告的广告所描述的是一个名人。对此，我们认为，多数意见将 Vanna White 这个人与 Vanna White 在《幸运之轮》游戏节目中目前所担任的主持人角色相混淆了。Vanna White 所主张的那些身份特征并不属于她本人，而是属于其所担任的主持人角色的，故被告使用了这些特征就不构成再现 Vanna White 这个人。

第五，被告的商业广告中唯一具有指示性的、并不是其他女演员或名人所共有的，是对《幸运之轮》游戏节目场景的模仿。该节目场景正是可能导致广告观众联想到 Vanna White 的唯一事物。但是，《幸运之轮》节目的场景不是 Vanna White 个人身份的特征，而是《幸运之轮》这个电视游戏节目的特征，Vanna White 只是目前担任这个游戏节目的主持人。一个演员因为扮演某个角色而出名，但他（她）不会因此而获得该角色的所有权。

2. 反对多数意见对 White 的联邦《商标法》请求作出的裁定

Vanna White 要成功地依据联邦《商标法》获得损害赔偿，必须

---

① Cal. Civ. Code sec. 2233 (a) (Deering 1991 Supp.).

证明被告的行为真实地存在着混淆公众的描述。① 但 Vanna White 没有提供任何证据证明被告真实地实施了一种混淆公众的欺骗行为。

多数法院认为，AMF 一案八因素标准中的大多数因素都有利于 Vanna White，故地区法院驳回 Vanna White 的联邦《商标法》请求是不正确的。对此，我认为，AMF 一案的八因素标准是用于帮助法院判定两个商标是否充分相似以至于消费者混淆两者；而在两个商标明显不同以至于不可能发生混淆的情形里，该标准并不适用。本案正是这样的情形。试图在滥用他人身份的侵权案件中适用联邦《商标法》，会导致法律发生扭曲，进而将更加难以在这类案件中适用联邦《商标法》。②

AMF 一案八因素标准中最重要的一个因素是商标的相似性。多数意见认为这个因素模糊不清，广告中的机器人的普通特征能够指示出 Vanna White。但是，我们必须将机器人和 Vanna White 两个"商标"进行整体对比。在本案的情形中，消费者所面临的是两个整体，一个是 Vanna White，另外一个是机器人，没有人会合理地混淆这两者。一个商标的某些方面会比其他方面具有更大的影响力，当一个商标具有某些突出的特征时，这些特征应当在分析中占有更大的比重。在本案中，Vanna White 的面容和机器人的容貌显然比它们的头发、衣着、身体比例、珠宝或其他背景装饰更加重要；因此，它们的面容应当在分析中占有最大的比重。显然，任何人看到被告的商业广告都会认为，机器人未经加工的容貌与 Vanna White 真实的人类面容非常不相似。

既然不存在任何可混淆公众的部分，那么，被告的行为就没有违反联邦《商标法》。因此，由于 Vanna White 不能提供任何能够证明被告的行为存在真实欺骗的证据，而且任何一个有理性的人显然不会将被告的机器人与 Vanna White 相混淆，所以，地区法院作出对三星

---

① Harper House, Inc. v. Thomas Nelson, Inc., 889 F.2d 197, 208 (9th Cir. 1989); see also PBX Enterprises, Inc. v. Audiofidelity Enterprises, Inc., 818 F.2d 266, 271 (2d Cir. 1987); J. Gilson, Trademark Protection and Practice section 7.02 [8] at 7-137 to 7-138 (1991).

② See Hanson & Walls, Protecting Trademark Goodwill: Towards a Federal Standard of Misappropriation, 81 Trademark Rep. 480, 511-513 (1991).

公司有利的简易判决是正确的。

3. 对"模仿使用"抗辩的分析

一般而言,如果模仿使用仅仅是为了唤起人们对原型作品的联想,那么该模仿使用不构成侵权。① 多数意见在判定 Vanna White 可仅仅基于《幸运之轮》节目的名气而提起侵权诉讼时,并没有正确地考虑到这个因素。

而且,多数意见对于表达行为的判决所导致的结果是难以估计的。多数意见的观点似乎允许,任何名人或实体可就描述其所扮演的某个角色的任何商业广告提起诉讼。多数意见对联邦《商标法》的解读,为那些商事企业依据联邦《商标法》第 43(a)条提起诉讼提供了基础——即便被告的行为不存在混淆或欺骗。

三、对 White v. Samsung Electronics America, Inc. 一案的评析

(一) 加利福尼亚州普通法上的公开权保护范围

从第九巡回法院的推理可见,第九巡回法院不承认普通法上的公开权保护范围的显著扩张。普通法上的公开权保护范围扩张,是经过以下两步实现的:首先,普通法对公开权保护范围的规定不受制定法的限制;接着,法院通过判例扩张了普通法上的公开权保护范围——当被告在广告中所描绘的形象是原告或可能是原告时,原告可以对被告提起公开权侵权诉讼,即便广告中所描绘的形象并不显然是原告,原告也可以对被告提起公开权侵权诉讼。如此一来,法院就放开了公开权的保护范围,而将其交由陪审团来决定,让陪审团来承担确保公开权的保护范围不至于过于宽泛的责任,但法院却没有对陪审团提供任何标准的指引。

1.《加利福尼亚州民法典》第 3344 条是对公开权保护范围的限定吗

与《加利福尼亚州民法典》第 3344 条规定相比,普通法上的公开权能对原告提供更大范围的保护,这种结论是值得怀疑的。普通法

---

① Walt Disney Prods. v. Air Pirates, 581 F. 2d 751, 756 (9th Cir. 1978).

发展制定法所限定的保护范围，这本身并没有问题，问题在于普通法将保护范围扩张到什么程度。

为了论证"公开权的保护范围并不限于姓名或肖像"的观点，第九巡回法院援引了 Eastwood v. Superior Court 一案，[①] 并认为该案蕴含着重要意义——"被告擅自使用原告的姓名或肖像"并不是公开权侵权诉讼的要件之一，而是对当时出现的公开权侵权案件类型的描述。因此法院认为，普通法上的公开权保护范围并不局限于《加利福尼亚州民法典》第3344条的规定，除了姓名或肖像被滥用之外，原告还可以基于其他特征被滥用而提起诉讼。

然而，Alarcon 法官对上述判决持反对意见。Alarcon 法官的反对意见与多数意见的主要争点在于：行为人对他人肖像的擅自使用是否属于加利福尼亚州普通法的调整范围。法院多数意见认为，只要原告证明行为人擅自使用其身份，原告就可以得到损害赔偿；而 Alarcon 法官却不赞成这一点，他提出，加利福尼亚州的普通法与《加利福尼亚州民法典》第3344条的唯一区别就在于：《加利福尼亚州民法典》第3344条仅规定行为人的故意侵权行为，而加利福尼亚州普通法的管辖范围既包括行为人的故意侵权行为又包括行为人的过失侵权行为。Alarcon 法官认为，加利福尼亚州上诉法院已经在 Eastwood 一案中明确了这一观点，因此，第九巡回法院没有必要通过此案再对此进行重新界定。另外，加利福尼亚州立法机关在1988年对《加利福尼亚州民法典》第3344条进行了修订，Alarcon 法官在其反对意见中提到了该修正案，并且还将此作为其观点的法律依据。该修正案规定，行为人未经授权使用他人的声音和签名构成侵权。Alarcon 法官主张，该项修正案就凸显了加利福尼亚州立法机关的真正意图，即它们更愿意把公开权的诉因限制在法律规定的那几项特定的身份特征中。基于这个理由，反对意见认为公开权的保护范围应限于《加利福尼亚州民法典》第3344条规定的身份特征。第九巡回法院的多数意见却不这么认为，他们主张公开权的保护范围广于《加利福尼亚州民法典》第3344条所规定的范围。

对比法院的多数意见和反对意见，我们可以清晰地看出，《加利

[①] 198 Cal. Rptr. 342 (Cal. Ct. App. 1983).

福尼亚州民法典》第3344条和普通法上的公开权之间的关系是充满争议的。质疑的观点不仅仅存在于审理 White 一案的法院内部。审理 White 一案的大多数法官赞同将公开权的范围扩展到《加利福尼亚州民法典》第3344条规定以外的范围，虽然学者们对这个观点充满争议，但是这种观点也并非是完全错误的。此案最有争议的地方在于：本案法院在提出这个更广泛的公开权保护范围之后所进行的分析。正是在这一步，法院并没有对公开权的范围界定给予任何指引，而将其完全交由陪审团来判断。

2. 明确的公开权侵权行为：限制在何方

普通法上的公开权保护范围不仅仅限于制定法规定的那些身份特征。在得出这个结论之后，法院进一步主张，对公开权侵权行为进行分类是没有必要的。在 White 一案之后，法院只要认定行为人擅自使用了他人的身份，就可以判定行为人的行为构成了侵权。提起公开权诉讼的原告只要证明被告所使用的身份特征的组合可以被识别为原告，那么原告就有可能胜诉。法院认为，只有采取"身份标准"才得以让名人对抗那些聪明的广告商。所谓"身份标准"是指，若被告使用的身份特征可以代表原告的身份，那么就可以判定被告侵犯了原告的公开权。法院认为若不采用此标准，而将普通法的保护范围也限制在制定法规定的那几种身份特征之内的话，那些广告商就会转而利用制定法规定之外的其他名人身份特征。法院多数意见认为，"身份标准"是对 Prosser 教授的理论以及对 Motschenbacher 案[①]、Midler 案[②]和 Carson 案[③]的判决进行进一步发展的结果。然而，针对 White 一案的特殊案情，本文认为，法院的结论并不是法律的一种内在进步。

第九巡回法院首先讨论了 Motschenbacher v. R. J. Reynolds Tobacco Co. 一案[④]，并且认为此案的判决涉及姓名和肖像之外的身份特征。接着，法院引用了 Midler v. Ford Motor Co. 一案，[⑤] 并且主张

---

① 498 F. 2d 821 (9th Cir. 1974).
② 849 F. 2d 460 (9th Cir. 1988).
③ 698 F. 2d 831 (6th Cir. 1983).
④ 498 F. 2d 821 (9th Cir. 1974).
⑤ 849 F. 2d 460 (9th Cir. 1988).

此案也涉及《加利福尼亚州民法典》第 3344 条规定之外的身份特征。最后，法院在 Carson v. Here's Johnny Portable Toilets, Inc. 一案[①]中同样找到了类似的理由来支持其论点。

当第九巡回法院引用上述三个案件来支持其在 White 一案中的多数意见时，却忽略了 White 一案与这三个案件在某个方面是完全不同的。上述三个案件都存在一个造成混淆的合理依据，即被告使用了仅为原告独有的身份特征，从而使人们以为原告与被告的产品有某些实质的联系。正如反对意见所指出的那样：这三个联邦案件的共同之处在于，被告都使用了原告独一无二的可识别性身份特征，这些特征在特定背景中是人们识别原告身份的唯一信息。在这三个案件中，被告对原告身份特征的使用都会误导人们把被告商业广告中的人识别为原告，而且被告也没有做出任何努力避免观众对原告身份的混淆。因此，被告的商业广告必然构成了对原告权利的侵犯。然而，White 一案却并非如此。在 White 一案中，被告在广告中所使用的机器人明显不可能会与原告 Vanna White 产生混淆。因此，虽然 Motschenbacher 案、Midler 案和 Carson 案的判决认定的公开权保护范围超出了姓名和肖像，但是这些案件的结论也不能支持 White 一案中的法官多数意见。因为，White 一案中的被告在广告中使用的明显不是原告独一无二的特征。虽然被告既没有使用原告的姓名也没有使用原告的肖像，但是却使用了原告独一无二的其他身份特征时，法院支持原告提起公开权侵权之诉，这可以看做是法院对普通法的发展。然而，当被告在广告中所使用的特征明显不会与原告造成混淆时，如果法院仍然支持原告的公开权侵权主张，就明显背离了普通法上的公开权的目的。

3. 普通法的影响

第九巡回法院受理了 Vanna White 的公开权侵权诉讼，这就为数不胜数的公开权侵权案件涌入法院打开了方便之门。法院在 White 一案中提出了"身份标准"，按照此标准的话，原告无需证明被告的行为构成了特定的公开权侵权行为，即原告无需证明被告使用了其声音、签名、肖像、照片或者姓名，原告只要证明人们可以从被告所使用的特征或者角色中联想到原告即可。另外，甚至在任何一个理性的

---

① 698 F. 2d 831 (6th Cir. 1983).

观众都不会将广告中的形象与原告身份相混淆的情况下，法院也允许原告提起公开权侵权之诉。

这就出现了一个麻烦的状况——法院将认定公开权侵权行为构成要件的权力几乎都留给了陪审团。陪审团既不用考虑此类案件核心的侵权行为是什么，也不用判断被告的行为是否造成了对原告身份的混淆，即便陪审团在广告中不能识别出原告，只要他认为此广告会使人们联想到原告的话，它就可以认定被告使用了原告的身份。这可以说是认定被告滥用原告身份的最低标准，即如果能从被告使用的身份特征上联想到原告的话，就可以证明被告使用的就是原告的身份。想象一下：首先，陪审团在法庭上见到了原告；接着，法官又将被告的广告拿给陪审团鉴定；最后，法官要求陪审团判断他们是否能从被告的广告中想到原告。结果是不言而喻的，陪审团当然能从广告中联想到原告。

在陪审团认定被告的行为是否侵犯了原告的身份这个问题上，White 一案的法官给了陪审团过大的自由裁量权。几乎每个广告中都会包含某些因素，从而可能使陪审员联想到某个名人；如果陪审团的自由裁量权如此之大的话，那么所有公开权诉讼中的被告都将会被责令承担侵权责任。在 White 一案中，任何一个理性的观众都不会将三星公司在广告中所使用的机器人识别为原告 Vanna White，在这种情况下，法院仍没有就公开权的范围对陪审团提供任何指引，而是依然将其全部交由陪审团进行裁量。如果不对陪审团的自由裁量权作出任何限制的话，法院就很难在那些享有"名人身份价值"利益的人与那些享有广告利益的人之间达到利益的平衡。

4. 利益平衡

为了确保普通法保护范围的扩张能够恰当地维护原被告双方的利益，第九巡回法院本应该要求原告证明在那些能够清晰识别出原告的广告中隐含了原告对产品的认可。这样的话，当行为人擅自使用了他人的姓名、肖像、声音、照片以及签名之外的身份特征时，法院既可以允许原告，例如 Vanna White，提起公开权侵权之诉，从而保护原告的利益，同时又可以保护那些广告商和商人的创造性。名人排他性地享有对其身份的认可价值进行商业开发并从中获益的权利，在不涉及这种认可价值的情况下，除了名人的姓名、肖像或者声音等此类制定法规定的身份特征以外，行为人可以在其创造性广告中自由使用那些可能联想起某个名人的某些身份特征。

目前，法院并不要求原告证明被告的广告中隐含了原告对产品的认可。原因如下：第一，虽然公开权已经从隐私权中分离出来成为一项独立的权利，但是同时它仍与隐私权保持着千丝万缕的联系。即便行为人在广告中对他人身份特征的使用没有侵犯到其身份的认可价值，不过由于它涉及了他人的隐私，它仍然对他人造成了伤害。所以说，没有擅用他人身份的认可价值不意味着不会导致损害。因此，擅用认可价值并不是公开权侵权行为的构成要件。第二，如果被告所使用的形象能够或者可能会引起与原告的混淆，那么法院就可以推断出被告使用了原告身份的认可价值。并不是说只有明星出现在广告之中并且明确表示他认可这件商品才算体现了名人身份的认可价值。通常只要这个广告能使观众相信名人对此产品给予了认可并因此推荐和使用了这种产品，那么不管该名人是否出现在这个广告中，都足以说明这个广告使用了名人身份的认可价值。认可表明的是信任和可靠性。名人出现在一种产品的广告中就表明了他对这种产品的认可。由于名人出现在一种产品的广告中就代表了其对该产品的认可是不言而喻的，所以，这并不需要原告来证明。

然而，针对White一案中的广告，上述两个理由是讲不通的。很明显，原告并没有在广告中出现，公开权已经与隐私权侵权完全没有关系了。因为广告中根本不是Vanna White本人，Vanna White遭受到的损害与"曝光所带来的耻辱、困窘和侮辱"几乎没有任何关系，所以被告的广告没有也不可能侵犯到Vanna White的隐私。而且，任何一个理性人都不会把广告中的机器人与Vanna White本人相混淆。Vanna White的损害完全是由于被告未经过授权就使用了她的财产——她的名人身份所包含的认可价值——所造成的。因此，为了获得胜诉，Vanna White应该需要证明被告三星公司确实擅用了她的财产。由于原告并没有出现在广告中，而只是出现了一个装扮类似于Vanna White的机器人而已，所以也不能推断出被告使用了原告身份的认可价值。

法院要求陪审团来决定被告三星公司是否在其广告中隐含了原告Vanna White的认可，因此，陪审团的注意力应该集中在判断被告的行为是否构成公开权侵权，而不是判断被告的广告是否会让观众想起原告。这可以阻止进一步扩大陪审团的自由裁量权，而且也能够确保公开权不会迷失在浩如烟海的、那些能够隐约唤起人们联想的相似物之中。

（二）White 一案的被告是否违反了联邦《商标法》

White 一案的法院在其多数意见中分析了 Vanna White 根据联邦《商标法》提出的主张，并试图判断被告三星公司在其广告中将机器人按照 Vanna White 的样子进行穿着打扮是否会构成联邦《商标法》中所称的混淆可能性。然而，法院对此的分析只不过是对要考虑的相关因素进行了错误的解读。

持异议的法官强调，法官多数意见在分析 White 的联邦《商标法》主张时采取了错误的法律标准。他们引用了 Harper House Inc. v. Thomas Nelson, Inc. 一案，[1]并提出如果 White 想要根据联邦《商标法》第 43（a）条获得胜诉，她就必须证明被告的行为存在欺诈。由于 Vanna White 不能证明被告的行为造成了实际上的混淆并误导了公众，所以她根据联邦《商标法》提出的主张不能成立。

White 一案中持异议的法官认为，地区法院对被告三星公司的确权判决是正确的。法院在其多数意见中剖析了 AMF Inc. v. Sleekcraft Boats 一案，[2]并提出八因素标准，若以此来分析此案的话，也可以得出类似的结论。多数意见依据的是 AMF 标准中的第七个要素，即被告选择所使用的标记的目的，它得出结论说被告的行为存在混淆的可能性。然而，由于法院将被告所做的一系列广告作为一个整体来考量了其表面意图，而没有对案中涉及的广告进行具体的分析，因此，它的关注重点是有偏差的。

正如那些持反对意见的法官所指出的那样，"AMF 标准"中的第三个因素，即类似标记因素，是不支持原告的主张的。法院多数意见既发现了支持 Vanna White 的因素又发现了不支持她的因素。法官多数意见在阐述机器人广告中的所有方面都可以识别为联邦《商标法》43（a）条的同时，它也承认了广告中确实是一个机器人，而不是一

---

[1] 889 F. 2d 197, 208 (9th Cir. 1989).
[2] 599 F. 2d 341, 348-349 (9th Cir. 1979).

个真实存在的人。这种认同就可以预先排除法官多数意见中认定的从广告中可以识别出 Vanna White 的结论。

对 White 一案的判决持异议的法官提出，一个标志性特征给消费者造成的影响越大，那么法律就应该越重视这些特征的价值。在"Vanna White 广告"中，机器人的面部特征给消费者造成了最大的影响。虽然是 Vanna White 使得她在节目中的形象名声大噪，但是，在看过这个广告之后，消费者立刻可以明确地认识到是一个机器人在扮演 Vanna White 在其节目中的角色。这样的话，由于任何一个理性的消费者都不会因为机器人和 Vanna White 相混淆，因此，考虑到 AMF 标准中的第三个要素，即类似标记因素，法院也应该支持被告三星公司。

第九巡回法院再三强调在不具有混淆可能性的情形下，行为人的行为就没有违反联邦《商标法》43（a）条。"混淆的可能性"是指观众看了这个广告之后会误以 Vanna White 认可了三星公司的产品，而不是指观众看了广告中的机器人站在与《幸运之轮》节目相似的游戏设施前会联想起 Vanna White，而法官多数意见却没有分清上述二者的不同。虽然正是观众对 Vanna White 的联想使得这个广告变得有趣起来，但同时，机器人和 Vanna White 之间的巨大差别也不会造成消费者会误以为 Vanna White 认可了三星公司的产品。

第三编 公开权的比较研究

人格与财产：肖像权的比较研究

埃里克·H. 瑞特[*]著 刘敏[**]译

目　　次

一、导论
二、人格权保护的历史背景
三、现代时期的人格权和肖像权
四、肖像权财产化在民法法系中的结果
五、结论

一、导论

　　财产就是一种人格，这在以市场和传媒为主导的现代社会中表现得尤为明显。一个人的衣服、车子、房子、食物，甚至标有设计师姓名的钢笔等此类琐碎的东西，都可以从社会上和文化上把一个人与其他人区分开来，就如同我们可以按照外表或者口音把人们区分开来一样。事实上，财产是人格必不可少的一部分：我们的财产是我们自己的外在表现，没有它们，真正的自我发展是不可能的。[①] 在现代社会，财产与人格的联系是如此紧密，以至于人格自身也变得越来越财产化。长期以来，法学理论一直坚持认为人格本身以及个人的身份特征不具有商业性，是非财产性的东西，正如罗马法官 Ulpian 所言，

---

　　[*] 多伦多大学博士。
　　[**] 中山大学法学院助教。
　　[①] Margaret Jane Radin, Property and Personhood, in Reinterpreting Property 35 (1993).

"没有人被认为是其肢体的所有者"。不过,目前出现了一些相反的观点,它们主张人格是具有财产性的。① 例如,某些法国学者就是这样认为的,另外也有德国学者把人格看做是一项受法律保护的财产利益(Rechtsgut)。除此之外,在英美法系中,学者们认为人格像其他任何东西一样,是能够被占有的,因此权利人可以完全按照自己的意志对其作出处分。②

这种把人格和财产相混杂的做法引起了很多学者的质疑,不过,这在现代市场经济的背景之下却又是不可避免的。虽然人们普遍认为他人的身体不能被市场化,但是人们也开始意识到人格的某些方面是具有市场价值的,即可以被买卖、出租或者许可使用。具体来说,像是姓名、荣誉、肖像、声音以及隐私等这些身份特征,传统上一向被看做是没有金钱价值的非财产权,现今也开始变得越来越财产化,从而逐渐进入了商业领域。

本文主要剖析了人格权在其发展历程中所表现出的本质的变化。首先,以肖像权为焦点,本文回顾了人格权在民法法系的发展过程,主要涉及罗马、法国、德国以及加拿大的魁北克省。这一部分讨论的核心问题是:面对现今日益强化的人格权财产化趋势,不同的民法法系国家是如何应对的。其次,本文以一种比较法的视角分析了普通法系中的美国以及加拿大的应对措施。再次,本文以肖像权为背景,介绍了学者们关于人格权的人身性和财产性的大讨论。最后,本文就这个问题对传统的民法财产模式提出了质疑。

二、人格权保护的历史背景

(一)经典罗马法

虽然早在经典罗马法时期,人格就已经成为法律分析的对象,但是罗马法官仍然更倾向于把人格视为一种逻辑上和理论上的权利种

---

① Dig. 9.2.13 (Ulpian, Ad Edictum 18) (Alan Watson trans.).
② See Francois Rigaux, La protection de la vie privee et des autre biens de la personnalite (1990); Klaus Wasserburg, Der Schutz der Pers < um o > nlichkeit im Recht der Medien: Ein Handbuch < um u > ber die Anspr < um u > che auf Schadensersatz, Unterlassung, Widerruf und Gegendarstellung 56 (1988); Krouse v. Chrysler Canada, (1974) O. R. 2d 225.

类，而几乎不把它在法律实践中予以适用。对我们现在来说，将人格及其特征予以概念上的阐述也许不算什么难题，不过对当时的罗马学者来说，这两个概念却是不可预知的，当然也就更不可能会在法律中有所规定了。现在人们认为人格是由广泛而复杂的诸多身份特征交织而成的，例如《魁北克民法典》第三章就是如此定义的，然而对罗马学者来说，人格仅仅是指一个人的姓名、名誉、荣誉、诚信、贞操等此类无形却重要的社会价值。① 虽然这些社会价值在罗马文化中非常重要，但是学者们认为它们是不能用金钱来衡量的，因此学者们就将这些价值都排除在了财产概念之外，进而人格也就被定义为一种非财产性的权利。盖尤斯在其著作《法学阶梯（Institutes）》中，将事物分为有体物（即那些可以被触摸到的东西）和无体物（指那些摸不到的东西，也就是那些权利和利益，例如地役权和义务），并且指出只有有体物才能被占有。② 因此，虽然无体物可以成为法律诉讼的客体，例如当家父权或者名誉权受到侵犯时，受害人可以向法院提起诉讼，但是这些无体物却不能成为财产权的客体，具体地说就是人们不能按照通常的交付方法转让无体物，而且也不能凭时效取得无体物。

在经典罗马法时期，无形权利不能成为财产权的客体，不过在其遭受到不法侵害或者侮辱时可以得到刑法的救济。这种将人格权置于刑法保护之下的理念对以后人格权在民法法系中的发展产生了持续的影响。③ 不法侵害行为一般涉及他人的公众形象，这与现代人格法律制度相类似，均主张只要行为人的行为可能会破坏或降低他人的公众

---

① See Jane F. Gardner, Being a Roman Citizen 110 – 54 (1993); Abel Hendy Jones Greenidge, Infamia: Its Place in Roman Public and Private Law (photo. reprint 1977) (1894).

② G. Inst. 2. 12 – 14 (W. M. Gordon & O. F. Robinson trans.); J. A. C. Thomas, The Institutes of Justinian: Text, Translation and Commentary 74 (1975); see Alan Watson, The Law of the Ancient Romans 49 – 50 (1970).

③ See Max Kaser, Roman Private Law 215, 256 – 57 (Rolf Dannenbring trans. , 3d ed. 1980); David Daube, Ne quid infamandi causa fiat: The Roman Law of Defamation, in 1 Collected Studies in Roman Law 465 (David Cohen & Dieter Simon eds. , 1991); Ulrich von L < um u > btow, Zum r < um o > mischen Injurienrecht, 15 Labeo: Rassegna di diritto Romano 131 (1969). The main provisions on iniuria are to be found in The Digest of Justinian. See Dig. 47. 10 (multiple authors).

形象，那他人就有权就此向法院提起诉讼。不法侵害是指行为人故意或者过失给他人造成的有形损害以及无形损害，例如侵犯他人的姓名或者名誉。不法侵害既包括一般的诽谤和中伤，也包括许多有针对性的行为，例如，冒犯一位妇女的贞操，怀疑一个有偿债能力的人的信用，或者质疑某个人的道德品质，等等。鉴于不法侵害的实质侵犯的是他人的无形利益，而在当时人们认为无形利益是不能用金钱来衡量的。因此，此时的损害赔偿金更多的是惩罚性的或者禁止性的，而不是补偿性的。

补偿性损害赔偿诉讼保护的是所有者的财产利益，而不法侵害之诉则不同，它保护的是人格，而人格被认为是人之所以为人所必不可少的。由于对个人的损害有可能会导致整个社会的危机，这是法律必须试图避免的，因此法律必须保障个人的权利，而保护个人就意味着必须得保护个人的人格。虽然罗马学者从来没有将人格清楚的表述为一个抽象的概念，但是他们对不法侵害行为的处理显示出他们已经抓住了人格的概念，并且已经认识到名誉、荣誉以及贞操等这些道德品质在维护社会结构中所发挥的重要作用。总之，罗马法认为人格是非财产性的，这种观点对以后人格权在民法法系中的发展产生了深远的影响。

（二）中世纪和近代初期的人格权制度

中世纪的学者继承了罗马法的分类体系，他们没有把人格权侵权行为归于财产法之中，而是继续置于刑法的范畴。不同的是，在中世纪时期，学者是在基督教的背景下来分析人格的。在宗教法学家和神学家看来，这种人格权侵权行为是一种罪过（sin）。托马斯·阿森纳在他的著作《神学大全》（Summa theologiae）中讨论了各种各样的姓名侵权和名誉侵权行为，主要有侮辱（contumelia）、诽谤（detractio）、搬弄是非（susurratio）、嘲笑（derisio）和诅咒（maledictio）等。他主张这些行为都是不可饶恕的罪过。[①] 在后格拉蒂安（post-Gratian）时代的法律汇编中（主要是1234年的集外集和1298年的第六教令集）都设有这样一编，叫做"关于侮辱行为及其造成的损害（De injuriis

---

① Thomas Aquinas, Summa theologiae II - II, p. 72 - 76.

et damno dato)",并且这一编的设置是以罪过而不是以民事过错（civil wrong）为基础的。在以罪过为基础的前提下，此时期的法律均规定不管是口头所谓的侵权行为还是以具体行为所谓的侵权行为，只要造成了损害，受害人都可以就此向法院提起诉讼。由此可见，此时期的人格权概念带有鲜明的基督教色彩，这在1983年的《罗马天主教教会法法典》（*Roman Catholic Code of Canon Law*）的220条仍有体现，而且现代某些反对人格权财产性的学者也在沿用上述基督教的概念作为主要的反对理由。[①]

现代学者 Manfred Herrmann 指出，在16世纪时已经有一些学者开始强调要从概念上把诉权和实体权利进行分离。Herrmann 在研究了法国加尔文教派的学者的著作，特别是 Hugo Donellus 的著作以后，提出上述著作就已经奠定了现代人格权制度的理论基础。因为 Donellus 曾在其著作中提出：人的生命、身体完整、自由和名誉都是可以单独受到保护的权利，而不应该要靠是否可诉来证明其正当性。虽然 Donellus 没有走得更远去构建一个完全抽象的人格权理论，但是其观点在发展主观权利概念方面起到了非常重要的作用。后来的自然法理论就采纳了上述 Donellus 的理论。Donellus 的著作背离了或者说修正了经典罗马法中的人格权理论。然而后来，萨维尼和潘德克顿派学者掀起了对《查士丁尼法典》（*Justinian corpus*）的复兴研究，在此影响下，Donellus 的人格权概念被舍弃，而罗马法中那种狭隘的人格权概念又得到了学者们的支持。他们认为，人格权仅需要靠刑法来保护即可，而且他们还把人格权的范围仅仅局限在几种与名誉有关的利益之上。当然，Donellus 的人格权概念也没有被此时期的法律所采纳，因为萨维尼虽然承认了人对其自身是拥有支配力的，甚至这种支配力是所有正当权利的基础和前提，但是他并不认为这种支配力需要在制定法中给予识别和定义。这样的话，萨维尼就把人格权排除在了民法保护之外。他的这种思想对德国法以及之后的人格权法律制度发展产生了非常深远的影响。

（三）前现代时期的人格权制度

人格权制度在前现代时期（Premodern）的发展受到了罗马法的

[①] See Roger Nerson, Les droits extrapatrimoniaux 141–142 (1939).

巨大影响。

第一，在早期的民法传统中，人格权具有浓厚的非财产性，学界普遍认为人本身不能成为市场条件下的财产。这主要有两个原因：其一，在罗马法中，财产权的对象不能是无形的；其二，这受到基督教人格权理论的影响。由于中世纪时期以及近代初期的市场经济还很不发达，而且其对文化领域各个方面的影响并没有像今天这样深入，因此，罗马法学家及其在中世纪和近代初期的继任者们没有意识到人格权财产性这个问题也是情有可原的。在此时期，人本身的价值是不能用市场为标准来衡量的，而是一个与财产制度完全分离的并行制度领域。以盖尤斯的分类法为例，他主张财产和所有权并不是分类所必需的。他的分类法既不是以事物的财产地位也不是通过判断事物是否可以被占有为标准的，而是通过事物的性质，即判断事物是否可以被触摸到，来对其进行区分。主观权利的思想是在中世纪和16世纪时期发展起来的。这就为名誉、荣誉等人格权提供了一个财产领域之外的独立领域。盖尤斯分类法得到了学者们的广泛认同，部分原因就是由于它符合人们的直观感受——不是所有的东西都可以并且应该被个人所占有。

第二，由于前现代时期缺乏商业化利用他人身份特征的技术手段，所以人格是一种财产这种理念也不可能在此时被提出。虽然个人的名誉或者荣誉在此时也会遭受到损害，但是此时的法院认为受害人只是遭受到了侮辱而非遭受到损失，而侮辱又是不能用金钱来衡量的，因此，法律所提供的救济就不能采取补偿形式，而仅仅是责令行为人停止侵害。停止侵害的方式既可以是罗马法中规定的惩罚性的威慑，也可以是中世纪教会法中规定的逐出教会和公开赔礼道歉。虽然现在看来侵犯他人的人格会给他人造成一定严格的商业损害，但是由于这种观点需要现代文化和大众传媒的支持，而这些又都是工业化社会的产物。因此，在非工业化的背景之下，学者们仅可以预见到极少的人格权可以被商业化利用，如版权或者肖像权。只有在具备了现代传媒这种强大的制造传播能力的条件下时，肖像、外表等身份特征才变成了有金钱价值的商品。

第三，前现代时期的财产理论及其概念分类上的局限性继续影响着民法法系国家的人格权制度。然而，从19世纪开始，人格权在现实中不可避免地产生了变化,随之产生的是日益复杂的法律问题,面对这些,民法法系的各个国家将会如何应对呢?

三、现代时期的人格权和肖像权

在前现代时期人格权制度的基础之上,现代的学者认识到了人格在各种不同的身份特征之中均有体现,例如隐私、肖像、声音、身体完整、姓名以及名誉等身份特征都是个人人格的一部分。最早讨论到要把人格权作为一种概括性权利的是 1909 年 E. H. Perreau 所发表的文章以及 1910 年《瑞士民法典》。① 另外,Samuel D. Warren 和 Louis D. Brandeis 在 1890 年发表的《论隐私》一文对人格权的发展也产生了重大影响。此后,法学界开始出现到底是应该把人格作为一个抽象的一般人格权进行保护还是应该将其作为隐私权的一部分进行保护的争论。对此,民法法系国家和普通法法系国家采取了不同的应对措施。

除了研究一般人格权的发展之外,学者们也一直在致力于研究肖像权,而关于肖像权的性质、范围以及在法律中的地位等这些问题在不同地区也有不同的结论。例如,法国、德国、加拿大魁北克省以及瑞士等这些民法法系国家对于一般人格权和肖像权的处理方式就有所不同。此外,普通法法系中,美国和加拿大人格权法律制度也有所差别。

(一)法国

在摄影技术出现早期,法国法就开始应对肖像权侵权问题。1858年,女演员 Rachel 临终时的照片被刊登了出来,她的继承人诉请法院颁布禁令来阻止这张照片的买卖和传播。这是一个被广泛引用的案例,审理此案的法院认为:虽然死者生前是一个经常曝光在公众场合的明星,但是在没有经过其家人正式同意的情况下,任何人也不得复制和公开其临终时的肖像,而且此项反对复制的权利是一种绝对权。② 此案的判决不是基于《法国民法典》第 1382 条的民事赔偿责

---

① Code Civil Suisse et Code des obligations Annotes art. 28 (Georges Scyboz & Pierre-Robert Gillieron eds., 5th ed. 1993) [hereinafter Code civil Suisse].

② T. P. I. de la Seine, June 16, 1858, D. P. III, 1858, 62; see Jacques Ravanas, La protection des personnes contre la realisation et la publication de leur image 351 – 352 (1978).

任制度作出的,而是把肖像权看做是一种他人所享有的绝对权来处理的。此案只是涉及死者的肖像权,随后的案件则把此案确定的原则扩展到了活人身上。1900年,艺术家James Whistler因为没有交付一幅委托的绘画作品而被原告起诉至法院。① 法院认为,虽然Whistler可以在归还原告定金的前提下不履行交付义务,但是在保留的同时,Whistler既不可以出卖也不可以展览这幅作品。因为是原告而不是Whistler享有作品中的肖像权。此案是发生在非摄影时代背景下的一则非常有趣的肖像权侵权案件,此案的法官借鉴了版权案件的处理方式,认为肖像权中包含着道德性的权利。因此,他主张虽然原告允许Whistler为她作画,就意味着双方以契约的方式限制了原告的肖像权,但是原告仍保留了其肖像权中的某些道德权利,这些道德权利是不可转让的非财产性权利。

此后,在媒体文化竞争激烈和狗仔队历史传统深远的法国,肖像权开始引起了法学理论界的浓厚兴趣。② 此时争论的焦点集中在肖像权的独立性方面,即肖像权到底是隐私权的一部分还是一项独立的权利?一些学者坚决主张人格权是非财产性的,认为肖像需要通过隐私权、名誉权或者其他类似的权利来进行保护,而不存在独立的肖像权。因此,他们提出,行为人未经授权使用他人的肖像属于隐私权侵权行为,所产生的商业损害应该被归入知识产权领域,而与人格权毫无关系。

虽然肖像侵权案件涉及他人商业利益的损失,但是法国法院仍把此类案件当做隐私权侵权案件来处理,这与加拿大魁北克省的做法不谋而合。以1975年的一则案件为例,在此案中,一本法国杂志未经女演员Catherine Deneuve的授权就擅自刊登了她为美国的《花花公子》杂志所拍摄的裸照。③ 因为《花花公子》杂志未经Deneuve的同意把照片卖给了该法国杂志,所以此案涉及商业性利益方面,然而法国法院仍是基于隐私权侵权的理由做出了判决。与此案相类似,1982

---

① Cass. le civ., Mar. 14, 1900, D. P. I, 1900, 497, note M. Planiol.
② The jurisprudence, not surprisingly centering largely around celebrities, such as Brigitte Bardot and Catherine Deneuve, is surveyed in Pierre Kayser, La protection de la vie privee par le droit: protection du secret de la vie privee 181–182 (3d ed. 1995).
③ CA Paris, May 14, 1975, D. 1976, 291, note R. Lindon.

年，Maria Callas 的继承人将一家广播电台告上了法庭。① 理由是这家广播电台播出了一盘 Callas 的录音带，而这盘录音带是在 Callas 死前的一次试音中被秘密录制的。由于这次试音是在一个空无一人的剧场中进行的，而且在此次试音中，Callas 对自己的声音状态非常不满意以至于她已经决定了要停止此次演出。因此，法院认为这次试音属于 Callas 的隐私，而广播电台播出这盘录音带就非法侵入了属于 Maria Callas 隐私的艺术生活之中，并给其艺术形象造成了严重损害。虽然此案法院认为声音属于 Maria Callas 的某种形象，但是确切地说，这并不是一个公开权侵权案件，因为法院的判决理由明显是以 Maria Callas 的天赋的非财产性方面为基础的，而不是基于本案中显而易见的商业因素。

虽然法国法院和学者很早就已经承认了隐私权，但是隐私权成为一个一般性的权利却始于1970年《法国民法典》第9条，该条规定：任何人都有其隐私得到尊重的权利。自此以后，法国学者就更加倾向于用隐私权来保护他人的人格了。《法国民法典》第9条并没有明确规定要保护他人的肖像，不过法国学术界一直认为肖像是与隐私密切相关的，因此法国法院虽然经常用《法国民法典》第1382条的民事法律责任制度来保护他人的肖像，但是此时它也可以把肖像作为隐私权的一部分来进行保护。

然而，大多数学者纷纷主张肖像权有双重性质：财产性和非财产性。换句话说，肖像权既与财产相关又与隐私相关。本文认为这种理论更符合现代的事实状况：在现代社会，肖像以及其他身份特征都不可否认地具有了金钱价值，而且这种理论也避免了学者们寻找各种理由来掩盖人格权的财产性。以 Pierre Kayser 为代表的大多数学者认为，肖像权的实质核心是以隐私权为基础的非财产性方面，只不过在某些情况下肖像权具有财产性的一面，而且这种财产性方面是不能脱离隐私而独立存在的。人格权的性质是一个很重要的问题，因为它涉及应该如何保护人格权的财产性方面——是像其他主观性权利一样受到绝对保护？还是把它留给侵权法给予一般保护？对此，Emmanuel Gaillard 发展了 Kayser 教授的观点，他主张肖像权是一个独立的财产

---

① T. G. I. Paris, May 19, 1982, D. 1983, 147, note R. Lindon.

权,这样的话,在那些只存在商业损害的案件中,法院就可以据此对他人肖像进行保护了。例如,1970年,原告Henri Charriere写了一本自传Papillon,介绍他在魔鬼岛的生活。此书出版之后,他起诉了此书的出版商,要求出版商对其承担隐私权侵权责任。Henri Charriere的理由是出版商未经授权就在书的封面上使用他的肖像。然而,由于出版商所使用的照片是在公开场合拍摄的,它就属于公共文件,出版商使用此照片就没有侵犯到原告的隐私。所以,法院驳回了原告的隐私权侵权主张。然而,由于被告的使用没有经过原告授权,因此法院还是判给了原告一些损害赔偿金。

以Gaillard的理论为基础,Acquarone更完整地阐述了肖像人格权和肖像财产权之间的区别:前者是把他人的肖像当做人内在的一个方面来对待;而后者则把他人的肖像作为一种可开发利用的商品。这就明确了非财产性和财产性或者说隐私权和公开权之间的区别。Acquarone教授把财产性和非财产性分别形成概念:肖像人格权被看做是消极的、被动的权利;而肖像财产权却是一种主动的、积极的权利。换句话说就是,肖像人格权主要是用于非名人领域——用来禁止行为人对普通人肖像的不必要的开发利用;而肖像财产权是名人所专有的——具体是指名人有权决定是否允许行为人商业性开发利用其肖像。以1987年的一个案件为例,此案中,一家小报刊登了一张喜剧演员Alain Delon在古巴的一家医院接受手术后的照片,并因此被诉上法庭。[①] Delon的理由是这家小报为了商业和广告的目的而侵犯了他的肖像和隐私。虽然这个主张没有得到初审法院的支持,但是上诉法院认为初审法院在判决中所认定的被告的行为只造成了原告精神损害的观点是错误的,因为它忽略了被告的行为给原告的事业造成的损害以及由此产生的财产损失。

近来,Gregoire Loiseau的实用主义观点得到了越来越多的支持。他认为,一个纯粹的非财产性的人格权概念已经不能适应当前的现实。虽然Loiseau不同意将无形利益都留给非财产性权利来保护,但是他并不认为财产性人格权可以独立存在,而是主张创造一种追索权来解决那些只造成财产损失的案件。本质上讲,Loiseau和Gaillard,

---

① Cass. 1e civ., Nov. 17, 1987, Bull. Civ. 1987 I, No. 301, 216, note M. Delon.

Acquarone 等人一样，他们都认识到人格权的财产性和非财产性之间的不协调，因此，主张将二者分别用不同的方法予以保护。对此，本文将在第四部分详细予以讨论。

在法国的版权领域中明显也有类似的分歧——很多学者也都主张创设一个二元的版权保护体系：即把非财产性的著作人身权与著作财产权权利分离进行保护。由此可见，人格权与版权有很多共同点，对此，学者们在其著作中也常常拿二者进行比较。这表明在法国，像版权一样，肖像权也正在向一个二元化的概念发展，即由一个排他性的人格权转到一个可开发利用的财产权。

（二）德国

在德国，萨维尼和潘德克顿学派进行了大规模的罗马法编纂运动，这对德国法的发展产生了重大的影响。在 1900 年的《德国民法典》（BGB）中，明确规定了保护他人的姓名权，而没有涉及一般人格权。在姓名权侵权案件中，德国法院仅仅责令行为人停止侵害或者颁布一项禁令而已，而不会判给受害人损害赔偿金。这是罗马法把无体物不看做财产的思想影响下的产物。《德国民法典》起草委员会在其报告中指出：如果将非财产利益和财产利益视为同一，并对精神上的损害给予金钱赔偿的话，法律就会与占支配地位的国民观念相背离。而《德国民法典》的内容是不应该与这比较先进的国民观念形成对立的，因为只有社会中最不堪的一部分人才会尝试去占这种便宜。如果我们在民法典中这样规定，那么追逐利益、自私自利以及贪得无厌将被促进，并且一些别有用心的不正当勾当也将被鼓励。① 由此可见，起草委员会认为财产利益和主观权利是应该被分离的，最后这种观点也在《德国民法典》之中得到落实。②

早期，德国法院也曾适用过《德国民法典》来保护他人的人格权。例如，法院曾适用第 826 条（以违背善良风俗的方式故意造成他人损害的，对他人负有损害赔偿的义务）保护过他人的肖像权等某些人格权。有趣的是，《德国民法典》第 862 条第一款和第 1004

---

① 2 B. S. Markesinis, The German Law of Obligations - The Law of Torts: A Comparative Introduction 64 (3d rev. ed. 1997).

② See Christopher B. Gray, Patrimony, 22 les cahiers de droit [C. de D.] 81, 118 (1981).

条第一款的规定的禁令原本是针对那些侵害他人财产的行为的,却也被某些德国法院用在了人格权侵权案件中。不管怎样,《德国民法典》第823条的规定被视为民事责任制度的一般条款,而且它已经成为德国法院给予人格权侵权受害人以民法救济的主要依据。该条规定:因故意或过失不法侵害他人的生命、身体、健康、自由、财产以及其他权利者,对被害人负有损害赔偿义务。值得注意的是,《德国民法典》的重心是规范有形的财产,为了与其相一致,第823条所列举的那几种利益也都被认为是物质性的,理由是因为它们都与人类的物质生活密切相关。不过,在这些利益类型之后跟着一个词组"或者其他权利",这样就把一个封闭的权利种类变成了一个开放的范畴。"其他权利"就为德国联邦最高法院(BGH)创设一般人格权(allgemeines Pers<um o>nlichkeitsrecht)留下了余地,从而可以把《德国民法典》中不完整的人格权保护制度与其他法律规定的保护联系起来,尤其可以与1949年的《波恩宪法》(*Grundgesetz*)(GG)联系起来。《波恩宪法》第1条就规定了要保护人的尊严,而且在第2条第(1)款还规定了保障每个人的自由发展其人格的权利,这些条款与人格权保护制度联系紧密。除此之外,1907年的《艺术品版权法》(*Kunsturhebergesetz*)(KUG)对肖像权保护来说也是意义深远的。它在第22条①和第23条②分别规定了保护他人的肖像权及例外情形。

德国的人格权保护体系是以《波恩宪法》为基础,以《德国民法典》的一般条款为主体,再加上《艺术品版权法》等特别法的具体规定所组成的。从这个混合体系出发,德国联邦最高法院在1954

---

① 人之肖像,限于原像人同意时,得公布或展览。原像人为制作自己之肖像而获报酬时,推定其为同意。原像人死亡时,死亡后如未经过十年,即须得死者亲属之同意。本法所称之亲属,谓原像人配偶及子,配偶及子不存在时,则指原像人之父母。
② 第23条认为:①在没有第22条所要求的同意时,有关图片可以在以下情况下公开展示:一是为报道新闻时事(Zeitgeschichte)而使用图片;二是在风景图片,人只是其附属物时;三是关于集会、游行和类似活动的参加者的图片;四是非因委托而制作的图片,其传播和展出具有重大的艺术价值。②如果这样会损害受拍照人以及在被拍照人死亡的情况下其亲属的利益时,该图片不得展出和传播。

年的"读者来信"案①中创设了一般人格权并且从民法角度对其进行了解读。在纳粹统治时期，德国人的人身自由受到了严重侵犯，有鉴于此，一般人格权的产生算得上是一个重大的进步，不过，不可否认的是，一般人格权的确明显背离了《德国民法典》的初衷，其后的大量案件也逐渐证明了这一点。考虑到其产生的背景，一般人格权在产生之初就与隐私权联系紧密是毫不奇怪的。1954年的"读者来信"案对一般人格权的产生意义重大。在此案中，原告是一名律师，他致信给一份报纸要求该报收回其发表的一篇文章，理由是该文章把他的当事人与纳粹联系在了一起。该报未经原告同意就把这封信刊登在报纸的读者来信部分。原告因此把该报告上了法庭，很明显，被告的行为既不构成诽谤也没有违反版权法，因此原告提起诉讼的唯一理由就是被告侵犯了其人格权。虽然这个诉讼理由曾被帝国法院明确驳回过，但是德国学者们却长期主张要创设一个一般人格权。而审理此案的联邦最高法院就采纳了学者们的观点创设了一个一般人格权，它提出，一般人格权是一个由宪法予以保障的基础权利。由于被告明显处于不利的地位，因此，此次法院的判决并没有深究一般人格权保护的范围，而只是责令被告收回其发表的文章。

随后的判例法逐渐完善了一般人格权：首先，一般人格权是一个概括性权利，它包含了很多不同的具体人格权。其次，肖像权既是一般人格权利的组成部分，同时也是被《艺术品版权法》第22条所明确承认的权利。虽然还有其他具体人格权以这种方式被认可，例如《德国民法典》第12条规定的姓名权以及《德国版权法》（Urhebergesetz）（UG）第11章规定的著作人身权。但是对于那些法律没有明确认可的权利来说，一般人格权就可以为它们提供兜底性的保护。

对于我们的目的来说，最重要的修正是联邦最高法院承认了在侵犯主观人格权的案件中存在金钱损害赔偿，而这一点正是1900年《德国民法典》的起草者们所明确舍弃的。因为当时人格权被定义为非财产性的权利以及宪法性的权利，而起草者们又认为侵犯人格权造

---

① See Entscheidungen des Bundesgerichtshofes in Zivilsachen (BGHZ) 13, 334 (334), available at http://www.iuscomp.org/gla/judgments/tgcm/z540525.htm (last visited Oct. 15, 2001).

成的精神损害是不能用金钱来衡量的,所以人格权保护就遭遇到了瓶颈。《德国民法典》第253条规定:"行为人造成的损害为非物质损害时,仅在法律有规定的情形下始得要求金钱损害赔偿。"另外,《德国民法典》第847条规定:"损害赔偿仅仅发生在侵害身体或者健康,剥夺人身自由,以及对妇女犯有违反道德的犯罪行为或者不法行为的情况下。"鉴于上述限制,在《德国民法典》847条规定的情形之外的造成金钱损失的案件中,通常这些都是人格权侵权案件,原告就不能获得直接赔偿。改变以上情况的一个至关重要的判决来自于1958年"绅士骑手"案。① 此案的原告是超越障碍赛中的一名业余骑手,被告未经原告同意就将其照片用在了壮阳药广告之中,原告认为被告的行为是对他的侮辱,因此,诉请法院责令被告向其给付损害赔偿金。上诉法院在其判决中假设原被告双方存在一个许可使用合同,这勉强算是给原告造成了金钱损失,因此判决被告须向原告支付损害赔偿金。联邦最高法院(BGB)对此判决提出异议,因为这个判决意味着原告在得到足够的金钱后就会允许被告使用其肖像,然而事实并非如此。联邦最高法院主张,此案的被告侵犯了原告的人格权,进而给原告造成了精神损害,而精神损害也应该得到补偿。基于上述推理,联邦最高法院同样支持了原告要求损害赔偿金的主张。实质上,法院认识到,如果没有损害赔偿金予以强制保障的话,保护他人的人格权只是空谈而已,这种观点在后来的"人参"案中得到进一步发展从而更加具有说服力。此案判决指出:保护他人的人格及其自由发展具有重大的宪法价值,而民法的实施就要保障这种宪法价值的实现,由此出发,从而引出法院创设了一般人格权,并且适用《德国民法典》第823条第(1)款来对其进行保护。然而,如果不对人格权侵权行为给予充分制裁的话,这种保护将是充满漏洞的。

由此可见,虽然这些案件都为人格权财产化提供了可能,但是德国法院却一直没有将这种可能变成现实。大多数德国法院都把人格权侵权案件作为侵犯隐私权来处理。对此,德国学者们还投入了相当大的努力和智慧去研究应当如何适当平衡隐私权和知情权等此类棘手的

---

① BGHZ 26, 349 (349), available at http://www.iuscomp.org/gla/judgments/tgcm/z580214.htm (last visited Oct. 15, 2001).

问题。① 又与罗马法中复杂的隐私权理论相联系，此理论认为，个人生活分为三个不同的领域：不可侵犯的领域（intimate）、隐私领域（private）以及个体领域（individual），这三者受到法律不同程度的保护。讨论的重心毫无悬念地集中在有限的隐私领域上，因为不可侵犯领域是绝对不可侵犯的，而在个体领域（指个人与外界的交往，特别是专业活动交往），公众的知情权则更重要一些，不过，那些有重大利害关系的隐私问题是优先于公众的知情权而受到保护的。在有关的肖像权侵权案件中，法庭争论的焦点是公众的知情权在何种情况下会高于个人的隐私权，当案件涉及"新闻报道"侵犯他人肖像权时，争论尤其激烈——"新闻报道"是肖像权的例外之一。

强调对隐私进行非财产性保护往往就把其财产性的方面放到了一个不引人注目的位置。首先，德国法院把行为人商业使用他人肖像或者姓名的行为确认为侵犯了他人的一般人格权，并将其归为侵犯了他人的隐私领域。其次，法院认定被告的行为违反了德国法律。最后，按照《德国民法典》第823条第（1）款定为民事责任。对于人格权财产化这个问题，德国法院并没有像法国和美国法院那样关注。总的来说，德国法院一般不会保护他人肖像的商业利益，尤其是德国联邦最高法院更是坚定地认为公众的知情权应该高于个人的商业利益。以1979年的一个案件为例，原告是一位国际顶级足球运动员，被告使用原告的肖像作为一本日历的封面，并将日历投放市场进行销售，原告试图阻止这本日历的传播，并就此提起诉讼。虽然日历的传播明显是为了被告的商业利益，也因此可能会伤害到原告自己的商业前景。但是，联邦最高法院却不这样看，而是认为，日历的传播是为了满足大众的信息需求联系，而非仅仅为了纯粹的商业利益。这种观点引起了学界相当大的争议。② 联邦最高法院最后仍然认为原告的商业利益不值得保护，它指出：自从1907年《艺术品版权法》颁布以来，就授予个人肖像获得回报的权利，但是，这种权利是否会随着经济和社

---

① See Frederique Ferrand, Droit prive allemand 383 (1997). Entscheidungen des Bundesverfassungsgerichts (BVerfGE) 35, 202 (202), available at http://www.iuscomp.org/gla/judgments/tgcm/v730605.htm (last visited Oct. 15, 2001)

② 法院认为若这个日历被一些没有任何信息目的的例如海报之类的东西所代替，那么情况就会不同了。

会的变化而发生变化是由立法者决定的。

与此案相类似,1988年,一本网球教科书的出版者在未经授权的情况下就将网球运动员 Boris Becke 的肖像用在了此书的封面上。[①] 法院发现此案符合隐私权保护的例外情形,即教科书的信息传播目的,并且认为比起出版商的商业利益来说,公众的知情权更为重要。沿袭了先前球星日历案的判决,法院同样认为 Becke 对于其肖像的商业使用所享有的商业利益不能得到支持。

然而,德国联邦最高法院最近开始趋向于承认人格权的财产性。例如在1999年的一个案件中,被告为了广告和商业的目的擅自将 Marlene Dietrich 的肖像用于一部以她为题材的音乐剧中,Dietrich 的女儿也是她的唯一继承人因此要求被告赔偿损失。虽然这个判决主要处理的是人格权的继承性,但是,此案法院对于个人生前的人格权本质及其保护所做的阐述非常具有说服力。此案的初审法院认为,人格权只保护精神利益而不保护商业利益,因此只颁布了禁令而没有判给损害赔偿金。联邦最高法院推翻了这个判决并判给了原告损害赔偿金,它认为一般人格权除了保护精神利益之外,它还保护财产利益,特别是当原告是名人时,一般人格权中的财产利益就更为突出。它提出,行为人在未经授权的情况下,就将他人的身份特征用作广告等商业性活动时,通常给他人造成的精神利益损害少于商业利益损害。此外,比起纯精神损害的情形来说,在那些造成财产损害的案件中,损害赔偿金的数量是不依赖于侵权行为的严重程度的。因此,德国法院强调人格权的财产性方面也具有绝对性。

德国法院一贯做法是不愿意保护人格权的财产方面,至少不愿意以人格权的理由来保护那些积极开发自己人格的名人。不过,现在德国开始有观点主张个人对其肖像拥有财产性权利,这明显背离了德国法院所一贯主张的一般人格权的非财产性。而德国法院也在一些判决中承认了人格权具有财产性的方面,这就将一种新思路引入了德国法之中,使得德国法和法国法走向了功能的趋同。

(三) 其他欧洲国家

除了德国和法国以外,瑞士的情况也值得一提,因为1900年的

[①] Oberlandesgericht (OLG) (Court of Appeal) Frankfurt, NJW, 42 (1989), 402.

《瑞士民法典》是最早规定人格权的几部民法典之一。① 虽然《瑞士民法典》借鉴了《德国民法典》，但是二者也有所不同：《瑞士民法典》在一开始就规定了人格权保护的一般条款，即人格受到不法侵害时，为了寻求保护，可以向法官起诉任何加害人。同时该条款还指出，一个没有正当理由的攻击就是非法的。所谓"正当理由"是指：受害人的同意、占优势的公共或私人利益或者法律规定。瑞士法院在解释该条款时指出，出于个体之间的交往的需求以及包括内心感觉在内的习惯的需要，任何可以赋予一个人个性的东西都是值得保护的，这当然就包括了肖像权。进一步说，虽然瑞士和德国的人格权保护制度都是以隐私权为基础的，但是瑞士在其民法典中就已经阐述了对一般人格权的保护，同时瑞士法院承认了保护肖像权的财产性方面，从而超越了德国法院，而与法国和美国的理论更为一致。

（四）加拿大魁北克省

像法国一样，虽然 1866 年的《加拿大地区民法典》(the Civil Code of Lower Canada) 没有明确规定保护他人人格，但是，加拿大魁北克省同样也在民法的一般条款中推进了其隐私权保护制度，法院在此过程初期起了重要作用。最早的案例是 1874 年的 Cordingly v. Nield 一案，② 此案中，被告擅自阅读了原告写给别人的信，并把信中所写的原告曾经参与过"饮酒协会（drinking party）"的信息告诉了原告的潜在合作者，从而造成原告商业利益的损失。虽然判决中并没有提出隐私权理论，而只是判断了被告没有必要的理由阅读他人信件是具有过错的，但是判决中有这样一句话——人与人之间的信任必须被保护，不然将危及社会存在的基础。这句话中就隐含了一个不完善的隐私权概念。1958 年的 Robbins v. Canadian Broadcasting Corp 案③发展了隐私权的概念。在此案中，一名医生给电台写了一封投诉信，电台主持人不仅在广播中读了这封信，而且还向观众提供了医生的地址和电话号码并要求观众去联系他，因此给医生造成了如洪水一般的骚扰信件和电话。法院认为电台主持人的行为属于侵犯隐私，应

---

① See Andreas Bucher, Personnes physiques et protection de la personnalite (1992).
② [1874] 18 L. C. J. 204, 204 (Que. Super. Ct.).
③ [1958] C. S. 152 (Que. Super. Ct.).

该按照《加拿大地区民法典》第1053条和1054条的规定，赔偿原告的金钱损失和精神损害。

自此之后，虽然比起其他民法法系的国家来说比较落后，但是魁北克省的人格权制度仍处于不断发展中。① 在魁北克省，隐私权的概念对于保护他人肖像来说是具有决定性的，因为魁北克省大多数法院仍倾向于把肖像看做是一个隐私问题来处理。直到20世纪70年代，魁北克省法院才在其判决中首次提到了肖像权。虽然与法国相比，这就相对比较晚了，但是这些判决却为魁北克省在肖像权领域的理论学说发展划定了轮廓并提供了方向。当时这些案件面对的难题是如何在法律定义缺位的情况下找到一个可保护的利益。例如在 Field v. United Amusement Corp. 一案②中，原告是伍德托斯科音乐节的一名观众，被告将他的裸体与一位妇女嬉闹的画面拍进了节日纪录片之中，并进行了商业发行。原告向法院提起诽谤之诉来保护其肖像（或者也许说他的隐私更贴切），不过这个诉讼理由没有获得法院的支持。Langlois 法官似乎认为个人不享有肖像权，他主张公众的知情权是最高的，可以构成一种豁免。然而，Field 一案的观点没有得到普遍支持，并且最高法院还在几年之后 Rebeiro v. Shawinigan Chemicals 一案③中重新讨论了这个问题。此案的原告是一位教师，暑假期间他在被告那里做壮工，被告没有经过他的同意就把他的工作照片用在了广告宣传之中，这导致原告受到了他的学生的嘲笑。与 Field 一案类似，此案也是一个非著名人物的肖像被擅自用于宽泛理解的商业活动之中，而且二者的被告都不构成诽谤。不同的是，在 Rebeiro 一案中，最高法院依据肖像权研究更为丰富的法国学说，承认了肖像权的存在，从而判给了原告损害赔偿金。另外，还有 Deschamps v. Renault Canada④ 一案，此案的原告是名人而不是普通大众，而且涉及的也明显是商业利益而非人格利益。原告是一些著名的喜剧演

---

① Edith Deleury, Une perspective nouvelle: le sujet reconnu comme objet du droit, 13 C. de D. 529, 529 (1972).
② [1971] C. S. 283, 284 (Que. Super. Ct.).
③ [1973] C. S. 389 (Que. Super. Ct.).
④ See Jugements inedits: Deschamps v. Renault Canada, 18 C. de D. 937 (1977) [hereinafter Deschamps].

员，被告雷诺公司将他们在电影中的照片用于宣传在影片中使用过的一款车型。法院以纯粹商业利益的理由支持了原告的主张，主张由于原告是名人，因此他们对其肖像享有财产权。由此可见，此案的法官Rothman提出了用以财产和公开为基础的肖像权保护来代替以隐私为基础的肖像权保护的观点，此案的具体判决将在本文的第四部分进行进一步讨论。至此，虽然魁北克省也出现了肖像权发展初期的两个主要方向——隐私权和公开权或者说非财产性和财产性的分歧，但是其内涵和外延还远未确定。

为了架构一个概念体系去保护他人的人格，魁北克法院一直在进行司法探索。1975年，魁北克省立法机关终于在《人权和自由宪章》（《魁北克宪章》）第5条中承认了隐私权，此条规定"每个人都享有其私生活受到尊重的权利"。[①] 此条款类似于《瑞士民法典》以及1970年《法国民法典》修正案中的规定。另外，《魁北克宪章》中还包括了许多有关保护隐私权的条款，例如第7条规定的私人住宅不可侵犯，第8条规定的私人财产受尊重的权利以及第9条规定的保密权。不过《魁北克宪章》中没有关于肖像权保护的特别规定，因此在《魁北克民法典》（C. C. Q）颁布之前，《魁北克宪章》第4条（除了法律的授权，任何人不能在未经本人或其继承人同意的情况下侵犯他人隐私）和第5条就成为法院从隐私权角度保护他人肖像的主要依据。《魁北克宪章》认为，隐私权（包括肖像权）具有明显非财产性的绝对权，并在此基础上设计了救济措施，正如第49条第一自然段所阐明的那样：任何对本宪章承认的权利和自由的非法干涉都赋予了受害人要求停止此种干涉和获得对由此而来的精神或物质损害的补偿的权利。

在《魁北克民法典》中，隐私权保护制度得到了更明确的发展。另外，《魁北克民法典》第35条和第36条中还增加了对肖像权的特别规定，与法国法相比，这种做法是比较激进的。[②] 第35条规定：

[①] R. S. Q., ch. C－12, 5 (1975) (Can.).

[②] Louise Potvin, Protection against the Use of One's Likeness in Quebec Civil Law, Canadian Common Law and Constitutional Law (Part I), 11 Intell. Prop. J. (I. P. J.) 203, 220 n. 79 (1997).

"未经法律授权,任何人不能在未经得本人或其继承人同意时侵犯他人的隐私。"这是保护名誉和隐私的一般条款。第 36 条大概列举了具体的隐私权侵权行为,包括"当他人处在私人空间时,盗用或者利用其肖像或声音"、"以任何方式使他人的生活处于观察之中"以及"为了合理的公众知情权以外的其他目的使用他人的姓名、肖像或者声音"。这表明立法者把肖像权看做是隐私权的一部分。然而,如果行为人对他人肖像的商业开发并没有明显侵犯隐私时,法院又该如何处理呢?对此,《魁北克民法典》并没有给予明确的指引。另外,《魁北克民法典》第 3 条规定了人格权,例如生命权,保持其人身不可侵犯性和完整性的权利或者其姓名、名誉以及隐私被尊重的权利,在本质上是非财产性的,因此人格权既不能转让也不能分割。基于《魁北克民法典》第 3 条、35 条和 36 条的规定,肖像权在魁北克法中被看做一项非财产性权利,于是它就从由第 2 条和第 899 条所建立的财产以及财产制度中分离了出来。然而,有学者认为《魁北克民法典》的规定是存在矛盾的,例如,《魁北克民法典》第 3 条第 2 段规定人身权既不可转让也不可分割,然而其 35 条第 1 段却规定除非有法律授权,任何人不得未经当事人或者他的继承人的同意而侵犯其隐私。

激烈的矛盾和理论争议从法国和美国一起进入了加拿大的魁北克省,同时魁北克省也面临着肖像或者其他身份特征被商业化利用的社会现实,于是魁北克省的学者们也开始争论人格权的财产性和非财产性之间的模糊界限应如何划定,对此,本文第四部分将作具体分析。

虽然《魁北克民法典》和《魁北克宪章》都认为隐私权和肖像权是绝对的主观权利,但是,魁北克省法院仍趋向于用民事法律责任制度来处理此类案件,即要么适用《魁北克宪章》第 1053 条,要么适用《魁北克民法典》第 1457 条。在侵犯隐私和肖像的案件中,法国的民事法律责任制度和主观权利救济之间一直是非此即彼的,不过魁北克省的民事责任制度和主观权利救济却明显是携手合作的。虽然这在学说上仍有争议,但是,最近加拿大最高法院确认了这项原则。[①]

---

① See Beliveau St-Jacques v. Federation des employees et employes de services publics, inc., [1996] 2 S. C. R. 345, 405 (Can.).

然而，肖像权的本质仍没有在魁北克法中得到确定，近来的一些判例就反映了这些理论争议和概念上的难题。主流趋势仍是把肖像，特别是非著名人物的肖像，当成一个隐私问题来处理，这也得到了《魁北克宪章》和《魁北克民法典》的支持。除了 Deschamps 一案以外，魁北克早期的肖像权侵权案件都是把肖像作为隐私的一个方面来处理的，而且近来那些涉及非名人的案件也是如此。法院并没有细究案件中是否存在诽谤的问题就将行为人擅自使用他人肖像的行为认定为隐私权侵权行为，并因此判定行为人应承担侵权责任，例如在 Marquis v. Journal de Quebec 一案①中，被告对曲棍球联赛的新队员受辱仪式进行了报道并刊登了照片。法院认为，被告侵犯了原告的隐私权，并给其造成了精神损害，因此法院判给了原告损害赔偿金。受理此案的法院认为公共利益并不能使隐私侵权行为合理化。另一个更明确的例子是 P. T. v. B. R. et P. Inc. 一案，② 此案中的原告是一个年轻的男模特，他参加了一次时装秀的试演，并拍摄了一组照片。后来他发现这些照片被刊登在一本同性恋淫秽杂志上。原告声称他的模特事业已经被这种有害的曝光给毁了，并主张被告给予商业损害赔偿金。然而，法院认为，被告的行为仅仅侵犯了他的隐私权，因此，法院判给了原告精神损害赔偿金。Aubry v. Editions Vice-Versa③ 案是迄今为止加拿大历史上最为重要的肖像权侵权案件。虽然它的判决也主要是基于隐私权作出的，但是加拿大最高法院的判决至少为肖像权财产化奠定了理论上的基础。

甚至在那些商业性显著的案件中，法官仍倾向于把隐私问题放在首要地位，例如，在 Cohen v. Queenswear International Ltd. 一案④中，一位年轻的女士身着性感泳衣参加了一个泳池聚会，期间她的朋友给她拍摄了一张照片。即使她知道这张照片可能会被用于广告，但是她也不会意识到照片会出现在海滩产品的包裹之上并穿越几乎整个加拿大。虽然此案的 Bishop 法官引用了关于肖像权财产性的学说，但

---

① [2000] R. R. A. 229, 231 – 232, 240 (C. Que.).
② [1994] 28 R. J. T. 291 (Que. Super. Ct.).
③ [1998] 1 S. C. R. 591 (Can.) and [1996] R. J. Q. 2137 (Que. C. A.).
④ [1989] R. R. A. 570, 571 (Que. Super. Ct.).

是，他的判决仍主要是以侵犯隐私为基础作出的：他认为损害赔偿的判决不是赔偿实际的损失，而是对精神损害的补偿。另外，在 Bonneville v. Brasseurs du Nord Inc. 一案①中，原告在参加公园集会时，在毫无察觉的情况下被被告拍了照，并将其照片用在了啤酒广告中。啤酒厂通过使用原告的肖像获得了大笔利润，原告因此以精神损害和不当得利的理由诉请被告给付大笔的赔偿金。法院仅仅认定被告的行为侵犯了原告隐私和名誉，并判给了适度的补偿，但是关于原告不当得利的主张，法院仅仅判给了一个非常小的补偿数目——大致相当于啤酒厂从图片库中获得一张类似照片所不得不付出的报酬。魁北克法院甚至不保护那些名人肖像权的商业性方面，例如在 ogajewicz v. Sony of Canada Ltd. 一案②中，被告没有经过授权就将原告在小提琴音乐会上的照片用在了索尼产品的广告中。虽然这个音乐家小有名气，其肖像可以被认为是有商业价值的，但是法院却认为此案中不存在物质损害，并因此驳回了原告所主张的商业损害赔偿金。由此可见，虽然原告的身份的确会影响到精神损害赔偿金的数额，但是它并不足以使肖像权侵权从隐私权领域转到公开权领域。

虽然法院一直都强烈趋向于把肖像权侵权案件按照侵犯隐私权来处理，但是加拿大最高法院却在 Aubry 一案③中明确表示，肖像权具有双重性质——既具有非财产性又具有财产性。在 Aubry 一案中，原告坐在蒙特利尔大街上，而被告在其毫不知情的情况下为其拍照，并未经原告同意就将照片刊登在一本发行量有限的艺术杂志上。虽然审理此案的三个法院——魁北克法院、魁北克上诉法院以及加拿大最高法院——都支持了原告的诉讼主张，但是它们的理由却有所不同。三者的相同点在于它们都以被告侵犯了原告的隐私权为基础，认为被告的行为违反了《魁北克宪章》，进而应承担《加拿大地区民法典》第1053条规定的民事法律责任。而三个法院的争议在于被告是否具有过错以及过错的性质是什么，这也是魁北克上诉法院和加拿大最高法

---

① [2000] R. R. A. 144, 145 (Que. Super. Ct.).
② [1995] 128 D. L. R. 4th 530, 63 C. P. R. 3d 458, 460 (Que. Super. Ct.).
③ [1998] 1S. C. R. 591 (Can.); [1991] R. R. A. 421 (C. Que.) and [1996] R. J. Q. 2137 (Que. C. A.).

院的主要分歧。然而，对于我们的目的来说，最重要的是各个法院关于肖像权财产性这部分的讨论。上诉法院的 LeBel 法官指出，对于那些肖像中具有明确的金钱利益的人来说，他们享有独立的财产性肖像权，这是一个从隐私权中分离出来的权利。他认为这超出了魁北克学说中的人格权理论。虽然肖像权的确是隐私权的组成要素，但是在商业使用的情况下，个人的姓名或者肖像则具有财产价值。[①] 然而，加拿大最高法院的法官们则更坚持"肖像/隐私联系说"，这也是在魁北克省学术界占主导地位的学说。首席大法官 Lamer 对此持有异议，虽然他不同意财产性肖像权的独立存在，但是他认为如果财产性肖像权存在的话，它不应该仅仅局限于名人所享有。Lamer 法官的原话是："我也和我的同僚们一样，主张个人的肖像权主要是一个人身权，即是一个非财产性质的权利。就像在 Deschamps v. Renault Canada 一案中 Rothman 法官所建议的那样，我也认为它的确没有必要进一步发展出一个独立的财产性肖像权。然而，我认为无论出名与否，个人从许可使用自己肖像中获利都不违反公共秩序。"[②] 加拿大最高法院的 L'Heureux-Dube 法官和 Bastarache 法官提出的观点得到了 Cory 法官、Gonthier 法官以及 Iacobucci 法官的支持，不过却与 LeBel 法官以及法国和魁北克一些学者的立场形成鲜明的对立。他们指出虽然关于肖像权是一项独立的人格权还只是隐私权的一部分这个问题，在法国法和魁北克法上均存在争议，但是他们认为，肖像权拥有非财产性和财产性双重性质，而且是《魁北克宪章》第 5 条所规定的隐私权的一部分。

然而，加拿大最高法院最后达成的多数意见在法国学者的基础上又发展了肖像权财产性方面的某些特征。判决中指出：关于侵犯隐私的财产性方面，我们认为，不管针对名人还是非名人，只要是行为人出于商业目的对他们的肖像进行了使用，就能导致他人的财产损害。于是，必须基于实际上受到的损失或者失去的利益给予一个适当的补偿。这就是损害赔偿金的财产性方面。无论初审法院的法官还是上诉法院的法官都没有讨论过这一点。无论如何，被上诉人有权要求一定

[①] Aubry, [1996] R. J. Q. 2137, 2146 (Que. C. A.).

[②] Aubry, [1998] 1 S. C. R. at 605.

数额的金钱来换取对她的肖像的使用。被上诉人主张这是一种商业使用，并且举出证据证明了损害赔偿金的正当性。于是，被上诉人通常有权获得一笔钱。因为在证据允许的情况下，通过以可得利益损失为主要原则的利润分享理论来弥补受害人的财产损失是可行的。

由此可见，加拿大最高法院的大多数法官已经承认了肖像权在具有非财产性的同时也具有财产性，只不过财产性和非财产性的界限还尚未明确。

这种肖像权财产性的理念在魁北克法上并非没有先例可循。Deschamps 一案的判决就提出，即便不存在隐私权侵权问题，名人对其肖像仍享有财产性权利。然而，肖像权财产性的观点只是在个案中有所体现，因此在 Aubry 一案之前，双重属性的肖像权更多的只是一个理论上的可能性，而不是在司法中确定的概念。① 在加拿大最高法院对 Aubry 一案作出正式判决之前，法院根据《魁北克民法典》对 Ethier v. Boutique a Coiffer Tonic Inc. 一案②作出了判决。在此案中，被告是一个美发沙龙，原告是一位乡村歌手。被告使用原告的肖像指出其发型已经过时了，来宣传自己能够更新此发型使其符合流行趋势。因为原告过去曾开发利用过自己的肖像，所以法院认为被告的行为会造成原告收入的损失，因此责令被告承担损害赔偿金。虽然损害赔偿金的数额远远少于原告所要求的数额，但是法院还是表达了对原告主张的某种敌视，它认为这个诉讼只不过是原告经纪公司的阴谋而已，只不过是为了让某些人或者全部人都知道它是多么积极的保护其客户的利益。

对于那些侵犯肖像范围之外但是也可以代表这个名人的某些身份特征的案件，法院又是如何处理的呢？例如，在 Theriault v. Association Montrealaise d'Action Recreative et Culturelle 一案③中，蒙特

---

① See H. Patrick Glenn, Le droit au respect de la vie privee, 39 La revue du Barreau (R. du B.) 879, 889 (1979).

② [1999] R. R. A. 100, 102 (Que. Super. Ct.).

③ Theriault, [1984] R. J. Q. at 951-955. 例如，法院被要求去找到是否被告为商业目的而使用这些表达方式以及被引人诉讼的一方构成了一个引起损害赔偿的不正当竞争行为。Id. at 953-955. 法院通过考虑是否这个短语构成了戏剧演员们的安排以及是否被告从事了"假冒行为"，以及原被告是否在同一行业。

利尔一家游乐场所使用的广告语把其和正在流行的喜剧二人组"Ding and Dong"联系了起来。原告,即喜剧二人组"Ding and Dong",主张被告的行为属于擅自使用了他们的身份特征,并且会危及他们现有的商业合同,同时还稀释了他们名声的影响力。上述主张的思路让人想起了商标权保护制度。最后,法院虽然驳回了他们提出的暂时禁令的主张,① 但是通过引用 Deschamps 案以及安大略省 Krouse 案②的判决,法院认可了他们主张的商业损害,同时提出民法中存在"表演者权(droit de l'entertainer)",并指出这个权利是人格权的一个方面。

虽然肖像权的确切界限仍不明晰,但是 Aubry 一案认可了肖像权的财产性方面仍为名人或者其他人的肖像权保护制度的进一步发展提供了坚实的基础。当然,这种保护也可以扩展到其他身份特征。正如本文第四部分所指出的那样:从 Aubry 一案开始,魁北克省的法院已经越来越倾向于保护肖像权的财产性方面,随后的 Malo v. Laoun illustrates 案③也表明了这一点。近年来,魁北克省的肖像权理论似乎进入了介于德国法强烈的非财产性概念与美国法强烈的财产性概念之间的中间立场,这种立场比较接近于近年来法国的肖像权学说。

(五)普通法系国家

在当今社会,人格权越来越市场化,这种趋势美国尤其明显,而说英语的加拿大地区由于深受美国影响,这种趋势也比较突出。所以,普通法系国家也不得不面对身份特征在隐私和公开之间的分歧。由于缺乏罗马法的民法传统及其概念的限制,普通法系国家几乎不关注无体物应受到何种程度的法律保护,而是更关注人格权本身,因此它们先在人格这个总标题下确认具体的应该受到保护的利益,然后再为其创设一个恰当的诉因。由于普通法国家采用了更加灵活的财产概念,因此,民法法系国家在处理人格权保护问题时所面临的归类难题,在普通法系国家几乎没有造成什么障碍。下文将剖析美国和加拿大普通法地区对此问题的应对措施,而暂不讨论英国的普通法。

---

① Theriault, [1984] R. J. Q. at 951 – 952. 法院认为随后判给的损害赔偿金足以矫正任何损害,所以禁令被驳回了。
② Krouse v. Chrysler Canada Ltd., [1973] O. R. 2d 225 (Ont. C. A.).
③ [2000] R. J. Q. 458 (Que. Super. Ct.). 这个案件现在正在上诉。

1. 美国

早在1890年，Warren和Brandeis就在其论文《论隐私权》中呼吁创设一个一般隐私权，这篇论文对隐私权的发展影响重大。Warren和Brandeis认为，隐私权是一个"不受打扰的权利"，它是以广泛而灵活的财产概念为基础的。他们提出：合同和信托学说均不能充分地保护隐私权，因此必须诉诸于侵权法予以保护。从最广泛的意义上讲，财产权的对象既包括可被实际占有的财产也包括各种权利，因此当然也就包括了人格权。而这个最广泛意义上的财产权概念就为保护他人的人格提供了广泛的基础。

上述侵权法理论是由主观人格权的概念推导而来的，而主观人格权这个概念的确也为人格权在法国的学术讨论提供了一个很重要的起点。关于上述创设一般隐私权的建议，虽然Georgia州在1905年就在Pavesich v. New England Life Insurance Co. 一案①中承认了普通法上的隐私权，但是直到1960年William Prosser发表其论文《论隐私权》以及随后的《第二次侵权法重述》的发表，隐私权制度才在美国获得了普遍的支持。Prosser教授提出，隐私权包括四个方面，分别是：侵扰他人生活安宁及私生活，公开他人私生活事实，发布有关他人之不实肖像的信息以及窃用他人姓名及肖像。由此可见，Prosser教授把隐私看做一个概括性的权利，并且涉及上述四种独立的侵权行为。另外Prosser教授还主张，虽然隐私权涉及四种侵犯了不同利益的侵权行为，它们都是对原告权利的干涉行为，与隐私权这个通用名称绑在一起，但是除此之外，它们没有任何的共同之处。

Prosser教授的隐私权定义的最后一个方面——窃用他人姓名及肖像，与其他三项比起来，它是有所不同的，因为其包含的是经济损害而非精神损害。Prosser教授通过这种理论上的巧妙手段把隐私权和公开权，用民法法系的术语来说就是，把隐私权的非财产方面（即第一项到第三项）与它的财产性方面（即第四项）联系起来。无论如何，Prosser教授的分类就把Warren和Brandeis隐含着财产含义的早期隐私权概念与公开权联系起来。"公开权"这个概念是1953年

---

① 50 S. E. 68（Ga. 1905）. 在此案中，原告是一个不出名的普通人，被告未经其同意就将其照片用于出售保险。

联邦第二巡回上诉法院在 Haelan Laboratories, Inc. v. Topps Chewing Gum, Inc. 一案[①]中提出的,此案判决对随后的案件具有重大的影响。综上所述,在美国法中,隐私权而不是人格权成为了一般性的概念,并且隐私权还带有强烈的财产性。

虽然 Haelan 一案的重心不是隐私权问题本身,但是它的判决中最早提出了要保护公开权。Haelan 一案的当事人双方互为竞争对手,两方当事人都与他们卡片上使用的棒球选手签订了许可使用合同,法院正是基于他们之间的合同关系而作出的判决。然而,此案判决中的一句话非常重要,它指出,"除了隐私权(在纽约州它是来自于法规的),个人对其照片的公开价值还享有独立的权利,例如,他有权同意他人排他性地出版其照片"。[②] 该案法院把它提出的这个权利叫做"公开权"。因此,此案就为名人的公开权提供了一个标签和基础性结构,使得名人可以排他性地使用自己的身份特征,而其他人如果要使用其身份特征的话则必须付费。此外,虽然法院还认为公开权包括一种所有权利益,但是目前这个利益还是模糊不清的。

Haelan 一案之后,随着 Prosser 教授的隐私权理论的出现,一些案件中开始适用公开权进行判案,不过,早期的这些案件仍趋向于把公开权作狭义的解释,即把它的内涵和外延限制在姓名和肖像的字面含义上,例如,Cepeda v. Swift & Co. 一案[③]即是如此。虽然 Prosser 教授曾暗示过这个权利可以向姓名和肖像以外扩展,但是当时他并没有找到相关案例支持。20 世纪 70 年代以来,随着大量案例的迅速涌现,公开权确实已经突破了它早期的限制,尤其是像加利福尼亚州或者纽约州这种名人辈出的地方更是如此。迄今为止,美国大约有一半的州要么以普通法的形式,要么以制定法的形式承认了公开权。[④] 不过,这项权利显然还处于发展和定义之中,并且因为美国司法体系的本质又意味着公开权的外延在各州是不尽相同的,因此把公开权作为

[①] 202 F. 2d 866, 868 (2d Cir. 1953); see also Melville B. Nimmer, The Right of Publicity, 19 L. & Contemp. Probs. 203 (1954).

[②] Haelan, 202 F. 2d at 868.

[③] See 415 F. 2d 1205 (8th Cir. 1969).

[④] Steven C. Clay, Note, Starstruck: The Overextension of Celebrity Publicity Rights in State and Federal Courts, 79 Minn. L. Rev. 485, 493 (1994).

一个已经确定的问题还为时尚早,不过,在最近的判例法中已经凸显出公开权的以下两个特征:

第一,公开权所保护的名人身份特征的范围一直在扩展。原本公开权仅限于姓名和肖像,但近年来的判决已经把这个限制甩在了后面。以声音为例,作为身份特征的一个核心方面,它已经被看做是肖像而得到了保护,因此模仿名人的声音进行商业使用也被视为侵犯了名人的公开权。① 争议比较大的是保护那些声音以外的与姓名和肖像相距甚远甚至已经完全分离的派生身份特征,例如,Johnny Carson 的标志性话语"Here's Johnny";演员曾经扮演过的角色,例如,电视剧 Cheers 中的角色 Norm 和 Cliff② 以及电影 Our Gang films 中的 Spanky③ 甚至电视游戏节目中的布景,如在 Vanna White 一案④中的幸运大转轮。

第二,作为一种价值巨大的商业资产,公开权是否可以继承和转让是一个引起了巨大争议的问题。在权利人活着的时候,这个权利至少可以有限地转让,也就是说,即使名人通过合同转让了他的公开权,他仍保留了一个不可转让的精神权利。然而,讨论到公开权能否继承,这就变得比较棘手了。以肖像权为例,如果被视为一项人格权,那么它应该随着主体的死亡而终结;如果被视为一项财产利益或者权利,那么至少在主体死后相当一段时间内,肖像仍保留着它的价值,因此这些保留利益应该是由其继承人而不是其他第三方获得。对此,美国法院迄今为止仍没有达成一致,这些分歧是对公开权是财产权还是人身权这个问题的一种继续。加利福尼亚州最高法院在1979年的 Lugosi v. Universal Pictures 一案⑤中解决了争论中的很多问题。此案的初审法院认为,Lugosi 对他刻画的德古拉伯爵这个角色的肖像

---

① See, e. g., Waits v. Frito-Lay, Inc., 978 F. 2d 1093 (9th Cir. 1992); Midler v. Ford Motor Co., 849 F. 2d 460 (9th Cir. 1988); see also Robert W. Judge, Celebrity Look-Alikes and Sound-Alikes or Imitation is not the Highest Form of Flattery, 20 C. P. R. 3d 97 (1988).

② See Wendt v. Host Int'l, Inc., 125 F. 3d 806 (9th Cir. 1997). Wendt v. Host Int'l, Inc., 197 F. 3d 1284, 1287 (9th Cir. 1999) (Kozinski, J., dissenting) (dissenting to denial of rehearing and rehearing en banc).

③ See McFarland v. Miller, 14 F. 3d 912 (3d Cir. 1994).

④ See White v. Samsung Elecs. Am., Inc., 971 F. 2d 1395, 1399 (9th Cir. 1992).

⑤ 603 P. 2d 425 (Cal. 1979) (en banc).

享有一种应受保护的财产利益，这种利益像任何其他财产性权利一样是可以转让给他的继承人的。然而，加利福尼亚州最高法院推翻了上述判决，而是认为公开权是属于艺术家个人享有的，只有在其生前开发使用过的领域中，它才可以被继承。因为 Lugosi 在电影之外就没有商业使用过由他刻画的德古拉伯爵这个角色，所以，他的继承人无权在电影之外的领域开发使用这个角色。其实法院并没有完全拒绝公开权的财产性，而是认为此案的关键问题是澄清公开权是否是私人享有的，而不是争论其是否以财产为基础。

Lugosi 一案以后，其他法院也拒绝承认公开权具有可继承性。例如在 Groucho Marx Productions v. Day & Night Co. 一案[1]中，判决是由第二巡回法院沿袭 Lugosi 一案的判决作出的。被告是百老汇的制片人，它创作了一部以马克斯兄弟组合为题材的剧本，而马克斯兄弟组合的继承人基于公开权对其提起诉讼。然而，法院驳回了他们的主张，法院提出"公开权仅限于特别的'商业情形'——即那些名人生前曾用其姓名和肖像宣传过的商品或服务领域"。因为马克斯兄弟组合从来没有涉足过百老汇剧本，因此，法院认为，他们的继承人不能在这个领域使用他们的身份特征。

然而，联邦第十一巡回上诉法院在佐治亚州的 Martin Luther King 案[2]中进一步发展了公开权。它认为，Martin Luther King 的继承人有权行使公开权来阻止被告销售这位已故民权领袖的纪念胸章。在 Lugosi 案和 Groucho Marx Productions 案中，法院提出公开权保护仅仅延伸至那些名人生前积极开发过的领域，然而，此案的法院认为公开权在任何领域都具有可继承性，而且还认为不仅明星享有而且公众人物也可以享有公开权。

自从 1977 年联邦最高法院在 Zacchini v. Scripps-Howard Broadcasting Co. 一案[3]中作出裁定以来，它还没有重新介入过公开权的冲突。最高法院在此案中的结论有限地支持了公开权从而使这个问题更加地明

---

[1] Groucho Marx Prods., 689 F. 2d at 323.
[2] Martin Luther King, Jr., Ctr. for Soc. Change, Inc. v. Am. Heritage Prods., Inc., 694 F. 2d 674 (11th Cir. 1983).
[3] See 433 U. S 562 (1977).

朗化。此案中,原告在一个露天游乐场玩一种叫做人体炮弹的游戏,他的整个 15 秒钟的活动被一名记者录制了下来,然后在晚间新闻中播了出去。Zacchini 提起了诉讼,主张根据州法被告侵害了他的公开权。对最高法院来说,主要的问题是如何平衡公开权与宪法保护的新闻自由权之间的关系,因为根据新闻自由权,媒体有权自由报道关系到公共利益事件。负责写多数意见的 White 法官用带有强烈财产性的言辞解释了公开权,他认为"把原告的活动整个拍摄下来并予以播放,会对原告表演的经济价值构成实质性的威胁"。White 法官还认为,公开权的目的是"阻止行为人通过盗用他人名誉而不当得利的行为"——这句话的财产性色彩更加浓厚。因此,法院最后指出,在此案中,Zacchini 的公开权是胜过任何公众对新闻事件的知情权的。

总的来说,在美国,公开权是一个由财产权与隐私权相互交织而成的错综复杂的网络,并且它在各州的规定也各不相同。这点在是否可以继承这个问题上表现得尤为突出。虽然在最高法院对 Zacchini 案作出判决之后,主导趋势是把公开权,即 Prosser 隐私权概念的第四个方面,看做是一个财产性问题,但是迄今为止这仍是一项内涵和外延均尚无定论的财产。

2. 加拿大普通法地区

加拿大普通法地区的情形比美国或者加拿大魁北克省更加混乱。① 因为它既没有民法法系国家的一般人格(或隐私)权,又没有像美国一样有一个成熟的公开权,虽然加拿大法院已经尝试去定义人格权和公开权,但是迄今为止加拿大上诉法院或者最高法院还没有出台比较权威的阐释。

在加拿大普通法地区,他人人格受到侵犯可以提起人格权侵权之诉。这是安大略省上诉法院的 Estey 法官在 1974 年的 Krouse v. Chrysler Canada 一案②中首次提出的。在此案中,原告 Krouse 是一个足球运动员,他在比赛中的照片被被告用于其广告中,这个广告既具有宣传克莱斯勒汽车的目的,又可以通过提供球员的名单和制服号码

---

① For a survey, see Intellectual Property Law 864 - 865 (R. G. Howell et al. eds., 1999).
② [1973] 1 O. R. 2d 225, 241 (Ont. C. A.).

使电视观众能够识别出那些足球运动员。Krouse 主张其肖像的使用代表了他对产品隐含的认可,因此被告未经授权使用其肖像就侵犯了他的这种权利。然而,法院没有支持原告的主张,因为法院认为这个广告的目的主要为了宣传足球运动,而不是为了把 Krouse 和汽车营销联系起来。另外,参加联赛也意味着 Krouse 以及其他的专业足球运动员默许了可以使用他们的肖像来宣传足球运动。虽然 Krouse 没有胜诉,但是,法院在判决中承认了职业运动员的身份特征具有认可或者其他的宣传价值;因此,确实存在一个普通法上的权利来保护他们的商业利益。对此,Estey 法官写道:对于出于商业目的擅自使用他人的肖像、声音或者其他身份特征等情况下的救济措施,确实可以在我们的法律中找到一些支持。不过迄今为止,我国和英国法院都拒绝了基于窃用人格或者损害潜在许可效力等此类宽泛的理由来作出判决。因此我认为,在普通法系国家的侵权法中,是没有宽泛地分出人格权侵权这个概念的。

那么,就像 Estey 法官认定的那样,上述侵权行为被限制在商业损害上,尤其是限制在对人格认同价值的损害上。因此,在加拿大普通法地区,尽管隐私权的因素仍然隐藏在后面(如未经同意使用他人的人格常常是一种侵犯隐私的行为),但是财产性的方面已经被推向了前台,这使得该地区的人格权侵权行为更类似于美国的公开权保护而不是民法法系国家的人格权保护。

Krouse 一案后不久,仍在安大略省,公开权侵权之诉就在 Athans v. Canadian Adventure Camps Ltd. 一案[1]中得到了适用和发展。此案中,原告是一次划水项目比赛的冠军,被告将他的标志性照片用于一本小册子上来宣传带有划水项目的夏令营。虽然照片在这本册子中被转化成线描图,但的确是同一个肖像。不过,和 Krouse 一案形成鲜明对比的是,本案的原告胜诉了。因为他曾积极开发过自己的肖像,并且此肖像已经被认同为是可以代表原告自身的。虽然还是多少有点模糊,但是加拿大法院似乎已经区别出,也许更准确地说是,创造出公开权侵权之诉的不同之处了。首先,法院驳回了 Athans 所主张的其人格的认同价值被窃用的主张,因为看到广告的人是不可能把这个

---

[1] [1977] 17 O. R. 2d 425, 437 (Ont. H. C.).

广告当成原告的认同的。然而，Henry 法官接着指出，由于照片代表了 Athans 与众不同的标记，被告没有经过他的同意就对他的标志性肖像进行了商业性的使用，这损害了原告排他性享有的商业化利用其身份特征的权利，从而符合了人格权侵权之诉的构成要件。因此，Athans 案是沿袭了 Krouse 案[1]提出的那种相当模糊的财产利益的观点，并详细说明了人格权侵权之诉是为了保护一种"财产权利益"，这是一种排他性市场化利用其身份特征的权利，类似于商标权。

20 世纪 70 年代以来，虽然判决的人格权侵权案件很少，但是这些案件都开始趋向于侧重处理财产利益这个问题，这就与 Estey 法官最初在 Krouse 一案中提出的新概念相一致了。[2] 侵权法涵盖的潜在保护范围要比纯经济利益广泛得多，纯经济利益是在 Dowell v. Mengen Institute 一案[3]中提出的。在此案中，法官认为被告使用原告肖像的行为不是对原告商业利益而是对其隐私权的侵犯。然而，这种观点受到了广泛质疑。此案的被告是一家失业讲习班，它将本班的参加者都拍进了一部纪录片中。虽然原告的主张没有得到支持，因为在参加这个讲习班之前他们已经同意了此项拍摄，但是这个判决表明人格权侵权之诉还可以用于维护非商业性利益。[4] 因此，Dowell 案扩展了人格权侵权之诉的范围，使其达到了对人格的一般保护程度，即既可以保护公开权又可以保护隐私权，这体现了美国的隐私权/公开权理论，Prosser 所定义的隐私权概念也是如此。

Gould Estate v. Stoddart Publishing. 一案[5]明确体现了加拿大的人

---

[1] Krouse v. Chrysler Canada, [1973] O. R. 2d 225, 241 (Ont. C. A.).

[2] See Joseph v. Daniels, [1986] 11 C. P. R. 3d 544 (B. C. S. C.); Heath v. Weist-Barron School of Television Canada Ltd., [1981] 34 O. R. 2d 126 (Ont. H. C.); Shaw v. Berman, [1997] 144 D. L. R. 4th 484 (Ont. Ct. Gen. Div.), aff'd, [1998] 167 D. L. R. 4th 576 (Ont. C. A.); Horton v. Tim Donut Ltd., [1997] 75 C. P. R. 3d 451 (Ont. Ct. Gen. Div.); Racine v. C. J. R. C. Radio Capitale Ltee, [1977] 17 O. R. 2d 370 (Ont. County Ct.).

[3] [1983] 72 C. P. R. 2d 238 (Ont. H. C.).

[4] See Robert G. Howell, The Common Law Appropriation of Personality Tort, 2 Intell. Prop. J. (I. P. J.) 149, 187 (1986).

[5] [1996] 30 O. R. 3d 520 (Ont. Ct. Gen. Div.), aff'd on other grounds, [1998] 39 O. R. 3d 545 (Ont. C. A.), leave to appeal to Supreme Ct. of Can. denied, [1998] S. C. C. A. No. 373 (online Quicklaw).

格权侵权概念与美国理论的竞合。此案涉及一本关于钢琴家 Glenn Gould 的书，这本书出版时所使用的照片和采访是作者在大约 40 年前所做的。虽然最后基于公众的知情权，原告败诉了，但是在此案的判决中，Lederman 法官先是使用"人格权侵权"，然后又使用了"公开权"一词，这一巧妙的术语转换，就把 Ontario 案的情形同美国理论（即以财产为导向的隐私权概念）联系起来。然而，上诉法院基于其他的理由推翻了上述判决；因此，Lederman 法官上述判决的含义至今仍是未确定的。虽然只能说 Gould 一案很可能会成为加拿大普通法地区开始适用成熟的公开权概念的标志；但是，不管怎样，这个隐私权与财产权的平衡似乎是偏向了人格是一种财产这个方向。

四、肖像权财产化在民法法系中的结果

随着各种身份特征被越来越多地加以商业化使用，特别是在新技术市场的潜在需求下，当今社会越来越强调商标、名誉以及姓名的识别价值，因此人格（至少是名人的人格）变得越来越财产化。然而，这些财产性人格权的准确性质是很难定义清楚的，因为除了财产性质以外，人格权还保留着非财产性质，二者构成了实质上的对立。

在《论隐私权》中，Prosser 教授回避了公开权的归类问题，他说："去争论这样一个权利是否可以被归类为'财产'是很没有意义的。一旦它被法律所保护，即使它不是财产，它至少也是一项有价值的权利，基于这种权利原告当然可以通过出售许可而获利。"在 Haelan 一案中，Frank 法官在研究公开权本质时也同样没有关注归类问题，他认为："它（公开权）是否被贴上一个'财产'权利的标签是不重要的；因为在此案中，通常在别的案件中也一样，这个'财产'的标签仅仅代表了法院可以强制执行这个有金钱价值的诉讼请求。"[①] 民法法系国家传统上一直被分类问题所困扰，但是，这种烦恼既没有影响 Prosser 教授也没有影响 Frank 法官。对他们来说，指出这个权利拥有价值就足够了，而无需过度地担心它的性质。可是，如果我们转到民法法系国家对待同样问题的处理方式，结果就是完全不同的。民法法系的学者认为，把肖像权定性为一种财产权就混淆了

---

① Haelan Labs., Inc. v. Topps Chewing Gum, Inc., 202 F. 2d 866, 868 (2d Cir. 1953).

这种权利的内在本质和它的财产性用途。肖像权,像其他人格权一样,不能被定性为一种财产权,因为它不容易被占有,而占有才是财产权的本质属性。所以,我们必须说,对肖像的排他性开发权,它本身可以被定性为一个无形的东西。

两大法系在分类方法上的不同不仅仅是一个空泛的语义学问题,而是涉及这些权利的本质以及它们在法律及市场上的地位等这类核心问题。

民法法系中,在传统的财产和非财产或者合同和所有权这种分类之间是存在灰色地带的,而人格权尤其是肖像权的市场化就使得人们开始强烈关注对这些灰色地带的法律救济。在某些学者看来,法律从保护无形的人格利益转去促进纯经济利益,这是对传统理念的挑战,它已经把人格权带到了一个危机点上,如同知识产权和其他所谓的特殊财产权一样。[①] 事实上不管是人格权的财产性方面还是非财产性方面都已经不能完全地契合传统的分类,如同 Roderick Macdonald 指出的那样,因为它们(身份特征)既不能是物权(因为它们存在于无体物之上)也不是人身权(因为它们可以对抗任何人)。因此,人格权很难契合传统的财产概念,然而,它们的金钱价值又使得他们不能作为一项单纯的非财产性权利。

面对上述难题,近来财产概念也开始进行若干基本的学说修正,不过这些建议还没有被普遍接受。很多学者曾指出,虽然在某种程度上财产性观点多半是实用的,但是问题是它仍然仅仅是一个学说的构建,是在特殊的历史时期被创造出来解释某种法律状况的,而并不是现今我们所必需的。确切地说,人格和财产在很多方面是对立的概念,而且一个的扩张必须以牺牲另一个为代价。因此,将人格权财产化就意味着要重新定义其本身的性质,而传统的财产理论是坚持人格与财产完全分裂的。然而,许多致力于财产性研究的修正主义者已经尝试去缓和上述对立了。例如,为了在财产概念中容纳这个新的财产种类(des biens nouveaux),Pierre Catala 建议进行"财产的分级",这是一个社会学观点,他认为,财产在某种程度上就是那些个体想让

---

① See generally Ysolde Gendreau, La nature du droit d'auteur selon le nouveau Code civil, 27 R. J. T. 85, 106 – 107 (1993).

其成为财产的事物,是那些在一定的历史时期内被允许生产、交换和积累的事物。① 当 Alain Seriaux 在区分主体(etre)和所有(avoir)的范围时,也提出了一个类似的灵活概念,他主张,随着物和人的联系越来越密切,它们就从所有的范畴移到了主体的范畴,此时它们的财产性等级就降低了。② 至于 Macdonald 则提出了把所有权与"其他财产性权利"相分离,他建议把后者作为一种"利益"或者放进一种新的财产关系的范畴,这将有助于容纳像知识产权和人格权等这些特殊概念(因为这种权利不到所有权但明显是财产性权利),而不用把它们勉强塞进严格坚持物权/人格权二分法的古典财产概念之中。

民法法系国家适用的是非此即彼的财产权与人身权的二元分类方法,不过,很多学者和法院考虑到将人格权的各个方面都纳入到传统的分类模式里是根本不可能的,所以不愿意采取一个如此绝对的分类立场,于是二者就出现了矛盾。而在普通法系国家的肖像权案件中,尤其是在美国的判例中,使用的是一个灵活的(或者更准确地说,模糊的)"财产权"概念,这种适用方式在 Prosser 教授的文章中以及 Frank 法官在 Haelan 案的判决中均有所体现。普通法系把人格权的各个方面都定义成一种有金钱价值的利益,这样就很容易将人格权的财产性方面容纳进来。然而,要把人格权的财产性方面塞进民法法系僵硬的概念框架中则需要很大的技巧。例如,在 Deschamps 一案中,Rothman 法官回顾了 Haelan 案,其措辞就远远超出了传统民法法系国家所做的分析,他指出:"现在,如果商业开发一个电影明星的姓名和肖像的权利是一项财产权或者说是一项能够产生经济收益的物权的话,那么任何人就不能窃用它或者未经所有者的同意而使用它。"在涉及人格权财产性的其他案件中也有类似的分析,此时民法学家常常会把那种标准的财产权或物权与人身权的绝对二元分类结构抛在脑后,而去选择一个更为灵活的视角,例如可以把人格权财产性方面作为宽泛定义的知识产权,常见的做法就是把姓名和肖像识别为商标。

---

① Pierre Catala, La transformation du patrimoine dans le droit civil moderne, 65 revue trimestrielle de Droit civil (Rev. trim. Droit civ.) 185, 213 (1966).

② Alain Seriaux, La notion juridique de patrimoine: Breves notations civilistes sur le verbe avoir, 93 Rev. trim. Droit civ. 801, 804 – 806 (1994).

考虑到肖像权的财产性方面，有一个问题在诸多难题中尤为突出，即怎样去证明公开权将名人和普通人区别对待是正当的。一些学者把这种区别对待看做是创造了"一种新形式的特权（une nouvelle forme d'aristocratie）"，因为当所有的个体都享有隐私权时，那么在理论上，每个人也都应该有权利去保护其人格的财产性方面。① 然而事实却是，普通人的肖像主要是求助于隐私权来保护，而名人的肖像却可以被认定为财产权从而获得救济。虽然这个问题可以简单看做是一个经济问题，即名人通过强调他们的金钱损失可以得到更多的补偿，而同时普通人通过强调精神损害也会得到一个更好的结果。但是，确切地说，在对待人格权保护及其市场开发这个问题上，的确是存在歧视的，不过当我们用财产观点解释这个问题时，就会掩盖这种区别。

总的来说，上述问题可以归结为合同和财产的区别。在处理个人肖像权的财产方面时，法院倾向于把普通人的肖像看做是一个合同的客体，而把名人的肖像看做是财产标的，即认为名人的肖像既是一项有价值的资产又是一项能够不断增值的财富。因此，法院在讨论到名人对其肖像的权利时，自然是财产的观点占了支配地位。相反，非名人却没有这种有价值的资产。他们的肖像被认为主要是涉及了隐私，并且财产方面占这种隐私权的比例是相当小的。虽然普通人仍然可以使用其肖像去赚钱，但是这种使用被解释为合同性的，即普通人的肖像被看做某个一次性合同的对象，行为人对他人肖像的使用被看做是他人提供了服务，这样的话，他仅可以要求行为人支付相当于模特的报酬。② 因此，名人肖像权案件中争论的焦点是肖像本身和它的内在价值，而普通人肖像权的争论焦点并非如此，其焦点集中在肖像的交易上。被告将原告的肖像用于广告中并且取得了巨大的成功，虽然原告的肖像是该广告成功的核心要素，但是原告作为普通的不知名人物，也只能向法院提起隐私之诉并仅能要求被告对他承担精神损害赔偿。原因就是法院认为，非名人的肖像不具有可保护的商业利益。虽然在 Aubry 一案③中，加拿大最高法院在法官多数意见中提出了利润

---

① See Aubry v. Editions Vice-Versa, [1998] 1 S. C. R. 591, at 622 – 623 (Can.).
② See Cohen v. Queenswear Int'l Ltd., [1989] R. R. A. 570, 579 (Que. Super. Ct.).
③ Aubry, [1998] 1 S. C. R. at 623.

分享理论的建议,但是在其肖像未经授权就被行为人商业使用的情况下,非名人事实上通常只能得到微量的回报。

通过比较魁北克省最近发生的 Bonneville 案①和 Malo 案,② 可以得到对上述差别的合理阐释。在 Bonneville 案中,原告是不出名的普通人,他在一次公开活动中的照片被一家啤酒厂用于广告材料中。在 Malo 案中,原告是一个知名的喜剧演员,她的肖像被一个眼镜商用在了商业广告中。两个原告都主张商业损失补偿金:Bonneville 案是以不当得利的理由主张;Malo 案中原告的理由是宣传费用的损失、被告对其艺术家身份的非法使用、侵犯了她的隐私权和肖像权以及侵犯了她作为一个艺术家自由安排其事业方向的权利。虽然两案的原告都胜诉了,但是法院的判决依据是不同的。Bonneville 胜诉的理由主要是被告侵犯了他的隐私权并对他的名誉和荣誉造成了损害。在此案中,原告主张被告未经授权就将其肖像用于商业广告中构成了不当得利,所以,要求被告对其承担 \$20000 的损害赔偿金。然而,由于原告是社会公众中默默无闻的普通人,他要求的赔偿金被缩减到仅仅 \$540,这个数额相当于啤酒厂从图片库中获得一张类似照片所需要付出的报酬。在 Malo 案中,法院没有采纳魁北克的学说而是借鉴了法国(特别是 Acquarone)的理论,从而把名人的肖像权从隐私权中分离了出去。③ 审理此案的 Courteau 法官主张,名人对其肖像拥有一个独立的财产权,这种观点超越了加拿大最高法院在 Aubry 一案中所做的判决。Malo 一案的法院认定,被告未经授权使用原告肖像构成了对原告艺术家身份的非法使用,因此,法院判给了 Malo \$25000 的损害赔偿金。

在 Malo 案中,法院认为原告的名气是一项有重大价值的资产,并且认为对于此项资产,只有原告自己才有权利进行商业开发。虽然除了在判决中引述了 Deschamps 案④的结论外,审理 Malo 案的法院并没有明确表示把肖像权作为一项财产权,但是法官的分析却强烈地指

---

① Bonneville v. Brasseurs du Nord Inc., [2000] R. R. A. 144 (Que. Super. Ct.).
② Malo v. Laoun, [2000] R. J. Q. 458 (Que. Super. Ct.).
③ [2000] R. J. Q. at 471–472.
④ Athans v. Canadian Adventure Camps, [1977] 17 O. R. 2d 425, 429–430.

向了这个方向。即使 Courteau 法官没有引用 Athans 案的判决，不过她的措辞和推理都使人强烈联想到 Athans 案。相反，Bonneville 案的判决就相当简明。这个判决没有涉及原告的肖像拥有任何的内在价值，而纯粹是在假设被告与原告订立了合同的基础上做出的，即原告作为模特为被告提供服务，而被告为原告的服务给付报酬。①

非名人肖像的商业重要性被贬值的现象在法国和德国法中也相当明显。例如，法国的 T. G. I 案②，几个原告各自起诉了摄影师 Robert Doisneau，原告认为被告的著名照片 *Baiser de l'hotel de ville* 是以他们为主体的，所以原告要求分享此照片所产生的巨大利润。第一个案件中，原告们主张被告侵犯了他们的隐私权和肖像权，要求被告承担超过 50 万法郎的损害赔偿金。然而，法院认为，原告们实际上并不是这张照片的主体，而且这些所谓的模特得到的"小费"（"petite retribution"）可以视为他们服务的补偿。第二个案件③涉及一个真正的女模特，她主张被告对其肖像的使用造成了她的精神损害和商业利益损失，因此她要求被告对其承担 10 万法郎的损害赔偿金。虽然照片中所描绘的就是原告，但是由于她并不出名，因此，法院仍驳回了她的赔偿主张。法院认为，此案涉及的是隐私而不是公开，如果照片是著名的 Madame Bornet，那么，她就可以根据公开权获得商业利益损失补偿了。商业补偿仅仅可以判给那些有名的原告，不出名就意味着没有侵犯到公开权，而仅仅可以从隐私的观点出发要求精神损害赔偿。④

虽然德国法院为公开权设置了比法国或魁北克更高的障碍，但是在德国也有把隐私当做财产的情况。例如 1956 年的 Dahlke 案，此案中的原告是一个著名演员。后来没有经过他的授权，他的一组照片就被一家摩托车制造商用在了广告之中。在 Athans 案以及 White 案中，曾商业开发过自己肖像的名人对其肖像享有一个类似于商标权的权利。德国最高法院的观点与上述观点形成鲜明的对比，德国最高法院

---

① [2000] R. R. A. 144, 148 (Que. Super. Ct.).
② T. G. I. Paris, June 2, 1993, Gaz. Pal. 1994, jurispr., 131, 132, note Fremond.
③ T. G. I. Paris, June 2, 1993, Gaz. Pal. 1994, jurispr., 133, note Fremond.
④ Joseph v. Daniels, [1986] 11 C. P. R. 3d 544, 544 – 545 (B. C. S. C.).

（BGH）明确拒绝了这样理解《艺术品版权法》（KUG）第22条，而是认为肖像权是一项人格权而不是一项财产权；因此它认为，原告承受的商业损失仅仅是原告许可行为人使用其肖像通常应该所收的许可使用费。

综上所述，美国法院认为一个露天游乐场的表演者对其肖像享有一个可补偿的财产利益（Zacchini）；① 法国法院认为不出名的普通人不能分享其肖像产生的巨大利益（Bornet）；② 德国法院认为即使一个著名演员的肖像未经其同意而被用于广告，他也仅仅能得到有限的补偿（Dahlke）。这显然很混乱，名人和非名人之间的区别和界限到底在哪里？换句话说，哪里才是隐私权和财产权的界限呢？

在 Malo 案中，Courteau 法官明确指出，名人对其肖像享有一个独立的权利，不过普通人不享有这个权利。他说：行为人未经授权就擅自使用著名艺人的照片，这就直接侵犯了艺人的肖像权，而没有必要牵涉其隐私权。不过，当那些既不是艺人又不是明星的普通人的肖像被行为人擅自使用时，把隐私权救济作为普通人提起诉讼的基础就是必要的了。公众人物的人格也可以通过肖像权得到保护，或者是通过阻止其肖像在不适合他的环境中传播，或者是通过索取金钱补偿来弥补其名声和声誉的商业利益损失。

隐私权和肖像权的分离进一步推动肖像权进入了财产领域，同时，隐私权仍处在传统的人格权范围内。上述分歧以及随之产生的损害赔偿金数量的巨大差别已经被某些学者认为是一种歧视，因为它高估了商业损害的价值而低估了精神损害的价值。不过，本人认为，只有在把肖像权看做是属于隐私权中的一个一元权利，而仅从隐私方面来分析的话，让知名人物的肖像拥有更大价值的确是不公正的。③ 然而，正如 Courteau 法官所指出的那样，若将肖像权视为一个有双重属性的权利的话，那么行为人未经授权对肖像进行商业使用对名人的影响显然比对非名人更大。

---

① Zacchini v. Scripps-Howard Broad. Co., 433 U.S. 562, 568 (1977).
② T. G. I. Paris, June 2, 1993 Gaz. Pal. 1994, jurispr., 133, 135, note Fremond.
③ 在某些方面，它应该价值少一些，因为这个肖像已经如此公开以至于很难看到进一步传播会造成多么大的损害。

不过，将肖像权从隐私权中分离出去并创设一个独立的财产性肖像权，也无助于澄清到底谁应该从这种公开权保护中受益，反而使这个争论变成了循环论证。知名人物对其肖像享有一种财产权，是因为他们将自己的肖像作为一种可开发的资产。而在行为人未经其同意就将不知名人物的肖像用于商业用途时，他们却不能通过主张公开权而获益。换句话说，即使当名人的肖像几乎没有创造任何商业利益，例如，Malo 案，名人的肖像仍被认为是独一无二的；而普通人的肖像则被视为可替代的，即使它在商业活动中创造了巨大的利益，例如 Bornet 案。

不管怎样，以权利人是否出名为标准的这种功能论方法为隐私和财产提供了一个可行的分界线。加拿大魁北克省、德国和法国的法院常常区分那些积极商业开发过自己肖像的人和那些没有开发过的人，这种区分有时也出现在美国和加拿大普通法中。① 这个粗糙的分界线使得那些没有市场开发过自己肖像的人只能通过隐私权保护他们的肖像，而那些肖像已经进入市场的人可以将其肖像放在财产权的保护之下，因此这就为决定他人肖像是否具有商业利益建立了一个事实标准。然而，事实上，这个标准确实趋向于奖励成功者而使那些还没有成功的人处于不利地位，例如在 P. T. 一案②中，原告虽然已开始了他的模特事业，但是还没有成名，所以法官认为他没有受到商业损失。另外，在 Bonneville 案、Bogajewicz 案以及 Cohen 案中都是如此，虽然每个原告的肖像都是被行为人擅自用于商业活动中的，但是，因为原告们先前都没有开发过自己的肖像，所以，在三个案件中，原告所主张的商业损害赔偿都被驳回了。更进一步说，这种区分方法趋向于假设普通人以前没有将来也不会开发自己的肖像。虽然这是德国法

---

① See Lugosi v. Universal Pictures, 603 P. 2d 425 (Cal. 1979) (en banc); see also Midler v. Ford Motor Co., 849 F. 2d 460 (9th Cir. 1988); Waits v. Frito-lay, Inc., 978 F. 2d 1093 (9th Cir. 1992). 这种区分是基于 Lugosi 案中的判决，虽然在 Midler 和 Waits 两案中，那些没有通过广告明确地开发他们的公开权的艺术家也被认为享有这样的保护来对抗他人未经授权对其肖像的使用。
② 在 P. T. 案中，法院认为：这种未授权的使用不能转化成一种利益的损失。原告还没有完成他的模特课程。因此，他没有经历利益的损失。原告处于一个他所期望的但是还没有开始的事业的曙光时期。P. T. v. B. R. et P. Inc., [1994] 28 R. J. T. 291, 302 (Que. Super. Ct.).

院在"绅士骑手"案中所明确的观点,但是,这未必正确。除非普通人能够证明他们曾积极地商业开发过自己的肖像,不然,就把他们分流到只能用隐私权这个非财产权利进行保护,这样就意味着,普通人在诉讼之前就已经被潜在地剥夺了获得公平回报的权利。

五、结论

由此可见,现代社会注重名气的价值。只要是与名人身份相关的特征,不管这种相关性如何含糊或者间接,只要行为人将其用于商业用途时,行为人都可能侵犯名人的财产权,从而承担侵权责任。有的学者把这种现象归结为"名人劳动价值论",他们认为明星通过努力工作才建立了他们的名气,因此名人应该为这种投资得到回报。无论人们是否同意上述叫法,人们不可否认的是名人的肖像和其他身份特征的确具有商业价值。无论这种商业价值是否可以被归类为财产权或者归为某些其他利益,人们不可否认的是必须有人来收获这些利益。一些学者认为法律保护的应该是天赋而不仅仅是名气,因此,他们建议创设一种"表演者权"来代替公开权。"表演者权"将会从名人天赋的实质表现这个角度(例如声音或者肖像等)来保护名人,而不仅仅从名气的角度来保护。这样的话,像 Midler 案和 Zacchini 案的原告将会得到保护,而那些仅仅略微涉及明星天赋的案件原告将不会得到保护,如 White 案、Athans 案以及 Malo 案。上述主张还创设了"合理使用"这个抗辩理由,这将有利于名气的积极作用的进一步发挥,如促进娱乐或者创造力,同时也可以阻止有人在文化领域利用公众的好奇心趁机牟利。

Aubry 案和 White 案的判决一直受到强烈的批评,因为按照这种逻辑的话,不管是在 Aubry 案以隐私权的方式或者在 White 案中以公开权的方式,都会围绕着肖像建立起一堵不合理的高墙。不管是否只是针对名人,法律授予他人商业开发自己肖像的排他性权利,都是在短间内从公共流通领域删除了潜在有用的信息。因此,对以财产为基础的肖像权来说,公众的知情权是一个强有力的抗辩。德国法院传统上一直重视公众知情权这个抗辩理由。虽然美国法院在 Zacchini 案中曾把原告的商业利益看做高于新闻自由权,但是,美国法院也在 Gould 案和 Astaire 案中认为,社会公众利益是胜过个人商业利益的。

事实上，在每个案件中都是商业因素和信息因素并存的。一方面，新闻媒体是企业的一部分，它必须赚钱以支付其开支；而另一方面，电视商业广告又是流行文化的重要因素，是当代社会公共信息的一个重要来源。

然而，对于那些反对财产性肖像权的人来说，他们的问题是试图把一个模糊的公平概念引入到不公平的情况中去。因为名气是完全不可预测的，它本质上就是不公平的。一些人努力工作很多年还是默默无闻，而其他人通过运气或机会就名声大噪。而且无论如何的不公平，Michael Jordan，Tiger Woods，或者甚至 Monica Lewinsky 此类在公众视线中一闪而过的那些人，都能够从他们的姓名或者肖像的开发中赚大钱，而其他 99.9% 的人却不能。在这种情况下，法律关注的就不该是那种无法回答的道德问题，即"名人们应该得到他们身份所具有的盈利能力吗？"而应该关注事实问题，即"由于名气有相当大的商业力量，那么谁应该从中获利？"

虽然名气并不只是个人劳动和努力的结果，但是，对于那些广告或类似的利用著名人物的姓名或肖像的活动的成功来说，名人所带来的某些有价值的品质毫无疑问是功不可没的。这些有价值的品质包括认可、有吸引力的风格以及良好的名声等，它们都有利于提升商品的竞争力或者有助于货物的销售。这些具有无形价值的品质（类似于商誉）是财产性人格权的核心，而且这些品质也使得名人的权利不同于普通人的权利。与此相反，事实上一个普通人的肖像是完全可以由其他普通人的肖像代替的（或者至少存在一个宽泛的可替代范围）。由于缺乏上述特殊品质，普通人的肖像就没有确定的财产利益可以去保护。总的来说，不管名人是怎么出名的，他的名气将使得其肖像既可以被市场化利用又具有商业价值。这种商业能力可能持续其一生或者仅仅持续其出名的那 15 分钟时间。但是，不论其持续时间长短以及它是否由于天赋或纯属好运，利害关系人都应从中受益。

美国和德国公开权制度的比较研究

苏珊娜·伯格曼[*]著 罗炜[**]译

目　　次

一、导论
二、美国法上的公开权制度
三、德国法上的"一般人格权"制度
四、"公开权"和"一般人格权"的比较分析
五、结语

一、导论

　　广告产业利用娱乐和体育明星来提高产品和服务的销量。演员、歌手和运动员告诉我们他们喜欢喝哪种饮料、吃哪种意大利面食、开哪种车,从而影响消费者的购买选择。使用了名人的姓名和肖像的商品也开拓出了一个盈利的市场。因此,名人的广告费在继续增长并且构成他们收入的一大部分。

　　为了保护名人的商事利益,美国法院在隐私权制度的基础上逐渐提出了公开权理论(Right of Publicity)。隐私权针对的是行为人对他人尊严和精神的伤害,根据受害人遭受精神痛苦的程度确定损害的赔偿范围和数额。与之相对,公开权保护个人身份的潜在商事价值,赋予名人对自己姓名、肖像和人格特征进行商业利用的支配权利。公开权本质上就是一个可自由转让的财产权。

　　与美国法相比,德国法律虽然不承认公开权,但当行为人未经名人的许可而擅自使用名人的人格特征时,德国的名人也会向法院起诉,要求法官责令行为人对其承担法律责任。在这些案件中,法官面

---

[*] 美国康涅狄格大学法学硕士、法学博士,在德国柏林有私人律师执业资格;同时,在欧洲最大的娱乐产业公司 UFA 的法务部工作。
[**] 中山大学法学院助教。

临的重要问题是要不要责令被告赔偿名人人格特征所具有的商事价值。在德国，制定法对姓名和肖像提供了保护，但除此之外，制定法没有规定是否对姓名、肖像以外的其他人格特征提供保护，因此，法官的任务就是填补这些法律漏洞。法官通过具体的个案，确立了一般人格权制度，这个制度保护了他人的名誉免受侵犯，保护他人对自己身份的商事价值的使用。本文主要是分析和比较美国法和德国法如何保护名人身份的商事价值。

二、美国法上的公开权制度

（一）法律的发展

在美国，法官在 Haelan Laboratories v. Topps Chewing Gum 一案[①]中首次提出了公开权的理论。在该案中，一些职业棒球运动员与原告 Haelan Laboratories 公司签订许可合同，许可原告独占性地使用他们的肖像生产棒球卡片，以促进产品的销售，并承诺不再许可第三人以相同的权利。被告 Topps Chewing Gum 公司作为原告的竞争对手，明知道原告拥有独占使用棒球运动员肖像的权利，仍然与这些运动员签订许可合同，使用这些运动员的肖像来生产棒球卡片，为此，原告 Haelan Laboratories 对被告 Topps Chewing Gum 公司提起诉讼，要求被告对其承担侵权责任。原告诉称被告侵犯了棒球运动员的隐私权，应承担侵权责任。被告对此提出两点抗辩理由：第一，因为棒球运动员没有授权 Haelan 代为诉讼，因此 Haelan 对 Topps Chewing Gum 公司提起诉讼不适当；第二，在侵权法上，原告如果要提起隐私侵权诉讼，要求被告承担侵权责任，必须以被告的行为使原告遭受精神痛苦为前提，否则原告不能对被告提起隐私侵权诉讼。在本案中，由于被告使用棒球运动员的肖像没有使棒球运动员遭受精神痛苦，即使原告是棒球运动员也不能对被告提起隐私侵权诉讼，所以，Haelan Laboratories 公司同样不能对被告提起隐私侵权诉讼。Healan 为了维护自身利益，补充了对 Topps Chewing Gum 公司的诉讼理由。Haelan 诉称被告明知原告拥有独占使用运动员肖像的权利，仍单方引诱运动

---

① 202 F.2d 866 (2d Cir. 1953), cert. denied, 346 U.S. 816 (1953).

员违约，让运动员与被告签订许可合同，许可被告使用运动员的肖像。被告针对这一理由，辩称其是通过独立代理机构获得运动员肖像的，而并不是通过运动员本人获得肖像，因此其行为是合法的。法院经过审理后作出了有利于原告的判决，法官指出："一个人除对自己的肖像享有隐私权外，一个人对自己肖像的公开价值也享有权利，即一个人也有将公开自己肖像的权利排他性地授予别人使用的权利，这种权利可称为'公开权'。"① 在本案中，虽然原告不是肖像的所有权人，但因为原告获得了独占性使用棒球运动员肖像的权利，所以被告仍然对原告的公开权构成侵犯，被告要对原告承担侵权责任。

在 Haelan 一案创设公开权之后，美国各州法律意见不一，持怀疑态度居多。对公开权的发展产生关键性影响的是美国联邦最高法院 1977 年在 Zacchini v. Scripps-Howard Broadcasting Co. 一案②中作出的判决。在该案中，原告 Zacchini 是一个马戏团演员，他在一个博览会上作"人体炮弹"的表演，整个表演过程约 15 秒钟。当地一家电视台未经原告同意将原告整个表演过程作为博览会新闻的一部分而加以播放。法院认为被告播出原告的整个表演过程，损害了原告演出的经济价值，侵犯了原告的公开权。

上述两个案例确立之后得到美国法院和专家学者广泛的认同，他们认为美国法院应该认可公开权的理论，其主要理由如下：第一，公开权保护名人身份的商事价值，防止行为人通过侵权行为获得不当利益。名人通过大量的时间、金钱投入和精心策划形成在公众心目中的良好声誉，使与他们相联系的商品备受公众青睐，这是他们的劳动成果，他们应该享有姓名、肖像等人格特征所创造的经济利益。第二，公开权保护名人身份的商事价值，防止行为人在未经授权的情况下大量使用名人的人格特征损害名人的经济利益。第三，公开权保护名人创作的积极性，使艺术家创作更多具有娱乐性和具有知识产权的作品，正如法院在 Zacchini 一案中所言，"公开权保护名人创作的积极性与专利法和著作权法的立法目标是一致的"。③

---

① Id. at 868.
② Zacchini v. Scripps-Howard Broad. Co., 433 U. S. 562 (1977).
③ Id.; see Estate of Presley v. Russen, 513 F. Supp. 1339, 1358 n. 18 (D. N. J. 1983).

在美国，公开权的理论得到广泛的认可，被公认为一种独立于隐私权的理论。美国共有25个州通过制定法或普通法对公开权加以承认。虽然公开权的基本含义是确定的，但各州对公开权制度的规定未必完全相同，主要表现在三个方面：公开权保护哪些人格特征，公开权能否继承，公开权受侵犯时权利人能主张哪些法律救济。①

（二）公开权所保护的人格特征

1. 肖像和照片

名人可以通过照片、图画或者电影的形式使用其身份的商事价值。当原告提起公开权侵权诉讼要求法院责令被告承担侵权责任时，原告应当证明其被使用的人格特征具有可识别性，即被告在电影或照片中使用的人格特征是原告的人格特征，这一理论可称为"可识别性理论（identification）"。在 Ali v. Playgirl, Inc. 一案②中，法官对原告身份的可识别性问题作出了说明。在该案中，被告在杂志上刊登了一幅图画，画面为一个裸体男性黑人，坐在用绳子围起来的拳击场的一角。尽管那张图画不是照片，只是一张卡通式的图画，但法院审理后认定，图画中这位男性黑人的体型特征具有可识别性，即这一形象就是原告 Ali 的形象，所以图画中的裸体男性黑人就是 Ali。

在 Cohen v. Herbal Concepts, Inc. 一案③中，法院认为认定原告身份的可识别性比较困难。在该案中，被告拍摄的减脂产品广告从背面展示了两位裸体女性，尽管广告没有显示两位女性的脸部特征，但原告仍对被告提起诉讼，诉称其丈夫可以辨认出照片中的人就是他的妻子和女儿，因此，要求被告承担侵权责任。被告辩称，因为原告的丈夫在拍摄的现场，所以，原告的丈夫可以辨认出照片中的人是他的妻子和女儿，但是，一般公众无法辨认出照片中的人就是原告及其女儿。纽约上诉法院不支持被告的抗辩理由，并指出对他人的识别不局限于通过脸部特征，还包括"头发、形体特征和姿势等其他方面"。

在处理原告身份的可识别性问题时，法官面临的另一个问题是，如果被告使用与名人相似的肖像，被告的行为是否属于侵权行为。关

---

① 2 McCarthy on Publicity, supra note 2, 6.3 [A].
② See Ali, 447 F. Supp. at 723. (S. D. N. Y. 1978).
③ 482 N. Y. S. 2d 457 (1984).

于这个问题，法官在 Onassis v. Christian Dior-New York, Inc. 一案[①]当中作出过说明。在该案中，被告在杂志上刊登了一幅广告画，使用了一个酷似肯尼迪夫人的模特的肖像。原告向法院起诉，要求被告承担侵权责任，被告不承认其行为构成侵权，认为其没有使用肯尼迪夫人的肖像因而没有侵犯肯尼迪夫人的肖像权。纽约州最高法院不支持被告的抗辩理由，判定被告侵犯了原告的公开权，颁发禁止令禁止被告在广告上使用该模特的肖像。法官在颁发禁止令时指出："虽然他人的肖像可能仅仅是一个人形象的再现，但是其实他人肖像有更加广泛的含义，它真实地代表了一个人外在的和内在的特性或者高度地反映了近似真实的特性。行为人未经他人的许可不得使用他人的姓名和肖像。当行为人使用了与他人相似的肖像做广告时他们不得拒绝对他人承担侵权责任。"[②]

总之，"如果行为人用于从事商业活动的人与一个名人很相似，难以区分，并且广告的内容清楚地表明这个人是真正的名人，[③] 与名人相似的人的肖像就被看做是名人的肖像，所以使用与名人相似的肖像也构成侵权行为，也应承担侵权责任。"

2. 姓名或者绰号

公开权对他人姓名权提供保护。试想这样一则广告："Michael Jackson 可能是位著名的歌手，但他从没品尝过 Coca Cola！你为什么不去品尝呢？"因为广告没有虚假成分，所以 Michael Jackson 不能依据联邦《商标法》第 43 条第 1 款起诉，要求广告主承担责任；但是 Michael Jackson 从未同意广告商使用其姓名做广告，Michael Jackson 有权依据公开权受侵犯而要求法官保护其姓名权。

与认定侵犯肖像权一样，在认定行为人的行为是否构成姓名权侵权行为的时候，法官要考虑的问题同样是原告的姓名是否具有可识别性的问题。若通过某一姓名能识别出特定的人，行为人未经授权而使用该姓名就构成公开权的侵权。行为人未经同意使用这些名人的名字

[①] 472 N. Y. S. 2d 254 (N. Y. Sup. Ct. 1984), aff'd without opinion, 488 N. Y. S. 2d 934 (N. Y. App. Div. 1985).

[②] Id. at 261.

[③] Allen v. National Video, Inc., 610 F. Supp. 612, 623 (S. D. N. Y. 1985).

如：cher，John，Paul，George 和 Ringo 等也将构成公开权侵权。此外，公开权也保护名人的绰号。

关于原告的绰号是否具有可识别性的问题，法官在 Carson v. Here's Johnny Portable Toilets, Inc. 一案①中作出了说明。在该案中，被告是一家生产坐便器的公司。被告为了销售其产品，使用了"Here's Johnny"作为产品的商标。原告向法院起诉认为被告侵犯了自己的公开权，要求法官责令被告对其承担侵权责任。法院认为，尽管被告没有使用 Carson 的姓名和肖像，但是，被告使用原告的绰号"Here's Johnny"，"Here's Johnny"清楚地指明了原告的身份，所以，被告未经授权就擅自为了商事利益使用原告的身份，侵犯了原告的公开权，应当对原告承担侵权责任。法院还特别提到，如果被告使用原告的姓名，则不构成对原告公开权的侵犯。因为原告的姓名没有使其成为家喻户晓的名人；相反，是原告的绰号使其成为家喻户晓的人物。所以，被告使用原告的姓名不构成对原告公开权的侵犯。

3. 声音

法院最初保护名人公开权的时候并不禁止行为人对名人声音进行模仿。然而，第九巡回上诉法院在 Midler v. Ford Motor Co. 一案②中作出的判决改变了这一立场，使法院将名人的声音也纳入到公开权的保护范围中。在该案中，被告福特汽车公司制作了一则关于自己产品的广告，想使用原告 Midler 演唱的 Do You Want to Dance 作为背景音乐。当原告拒绝了被告的邀约，不同意使用自己的声音为被告做广告时，被告雇佣了另一名歌手，要求其尽可能地模仿原告的声音去演唱，并将模仿的演唱使用在广告中。原告对福特汽车公司提起诉讼，诉称福特汽车公司使用模仿原告声音演唱的歌曲做广告构成侵权行为，应当对其承担侵权责任。被告福特汽车公司的抗辩理由与侵犯肯尼迪夫人公开权一案被告的抗辩理由一样，辩称其使用行为符合《加利福尼亚州民法典》第 3344 条的规定，它没有使用原告本人的姓名、声音、照片或者肖像，故不构成侵权行为。第九巡回上诉法院认为，虽然原告不能依据《加利福尼亚州民法典》第 3344 条的规定

---

① 698 F. 2d 831 (6th Cir. 1983).
② Id. at 1093., 113 S. Ct. 1047 (1993).

起诉福特汽车公司,但并不排除原告使用普通法上的公开权作为依据提起诉讼。法院判决被告侵犯了原告的公开权,责令被告对原告承担侵权责任。法院强调:"声音和脸部一样具有独一无二的特性,声音能清楚地指明一个人的身份,因而具有可识别性……模仿原告的声音就是盗用原告的身份。"

Midler 一案判决后不久,Frito-Lay 公司同样想使用歌手 Tom Waits 的歌曲 *Step Right Up* 来拍摄广告。广告制作商在明知 Waits 拒绝为广告演唱的情况下未经 Waits 的同意,让另一位歌手模仿 Waits 的声音为广告演唱。Waits 为此向法院起诉 Frito-Lay 公司和广告制作商,诉称被告违反了加利福尼亚州的法律和《美国联邦商标法》的有关规定,应承担法律责任。第九巡回法院援引 Midler 一案作为本案的判例,判决被告侵犯了原告的公开权,应当对原告承担侵权责任。

4. 具有可识别性的物件

与照片、姓名和声音一样,一件物品也可具有可识别性。在 Motschenbacher v. R. J. Reynolds Tobacco Co. 一案①中,法院指出,当一个物件与特定的人有密切的联系,以至于一般公众看到这一物件就能联想到特定的人时,这个物件就具有可识别性;如果行为人未经授权而使用这一物件就构成侵犯公开权的行为。在该案中,原告 Motschenbacher 是一位著名的国际赛车手,被告是一家烟草公司。被告拍摄了一则关于香烟的电视广告片,使用了原告正在驾驶赛车的照片。原告对烟草公司提起诉讼,主张烟草公司不得未经授权而使用原告赛车的照片。法院审理后发现,虽然原告的面部特征在画面中难以辨认,而且被告对赛车做了一些轻微的改变,但法院还是认为,因为这些装饰性标志不仅是原告的赛车所独有,而且让一般公众联想到这辆赛车是原告的,由此推断驾驶赛车的人就是原告,因此这辆赛车清楚地指明了原告的身份,具有可识别性,所以,被告未经授权而使用了原告赛车的照片构成侵犯原告公开权的行为。

学界普遍认为,White v. Samsung Electronics America, Inc. 一案②

---

① 498 F. 2d 821 (9th Cir. 1974).
② 971 F. 2d 1395 (9th Cir. 1992).

的判决"过度地"适用了公开权保护名人身份的商事价值。在该案中，被告三星电子公司为新上市的产品制作了一则广告，画面为一个拟人的机器人形象，头戴金色假发，身着晚礼服，佩戴珍珠项链。这是广告设计者刻意模仿 White 穿着的结果。广告发布后，广告的布景马上被认出是 Wheel of Fortune 的布景。White 起诉三星电子公司，诉称被告侵犯了其依据加利福尼亚州制定法和普通法享有的公开权，并构成联邦《商标法》规定的虚假宣传。被告辩称该广告只是对这一节目进行滑稽的模仿。法院审理查明，由于广告中机器人的形象不是原告的肖像，因此驳回了原告基于《加利福尼亚州民法典》第3344条提出的诉讼请求。然而，法院认为被告侵犯了原告普通法上的公开权。法院指出，被告侵犯原告公开权的方式可以是多种多样的，并不一定采用最明显的方式，即被告如何使用原告的身份并不重要，重要的是被告是否使用了原告的身份。因此，侵犯他人公开权的方式各式各样，种类繁多，法律不能对侵犯公开权的方式详细列举，如果侵权的方式能被一一列举，那么权利人身份的商事价值将面临极大的威胁。这就好比，如果某一规定说，只有九种不同的使用他人身份的方式可以构成公开权侵权，那么这一规定不过是向聪明的广告战略家提出挑战，让他们创造出第十种方式来。所以，在该案中，法院综合各种要素指出广告毫无疑问描述了原告，被告因此使用了原告的身份。

（三）抗辩事由

1. 同意的意思表示

公开权人有权同意行为人将其姓名、肖像及其他人格特征用于商业活动。在作出同意的意思表示后，公开权人就不能起诉使用人，主张使用人侵犯其公开权。同意的意思表示可以通过转让合同或者许可合同等书面形式进行。除此之外，某些州也规定，同意的意思表示也可以通过公开权人的行为予以默示进行。公开权人在授予同意的同时，可以对同意的范围作出限制，如对使用其人格特征的产品、媒介工具作出限制，对同意的期限、适用地域作出限制等。

公开权人同意拍照的意思表示，不能自动推定为默示同意其身份用于从事商业活动。例如，一个摄影记者拍下公共事件中的人物，若该照片是用来报道某一新闻事件的，法律推定他人默示同意其照片使用在新闻报道中；但如果照片使用在商业广告上，法律则不推定他人默示同意其照片用于广告中。

2.《美国宪法》第一修正案和有新闻价值的事件

公开权的适用受言论自由和新闻自由的限制。行为人对他人身份的使用，可分为传播性使用（communicative use）和商业性使用（commercial use）。所谓传播性使用，是指对于他人身份的使用是为了传播信息，因而言论自由的考虑高于公开权保护的考虑，所以行为人对他人身份传播性的使用受到《美国宪法》第一修正案的保护。所谓商业性使用，是指对于他人身份的使用虽然也有传达信息的作用，但主要是为了商业性的目的，因而行为人对他人身份商业性的使用属于侵犯他人公开权的使用。根据《美国宪法》第一修正案，行为人使用他人身份来报道具有新闻价值的事件和涉及公共利益的新闻属于"传播性"使用，受法律的保护。法院判定行为人对他人身份的使用属于传播性使用还是商业性使用，考虑的主要因素是行为人通过什么方式使用他人的身份。例如，行为人未经许可而将他人的姓名或肖像使用在产品上，如咖啡杯、运动服上，这种使用就属于商业性的使用，因此侵犯了他人的公开权。相反，行为人未经许可而使用他人的姓名或肖像是为了说明某一条电视新闻，这种使用就属于传播性的使用，受到《美国宪法》第一修正案的保护，因此没有侵犯他人的公开权。

在 Zacchini v. Scripps 一案①中，美国联邦最高法院面临的一个重要问题是，电视台播放出演员的整个表演过程是否属于新闻报道。法院最后判定被告对原告整个表演过程的播出已超出新闻报道的范围，因此，判定被告侵犯了原告的公开权。

在 Montana v. San Jose Mercury News, Inc. 一案②中，旧金山市四九人橄榄球队（San Francisco 49ers）在 1990 年的年度冠军赛中获得了分区冠军，被告 San Jose Mercury News 报社用了整版的专栏刊登了这支橄榄球队赢得比赛的报道，还登载了有队员 Montana 肖像的照片。被告还将这个专栏的每一页重新印刷成海报的形式，将其中一些卖给了公众，另一些则在慈善会上派送。Montana 对报社提起诉讼，

---

① 433 U. S. 562 (1977)；(see discussion supra Part II. A.).
② 40 Cal. Rptr. 2d 639 (Cal. Ct. App. 1995).

诉称被告重新印刷和售卖海报的行为侵犯了原告在普通法和制定法上的公开权，要求被告承担公开权侵权责任。很显然，报纸关于美国橄榄球超级杯大赛的报道是具有新闻价值的，因此受到《美国宪法》第一修正案的保护。但是，本案的关键问题是重新印刷出来的海报是否受到同样的保护。法院审理后认为，因为 Montana 的姓名和肖像被印刷在海报上的原因和被刊登在报纸上的原因是一样的，都是为了报道这一新闻事件，也因为"Montana 是这次体育赛事里最主要的运动员"，所以海报和报纸均享有《美国宪法》第一修正案的保护。当然，法院不会判令保护一切纪念性质的海报。法院在 Montana 一案中，考虑的主要是海报的内容和以下几个因素：第一，被告是报社而不是海报公司；第二，海报是按照成本价格卖出或是免费派发出去的；第三，海报描绘的是比赛的情景而不仅仅是运动员的肖像；第四，海报在比赛结束不久后就被印刷出来了，海报是为了庆祝这次比赛而不是庆祝某个运动员。因此，法院驳回了原告的诉讼请求并指出，报纸可以通过其新闻故事来促进报纸的销售，这种新闻故事不侵犯他人的公开权。

3.《美国宪法》第一修正案和模仿作品

《美国宪法》修正案总体上保护模仿作品。至于著作权法，只要符合《1976 年著作权法》(*Copyright Act of* 1976) 第 107 条的相关规定，模仿作品就被视为对原始作品的合理使用，受法律的保护。而商标法的规定则比较模糊，规定了只有在模仿作品不会造成一般公众误认时才受保护；若他人对模仿作品提起公开权侵权诉讼，商标法则没有相关的规定。

在 Paulsen v. Personality Posters, Inc. 一案[①]中，原告对被告的模仿作品提起公开权侵权诉讼，纽约州最高法院支持了被告的抗辩理由，驳回原告的诉讼请求。在该案中，原告 Pat Paulsen 是一位著名的喜剧演员。在 1968 年，原告在从事喜剧工作的同时参与总统竞选。一时间，他总统候选人的身份成为各家新闻媒体评论的对象。Pat Paulsen 授权一家公司出售其竞选的徽章、贴纸以及海报。被告未经原告同意销售了印有原告肖像的竞选海报仿制品。原告为此向法院提出申请，要求法官颁发禁止令，禁止被告销售竞选海报仿制品。法院

---

① 299 N.Y.S. 2d 501 (S.D.N.Y. 1968).

拒绝原告提出颁发禁止令的要求,并指出"这是一种与公共利益密切相关的表达形式,应该受到宪法的保护,被告享有表达自由"。

然而,在前文提到的 White 一案中,原告起诉被告侵犯其公开权,被告辩称其广告是一种对原告节目进行滑稽模仿的作品,法院不支持被告的抗辩理由,认为被告的广告模仿原告及其节目是一种未经许可商业性地使用他人身份的行为,不能受到《美国宪法》第一修正案的保护。但是,法院对 Hustler Magazine v. Falwell 一案①中模仿广告的看法却不一样。在 Hustler 一案中,Jerry Falwell 牧师是"道德多数派"组织的领导者,Hustler 杂志使用了 Falwell 的身份,制作了一页广告,是一个具有讽刺嘲笑意味的模仿作品,虚构了对 Jerry Falwell 牧师的一次采访。法院认为,Hustler 杂志对 Falwell 的模仿纯粹是为了取笑 Falwell,与 White 一案相比,被告三星公司模仿原告的主要目的是推销产品而不是为了取笑原告。

White 一案的判决遭到了广泛的批评,法官适用公开权为依据保护 Vanna White 身份的商事价值受到了严重的质疑。保护知识产权最重要的宗旨是让社会公众最大限度地使用著作权人创作的作品。法官在判断名人的肖像是否受保护时,首先应该考虑的就是这一公众利益最大化的宗旨。Kozinski 法官不同意 White 一案的判决并指出公开权扩张适用的后果:"如果每一个作者和名人都有权利阻止人们模仿他们或他们的作品,后果将会如何?诚然,不管是文化上还是经济上都会使得这个世界更穷,而不是更富裕。"② White 一案适用公开权作为依据保护 Vanna White 身份的商事价值的另一理由是防止行为人获得不当利益。但是,对于模仿作品来说,这种理由是有争议的。与任何

---

① n127. 485 U. S. 46(1988). 在该案中,Hustler 杂志专门撰写了一页以《Jerry Falwell 谈及他的"第一次"》为题的模仿 Campari 酒广告的访谈栏目。Id. at 48. Campari 酒的广告含有与几位名人的访谈,分别谈及他们的"第一次",即他们第一次品尝 Campari 酒的感受。Id. Hustler 杂志模仿这些广告的设计并杜撰了一次和 Falwell 的访谈。访谈中描述 Falwell 谈及他的"第一次"是在烂醉时和母亲的户外约会。Id. Falwell 起诉被告恶意诽谤,侵犯其隐私权,故意使其遭受精神的痛苦。Id. at 47-48. 美国联邦最高法院依据《美国宪法》第一修正案判决保护被告的模仿作品,并指出"只要言论不会让一般公众误认为被谈及的名人与言论有真实的联系的,即使言论有公然冒犯和故意伤害名人感情的意味,言论仍受保护"。Id. at 50.
② White, 989 F. 2d at 1516(Kozinski, J., dissenting). 989 F. 2d 1512, 1516.

艺术家、娱乐明星或电影明星一样，模仿艺术家也倾注了时间和精力去创作一部好的模仿作品。模仿艺术家理应得到相应的报酬。不当得利理论难以支持 White 一案的判决。因为在该案中，原告并没有创作出这一游戏节目，她只是节目的主持人。原告只是被告模仿作品中的一部分。况且被告利用的只是游戏节目 Wheel of Fortune 的知名度，而不是利用原告的知名度，所以，通过模仿原告并没有使被告获得不当利益。在著作权法中，判断模仿作品是否属于对原始作品的合理使用时，法院考虑的一个因素是模仿作品是否取代了原始作品的地位。一般来说，模仿作品和原始作品拥有不同的观众群，观看模仿作品的观众并不会对原始作品感兴趣，所以，模仿作品很大程度上不会影响原始作品的市场地位也不会取代原始作品。相反，模仿作品甚至还能提高名人的知名度。当观众不会把模仿作品误认为是原始作品时，模仿作品就没有侵犯原始作品的著作权。在 White 一案中，没有观众会把机器人误认为是 Vanna White，或者认为 Vanna White 在为被告的产品做宣传。被告没有兴趣使用原告来拍摄广告，而且广告的有趣之处就是使用了这个机器主持人。所以，原告并没有失去商业性地使用自己身份的机会。在该案中，模仿作品的创作者应该优先受保护。实际上，模仿作品的实质要素就是模仿。模仿作品不可能不对原始作品进行模仿。因此，模仿艺术家和名人在利益上的冲突是不可避免的。

（四）公开权的可转让性

隐私权是人身权，而公开权是财产权。公开权具有明显的财产性质，它的所有权是可转让的。权利人可以通过转让或许可的方式将公开权交予权利人以外的人实施。

公开权的转让是指将公开权的所有权转让给受让人。因此，转让人负有转让合同上的义务，其行为必须符合转让合同相关条款的规定。转让合同允许受让人商业性地使用转让人的身份，受让人取得了转让人公开权的所有权，有权提起公开权侵权诉讼。相对地，公开权的许可是指公开权的所有权不发生转移，公开权人准予被许可人有限制地使用公开权人的身份。许可合同的双方当事人可以就以下事项作出约定：许可使用公开权人的哪些人格特征、许可的期限、许可的适用地域和许可哪些商品使用公开权人的人格特征等。许可分为独占性许可和非独占性许可。独占性许可是指公开权人许可被许可人使用其身份，并承诺不再许可第三人以相同的权利。只要各独占性许可所许可的内容互不冲突，公开权人有权授予多个独占性许可。非独占性许可是指公开权人许可被许可人使用其身份的同时可以许可第三人以相同的权利。

公开权的被许可人并未获得公开权的所有权，因此，原则上不论是独占性许可的被许可人还是非独占性许可的被许可人都不享有禁止第三人使用公开权人身份的诉讼资格。但由于独占性许可的排他性，独占性许可的被许可人不受此限制，有资格向法院提出申请禁止第三人使用公开权人的身份。Haelan 一案在首次提出公开权理论的同时也确立了这一观点。因为在 Haelan 一案中，棒球运动员没有授权 Haelan 代为诉讼，所以，Haelan 原则上不享有禁止第三人使用棒球运动员身份的诉讼资格。法院围绕这一问题，指出"原告 Haelan 从运动员处获得独占性许可使用他们身份的权利，因此有资格向法院提出申请禁止第三人使用运动员的身份……"法院在以后的判决中确立了这一观点的地位，承认独占性许可的被许可人享有禁止第三人使用公开权人身份的诉讼资格。

（五）公开权的可继承性

在美国，隐私权对他人的尊严、名誉和情感的保护会因隐私权人的死亡而自动终止。传统上来讲，隐私权属于人身权利，在隐私权人死亡后，行为人侵犯死者的隐私时，继承人不享有诉讼资格；相对地，公开权属于财产权利，保护他人身份的商事价值。因此，即使法律认为死者不享有隐私权存在正当性，但这种正当性在公开权理论的领域内不适用。然而，一些问题引发了不少诉讼，同时也成为了学术界争论的焦点。这些问题包括公开权对他人身份商事价值的保护是否因公开权人的死亡而自动终止，公开权人的继承人和公开权的受让人能否继承公开权人的公开权等。

法院在 Price v. Hal Roach Studios, Inc. 一案[①]中首次对公开权可继承性的问题作出了说明。在该案中，原告分别是已故著名喜剧演员 Laurel 和 Hardy 的妻子，她们诉称被告 Hal Roach Studios 非法许可第

---

① 400 F. Supp. 836 (S.D.N.Y. 1975).

三人"独占使用"她们丈夫的姓名和肖像，要求被告承担公开权侵权责任。法院支持了原告的诉讼请求，并指出纽约州普通法上的公开权对他人身份商事价值的保护在公开权人死亡后仍然延续。法院强调了隐私权和公开权在本质上的区别，考虑到公开权的财产性质，指出，"没有合理的理由在公开权人死亡后终止对其身份商事价值的保护"。

与 Price 一案一样，在 Lugosi v. Universal Pictures 一案[1]中，Bela Lugosi 的继承人向法院提出了相似的诉讼请求。Bela Lugosi 是扮演 Count Dracula 众多演员中最出名的一个。环球电影公司和 Lugosi 签订了一份合同，授权电影公司在与电影有关的场合中使用 Lugosi 的姓名和肖像。然而，电影公司将 Lugosi 的肖像许可使用在与电影毫不相关的促销产品上。Lugosi 的继承人为此向法院起诉环球电影公司，诉称环球电影公司的许可行为是无权处分行为，超出了合同授权的范围。法院认为，由于 Lugosi 在生前没有商业性地使用过自己的身份，其继承人也没有主张公开权侵权诉讼的依据，所以，判决驳回原告的诉讼请求。

与 Lugosi 一案不同，在 Martin Luther King, Jr. Center. for Social Change, Inc. v. American Heritage Products. , Inc. 一案[2]中，法院明确指出公开权人死亡后其身份的商事价值所享有的保护不以其"生前的使用"为前提。在该案中，被告未经许可制造和出售已故民权运动领导人 Martin Luther King 的塑料半身像。法院认可了公开权的可继承性，并认为只要名人的公开权拥有潜在的受让人或者被许可人，名人在世时身份的商事价值就会不断提升。法院针对"生前的使用"的要求指出："一个人在世时不选择商业性地使用其肖像，其去世后肖像仍会受到保护，并且这种保护不少于公开权人生前商业性地使用其肖像时所享有的保护。"

如今，多数州都认可了公开权是一种可继承的财产权。十个州通过制定法确定此权利，四个州通过普通法来认可这种可继承的权利。

---

[1] 603 P. 2d 425（Cal. 1979）(per curium).
[2] Martin Luther King, Jr. Ctr. for Soc. Change, Inc. v. American Heritage Prods. Inc. , 296 S. E. 2d 697, 706 (Ga. 1982).

在这些州的制定法里，都没有要求公开权人必须生前商业性地使用其身份才能在死后享有相应的保护。不过，制定法在确认公开权可继承性的同时也规定了公开权人的继承人享有公开权的年限。多数州法律规定的年限从20年至100年不等。这种规定年限的做法从某种意义上说是有利于公共利益的，因为"个人的身份也属于历史和民间传说的一部分"。规定年限同样有利于受让人和被许可人，因为他们可以预见使用公开权人身份的年限和准确地计算出公开权人身份的商事价值，以避免不必要的诉讼。

（六）公开权的救济

在公开权连续受侵犯或存在受侵犯的可能时，法院有权颁发禁止令。禁止令包括临时性禁止令和永久性禁止令。法院颁发永久性禁止令是为了阻止被告未经授权而将原告的身份使用在广告或商品促销活动中。若原告在许可合同中对相关事项作出了限制，那么禁止令就可以阻止被告超越授权范围的使用行为。在案件判决作出前，法院有权颁发临时性禁止令。法院在判定是否颁发永久性禁止令时会考虑以下因素：①原告遭受不可弥补损害的可能性；②原告获取利益的可能性；③原被告利益的平衡；④公众的利益。

法院也有权责令被告向原告支付损害性赔偿金，根据原告遭受的经济损失来确定赔偿金的赔偿范围和数额。当名人商业性地使用其身份或者许可被许可人使用其身份从事商业活动时，名人就能获取大量的广告费或者在许可合同中获取许可费。因此，未授权的使用行为将导致公开权人直接的经济损失。除此以外，未授权的使用行为也会导致公开权人间接的经济损失。因为未授权的使用行为增加了公开权人的曝光率，其身份用于劣质产品上的几率增多，并因此破坏了公开权人的形象，使其身份的商事价值和名誉遭受损害，致使潜在的经济收益也遭受损失。在 Clark v. Celeb Publishing, Inc. 一案[①]中，原告是一位女模特，其照片未经同意被刊登在一本劣质的色情杂志上。原告为此向法院起诉杂志社，诉称由于她和这样一本劣质的杂志有联系，其

[①] Waits v. Frito-Lay, Inc. 978 F. 2d 1093, 1103 – 1104 (9th Cir. 1992); Clark v. Celeb Publ'g, Inc., 530 F. Supp. 979, 984 (S. D. N. Y. 1981); Hirsch v. S. C. Johnson & Son, Inc., 280 N. W. 2d 129, 138 (Wis. 1979). , 113 S. Ct. 1047 (1993).

他杂志社如 Penthouse 将不再与她合作，因此要求杂志社赔偿由此给原告造成的经济损失，向原告支付损害性赔偿金。法院最后判予原告 7000 美元的损害性赔偿金以赔偿原告遭受的经济损失。除了要求损害性赔偿金外，名人也有权向法院提起诉讼，要求被告向名人返还基于未授权的使用行为所获得的不当利益。

损害性赔偿金的数额是难以计算的，特别是确定原告遭受的确切经济损失或者被告获得的不当利益。法院在确定赔偿范围和赔偿数额时，会综合考虑以下因素：①原告的声誉；②原告采用被告的方式使用其身份所能获得的利益；③与原告有相似地位的名人在许可被许可人使用其身份时所收取的费用。在 Waits 一案和 Midler 一案中，法院以许可使用费的市场价值为参考，分别判予原告以 10 万美元和 40 万美元的损害性赔偿金。在一些特殊的案件中，许可使用费的市场价值最高可达 550 万美元。

行为人未经授权而使用他人身份的行为如果构成诽谤或歪曲报道将会造成公开权人精神上的痛苦、个人尊严的羞辱和名誉上的损害。这些行为不仅侵犯了他人的隐私权，而且还要承担侵犯公开权的侵权责任。

除损害性赔偿金外，法院也可以依据侵权法的一般原则责令被告向原告支付惩罚性赔偿金。不过，一些承认公开权的制定法上明确规定，只有当被告是故意侵权时法院才能判予原告惩罚性赔偿金。法院有权判予原告巨额的惩罚性赔偿金，以 Waits 一案为例，惩罚性赔偿金为 200 万美元。Waits 一案的法官认为被告对原告声音的模仿是故意的，从而故意地使用了原告的人格特征。况且，法院仅在 3 个月前对 Midler 一案作出宣判，被告足以意识到未经授权模仿他人声音的行为在加利福尼亚州是可诉的。

被告主观上很明显属于故意，即"明知道加利福尼亚州制定法上公开权的相关规定，却故意做出违反这些规定的行为来"。

三、德国法上的"一般人格权"制度

本文第二部分阐述了美国法上的公开权是一种与隐私权相区别的财产权利，这个权利为他人身份的商事价值提供全面的保护，防止行为人未经他人同意擅自使用他人的人格特征。然而，德国的法律并不承认公开权。在德国，法院通过典型的司法判例创设出"一般人格权"（General Right of Personality），这是一种内涵广泛的权利，法院通过适用"一般人格权"为他人身份的商事利益提供了保护。

（一）一般人格权的发展

在《德国民法典》（German Civil Code）起草的时代，德国法并没有承认一般性的、广泛的人格权。由于《德国侵权法典》的一般条款和保护姓名权的相关法条已经为他人的某些人格特征提供了保护，立法机关认为只有一些很特别的利益才需要额外的保护。1907年，德国的立法机关创设了"肖像权"（right to one's image），即《艺术创作法》（Act of Artistic Creations）第22条和第23条。在个别案件中，如果被告的行为违反了公序良俗，法院会扩张适用"肖像权"，从而保护他人的其他人格特征。

在1954年，德国联邦最高法院承认了"一般人格权"理论，满足了人们在新时期对人格给予扩张性保护的要求。法院指出"一般人格权"是基于1949年《德国宪法》（German Constitution of 1949）第1条和第2条所创设的基本权利，同时也受到《德国民法典》第823条第1款的保护。在创立初期，"一般人格权"的概念是模糊的，但即使经过一段时间的发展，"一般人格权"依然是一个内容广泛的权利。在一切不当使用他人身份的诉讼中法院都可适用"一般人格权"，同时，"一般人格权"的适用条件通过大量的司法判例已逐步明确。不过，这个权利的基本含义仍难以界定，宪法法院也从没总结性地定义过该权利。因此，若法院要适用"一般人格权"，必须考虑权利人所处的具体环境和每个案件中权利人身份的价值。

原则上，享有"一般人格权"的主体是自然人，但也包括某些公司实体和其他组织。1949年《德国宪法》第19条第3款规定"一般人格权"也保护国内的法人。在Carrera一案中，原告是一合伙组织，被告擅自使用原告的名称和原告赛车的照片在其玩具赛车的包装上。原告为此向法院起诉被告，要求法院保护其合法权益。法院最后判决保护原告的利益。联邦最高法院承认"一般人格权"作为一项基本权利，同样保护法人实体。因此，当法人固有的法人特征和法定权利受侵犯时，法人组织可主张"一般人格权"侵权向法院提起诉讼。

如今,"一般人格权"已成为抽象的权利,它保护权利人的各种人格特征免受未授权使用行为的侵害,也保护人的尊严和人性自由发展的权利。不过,肖像和姓名这两种人格特征是受特别条款保护的,制定法确定为"肖像权"(right to one's image)(《艺术创作法》第22条和第23条)和"姓名权"(right of name)(《德国民法典》第12条)。法院在判决时必须优先适用特别条款,只有在特别条款不能适用时才适用"一般人格权"作为判决依据。

(二) 肖像权

"肖像权"(right to one's image)赋予他人自主地决定如何展示和使用其肖像的权利,"只有肖像权人才有权决定是否展示其形象或者何时和如何向第三人或社会公众展现自己。"除非行为人使用他人肖像的行为属于《艺术创作法》第23条规定的例外情形,即"肖像用于报道有新闻价值的事件和使用的是'当代历史人物'的肖像",其他任何情形,无论是公共的还是私人的场合,只要行为人未经授权发布他人的肖像都是被法律所禁止的。

1. 肖像

在德国,肖像的含义非常广泛,《肖像的定义不受媒介和表现形式的限制》。肖像可以是照片、照片设计、素描、油画、漫画、雕塑,甚至是玩具。当法院依据《艺术创作法》第22条判断行为人使用他人肖像的行为是否构成肖像权侵权行为时,法院关键是看被使用的肖像是否具有可识别性。通过服饰、发型和动作等因素,一般公众足可辨认出特定的人。因此,他人的背影或侧面影象也可视为肖像。比如,在 Fuballtor 一案中,原告是一位著名的足球守门员,一家电视机制造商在其广告中使用了原告的背影。原告为此对电视机制造商提起诉讼,诉称被告侵犯了原告的肖像权。联邦最高法院认为,由于这一背影特殊的身高、姿势和发型,公众很容易就能辨认出该背影就是原告的背影,并且不需要每一个人都辨认出该背影是原告的背影,只要一部分人知道被使用背影的人是谁就足以证明被使用的背影具有可识别性,因而证明了被告侵犯了原告的肖像权。与美国裸背广告案一样,在 Nacktaufnahme 一案中,联邦最高法院同样面临着"裸背"是否具有可识别性的问题。在该案中,被告使用了原告的"裸背"照片,而原告的丈夫能从照片中辨认出其妻子。原告为此向法院起诉,要求被告承担侵权责任。正如纽约上诉法院在前述裸背广告案作出的判决一样，德国联邦最高法院认为，即使被告没有展示原告的面部特征，只要原告的丈夫能够从照片中辨认出其妻子，被告使用的"裸背"就具有可识别性，被告使用原告的"裸背"也构成肖像权侵权，因此，被告应当对原告承担侵权责任。

然而，当行为人使用与他人肖像相似的人的肖像来做广告时，他人原则上不能依据《艺术创作法》第22条提起肖像权侵权诉讼，他人只能根据"一般人格权"提起侵权诉讼。但是，法律对此有一个例外：如果行为人使用与他人肖像相似的肖像做广告会造成一般公众的误认或者构成诽谤，他人才可以依据《艺术创作法》第22条提起肖像权侵权诉讼。

相似地，如果行为人未经他人同意擅自模仿他人，只有当模仿行为造成一般公众的误认或者构成诽谤时，他人才可以依据《艺术创作法》第22条提起肖像权侵权诉讼。法院在Heino一案中针对模仿行为是否构成侵犯他人肖像权的问题作出了说明。在该案中，被告"Tote Hosen"乐队的主唱染成一头浅金色的头发和戴一副墨镜，打扮成著名的乡村音乐歌手Heino的样子。这样的造型让公众一下子就联想到真正的Heino。Heino对"Tote Hosen"乐队的主唱提起诉讼，并向法院提出申请，要求法官颁发禁止令禁止被告的模仿行为和海报的发行。Duesseldorf地区法院认为，只要一般公众不会把"Tote Hosen"乐队的主唱误认为是乡村歌手Heino，那么模仿行为就是不可诉的。法院进一步指出，因为当被告在台上表演时，公众不会将这个朋克乐队的主唱当做乡村歌手，因而法院不支持原告提出禁止被告模仿行为的请求；但是法院同时指出，当"Tote Hosen"乐队下一次音乐会的海报张贴出来时，会使一般公众误以为Heino成了朋克乐队的主唱。因此，根据《艺术创作法》第22条的规定，法院判定被告侵犯了原告的"肖像权"，颁发了禁止令禁止海报的发行。

2. 肖像权人的同意

行为人对他人肖像的使用只有在使用前征得肖像权人的同意才构成合法的使用行为。同意的意思表示可以通过明示或默示的方式作出。法院根据具体案情来判断同意的意思表示是否已经作出。如果肖像权人已经从行为人处获取报酬，法院将推定肖像权人已经作出同意的意思表示。除名人知道其肖像会被用于从事商业活动外，名人对于采访的一般同意不能自动推定为对商业性地使用其肖像的默示同意。在 Paul Dahlke 一案中，摄影师给演员 Paul Dahlke 拍了一张坐在摩托车上的照片，并告知 Paul Dahlke 照片将被使用在电视节目杂志上。相反，摄影师未经 Dahlke 的同意将照片卖给了一家摩托车制造商。制造商把照片用于一则广告上，并附有以下文字："著名的人坐著名的摩托车"。联邦最高法院仔细审查了 Dahlke 同意摄影师使用照片的情形，认为由于 Dahlke 没有理由知道照片会被商业性地使用，所以，Dahlke 并没有同意被告把照片使用在摩托车制造商的广告中。

在肖像权人死亡后10年内，行为人必须经肖像权人近亲属的同意才能使用肖像权人的肖像。近亲属是指肖像权人在世的配偶和子女，如果配偶和子女都已死亡，那么肖像权人的父母（不包括肖像权人的兄弟姐妹）则被视为近亲属。

3. 属于当代史领域的肖像

基于公共利益的需要，如果他人的肖像属于当代史领域的范畴，那么行为人使用该肖像就不需要经肖像权人的同意。"当代史"领域包括国家的政治、社会、经济、体育和文化生活等多个方面。因此，一个和新闻事件或者公共事件有关联的人将被视为一个"当代史领域的人物"，他将要容忍行为人对其肖像的使用。

"当代史领域的人物"可划分为绝对的公众人物和相对的公众人物。绝对的公众人物是指与当代历史紧密联系的人，如政治家、皇室成员、演员、歌唱家、脱口秀节目主持和运动员等。相对公众的人物是指与特定事件相联系的人，如一场重要审判中的当事人或游戏和脱口秀节目里的参与者。只有当相对的公众人物与特定事件存在真实的联系时，相对公众人物的肖像才可被使用。

在报道中，只有在肖像的使用满足了公众的知情权时，使用肖像的报道才具有新闻价值，因而受到法律的保护。广告和产品促销中的肖像虽然也有传达信息的意味，但主要是为了商业性的目的。因此，广告和产品的宣传活动通常不被认为具有新闻价值。比如，如果行为人为引起消费者的注意而在产品上使用了他人的肖像，德国的法院通常不会认为肖像满足了公众的知情权，因为肖像本身的好坏与产品质量的优劣毫无关系。

以下的案例说明了德国法院在平衡公共利益和商事利益时所考虑的因素。在 Ligaspieler 一案中，被告把印有足球运动员肖像的卡片装入产品的包装内和产品一同销售。运动员为此向法院起诉，要求被告赔偿其遭受的经济损失。被告辩称其使用行为是为了满足公众的知情权，因而其使用行为受法律的保护。联邦最高法院认为该案不属于《艺术创作法》第 23 条规定的例外情形，指出被告使用运动员的肖像主要为了吸引年轻消费者购买他们的产品，从而收集一套完整的运动员卡片，因而被告使用原告的肖像是为了商业目的。因此，法院支持了原告的诉讼请求，认为这些足球运动员在其肖像受到被告商业性的使用时有权分享收益。然而，Beckenbauer 一案的判决不同于 Ligaspieler 一案的判决。Beckenbauer 一案的被告将著名足球运动员 Franz Beckenbauer 的照片使用在足球日历的封面上。Beckenbauer 为此起诉被告，要求被告赔偿其遭受的经济损失。联邦最高法院认为被告可能获得了商业上的利益，但是照片的使用更多的是满足了公众的知情权，因此，驳回了原告的诉讼请求。法院在判定被告使用照片的主要目的时，仔细审查了被告当时发布照片的情形，并考虑了以下因素：第一，原告是当时最出名的足球运动员；第二，照片是在足球比赛结束不久后发布的；第三，照片虽然展示了原告的肖像，但是照片描述的是原告在众多运动员中参与比赛的场景。

与 Beckenbauer 一案的判决相似，Frankfurt 地区上诉法院在审理 Boris Becker 一案时得出了相似的结论。在该案中，被告在网球书的封面上使用了原告 Boris Becker 的照片。Boris Becker 为此起诉被告，要求被告赔偿其遭受的经济损失。法院认为，被告使用原告的照片一部分是出于商业目的，但最主要是为了传达信息，满足公众的知情权，因此驳回了原告的诉讼请求。法院在作出判决时考虑了以下因素：第一，Becker 属于当代史领域的绝对公众人物；第二，照片展示的是原告正在比赛中的情景；第三，照片是用来解释书本上的内容和概念的。在 Chris Revue 案和 Abschiedsmedaille 案中，联邦最高法院也作出了类似的判决，驳回了名人主张保护肖像权的请求。在 Chris Revue 一案中，原告是一位知名的演员，被告将原告的肖像印刷在其连锁药店的宣传小册子上。原告为此起诉被告，要求被告赔偿其遭受的经济损失。法院认为，只要读者不会认为原告是被告产品的代言人，法律就应当优先保护出版自由而不是个人的利益。在 Abschiedsmedaille 一案中，已故的德国前总理 Willy Brandt 的头像被雕刻在一枚纪念章上，纪念章的另一面刻着他生前相关的数据。法院认为，Brandt 的肖像是用于说明他作为政治家和领导者时所取得的成就，传达信息的目的是主要的。所以，行为人使用 Brandt 肖像的行为不构成侵犯肖像权的行为。

（三）姓名权

《德国民法典》第 12 条规定了他人享有姓名权（right of name），即法律保护他人姓名权免受未授权使用行为的侵犯。在姓名权侵权纠纷案中，法官需要解决两个关键问题：一是他人的姓名是否受保护，二是行为人使用他人姓名的行为是否合法。

根据法律规定，当名人提起姓名权侵权诉讼，要求法院责令被告承担侵权责任时，原告应当证明被告使用的姓名就是原告的姓名，即被使用的姓名具有可识别性。同样，即使只是他人的名字（不包括姓氏）或者笔名，只要与特定的人有密切联系，使得一般公众一接触这个名字就会联想到特定的人时，该名字和笔名也是受保护的。比如，在 Romy 一案中，原告是著名的德国女演员 Romy Schneider，她以名字"Romy"而著称。一部内容与原告毫无关系的电影以原告名字"Romy"为名。Romy Schneider 为此向法院起诉，诉称电影未经授权使用其名字侵犯其姓名权。Munich 上诉法院支持了原告的诉讼请求，认为只要简单地提到"Romy"就会唤起一般公众对这位女演员的记忆，所以"Romy"这个名字是受保护的。

《德国民法典》第 12 条规定禁止盗用他人姓名。法院在认定行为人使用他人姓名的行为是否构成盗用他人姓名的行为的时候，关键是看行为人使用他人姓名的行为是否会造成一般公众的误认。行为人使用他人姓名的行为造成一般公众的误认不仅与被使用的姓名和他人姓名的相似度有关，还与他人姓名享有盛誉的领域有关。在 Romy 一案中，法院明确限定仅在电影产业领域内保护原告的姓名权。所以，"Romy"使用在鞋子上是允许的。行为人未经姓名权人的同意使用他人的姓名为其产品做宣传的，也构成盗用他人姓名的行为。

只要行为人使用他人姓名的行为不构成诽谤或者盗用他人姓名的行为，行为人使用他人姓名的行为就属于合法行为。在 Catarina

Valente 一案中，法官对诽谤和盗用姓名的问题作出了说明。在该案中，被告 Kukident 是一家假牙器具制造商。被告在其广告中使用了原告著名女演员 Catarina Valente 的姓名，并附有以下文字："我虽然没有同行 Catarina Valente 出名，但我依然热爱戏剧。在一次表演中，可怕的事情发生了：当我像往常一样唱出我最喜爱的歌曲时，我的牙齿突然掉光了。这次表演成为了可怕的耻辱，毁掉了我的职业生涯。"Catarina Valente 对被告提起诉讼，诉称被告侵犯其姓名权。联邦最高法院强调，广告仅仅提到原告的姓名，并没有造成一般公众的误认，因此不能认定被告违反了《德国民法典》第 12 条的规定。但是这个广告构成了诽谤，原告有权以被告侵犯其"一般人格权"为由提起诉讼，要求法院保护其姓名权。

在 Michael Jackson 的例子中，根据德国法的规定，Michael Jackson 没有有效的法律依据向法院提起诉讼。在这个例子中，广告并没表明 Michael Jackson 和 Coca Cola 公司有任何的关系，不存在 Michael Jackson 为 Coca Cola 做宣传的情况，因此广告不会造成一般公众的误认，因而 Michael Jackson 不能以被告违反《德国民法典》第 12 条的规定为由提起诉讼；再者，与"Catarina Valente"的广告不同，广告使用 Michael Jackson 的姓名也不构成诽谤，因而 Michael Jackson 也不能以"一般人格权"受侵犯为由提起诉讼。

（四）"一般人格权"保护的其他人格特征

姓名和肖像受特别条款的保护，其他人格特征则通过适用"一般人格权"来获得保护。在 Heinz Erhardt 一案中，原告是已故著名演员兼作家 Heinz Erhardt 的儿子，他向法院提出申请，要求法官颁发禁止令，禁止一则电台广告的播放。在广告中，一位模仿者模仿 Heinz Erhardt 的声音，还使用了专属于 Heinz Erhardt 的语句来为产品做广告。Hamburg 上诉法院参考保护姓名权和肖像权的判例，判决保护 Heinz Erhardt 的声音权。法院指出："该案侵犯人格权利的严重性不亚于一些侵犯肖像权或姓名权的案件。任何听到这则广告的人，不管是否发现是模仿作品，都会回忆起 Erhardt 生前的艺术形象。这也是这则广告的目的——通过煽动性的、惊人的效果来获取商业上的利益。"

法院在颁发禁止令的同时指出，一个经常遭受未授权使用行为侵犯而获得赔偿的艺术家不需要容忍模仿行为的侵犯。

（五）"一般人格权"的转让问题

在美国，与隐私权不同，公开权是可自由转让的财产权。然而，德国的"一般人格权"一直都被认为是人身权，所有权的转让是禁止的。

现在，法院认为"肖像权"具有财产性质，是因为他人有权事先授权别人使用其肖像以获取别人支付的许可费。在实践中，他人通常通过许可的方式授权被许可人使用其肖像。但是，目前的法律并没有对许可的效力和肖像权人可以许可哪些权利等问题作出规定。

在 Nena 一案中，联邦最高法院明确指出被许可人的权利受侵犯时，被许可人有权向法院起诉，要求被告支付损害性赔偿金。在该案中，原告是一家代理机构。德国著名的流行乐歌手 Nena 将其所有具有商业利用价值的人格权利独占性地许可原告使用。被告未经原告同意，销售 Nena 的照片和带有 Nena 肖像的衬衫、文具和牙刷。原告为此向法院起诉，诉称其拥有独占使用 Nena 身份的权利，要求法官颁发禁止令禁止被告的销售行为以及责令被告赔偿肖像使用费。联邦最高法院作出了有利于原告的判决，并指出："在本案中，问题的关键不是原告是否享有申请禁止令的权利，而是原告有没有要求被告支付肖像使用费的权利。不过，在责令被告对原告支付使用费时无需讨论肖像权是否具有可转让性，因为根据《德国民法典》第812条的规定，被告使用原告的肖像原本就应当获得原告的许可，并要向原告支付肖像使用费，因此原告享有要求被告支付肖像使用费的权利。"

在 Nena 一案中，法院通过判予原告损害性赔偿金保护了被许可人的权利。然而，当行为人未经授权使用许可人身份时，法律没有规定第三人是否有权要求法院颁发禁止令禁止行为人使用许可人的身份。

（六）"一般人格权"的继承问题

由于"一般人格权"的所有权不可转让，该权利也不可继承。因此，遗嘱人不能将"一般人格权"列为遗产的一部分。在 Erhardt 一案中，依据《艺术创作法》第22条的规定，近亲属在肖像权人死亡后10年内对死者肖像享有支配权。在近亲属享有肖像支配权的期间内,近亲属有权许可被许可人使用死者肖像以获取许可费,也有权在死者的肖像权受到侵犯的时候向法院提起诉讼,要求被告支付损害性赔偿金。因此,即使"一般人格权"不可继承,死者的近亲属仍享有死者肖像的支配权,包括对死者肖像进行商业性使用的权利。根据制定法的规定,行使肖像支配权的适格主体只能是死者仍在世的配偶和子女;如果配偶和子女都已死亡,就由死者的父母行使。

除了肖像权以外,法律没有规定名人的其他人格特征在名人死亡后如何得到保护。因此,法院必须创设新法规填补法律的漏洞。不过,联邦最高法院反复强调,他人依据《德国宪法》第1条所享有的人格权利不会因为他人的死亡而丧失。他人的人格尊严和人格完整权在死亡后仍受保护,所以法律保护死者的肖像和名誉免受侵犯。因此,根据《艺术创作法》第22条的规定,当死者的肖像权受到侵犯时,死者的近亲属有权提起肖像权侵权诉讼。

在 Heinz Erhardt 一案中,法院指出"一般人格权"保护的人格特征还包括已故艺术家的作品。法院认为,艺术家生前的形象和其作品是紧密联系的,共同反映了艺术家的艺术个性。法院在确定名人死亡后仍享有的权利时会参考名人生前所享有的权利。在该案中,Heinz Erhardt 生前享有其声音免受模仿的权利。法院仔细审查了《艺术创作法》第22条保护他人肖像权的规定,认为根据该法条的立法宗旨,他人的姓名和声音等人格特征也应受保护。依据《德国宪法》的精神,艺术家死亡后,行为人不得立即自由地模仿艺术家的人格特征,因为模仿行为不仅侵犯了死者的人格尊严和人格完整权,同时也侵犯了死者继承人商业性地使用死者身份的权利。Heinz Erhardt 一案的判决具有重大意义,它为死者各种人格特征提供同等的保护。即使法院仅仅颁发了禁止令,禁止电台广告的播放,但判决从另一方面承认了死者的近亲属对死者肖像以外的人格特征也享有支配权利,死者的近亲属同样有权许可被许可人使用死者肖像以外的人格特征以获取许可使用费。

《艺术创作法》第22条规定,近亲属享有死者肖像支配权的期限为10年,除此以外,死者其他的人格特征受保护的期限是否也为10年,法律并没有相关规定。由于法院在作出 Heinz Erhardt 一案的判决时,还没有超出10年的期限,所以法院无需考虑期限的问题。

在 Emil Nolde 一案中，对于死者其他人格特征受保护的期限为多少年的问题，联邦最高法院作出了说明。在该案中，原告是已故德国表现派作家 Emil Nolde 的近亲属，由于发现被告持有两幅附有伪造 Emil Nolde 签名的图画；所以，向法院提起诉讼，诉称被告持有的两幅图画侵犯了 Emil Nolde 的"一般人格权"，要求被告承担侵权责任。联邦最高法院审查后指出，两幅图画无论在风格上还是主题上都模仿了 Emil Nolde 的作品，并且附有 Emil Nolde 的伪造签名，被诉图画侵犯了 Emil Nolde 的"一般人格权"。法院认为死者其他人格特征受保护的期限取决于具体情况，但首要考虑的还是死者的知名度和重要性。基于 Emil Nolde 的知名度，法院认为其人格特征受保护的期限至少为 30 年。在该案中，原告提起诉讼的时间刚好在 Emil Nolde 死后第 30 年，所以，法院支持了原告的诉讼请求，判决被告侵犯了 Emil Nolde 的"一般人格权"。在死者人格特征受保护的期限内，继承人也有权商业性地使用死者的人格特征。

（七）"一般人格权"的救济问题

当名人的"一般人格权"受侵犯时，名人有权向法院起诉，要求法官颁发禁止令，禁止被告的侵权行为，或者要求被告承担侵权责任，并向其支付损害性赔偿金。若名人要求被告支付损害性赔偿金，法院会区分名人遭受诽谤而起诉的情形和名人没有遭受诽谤的情形。因为诽谤性广告严重地侵犯了名人的"一般人格权"，使名人遭受精神痛苦和经济损失。所以，法院在判决时会适当地提高损害性赔偿金的数额。

当行为人未经授权商业性地使用名人的肖像、姓名或者其他人格特征不构成诽谤时，只要名人能证明其遭受的经济损失是由行为人未经授权的使用行为导致的，名人就有权向法院起诉，要求行为人支付损害性赔偿金。法院在确定损害性赔偿金的数额时，法院会采用"假定许可费"的方法。与著作权侵权案件相似，法院在确定赔偿额时，会假定被告在使用原告人格特征前已和原告协商，并确定了被告获得许可使用原告人格特征所需支付的费用。法院确定这一费用后，将判决被告向原告支付与"假定许可费"相等数额的损害性赔偿金。这一赔偿方法是法院依据不当得利理论和《德国民法典》第 812 条的规定总结出来的。这一赔偿方法主要是要求被告必须向原告返还不当利益，这一不当利益是由于被告没有向原告支付使用原告肖像或姓名等人格特征的许可费用而获得的。因此，不论被告是否获得使用原告人格特征的许可，原告都有权利取得被告使用其人格特征所需支付的费用。

法院不会同时判决被告向原告支付损害性赔偿金和"假定许可费"。只要原告取得"假定许可费"，法院就会认定原告已经许可被告使用其人格特征，因此，原告无权再获取损害性赔偿金。

法院在确定"假定许可费"的数额时，如果不熟悉相关领域获取许可所需支付的费用，法院只会参考专家意见。法院判决被告向原告支付的损害性赔偿金和假定许可费通常都很少，常常不能反映受损的实际价值。这是德国民事损害赔偿的典型特征，其损害性赔偿额远低于美国。比如在 Fussballtor 一案中，原告作为一名著名的足球守门员，被告使用其背影做广告中，然而原告仅获得大约1700美元的损害性赔偿金。同样，在 Nena 一案中，被告未经授权在产品上使用 Nena 的肖像，原告获得独占使用 Nena 身份的许可，但在权利受侵犯时，原告也仅获得大约3055美元的损害性赔偿金；而且德国法不承认惩罚性赔偿金。

四、"公开权"和"一般人格权"的比较分析

美国法上的"公开权"和德国法上的"一般人格权"在概念上存在本质区别，但两者拥有共同特征，两者保护的人格特征也是相似的。不论在德国还是美国，肖像都拥有广泛的含义。两国的法院都认为，判定是否保护名人的肖像取决于名人的肖像是否具有可识别性。在行为人模仿名人的人格特征时，如果模仿行为造成一般公众误以为名人为特定产品做宣传，那么，两国法院都会判决保护名人的人格特征。通过比较德国的 Heinz Erhardt 一案和美国的 Midler 一案、Waits 一案的判决，可以看出两国法院相似的做法。在这些案件中，被告为引起消费者对产品的注意，故意模仿名人的声音，两国的法院都判决保护名人的声音权。在行为人使用名人姓名时，即使使用行为仅仅引起消费者的注意而并没有构成虚假宣传，德国法院和美国法院在判决时也会得出不同的结论。基于名人享有"公开权"，美国法院会判决保护名人的姓名权；然而在德国，参考 Catarina Valente 一案的判决，

除行为人使用名人姓名构成诽谤外，法院将拒绝为名人姓名提供任何保护。

两国法院在判定行为人对名人肖像的使用是否属于传播性使用时所采取的方法是相似的。在平衡公众知情权和名人权利时，两国法院采用了相似的标准。不论在德国还是美国，行为人未经运动员的同意在贸易卡片上使用他们的肖像都是禁止的。这些案件中，被告使用运动员的肖像主要出于商业目的，法院都会判定被告的使用行为构成侵权。然而，在美国的 Montana 一案中，与德国 Beckenbauer 案、Becker 案一样，法院考虑了照片的内容和照片发布的时间后认为，被告使用运动员的肖像是为了满足公众的知情权，驳回运动员的诉讼请求。因为被告是在比赛不久后公布这些照片的，而且照片展示的不仅仅是运动员的肖像，还包括比赛场景。

针对行为人在广告中模仿名人的做法，两国法院意见不一。在 White 一案中，美国法院不支持模仿者的抗辩理由，然而在 Heino 一案中，德国法院更倾向于保护模仿者的权利。德国法院认为，只要这种模仿属于"轻浮的讽刺模仿作品或滑稽模仿作品"，模仿行为就为合法行为；所以，只有在模仿行为会使一般公众误以为海报上乐队的主唱是真正的 Heino 时，模仿行为才构成侵犯 Heino 肖像权的行为。但是，在 White 一案中，即使模仿行为不会使一般公众误以为原告 Vanna White 在为被告的产品做宣传，美国法院仍然判决模仿行为侵犯了原告的"公开权"。

"公开权"和"一般人格权"的主要区别是，前者是财产权，后者是人身权。这一区别明显体现在权利的可转让性和可继承性上。德国法规定，"一般人格权"的所有权是不可转让和不可继承的。然而，在现实生活中，名人常常许可被许可人商业性地使用其人格特征从而收取许可费用，使得名人的人格权利具有可交易性。不仅如此，近亲属享有商业性地使用死者肖像的支配权利。在德国，被许可人享有的权利是受限制的，他们只享有要求被告支付损害性赔偿金的权利，而不享有禁止第三人使用名人身份的权利。即使是独占性许可的被许可人也同样如此。只有名人才有资格要求法官颁发禁止令禁止行为人对其身份的使用。

即使两国法院都判决被告支付损害性赔偿金，赔偿的数额也可能相距甚远。与美国的赔偿数额相比，德国的赔偿数额通常是很少的，德国法也不承认惩罚性赔偿金。

经过多个案件的判决，德国法院逐渐承认某些人格权利具有财产性质，在某种程度上具有可交易性。因此，德国法院也逐渐把肖像权看做是具有财产价值的权利。这一趋势体现在德国法院承认名人享有许可被许可人使用其肖像的权利和德国法院采用"假定许可费"的方法确定损害性赔偿金的做法上。

"一般人格权"和"公开权"在法律性质上仍存在重要区别。德国法院依然将"一般人格权"看做是传统的、非商业性的权利，并且德国法不承认公开权。德国创设"一般人格权"主要不是为了保护财产价值或他人身份的商事价值，而是为了保护人格尊严和让人性更自由地发展。"一般人格权"的不可转让性限制了名人通过转让权利所有权获取收益的机会。不仅如此，当权利受侵犯时，法院不会判予高额的损害性赔偿金，被许可人也不享有禁止第三人使用名人身份的权利。"一般人格权"的不可继承性也影响了权利的价值。在美国的 Martin Luther King, Jr. 一案中，法院指出，公开权的可继承性使名人身份的商事价值提高，调动了名人生前商业性地使用其身份的积极性。然而在德国，只有名人的近亲属才有权许可被许可人使用已故名人的身份。因此，被许可人在名人去世后无权使用其肖像。这种限制对被许可人和名人来说，无疑影响了名人身份的商事价值。

五、结语

综上所述，德国法院目前和未来一段时间内不会承认"一般人格权"是财产权。法院在适用"一般人格权"保护名人的人格特征时，首先，法院采取颁发禁止令的方式，比如禁止被告未经授权而使用名人的肖像或者禁止名人肖像用作广告宣传等；其次，法院才判决被告支付损害性赔偿金。

德国法院在判定颁发禁止令还是判决被告支付损害性赔偿金时，考虑的主要是在具体个案中法院采取哪一种方式才能更好地平衡公共利益和名人的利益。由于侵权广告没有新闻价值也无利于公众知情权，所以法院都会采取颁发禁止令的方式保护名人的利益。德国法院所采取的方法为名人利益提供的保护是足够的。美国 White 一案的判决被认为过度地保护了名人的利益。在行为人的使用行为不会造成一般公众误认的情况下，法院没有理由阻止社会活动的开展，比如模仿表演，毕竟"公开权"的立法宗旨之一是促进发展有益于丰富社会大众生活的活动。

美国和英国公开权保护的比较研究

凯文·M. 费希尔*著　郭钟泳**译

目　　次

一、导论
二、美国公开权的保护
三、英国公开权的保护
四、该往哪里走：美英公开权保护的比较分析
五、结语

一、导论

在过去的50多年里，公开权成为美国法律界最有活力的领域之一。公开权旨在保护个人的姓名、肖像或其他身份特征不被擅自用作商业性使用，也就是说，广告公司等商事主体不能在商事活动中为了谋取商业利益而擅自使用他人的肖像等身份特征。现在，广告公司和商品销售商在从事商事活动时，不仅要考虑大型摄影室或专业运动队享有的公开权，还要考虑演员和运动员享有的公开权。

1997年，演员George Wendt和John Ratzenberger起诉Host公司和Paramount公司侵犯了他们的公开权。① 两名原告都是流行电视剧《欢乐酒店》的演员。被告Host公司从制作《欢乐酒店》电视剧的Paramount公司处获得许可在其机场餐厅中建造像《欢乐酒店》场景一样的连环吧台。Host公司在每间餐厅的吧台旁边摆放了三个酷似两名原告在《欢乐酒店》中所扮演角色的立体动画人物。两名原告认为，两被告公司未经许可制造了以他们两人肖像为原型的动画人物，两被告的行为侵犯了他们享有的商标权和公开权，因为当餐厅的

---

* 美国康乃迪克州大学法学博士。
** 民商法硕士，中山大学法学院助教。
① Wendt v. Host Int'l, Inc. 125 F. 3d 806 (9th Cir. 1997).

顾客看到立在吧台旁边的动画人物时就会立刻联想起原告。审理该案的第九巡回法院支持了原告的主张，裁定将该案发回重审。法院认为，对 Host 公司而言，具有商业价值的是两名原告的肖像，而不是 Paramount 公司的电视角色。

包括上述案件在内的一系列案件，使法律界逐渐对美国法的公开权制度提出批评。例如，在早期的 White v. Samsung Elect. Am., Inc. 一案[1]中，Kozinski 法官就强烈反对扩张公开权的保护范围。Kozinski 法官指出：过分扩张公开权的保护范围是相当危险的；在版权保护的领域，版权法赋予版权人享有特定的排他性权利，作为交换条件，社会公众由此获得了更广阔的、不受版权法保护的公共领域；White 一案的法院多数意见忽略了版权法的箴言，扩张公开权的保护范围将使公共领域的范围为之减少。[2] Kozinski 法官及其他一些学者认为，允许名人对其姓名、肖像和形象享有专有权，会威胁到社会公众对名人名声的使用；而且，阻止行为人使用名人的形象创造新形象，将极不利于名人未来形象的创造。在他们看来，美国现行的公开权制度使名人获得了不应有的保护。上述这些对公开权的批评是否具有充分的正当性依据呢？如果没有目前的公开权制度，美国社会是会发展得更好还是会出现裂缝呢？对此，我们可以把视野放到大西洋彼岸的英国，看看英国是如何保护名人的公开权的。英国法并没有承认"公开权"的概念，英国现行的法律制度对名人形象的保护也很少；而在美国，名人可以轻易地禁止行为人滥用其形象。通过考察英国的法律制度，我们也许能更好地分析公开权的必要性。本文第二部分将介绍美国法的公开权制度，包括公开权保护的依据和理论基础、公开权的保护范围及公开权侵权的抗辩。本文第三部分将探讨英国如何处理名人形象保护的问题以及为什么英国法没有承认公开权。本文第四部分将比较分析美英两国对名人公开权的保护，并探讨哪一国的做法更为可取、更有利于维护社会公众的利益。

---

[1] 989 F. 2d 1512 (9th Cir. 1993).
[2] See White v. Samsung Elect. Am., Inc., 989 F. 2d 1512 (9th Cir. 1993) (Kozinski, J., dissenting), at 1517.

二、美国公开权的保护

(一) 公开权保护的正当性

在美国法上,公开权被普遍认为是一项起源于其他法律制度的独立的权利。正如 Thomas J. McCarthy 教授说:"公开权不是一项商标权,不是一项版权,也不是一项隐私权,尽管公开权与商标权、版权和隐私权在根源上存在相同之处,但公开权不属于上述权利的任何一种。"因此,当我们看到某些从隐私权、财产权、商标权和版权角度论述公开权及其发展的资料时,我们应当注意,虽然公开权是从这些权利发展而来的,但公开权并非完全依赖于它们。另外,当我们探讨美国法的公开权制度时,有必要探讨公开权保护的正当性依据,以及那些创建了公开权、促进公开权发展的法律制度。在美国,学界不仅从道德的角度来论证公开权保护的正当性,也从经济的角度来论证公开权保护的正当性。

1. 公开权的道德依据与理论基础

从道德的角度论证公开权正当性的第一项依据是约翰·洛克(John Lock)的劳动价值理论。[①] 根据该理论,名人为了创造出有价值的身份而付出了辛勤的劳动,所以名人有权获得由其身份产生的利益。劳动价值理论与以下理念密切相关——如果没有公开权的保护,人们将不会为了创造有价值的身份特征而努力工作,这最终会使社会遭受损害。Melville B. Nimmer 教授在 1954 年发表的《公开权》一文中指出,当个人为了创造其形象而付出了劳动,他就有权获得其形象价值带来的成果。[②] 在制定法上,劳动价值理论被州财产法所采用。在判例法上,劳动价值理论也得到了法院的适用。在 McFarland v. E & K Corp 一案[③]中,法院裁定,名人的身份连同其姓名、肖像和其他个人特征都是该名人的劳动成果,故应当成为一种受法律保护的财产。

---

① See John Locke, Two Treatises of Government (Neill H. Alford, Jr. et al, The Legal Classics Library 1994) (1698).
② Melville B. Nimmer, The Right of Publicity, 19 Law & Contemp. Probs. 203, 216 (1954).
③ 18 U. S. P. Q. 2d (BNA) 1246 (D. Minn. 1991).

与劳动价值理论密切相关的是不当得利理论。根据该理论，行为人不得在没有对名人作出任何补偿的情况下使用该名人的形象或肖像谋取利益。例如，如果允许耐克公司无偿使用美式足球明星乔·蒙大拿（Joe Montana）的肖像，那么对蒙大拿而言则是不公平的。因为，当人们看到耐克公司使用蒙大拿的肖像时，会以为蒙大拿在代言耐克公司的运动服，耐克公司由此获得了大量的消费者继而获得大量的金钱，而蒙大拿则一无所获。在司法实践中，法院已经接受了不当得利理论。例如在 Zacchini v. Scripps-Howard Broadcasting Co. 一案①中，法院就指出，之所以要保护个人的公开权，原因之一就是要阻却行为人擅自使用他人的良好名声获取不当利益。法院认为，本案被告擅自使用了原告的表演，而原告正是依靠该表演来获取名声的，故被告的行为实际上是滥用原告的良好名声获取不当利益。

从道德角度论证公开权正当性的最后一项依据是美国各州的隐私权法律。根据这些法律，名人享有依照自己的意愿与他人发生联系的自由，如果行为人未经同意将某个名人与特定商品或服务联系起来，那么，该名人的名声就会遭到损害，该名人就不再受到尊重并会丧失经济价值。比如说，如果允许万宝路香烟公司在其香烟广告中自由使用棒球运动员小葛瑞菲（Ken Griffey Jr.）的形象，那么就会玷污小葛瑞菲的健康形象和良好名声。所以，小葛瑞菲应当享有控制其形象或肖像的权利，这样他就可以阻止那些不利于其形象的行为。

上述从道德角度论证公开权的依据受到了 Michael Madow 教授等人的批评。首先，对于劳动价值理论的论述，Madow 教授质疑，名人的形象是否真的由名人个人创造、社会公众是否创造了名人形象的价值。他认为，"名人的形象是名人的个人劳动成果"这一观点只是民间传说，或者说是名人阶层用来催眠社会公众的睡前故事；一个人的名声就如同爱一样，往往是基于某些原因由他人赠与的，而不仅仅依赖个人的优点；而且，即便名人意图控制其形象，但名人的形象是由社会和众多媒体共同创造的。其次，对于不当得利理论，Madow 教授认为，该理论的论述缺乏说服力。这是因为，名人往往是在他人形象的基础上或者借鉴前人的形象来构建自己的形象，允许名人享有控制

---

① 433 U. S. 562 (1977).

其形象的权利就等于是允许名人借鉴他人的形象获取不当利益。最后，对于第三项依据的论述，Madow 教授认为，当名人将其形象置于这个世界，在本质上就等于向社会公众敞开了大门，社会公众可以采用适当的方式塑造名人的形象。除此之外，还有学者批评公开权不利于社会使用个人的信息，也不利于人们以已有的创作成果为基础进行新的创作。

2. 公开权的经济依据与理论基础

从经济的角度论证公开权的正当性，主要有两项依据：其一是与联邦《版权法》相联系的经济激励理论；其二是《拉纳姆法》即联邦《商标法》倡导的消费者保护理论。

第一项依据经济激励理论得到了学界的广泛认可。根据该理论，如果名人不能完全地开发其姓名、肖像和形象，那么他就没有经济动力创造有价值的人格。例如，如果篮球明星约翰逊（Magic Johnson）不能通过向耐克公司出售其形象来获取巨大的利益，那么，也许他就没有动力像现在这样奋力打球。在 Zacchini v. Scripps-Howard Broadcasting Co. 一案[1]中，联邦最高法院就指出，保护原告享有的公开权是正确的，为了鼓励演艺人员创作新作品，必须保护演艺人员从事创作的经济动机。在此，法院将公开权人的经济动机等同于联邦宪法版权规定所保护的经济动机，联邦宪法上的版权保护条款就是为了鼓励和促进科学与实用艺术的进步。[2]

公开权的第二项经济依据是消费者保护理论。该理论所关注的是社会公众和广大消费者。该理论认为，如果名人不享有控制其形象的权利，那么大量的公司就可以任意使用名人的形象误导社会公众，使人们以为出现在某产品上的名人是在代言该产品。例如，如果著名冰球运动员格雷兹基（Wayne Gretzky）不享有控制其形象的权利，那么百威啤酒的广告制作者就会任意使用格雷兹基的形象，从而使人们误以为格雷兹基喜爱百威啤酒或者向消费者推荐百威啤酒。消费者保护理论的核心是避免出现消费者混淆，它是以联邦《商标法》第 43 (a) 条为基础的。联邦《商标法》第 43 (a) 条规定，禁止在产品

---

[1] 433 U.S. 562 (1977).
[2] U.S. Const. art. I, § 8, cl. 8.

上使用任何使消费者对产品来源产生混淆的文字或形象。① 因此，像格雷兹基这样的名人向法院主张保护其形象时，实际上是在保护社会公众和广大消费者。

对于上述两项经济依据，Madow 教授均表示反对。首先，Madow 教授认为，虽然说避免消费者产生混淆是一项非常重要的目标，但是在很多时候，名人是在行为人使用其肖像尚未造成消费者混淆的情况下禁止行为人实施该行为的。其次，Madow 教授认为，从经验来看，在当今社会并不是每个消费者都认为，某个名人的形象出现在某产品上就意味着该名人是在代言该产品。最后，Madow 教授主张，如果说保护消费者是一项重要的目标，也没有理由要创设出公开权这一项权利，因为联邦《商标法》已经为消费者提供了保护，即便联邦《商标法》不能提供充分的保护，正确的做法也应当是修订法律，而不是创设一项新的权利。②

（二）公开权的保护范围

"公开权"一词最早是在 Haelan Laboratories, Inc. v. Topps Chewing Gum, Inc. 一案中由 Frank 法官创设的。在该案中，Haelan 公司与许多职业棒球运动员签订协议，由此获得了在与口香糖一并生产的棒球明星卡上使用这些运动员肖像的排他性权利。这些运动员都在协议中承诺，不再向其他口香糖生产商授予类似的权利。但是，当 Haelan 公司的竞争对手 Topps 公司知道这些协议后，故意引诱这些运动员授权其在口香糖销售的相关活动中使用他们的肖像。对此，Haelan 公司不能依据隐私权的法律禁止 Topps 公司的行为，因为签订协议的棒球运动员并没有授权 Haelan 公司代表其起诉，而且，这些运动员也不能证明他们遭受了精神损害。审理该案的法院最终作出了有利于 Haelan 公司的裁定，法院指出："我们认为，除了独立的隐私权之外，每个人还就其肖像的公开价值享有权利，如允许他人独占性地使用自己肖像的权利。而且这种授权可以是'毛授权'（in gross），即不与营业或商誉一道转让的授权。" 所以，当 Haelan 公司与那些棒

---

① See Lanham Act § 43 (a), 15 U.S.C. § 1125 (a) (1) (A) (1994).
② See Michael Madow, Private Ownership of Public Image; Popular Culture and Publicity Rights, 81 Cal. L. Rev. 125 (1993).

球运动员签订协议，Haelan 公司就获得了使用他们肖像的排他性权利，并有权禁止 Topps 公司使用这些运动员的肖像。

自 Haelan 一案后，各州法院和立法机关纷纷将公开权的保护范围扩张至个人的外貌、姓名、绰号、标语、口号和声音。法院通过判例确认公开权可转让、可继承，并明确了公开权的继承是否以死者生前对其公开权进行过商业开发为条件。法院还发展了被控侵犯他人公开权的被告可援引的抗辩。下面本文将详细介绍上述问题。首先，笔者从名人身份的部分被滥用的角度，分析公开权的保护范围及其法律适用。

1. 肖像和外貌

总的来说，对于行为人擅自使用名人的肖像或外貌这类案件，法院的做法是，如果行为人使用的肖像或外貌会使人们联想到某个名人，那么这个名人就可以向法院提起诉讼。

在 Haelan 一案 21 年后，联邦第九巡回法院遇到了 Motschenbacher v. R. J. Reynolds Tobacco Co. 一案。[①] 在该案中，被告使用了原告赛车手的赛车图片，原告的赛车独具风格，以至于人们看到该赛车就会将其与原告联系起来。法院裁定，由于原告的赛车是原告肖像的组成部分，原告的赛车与众不同，从而会使消费者以为赛车中的驾驶员就是原告，所以，被告香烟公司使用该赛车图片须获得原告的许可，被告擅自使用原告赛车图片的行为侵犯了原告的公开权。

1978 年，纽约州南区法院在 Ali v. Playgirl, Inc. 一案[②]中裁定，被告《花花女郎》杂志社侵犯了拳王穆罕默德·阿里（Muhammad Ali）的公开权。《花花女郎》杂志社刊登了一张美国黑人男子的素描图，图中的裸体黑人男子坐在拳击场角落里的一张凳子上，图画旁边还配有拳王阿里经常说的一句话——"最伟大的"。即便该图画没有明确指明图中男子的身份，审理该案的法院还是认为，该图画侵犯了阿里的公开权，因为大多数人都知道该图画所描述的就是阿里。

在 1992 年的 White v. Samsung Elect. Am., Inc. 一案[③]中，联邦

[①] 498 F. 2d 821 (9th Cir. 1974).
[②] 447 F. Supp. 723 (S. D. N. Y. 1978).
[③] 971 F. 2d 1395 (9th Cir. 1992).

第九巡回法院仍然坚持这样的规则——即便被告使用的不是原告的真实图片，但只要被告所使用的东西使人们联想到原告的身份，被告的行为就有可能构成公开权侵权。在该案中，被告 Samsung 公司制作了一个机器人广告，该机器人身穿优雅的礼服，头戴金色的假发，站在一块酷似《幸运之轮》游戏节目场景的游戏牌旁边，游戏牌上写着"历时最久的竞赛游戏节目，公元 2012 年"的字样。审理该案的第九巡回法院裁定，被告 Samsung 公司滥用了原告 White 的肖像、侵犯了原告的公开权，因为只有原告在《幸运之轮》游戏节目中才会这样穿着，原告在该节目中翻转字母牌，其身份特征是独一无二的。

2. 姓名和绰号

对于行为人擅自使用名人的姓名或绰号这类案件，法院最重要的审查焦点是，判断行为人以任何方式开发名人形象的行为是否能够指示出某个名人，如果行为人所使用的姓名或绰号能够充分地指示出某个名人，那么，该名人就可以依据公开权对行为人提起诉讼。

正如 Susanne Bergmann 所言，"如果一个人因其姓名而出名，或者人们能很容易地从姓名识别出这个人，那么行为人使用这个人的姓名就可能构成公开权侵权"。① 例如，如果一家杀虫剂公司在一则广告中使用了美国首位黑人国务卿科林·鲍威尔（Colin Powell）的姓名，并附上"像鲍威尔将军在海湾战争歼灭敌人那样杀死蟑螂"的标语，那么科林·鲍威尔就可以成功地主张，该公司的行为侵犯了其享有的公开权。

在 Apple Corps. Ltd. v. Adirondack Group 一案②中，披头士乐队的成员就成功地禁止了被告继续使用"John"、"Paul"、"George"、"Ringo"这四个姓名。该案被告将披头士乐队成员的姓名用于谋取个人经济利益，其使用行为使人们联想到披头士乐队的形象。审理该案的法院明确指出，当人们看到被告使用"John"、"Paul"、"George"、"Ringo"这四个姓名时，除了会联想到"披头士"这支世界上最著名的歌唱组合的成员外，不会再联想到莫斯科维茨公司、罗马教皇或

---

① Susanne Bergmann, Publicity Rights in the United States and in Germany: A Comparative Analysis, 19 Loy. L. A. Ent. L. J. 479, 485 (1999).
② 476 N. Y. S. 2d 716 (Sup. Ct. 1983).

其他任何人。

在1979年的Hirsch v. S. C. Johnson & Sons, Inc.一案①中，以绰号"疯狂之脚"闻名足坛的足球运动员Elroy Hirsh，也成功地禁止了一家卫生公司生产以"疯狂之脚"命名的女士剃须凝胶。审理该案的法院指出，尽管被告卫生公司使用的"疯狂之脚"不是原告的真实姓名，但是该绰号能够明确地指示出原告的身份。法院在论述时还使用了类比推理，法院认为，如果只允许美国小说家马克·吐温在行为人使用其原名"Samuel Clemens"时提起诉讼，却不允许他在行为人使用其现名"MarkTwain"时提起诉讼，则是非常荒唐的。

3. 声音

1988年，第九巡回法院在审理Midler v. Ford一案②中，将公开权的保护范围扩张到个人的声音。该案原告是著名女歌手贝蒂米勒（Bette Midler），被告是福特汽车公司。被告邀请原告在其广告中演唱但遭到原告的拒绝，被告遂雇请了一个酷似原告演唱声音的人在其商业广告中模仿原告进行演唱。法院指出，当行为人故意模仿某一职业歌手与众不同的、广为人知的声音，并将该模仿声音用于商品销售，行为人就是擅自使用了本不属于自己的东西，因而构成侵权。

在Wait v. Frito-Lays一案③中，第九巡回法院作出了与Midler一案同样的裁定。该案被告抗辩称，其模仿原告声音的行为只是模仿原告演唱的感觉，而非模仿原告本人。但法院并没有采纳被告的抗辩，裁定被告的行为构成公开权侵权。

4. 标语和口号

第一宗关于行为人使用某标语口号构成公开权侵权的案件，是Carson v. Here's Johnny Portable Toilets, Inc.一案。④ 该案原告约翰尼·卡森（Johnny Carson）是《今夜秀》电视节目的著名主持人，在该节目中，每当原告出场前，其拍档都会高呼"这里是约翰尼"（Here's Johnny）的口号。被告是一家经营方便厕所的公司，为了利

---

① 280 N. W. 2d 129 (Wis. 1979).
② 849 F. 2d 460 (9th Cir. 1988).
③ 978 F. 2d 1093 (9th Cir. 1992).
④ 698 F. 2d 831 (6th Cir. 1983).

用巧合营造广告效果,被告将自己命名为"这里是约翰尼方便厕所"。约翰尼·卡森遂起诉被告侵犯其公开权。审理该案的第六巡回法院指出,当行为人以任何方式擅自使用了某名人的身份,行为人就是侵犯了该名人的形象,"这里是约翰尼"的口号是使原告名声大振的重要因素,被告在商事活动中擅自使用该口号,就是擅自使用原告的身份谋取利益。

5. 公开权的可继承性、"生前开发"要求和公开权的可转让性

马丁·路德·金社会变革中心诉美国传统产品公司一案涉及公开权的继承问题——公开权是否可以在权利人死后由其继承人继承?公开权的继承是否以死者生前对其公开权进行过商业开发为条件?在该案中,被告生产了一款马丁·路德·金的半身像,原告以马丁·路德·金公开权继承人的身份,起诉被告侵犯其公开权。被告辩称:第一,公开权是不能发生继承的;第二,即便公开权可以由死者的继承人继承,也必须满足"死者生前已对其公开权进行过商业开发"的条件。审理该案的法院没有采纳被告的两项抗辩。

对于公开权可否继承的问题,法院认为,如果规定公开权随权利人的去世而一同死亡,那么就会减少权利人在世时的公开权经济价值,这是因为,权利人的突然死亡会严重损害公开权的价值以及被许可人持续使用许可人身份特征的权利。比如说,如果篮球明星帕特里克·尤因(Patrick Ewing)享有的公开权在其死后即终止,那么,他就不会因授权锐跑公司在广告中排他性使用其形象而获得大笔报酬;因为一旦帕特里克·尤因去世,锐跑公司的竞争对手耐克公司就可以自由地使用帕特里克·尤因的形象,锐跑公司与帕特里克·尤因之前签订的排他性授权协议就会变得毫无价值。因此,在帕特里克·尤因死后,其公开权应当由其继承人继承,这样,帕特里克·尤因的继承人才可以控制帕特里克·尤因的形象,并保全其形象的价值。但非常重要的一点是,帕特里克·尤因的继承人只能起诉被告侵犯了帕特里克·尤因的形象的经济价值,而不能起诉被告侵犯了帕特里克·尤因的隐私。

对于公开权的继承是否以死者生前对其公开权进行过商业开发为条件,该案法院裁定,个人不需要通过商业开发其形象的途径来保护其享有的公开权。法院认为,个人应当享有将其姓名置于公众视线之

外的权利,这样的决定也构成一项经济决策,也就是说,当马丁·路德·金选择不对其形象进行商业开发,这也构成一种商业性使用。

对于公开权的继承问题,各州的立法颇有不同。《加利福尼亚州民法典》在公开权的一节规定中明确承认了公开权可继承。与之相对,纽约州的法律则规定,公开权不能由权利人的继承人继承。各州的做法有很大差异,这无疑会导致原告择地诉讼。

随着司法实践的发展,目前法院普遍认为,权利人可转让或许可他人使用其公开权。公开权在本质上被认定为一种专有权,因而也被看做是一项财产权利。

(三) 公开权侵权的抗辩

关于公开权侵权的抗辩,涉诉的被告除了可以主张其使用行为已经获得原告的同意外,还可以以言论自由权作为抗辩。在司法实践中,被告最经常援引以下两项抗辩:第一,其使用行为属于模仿使用;第二,其使用行为应受《美国宪法》第一修正案的保护,因为《美国宪法》第一修正案保护有新闻价值的言论。

关于"模仿使用"的抗辩,美国联邦最高法院在 1994 年的 Campbell v. Acuff-Rose Music, Inc. 一案[1]中就裁定,被告使用《风月俏佳人》电影歌曲的行为是一种应受保护的模仿使用,该行为没有违反联邦《版权法》的规定。法院依据联邦《版权法》第 107 条有关合理使用的规定,判断被告的行为是否构成合理使用。法院首先指出:虽然被告确实复制了《风月俏佳人》电影歌曲开头的反复乐节部分和第一行乐曲;但是,如果说引用一首歌曲的开头反复乐节部分和第一行乐曲就属于使用了版权作品的核心部分,那么,最能使人们联想到这首歌曲是模仿作品的部分也属于原版权作品的核心,而这也正是模仿作品意图使用的核心。接着,法院进一步指出,由于被告的歌曲在第一行乐曲之后的部分就不同于《风月俏佳人》电影歌曲,而是使用了自己创作的音乐,所以,被告的歌曲并不是完全复制了他人的作品。最后,法院认为,即便被告的歌曲在本质上属于商业性质,但是该歌曲也没有损害到《风月俏佳人》电影歌曲的衍生市场的价值。

---

[1] 510 U. S. 569 (1994).

当 White v. Samsung Elect. Am. Inc. 一案中的被告以其行为属于模仿使用为由提出抗辩时，审理该案的第九巡回法院创设了"明显界限标准"（Bright-line Test）判断被告的行为是否构成模仿使用。法院明确指出，模仿作品（parody）与仿制品（knock-off）的不同之处在于，前者是为了娱乐的目的，而后者则是为了营利的目的。法院认为，被告 Samsung 公司的广告纯粹是出于销售商品的商业目的，该广告只是一则普通的广告，而不符合模仿作品的特征，因而拒绝采纳被告提出的"模仿使用"的抗辩。

该案的 Kozinski 法官在其反对意见中指出，在判定被告的行为是否侵犯原告的权利时，法院的多数意见将公开权的保护范围扩张到一个危险的宽度，根据多数意见的看法，只要行为人的广告使社会公众联想到某个名人，行为人就构成侵权。Kozinski 法官认为，法院多数意见忽略了联邦《版权法》以及用于平衡名人权利与社会利益的平衡机制。对于法院多数意见拒绝采纳被告提出的"模仿使用"的抗辩，Kozinski 法官指出，这样的裁定将会剥夺社会公众对名人的模仿创作，从而会剥夺社会文化领域中因模仿作品和嘲讽作品所创造的安全阀。

公开权侵权的另外一项抗辩是言论自由权。在 Frosch v. Grosset & Dunlap, Inc. 一案[①]中，被告决定出版美国小说家诺曼·梅勒（Norman Mailer）撰写的关于著名女演员玛丽莲·梦露（Marilyn Monroe）的传记，玛丽莲·梦露的遗嘱执行人起诉被告，认为该书侵犯了玛丽莲·梦露的公开权。被告抗辩称，该书是一本人物传记，应当受到《美国宪法》第一修正案的保护。原告则反驳，该书不是真正意义上的人物传记。审理该案的法院最终作出了有利于被告的裁定。法院指出：该书是一项文学作品，而不是一则为了销售商品或服务的商业广告，保护公民的表达自由是如此重要，以至于我们不能将公开权的保护扩张到允许权利人对抗文学作品的出版这种程度。随着时间的推移，言论自由权已经成为公开权侵权的有力抗辩。只有当涉诉作品被证明是伪造的、是对某个主体的恶意攻击或者是为了销售产品的伪装广告，言论自由权这项抗辩才会失效。

---

① 427 N. Y. S. 2d 828 (Sup. Ct. 1980).

三、英国公开权的保护

（一）公开权保护的依据、理论基础及保护范围

在探讨英国公开权保护的依据和理论基础之前，笔者有必要指出，本部分将介绍英国的名人可以依据哪些法律保护自己的形象不被擅自用于商业用途。由于英国法并没有一套独立的公开权法律制度，所以，讨论公开权保护的依据似乎是没有意义的。但是，探讨英国法律对公开权的保护没有采纳哪些依据以及为什么不采纳这些依据，则是非常重要的。另外，我们也有必要探讨一下，英国的名人可以依据哪些法律保护自己的形象以及为什么他们往往得不到保护。

鉴于英国法中没有独立的公开权概念和公开权制度，本部分将首先介绍英国法中涉及公开权保护的法律制度以及公开权的保护范围。接着，本部分将介绍在这些法律制度中被告可援引的抗辩。

1. 英国1988年《版权、外观设计和专利法案》的保护

根据英国1988年《版权、外观设计和专利法案》的规定，版权人有权阻止第三人复制使用其版权作品。比如说，如果某名人对杂志上刊登的某幅照片享有版权，那么他就可以阻止第三人制作该幅照片的海报。在司法实践中，如果被告擅自使用的作品部分属于原告作品的实质部分，那么法院就会认定，被告复制了原告的作品。对于何谓"实质部分"，需要通过考察被使用部分的质量、被使用作品的核心来判断，而不是看被使用作品的数量。但是，在艺术家使用他人的版权作品作参考的一些案件中，法院会裁定，艺术家的使用行为不构成侵权，因为该行为与艺术家的创作目的或表达目的相符。

通过一些例子，我们可以进一步地阐释版权法这个体系是如何运作的，也可以更好地理解为什么版权法对名人形象的保护会如此有限。假设礼品生产商 Hallmark 公司生产并销售印有英国摇滚明星艾尔顿·约翰（Elton John）图片的生日卡，又假设艾尔顿·约翰并不喜欢该图片，并希望 Hallmark 公司停止使用该图片制作生日卡。如果该图片是 Hallmark 公司自行拍摄的，或者艾尔顿·约翰早已经将该图片的权利转让给第三人，而该第三人又授权 Hallmark 公司使用该图片，那么艾尔顿·约翰就不能依据版权法禁止 Hallmark 公司使用该图片。

2. 英国《商标法》的保护

与英国 1988 年《版权、外观设计和专利法案》的情况一样，英国的名人也难以依据英国《商标法》获得保护。根据英国《商标法》的规定，如果一个文字在本质上具有不同于其他文字的区别性，那么它就可以成为一个商标。一个被发明的文字组成的姓名、一个与产品的特性没有直接联系的文字、申请人的签名、独一无二的事物，都具有区别性。

以下两个判例可以进一步地阐释为什么英国的名人难以依据英国《商标法》保护自己的形象。

第一个判例是 1976 年发生的、有关瑞典演唱组合阿巴合唱团（Abba）的 Lyngstad v. Anabas Prods. Ltd. 一案。[①] 该案被告在其生产的衬衫和枕套上使用了阿巴合唱团一批名人的肖像。阿巴合唱团依据英国《商标法》对被告提起诉讼，主张被告以营利为目的开发使用了合唱团的形象，并认为被告的行为给社会公众制造了一种错觉，使人们以为被告宣传的商品在某种程度上与合唱团有关。换句话说，原告主张被告的行为构成商标混淆，从而会导致社会公众因误以为阿巴合唱团授权被告使用其形象而购买被告的产品。审理该案的法院不同意原告的主张，进而作出了有利于被告的裁定。其中，Oliver 法官说到："我完全不认为存在着商标混淆的真实可能性。在我看来，并不是每个人看到被告的广告都会合理地认为，合唱团的那些流行明星支持被告广告宣传的产品。"法院则指出，由于原告处在音乐行业而被告处在形象销售行业，所以，两者不存在商标混淆。

第二个判例是"Elvis Presley 娱乐公司"一案。[②] 在该案中，Elvis Presley 娱乐公司在英国申请注册"Elvis Presley"商标，一家英国公司在其商标中使用了"Elvis"的名字，遂对 Elvis Presley 娱乐公司的商标注册申请提出异议。审理该案的法院认为，"Elvis Presley"作为摇滚乐大师埃尔维斯·普雷斯利的姓名已经广为人知，因而不具有区别于其他商标的特性，故"Elvis Presley"不能被注册为商标。Elvis Presley 娱乐公司提出，这可能会使社会公众产生混淆。对此，

---

① [1977] F. S. R. 62 (Eng. Ch. 1976).
② 13 R. P. C. 543 (Eng. Ch. 1997), aff'd, 16 R. P. C. 567 (Eng. C. A. 1999).

法院认为,当一个追星族购买印有其偶像明星形象的海报或者杯子时,他是在购买其偶像明星的肖像,而不是购买有特定来源的产品。法院还进一步指出,人们购买某个知名角色的玩具,是因为该玩具描述了该知名角色,购买者不会关心这个玩具是谁制造、销售或许可的。

英国伦敦一位名叫 Hayley Stallard 的律师认为,从法院的判例可以推定,当一个人的身份变得越出名,当他(她)的姓名或绰号成为了社会公众的习惯用语,他(她)就越不可能对其姓名主张排他性的权利。由于名人广为公众所知悉,并且能够影响社会公众,所以,广告商总是使用名人的姓名或肖像来制作广告;从实质上说,名人是不可能依据英国《商标法》阻止广告商使用其姓名或肖像的,因为他(她)的姓名或肖像实在太知名了。例如,著名的摇滚乐队史密斯飞船(Aerosmith)可以在其名扬国内外之前申请将其名称注册为商标,但是,一旦"Aerosmith"一词深入民心,史密斯飞船乐队就很可能不能依据英国《商标法》主张其对"Aerosmith"享有商标权。名人的著名身份会阻碍名人将其姓名注册为商标,这样,其他人就会任意使用名人的姓名。

3. 普通法上的假冒之诉

如果一则广告以某种方式使用了某位名人的形象,从而导致社会公众相信,该名人与广告中的产品存在某种联系或者该名人在代言广告中的产品,并且这种所谓的联系或代言使该名人遭到经济损失,那么该名人就可以提起普通法上的假冒之诉(Passing Off)。根据英国的法律,为了成功地提起假冒之诉,原告必须证明,被告的使用行为可能导致消费者产生混淆,并且导致自己收入减少。由此可以推出,名人为了保护其形象不被擅自使用,就必须开发使用自己的形象,并企图从中获利,这就是所谓的"开发要求"。

可以通过一宗关于足球运动员埃里克·坎通纳(Eric Cantona)的案件来阐释假冒之诉的证据要求。在该案中,被告依据英国《商标法》注册了"坎通纳法国红酒股份有限公司"和"坎通纳宝格丽大吉岭有限公司"两项商标。原告埃里克·坎通纳是曼联足球队的一名球员,他非常受欢迎,球迷为他专门创作了一首名为《呜哈坎通纳》的歌谣。被告在多份体育杂志上刊登了葡萄酒和白兰地酒的广告,这些广告都附有"呜哈"的标语、埃里克·坎通纳的球服号码以及"祝贺曼联队两项技术统计达两位数"的字样。坎通纳并没有授权被告使用其姓名,故对被告提起诉讼,随后又在法庭外与被告达成和解。对此,有学者指出,如果该案是在法庭上由法官审理,坎通纳可能会败诉。这是因为,坎通纳必须提出实际的证据,证明社会公众相信其与使用该歌谣的葡萄酒公司有联系,以及这种想法是促使社会公众购买该公司商品的原因。[1] 可以说,对于这样高的举证要求,坎通纳就像是面对一场高地战役那样艰难。

Halliwell v. Panini 一案[2]也可以说明,名人依据英国普通法提起假冒之诉所能获得的保护是非常有限的。在该案中,被告 Panini 公司生产了一款"神奇五人组"英国辣妹组合（Spice Girls）的系列贴纸,此时,辣妹组合正在与 Topps 公司进行有关生产系列贴纸的谈判。她们认为,被告擅自生产的系列贴纸会使她们的歌迷相信,是辣妹组合授权生产了该款贴纸。辣妹组合遂向法院申请颁发禁令,禁止被告生产该款贴纸。审理该案的法院拒绝了辣妹组合的申请。其中,Lightman 法官说到:"我完全不同意这样的看法——被告没有作出任何否定原告已授权的声明,会合理地导致社会公众因相信原告已授权而购买被告的产品。"法院还指出,颁发禁令会使被告遭受经济上的损失,而在法庭审理该案之前并没有任何有力的理由剥夺被告的经济利益。

由此可见,名人要提起英国普通法上的假冒之诉,在举证上将会面临一场高地战役。名人必须证明自己遭到实际的损害、被告的行为造成了实际的混淆。而在 Halliwell 一案中,相对于辣妹组合在与 Topps 公司谈判时遭到的损失,法院似乎更加关注被告 Panini 公司的经济投资。

4. 普通法上的恶意诽谤之诉

根据英国普通法的规定,如果行为人使用某名人的形象构成恶意诽谤,并且导致该名人的商业利益遭到损害,那么该名人就可以禁止行为人使用其形象。适用这一规定的典型判例是 Tolly v. J. S. Fry &

---

[1] See Hayley Stallard, The Right of Publicity in the United Kingdom, 18 Loy. L. A. Ent. L. J. 565, 567 (1998).

[2] 1997 LEXIS (Eng. Ch. June 6, 1997).

Sons, Ltd. 一案。① 在该案中，原告 Tolly 是一名在英国享有很高知名度的业余高尔夫球手，被告 Fry & Sons 公司在一则巧克力广告中使用了一幅描述原告的讽刺画。审理该案的法院认为，被告的行为违反了法律规定，因为人们会将该讽刺画理解为原告代言被告的巧克力，而且该讽刺画也损害了原告作为一名业余高尔夫球手的地位。但是，法院同时指出，即便被告的行为因损害了原告的潜在经济利益而触犯了法律，但对于那些已经进入到一定专业层次的人而言，他们应该是期待进入社会公众的视线的。对此，Catherine Buchanan 教授认为，该案的判决走向了逻辑的极端，它授权那些企图利用他人名声的行为人可以自由地使用他人的创作性或经济性资源。另外一位学者也指出，要求原告必须是一名职业高尔夫球手才可以提起恶意诽谤之诉，就好比是规定，对他人不利的诋毁不构成诽谤。

也有学者指出：在恶意诽谤诉讼中，仅仅要求原告证明其已经开发过自己的形象是不够的，原告还要证明，被告的行为制造了不真实的事实，并且该不真实的事实使原告遭到专业方面或个人方面的损害。这样，通过恶意诽谤之诉保护名人的形象实际上就很可能被限定在少数的极端案件中。例如，摔跤运动员 Hulk Hogan 未必能够成功地禁止行为人在举重训练器材的广告中使用其形象，因为运动器材广告与 Hulk Hogan 的联系并不会损害到 Hulk Hogan 作为一名职业摔跤运动员的形象。

5. 广告守则的保护

在名人形象的保护方面，不具有法律约束力的广告守则也许能给名人提供最好的保护。作为广告业的一种自我规制，这些广告守则调整的是非广播性的广告。这些守则要求商事公司在使用某名人的形象之前必须获得该名人的同意。这些守则主要包括英国《广告守则》和英国《独立广播机构广告标准守则》。

1996 年，莫尔森啤酒公司制作了一则广告，广告中出现了一个酷似足球运动员埃里克·坎通纳（Eric Cantona）的人物，该人物身穿坎通纳在曼联球队的七号球服。坎通纳向英国广告标准局投诉，要求标准局执行广告守则的规定撤销该则广告。英国广告标准局向莫尔

---

① 1 K. B. 467 (Eng. C. A. 1929).

森啤酒公司作出警告，并停播了该则广告。

虽然上述广告守则可以为名人的形象提供一定的保护，但这些保护仍然是有限的。首先，如果一则商业广告使用了某名人的形象但没有违背该名人的特征，那么这则广告并不会被认定为违反广告守则。其次，已故名人的继承人不能依据这些广告守则获得保护，因为原告必须证明，被告的行为具有诽谤性并造成了损害，但已故名人不能满足诽谤的证据要求。最后，这些广告守则的效力非常弱，因为它们都属于非官方的守则，不具有法律上的强制执行力。

（二）侵权抗辩

虽然说在英国现行的法律制度中，抗辩对于被控侵犯他人形象的被告而言似乎是不必要的，但被告仍然可以以"合理使用"为由提出抗辩。"合理使用"的抗辩是在英国1988年《版权、外观设计和专利法案》中予以规定的，从本质上来说，"合理使用"抗辩就是言论自由权的体现，即允许行为人在文学作品、新闻制作和其他艺术作品中使用名人的形象。"合理使用"的抗辩得以适用的条件是，人们充分地确信该使用行为通常被认定为一种简单的引用。

四、该往哪里走：美英公开权保护的比较分析

既然美英两国有关公开权保护的法律制度不同，那么现在的问题是：哪一国的制度更有意义？哪一国的制度能更好地平衡社会利益与名人利益的保护？我们是应当继续保持美国现行的法律制度、对名人给予广泛的保护，还是应当跟随英国的路径、尽可能地允许行为人使用名人的形象？抑或应当走出一条折衷的路径？

本文以下部分将探讨美英两国公开权保护体系的不同之处，并分析哪一种体系能充分地实现名人利益与社会利益的平衡。笔者主张，我们应当走出一条不同于美英两国现行保护体系的折中路径，以平等地保护社会公众的利益与名人的利益。

在美国，联邦《版权法》、联邦《商标法》、普通法上的隐私权规定和财产法都倾向于保护名人的公开权。在英国，英国1988年《版权、外观设计和专利法案》、英国《商标法》和普通法上的假冒之诉虽然赋予了名人以保护其形象的诉权，但从本质上来说，这些法律制度并不利于名人利益的保护。要探讨美英两国公开权保护体系的

不同，最简单的方法就是通过考察美国公开权领域中最具争议性的Vanna White v. Samsung Elect. Am., Inc 一案，探讨在英国法律体系下该案是否有不同的结果，如果有不同的结果，则哪一种结果更可取。

（一）Vanna White v. Samsung Elect. Am., Inc 一案

在该案中，美国联邦第九巡回法院裁定，被告 Samsung 公司为了营利目的擅自使用原告的形象，侵犯了原告享有的公开权。法院的多数意见认为，被告制作一个身穿晚礼服、站在游戏牌旁边的机器人并不构成合理使用。法院的判决理由是，原告为了创造自己的形象而付出了辛勤的劳动，因而应当享受自己的劳动成果。法院特别指出，那些取得知名地位的人为了获取利益开发自己的形象，他们都为之付出了大量的精力和创造。另外，法院没有采纳被告提出的"模仿使用"的抗辩，而是认为，被告的使用行为在本质上属于商业性使用。

如果该案原告 White 是在英国提起诉讼，那么结果将会有很大不同。在英国的法律体系下，White 有三种诉讼方式可以选择。第一种是依据英国 1988 年《版权、外观设计和专利法案》提起侵权诉讼。但是，若选择该诉讼方式则 White 不可能胜诉，因为 White 不对那个酷似其形象的机器人享有版权。

White 可以采取的第二、第三种选择分别是，提起普通法上的假冒之诉和提起诽谤之诉。如果 White 提起普通法上的假冒之诉，那么 White 首先要证明，被告的广告使整个社会在某种程度上产生混淆，以至于人们都以为 White 是在代言被告公司的产品或与被告公司的产品有联系。而要完成这样的证明要求是相当困难的，这是因为：第一，即便 White 声称被告的广告对其形象造成有害影响，但是，英国的法院也可能会发现，被告的广告是关于《幸运之轮》游戏节目而非关于 White 本人，附随该广告的标题"历时最久的竞赛游戏节目，公元 2012 年"也说明了这一点；第二，被告在广告中使用了 White 的形象，并没有在某种程度上暗示 White 代言被告的产品，该广告只是拿健康食品和演讲秀主持人 Morton Downey Jr.开玩笑的系列广告的其中之一。White 要在英国提起假冒之诉，还必须证明自己因被告的行为遭到损害。虽然 White 可以轻易地证明她已经在其他领域开发使用了其形象，但她还必须证明，被告 Samsung 公司的行为使她在其他

领域的事业遭受损害。如前所述，由于该广告并没有暗示 White 代言被告公司的产品，而且该广告只是系列广告的其中之一，所以，英国的法院可能会认为，White 还要在包括电子产品领域在内的很多领域开发使用其形象，才能满足该证明要求。

如果 White 采用第三种选择对 Samsung 公司提起诽谤之诉，那么在举证要求上，White 同样将面临一场高地战役。White 必须证明，她的形象已经被开发、被告的广告不真实并构成恶意诽谤。对此，即便是美国联邦第九巡回法院，也难以认定被告的行为构成恶意诽谤。被告的广告宣称，White 将会在 2012 年被其他人取代《幸运之轮》游戏节目的主持人地位。我们都知道，电视明星尤其是那些模特型的角色通常都是一些年轻漂亮的人，随着时间的流逝，当电视明星的美丽逐渐消退时，他们也就会被新人所取代；所以，难以想象在 10 多年之后，Vanna White 的主持人地位还没有被另外一个更迷人的新主持人所取代。而且，法院可能会认定，被告广告中的机器人在本质上并不存在任何攻击性或损害性的要素。尽管 White 可能会主张，该广告宣称一个机器人可以完成她的工作是具有攻击性的，但法院可能会认为，事实上一个机器人只能完成翻转字母牌的工作。

（二）哪一种路径更可取

如果 Vanna White v. Samsung Elect. Am., Inc. 一案分别在美国法院和英国法院审理，则会有非常不同的结果，但是，两国法院的判决都是不能令人满意的。在美国，第九巡回法院的判决赋予了原告控制其形象的强大权利。该案的 Kozinski 法官在其反对意见中，批评该判决是"危险的"，因为该判决允许名人对其形象享有完全的控制权而忽略了社会公众的利益，事实上社会公众也参与了名人形象的制造过程。Madow 教授更是明确指出，名人的形象是社会的财产，因为名人形象的内在意义是由社会而非名人自己创造的。第九巡回法院的判决意味着，即便是行为人使用某名人的形象或肖像会使人们联想起该名人，该名人也有权阻止行为人实施该行为，这种做法将会扼杀那些以名人形象为题材的言论和创作。正如 Kozinski 法官所质疑的那样，被告 Samsung 公司的广告与《星期六晚上》节目制作的滑稽短剧有何不同，为何前者构成侵权而后者获得保护。

与美国法院的做法相比，如果 White 是在英国法院提起诉讼，那么无论她选择以哪种诉因起诉,她都会面临巨大的挑战。在英国现行的法律体系下,除非行为人的行为摧毁了 White 的形象,否则,White 似乎是难以阻止行为人使用其形象的。

在公开权的保护问题上,联邦《版权法》和联邦《商标法》中一些平衡社会利益和权利人利益的制度可以给我们提供一些借鉴。根据联邦《版权法》的规定,作者对其作品享有排他性的权利,作者有权生产、公开出版、分配其作品,该权利的保护期为作者终生及其死后 70 年。作者享有这些权利的交换条件是,作者的作品将最终进入公共领域,从而使公共领域变得更加丰富。在作者死后 70 年后,作者的作品就会完全进入公共领域。此时,任何人都可以复制使用该作品。而在权利保护期内,作者及其继承人可以利用该作品获取利益,同时,社会公众也有权合理使用该作品,将该作品用于批评、模仿使用和引用。

联邦《商标法》中同样有平衡社会利益和权利人利益的制度。根据联邦《商标法》的规定,只要商标的创建者将商标用于商业领域,其就对该商标享有排他性的权利;但如果商标权人停止使用该商标,或者该商标变得众所周知,又或者该商标已经成为其所标识商品的通用元素而缺乏显著特征,那么该商标就会进入公共领域,此时任何人都可自由使用该商标。

(三) 我们应采纳的路径

在公开权保护的问题上,无论是美国还是英国,其现行的法律制度都未能很好地平衡社会公众的利益与名人的利益。在美国,名人享有的公开权越来越大,而社会公众则不能获得任何回报。与之相对,在英国,名人往往不能因其创造而获得回报,相反商业广告公司则能从中获利。

笔者认为,在公开权保护的问题上,我们应当采纳一条能够更好地平衡社会公众利益与名人利益的折衷路径,即如本文所介绍的联邦《版权法》的路径。要引入一条实现统一的平衡制度的路径,可以通过制定一部联邦公开权法案来实现。

之所以说制定一部新的联邦公开权法案比继续适用现行的法律制度更可取,主要有以下几点理由:第一,最简单地说,一部统一的联邦法律能够避免名人择地诉讼。第二,更重要的是,目前法院所适用的法律制度都没有很好地平衡名人的利益与社会公众的利益。比如说，财产法不能平衡个人拥有财产的权利与社会分享财产的权利两者的关系，当一个人拥有某样东西，他就可以自由地阻止其他人使用该样东西。将这种理论用在公开权保护中，就等于是允许名人享有控制其形象的完全专有权，从而剥夺了社会公众的利益。第三，制定一部统一的联邦法律，可以让那些商事主体更清楚地知道其所从事的活动是否违反了法律。

新制定的联邦公开权法案应当规定，名人对其姓名、形象、肖像和声音享有终生的排他性权利，在名人去世后，公开权可以由名人的继承人继承。这一规定是借鉴联邦《版权法》中"作者终生对其作品享有权利"、"版权的保护期为作者终生及其死后70年"的规定。新制定的法案规定公开权可继承，比纽约州否定公开权可继承的做法更可取，这主要有以下几点理由：第一，名人依赖于其形象所蕴含的经济价值，名人为了代言产品而销售其形象，如果公开权不可继承，那么就会严重损害名人形象所蕴含的经济价值，从而会严重打击名人努力工作、培育其形象的积极性和动力；第二，否定公开权可继承，将不能对已故名人进行保护，而允许公开权可继承，能赋予名人更大的经济动力去创造社会所需要的形象，社会也会因此而得益；第三，允许公开权在名人死后存续一定时间，能够平衡名人控制其形象的利益与社会公众使用名人形象的利益。

与此同时，新制定的法案应当借鉴联邦《版权法》的做法，规定"合理使用"的条款。社会公众应当能够对名人发表评论或作出批评——只要这些评论和批评不是诽谤性的。社会公众对名人形象进行模仿使用也是应当被允许的。名人固然有权开发使用其创造出来的形象，但是，名人也不应当阻止社会对其形象发表评论或提出批评。

新制定的联邦公开权法案还应当像联邦《版权法》那样明确规定，名人享有销售、生产和分配其形象的排他性权利。与英国法律不保护名人形象不被擅自开发使用相比，这样的规定更为可取。之所以要作出这样的规定，最有力的理由是，如果我们不对潜在的名人提供经济动力，那么他们就可能不会努力地创造自己的形象，社会也就不能得益。比如说，如果演唱组合"后街男孩"（Backstreet Boy）不确信他们享有销售含有其形象的海报和衬衫的排他性权利，那么，他们就可能不会尽力地创造其形象、尽力地挖掘其形象的价值。而在英国现行的法律制度下,"后街男孩"组合不能阻止行为人在衬衫或咖啡杯上擅自使用其形象。对此,Madow 教授认为,由于名人的形象是由社会而非名人个人创造的,所以,英国现行法律对名人形象的规定是更为可取的。笔者认为,Madow 教授忽略了这样一个事实——即便社会确实对某名人的形象增添了意义,但毕竟是名人通过自己的努力将其形象展现在社会公众面前的。联邦《版权法》对作品的作者提供版权保护,同时规定作者的作品在经过一定保护期后进入公共领域;本文认为,新制定的联邦公开权法案也应当作出同样的规定。

五、结语

在分析了美国和英国有关公开权保护的法律制度后,我们就会发现,美英两国保护公开权的法律制度都存在严重的问题。美国的法律制度倾向于保护名人的利益而基本上忽略了社会公众的利益,英国的法律则不重视名人的公开权而允许社会公众自由使用名人的形象。本文认为,美英两国保护公开权的现行法律制度都是不可取的,我们应当创造出一套能更好地平衡社会公众利益与名人利益的法律制度,这也许可以通过制定一部新的联邦法案来实现。本文主张,名人创造出有价值的形象,他们的劳动应当受到尊重;但同时也不能忽略社会公众在名人形象创造过程中的角色,在公开权的保护问题上借鉴联邦《版权法》的平衡制度,可以更好地平衡名人与社会公众的利益。

第四编 公开权侵权的抗辩

公开权与《美国宪法》第一修正案的对抗

格洛丽亚·弗兰克[*]著 刘维[**]译

目　　次

一、导论

二、公开权的产生

三、公开权与《美国宪法》第一修正案的理论基础

四、表达言论的界定

五、已有的标准及优缺点

六、主要动机标准

七、结论

一、导论

美国人对名望和名人是极其迷恋的。名望被应用于几乎所有的生活领域，它被用来说服人、鼓舞人和激励人。公开权理论主张名人的名望具有内在的经济价值，以该理论为基础，名人正试图努力增加和保护这种价值。从广泛的意义上说，所谓公开权，是指每个人所固有的、对其身份特征在商业上的使用进行控制的权利。当行为人未经名人授权而在商业上对名人的姓名、肖像或其他身份特征进行使用时，名人可以公开权为根据对行为人进行起诉，从而达到保护和控制名人

---

[*] 美国加利福尼亚大学学士，南加州大学格兰特法学院法学博士。
[**] 中山大学法学院助教。

有价值的人格的目的。迷恋名人的现象普遍存在，如用名人表达个人的志向、象征团体的特征及代表文化的价值等。这就使得名人的肖像成为了人们表达和交流的重要素材，并且人们这种使用名人肖像的行为，对于建立一个健康的公共语境及实现《美国宪法》（以下简称《宪法》）第一修正案保护的言论自由而言都是极其重要的。然而，这就在公开权和《宪法》第一修正案保护的言论自由之间产生了冲突。法院正努力去解决这一冲突，但却没能提出一个明确的标准，反而得到了一些不一致的、不完全的及互相排斥的方法、途径或标准。当我们进入数字时代时，互联网为我们这个拥有多元文化的社会提供了一个言论自由的平台，然而，这却使得公开权与《宪法》第一修正案保护的言论自由之间的冲突更加激烈。这就迫使法院需要一个清晰的标准来解决公开权与《宪法》第一修正案之间的冲突。文章将会提出一个明确的标准以期解决这个冲突。

第二部分会站在历史的角度对公开权进行阐述。可以说从公开权产生时起，它就与《宪法》第一修正案之间具有联系，文章主要论述社会、文化、技术等因素对公开权产生怎样的影响。第三部分会介绍公开权和《宪法》第一修正案的理论基础。文章认为要提出一个标准以期解决公开权与《宪法》第一修正案之间的冲突，那么对公开权和《宪法》第一修正案的理论基础进行论述就是必要的。第四部分会突出论述表达言论（expressive speech）和商业言论（commercial speech）之间的区别。表达言论主要用来给社会大众传递信息。《宪法》第一修正案对表达言论和商业言论采取的是区别保护态度，文章会对表达言论怎样使得这种区别保护变得模糊起来进行论述。第五部分则对当前用来解决公开权与《宪法》第一修正案之间冲突关系的有关标准进行论述，并指出这些标准的优点及不足。第六部分会提出主要动机标准（primary motivation test），以期解决公开权与《宪法》第一修正案之间的冲突关系。主要动机标准将注意力集中于行为人使用名人身份特征的主要动机（为表达言论或商业言论）上，该标准对公开权的知识产权背景、现存的有关标准、社会、文化及技术等因素都给予了适当考虑。第七部分为结论。文章认为，就解决公开权与《宪法》第一修正案之间的冲突关系而言，主要动机标准是一种合适的标准，该标准可以用来平衡各方面的利益。

二、公开权的产生

可以说，从公开权产生时起，它就与《宪法》第一修正案之间具有联系，社会、文化、技术等因素也对公开权的产生具有重大影响。要建立一个平衡公开权与言论自由之间冲突关系的有效标准，那么当前的多元文化社会、数字技术和互联网都是必须考虑的。

（一）国家的诞生

美国的开国元勋把《宪法》第一修正案中的言论自由奉为是神圣的，并认为言论自由是民主的核心。他们也宣传这样一种哲学思想，即只要是基于美好品德和英雄品质，那么名望就可以被自由地寻求并被自由地给予。对于开国元勋而言，"fame"或"famous"这个词保留着它原始的意义，它源于拉丁词"fama"，意思是"出众的行为"（manifest deeds）。名望的这种含义意味着，个人有能力作出这种行为并获得成功是源于自身的美德和自律。因此，个人应该谦虚地面对名望，并且通过自身的行为把自己成功的一部分回馈给社会。对于开国元勋而言，他们从来不对行为人盗用他们肖像的行为进行抱怨。相反，在开国元勋看来，他们肖像的广泛传播可能会增进美国的公共利益，从而更有利于促进民族独立和民族建设。因此，对于开国元勋而言，他们并不会理解现代经济观念下的名望和公开权，因为他们并不会想象到公开权会与《宪法》第一修正案保护的言论自由之间产生冲突。从历史的角度看法律、大众传媒技术和名望概念的发展过程，就会看到，自从公开权的前身（即隐私权）产生以后，公开权是怎样与宪法第一修正案之间产生了紧张的关系。

（二）隐私权

19世纪末先进印刷机的发明促进了报纸的大量发行和新闻业的发展。当William Randolph Hearst来到纽约挑战当时在报纸业居于领导地位的Joseph Pulitzer时，一种获得成功的方式就被建立了起来：首先要有令人惊吓的、有趣的、使人目瞪口呆的事情，然后对一件事或一场灾难进行总结并找到一个人为的标志去代表前者，最后把它传播到整个国家。名望的概念源于"姓名创造新闻"这一哲学理论，其不仅允许政治家，而且也允许发明家、巨商、作家、运动员、罪犯和喜剧家，去从事一些世界上"伟大"的事情，从而就可以获得名望。

　　侵扰私生活的新闻业及广告业的发展，促使 Louis Brandeis 和 Samuel Warren 于 1890 年发表了《隐私权》一文，文章主张应在普通法中创造隐私权的概念。他们认为，用一个法律上的权利去保护个人的隐私是必要的，这样可以防止新闻界"超越明显的界限"。他们惊骇地发现为了满足对色情的需求，两性之间的细节普遍出现在每日报纸的专栏上。Brandeis 和 Warren 主张每个人都享有独处的权利（the right to be let along），这种权利是一种基础性权利，之所以这样是因为人的尊严需要得到保护，以避免个人受到流言飞语及偷拍照片等的侵扰。随后，他们的主张被证明是有说服力的，在佐治亚州的引领下，大多数州法院都承认隐私权是自身普通法的一部分。纽约州法院在审理 Roberson v. Rochester Folding Box Co. 一案①时，拒绝承认隐私权，但纽约州立法机关迅速作出反应并以制定法的形式把隐私权规定下来。依该制定法，当行为人未经他人授权而为了广告目的或商业目的使用他人的姓名、肖像或照片时，行为人就要承担刑事责任和民事责任。两年后，在佐治亚州最高法院审理的 Pavesich v. New England Life Insurance Co. 一案②中，佐治亚州最高法院认为，行为人未经艺术家授权就把艺术家的照片使用在广告中，该行为侵犯了艺术家在普通法中享有的隐私权。在接下来的年月里，行为人未经他人授权而在商业上使用他人的姓名或肖像的行为，都被认为是侵犯他人隐私权的行为。

　　20 世纪为美国人带来了两种新的交流媒介：即广播和电视。随后这些新的交流媒介与杂志、报纸和新的广告技术结合在一起，不但使得在名人与消费之间建立起一种稳固的联系，并且使得名望的经济价值开始转变形式。采用特写镜头这一拍摄技术获得的写真照片，在大众与他们喜爱的明星之间产生了一种过度亲密的错觉感，并促使大众产生了渴望去了解更多有关这些明星私生活的心理。在电影明星的姓名和照片融入我们的文化后，杂志和报纸上激增的小道消息满足了

---

① 64 N. E. 442, 443 (N. Y. 1902).
② 50 S. E. at 74.

美国人的这种心理。随后公众又开始寻求有钱人和名人的其他线索，以期了解他们买些什么和他们怎样生活。广播和写真照片的普遍存在使得名望与巨大的成就分开了，并创造出了一种新形式的名人，即一种知道怎么使自己有名的人。这种现象的商业含义非常明显，好莱坞和麦迪逊大街已经开始利用影视明星的巨大市场潜力，这种潜力源于名人有能力激发消费者的模仿心理及培养消费者的消费需求。在这种情况下，明星和职业运动员的肖像或姓名被用来给商品做广告或作为商品质量的担保以帮助售卖商品。Michael Madow 对上述现象进行了详细的阐述：20 世纪 30 年代诞生的新型交流媒介（写真照片、广播）不仅改变了名望的产生方式，而且也改变了名望自身的商业意义。最明显的变化就是名人自身成为了巨大经济价值的来源，现在电影明星和体育明星的"公开价值"可以在一个广泛的范围内被有效地利用。

电影公司经常授权广告商和商人使用演员的肖像，而且还产生了许多以开发名人市场价值为业的公司。名人肖像的商品化使得名望的经济性特征更加明显，并为在美国建立名望的新观念奠定了坚实的基础。但是，法律还没有做好准备来面对这种新的名望观念，而隐私权却不能适应名人的这种新需求，即名人对商业上使用其肖像进行控制和保护的需求。在 Roberson 案和 Pavesich 案中，都是由于被告未经原告授权而在商业活动中使用了原告的肖像或照片，所以原告也都主张自己的人格尊严受到了侵害。但另一方面，名人总是刻意地去寻找闪光灯以求得出名，所以，当行为人未经名人授权而在商业活动中使用了名人的身份特征时，名人并没有真正的精神损害。对于名人而言，他们提出的损害并不是他们的姓名或肖像被使用，而是他们没有获得赔偿，然而名人的这种请求却很难与隐私权保护的利益之间达到平衡。很多法院对隐私权进行狭义的解释，并主张名人要么放弃隐私权，要么仅能对极其无礼的公开其隐私的行为请求救济。因此，如果以隐私权为依据，那么对于行为人未经名人授权而在商业活动中使用名人身份特征的行为，名人是不能获得救济的。

（三）公开权

1953 年联邦第二巡回上诉法院审理的 Haelan Laboratories, Inc.

v. Topps Chewing Gum, Inc. 一案,① 使名望的经济价值有了重大的突破。联邦第二巡回上诉法院在审理该案的过程中承认了公开权并给予商品化的人格以法律保护。在这个具有里程碑意义的案件中,法官 Jerome Frank 代表法院写判决书,他主张:每个人,尤其是名人,除了享有独立的隐私权外,还享有公开他们照片价值的权利。他继续说,这种权利可以被称为"公开权"。正如我们所了解的,很多杰出的人(特别是演员和球星)并不会因为肖像的公开而受到损害,而只会感到应该获得的金钱被剥夺了,这些金钱原本可以通过授权广告主使用他们的肖像而获得。公开权并不会直接产生金钱,除非把这种权利以排他的形式授予一个广告主并禁止其他广告主使用。法官 Frank 进一步说,公开权是否为一种财产权是无关紧要的,但公开权可以被许可或转让,并且被许可人或受让人可以用公开权来对抗第三人。

一年后,Melville Nimmer 发展了公开权的理论,并竭力主张应广泛接受 Haelan Laboratories 案中阐述的公开权。Nimmer 主张现存的法学理论并不能充分保护名人身份特征中的商业利益。虽然 1890 年 Brandeis 和 Warren 提出的隐私权理论满足了当时的社会需求,但 Nimmer 怀疑这一隐私权理论仍然可以满足当下的社会需求。Nimmer 以洛克的道德理论为基础,认为个人有权收获自己的劳动成果,但这却缺乏对社会公共利益的考虑。Nimmer 主张个人通过长期辛勤劳动获得的公开价值可能会被剥夺,除非司法上承认公开权,这一权利可以使个人对自身的公开价值进行控制并从中获利,而这种公开价值正是个人创造并争取获得的。法院在开始的时候勉强接受了这种新权利,然而当 1977 年联邦最高法院在审理 Zacchini v. Scripps-Howard Broadcasting Co. 一案时,做出了一个有关公开权的判例后,这种新权利就慢慢获得了司法上和理论上的普遍接受。联邦最高法院在审理 Zacchini 案时,主张公开权是一种知识产权,并且该案还是处理公开权与《宪法》第一修正案中的言论自由之间冲突关系的第一个案件。

三、公开权与《美国宪法》第一修正案的理论基础

为了阐述一种标准以期解决公开权与言论自由之间的冲突,有必

---

① 202 F. 2d 866 (2d Cir. 1953).

要对公开权保护的利益与言论自由保护的利益进行平衡。因此，该部分主要论述公开权和《美国宪法》（以下简称《宪法》）第一修正案的理论基础。

（一）公开权的理论基础

公开权可以增进社会公共利益，如激发人的创造力、保护个人的劳动成果、避免消费者被欺骗及阻止不正当的获利。支持公开权的理论主要包括：道德理论、经济理论及保护消费者理论。虽然这些理论受到了一些批评，但是，公开权已经在美国的法律体系中建立了起来，并且成为了一种保护名人身份特征中经济利益的重要权利。

1. 道德理论

道德理论的基础在于洛克的劳动创造价值理论。正如 Nimmer 所解释的，每个人都有权获得自己劳动的成果，除非有更重要的公共利益需要考虑。基于此种理论，由于名人为创造具有商业价值的身份特征而努力工作并花费了时间、精力甚至金钱，所以，名人应该从使用他们身份特征的行为人那里得到回报，而公开权可以对名人这种具有商业价值的身份特征进行控制。但是，Michael Madow 却反对这种道德理论，并主张有很多因素促成了名人的产生。Madow 认为，名人是一个复杂的社会过程的产物，这其中包括了名人自身的努力，如名人为此花费了时间、精力及金钱，但这只是其中的一部分，并且还不是主要的部分。特别是在今天这样的社会里更是这样，因为名望的产生在当今变得更加具有组织性、集中性、条理性甚至于科学性。Madow 进一步认为，在创造名人的过程中是公众而不是名人承担了主要的职责。因此，名望是被他人授予的，其更需要大众和媒体，从而以洛克的劳动创造价值理论为依据，而公众和名人就应该共同去分享任何基于名人身份特征而获得的劳动成果。

联邦最高法院在审理 Zacchini 案的过程中阐述了另一种道德理论，即阻止以善意窃取的方式获得不正当的利益。事实上，在有关公开权的案件中，行为人通常被认为是一个"搭便车"的人，并被指责盗用了他人创造的价值及收获了他人播种的果实。但批评家认为，该种道德理论是不能让人信服的，因为名人通常借用技术手段来发展他们的技艺或本领，而这些技术手段却是先于名人存在的。Madow 主张文化成果通常是以对现存的符号形式、声音、故事及肖像，进行重新加工、组合而产生的。因此，名人就是典型的收获自己没有播种过的果实的人，而相反行为人却经常为自己播种了一些果实。Madow 进一步说，行为人经常把自己的一些东西加入名人的身份特征，如幽默、艺术性或风趣，并且行为人满足的市场需求与名人满足的市场需求是不一样的。

2. 经济理论

经济理论由以下两部分组成：

第一，公开权激励个人去创造有价值的人格。因此，假使个人不能完全使用自己身份特征中的价值，那么个人将会因缺乏这种激励而不再花费时间、精力及资源，去创造有益于社会的作品。联邦最高法院在审理 Zacchini 案时支持了这种激励的合理性，并主张公开权为表演者提供了一种经济上的激励，从而促使表演者投入更多，以达到为公众提供更好的表演的目的。接着联邦最高法院运用类推的方法把激励的合理性运用于其他知识产权。授予个人专利权和版权的哲学基础为经济哲学，该种哲学深信以个人获利来鼓励个人努力是最好的增加公共福利的方式。通过授予发明家和作家以专利权和版权来激励他们在科学和艺术领域进行创造，他们为进行创造奉献了时间，从而应得到相称的奖励。但是，批评家主张名望比公开权的出现要早得多，并且显而易见，在 20 世纪之前，并没有人需要这种法律上的激励以创造一个有价值的人格。这样的事实就意味着：或者塑造一个有商业价值的身份特征需要花费很少的东西，或者这里既有经济性的激励也非经济性的目的，比如对名望、权利或成功的渴求，这就使塑造一个具有商业价值的身份特征与公开权之间是相互独立的。批评家最后总结道，即使缺乏公开权还是会有名人出现，而且这些名人大概不会比任何其他名人差。

第二，分配效率理论。该理论认为，公开权提高了对稀缺资源的有效利用，即通过授予名人财产权以提高对名人身份特征中的商业价值的利用率。Richard Posner 进一步丰富了这一理论，并认为公开权阻止了对名人人格的过度使用。Posner 主张，名人之所以能把自己照片中的财产权转让给行为人让其去做广告，是因为有如下一个经济原因存在，即行为人会选择最有价值的照片以期达到自身的目的，而行为人使用公共领域的照片将不会实现自身的目的。进一步而言，就是多次使用同一照片为不同的产品做广告，将会降低照片的广告价值，也许会降到零。分配效率理论认为，通过授予名人身份特征以财产权，将会促使名人寻求方法以增大自身身份特征中的价值，并可以有效地阻止由于过度使用而引起的名人身份特征的价值下降。但批评家却指出，并不是所有使用名人身份特征的行为都会使公众产生疲劳感，相反很多使用行为可以增加名人身份特征中的价值并且是名人人格所需要的。Madow 主张，在商品促销活动中，趋附时尚和竞争心是重要的推动力，而名人照片的价值之所以会增加正是因为每个人都买了一个。进一步而言，分配效率理论没有对社会趋向或社会偏向进行考虑，并认为它们是不存在的或没有意义的，但事实上它们是隐藏在名人背后的。分配效率理论没有考虑私人财产体系内在的交易成本及道德强力问题，而这两者也影响名人身份特征中的价值的有效分配。

3. 保护消费者理论

保护消费者理论认为，当名人与某个商品或某种服务联系起来时，公开权可以保护消费者以避免消费者被欺骗。假使广告主盗用了名人的照片并把照片使用在商品上，就容易使消费者产生该名人对该商品进行了担保的错误印象，而公开权却可以保护消费者以使其不被欺骗。批评家认为该理论是不完整的，因为该理论缺乏适用公开权的前提条件，即当名人与某商品联系起来时或当名人对某商品进行了担保时，就会造成消费者的误解以至于被欺骗。批评家还指出，假使公开权可以保护消费者以避免消费者被欺骗，那么这种保护也是多余的。因为当名人的姓名或肖像被用来欺骗或误导公众时，《拉纳姆法》或州的相同功能的法可以给名人提供适当的解决方法。进一步而言，保护消费者理论是基于这样的假设，即消费者会认为有名人照片的广告或商品是经过名人授权的。但是，这一基于经验的事实并不能令人信服，而相反的事实可能是，消费者认为有名人照片的商品并没有得到名人的授权。

（二）《宪法》第一修正案的理论基础

要在公开权与《宪法》第一修正案之间找到平衡，必须对《宪法》第一修正案保护言论自由的两个重要目的进行考虑：第一，言论自由通过鼓励自由市场观念的形成和构建对公共问题进行无拘无束的、健康的、广泛开放的讨论的方式，促进知识的传播及对真理的追求；第二，言论自由可以满足人们对自我表现（self-expression）和自我实现（self-realization）的需求。法官 Thurgood Marshall 对这两个目的进行了详细的阐述：《宪法》第一修正案不但可以满足政府的需求，而且可以满足个人的精神需求，即个人对自我表现的需求。自我表现对于思想的发展及个体意识的产生而言是必须的。对自我表现的压制就是对人类渴望对自我进行认知的拒绝并且是对个人价值和尊严的侮辱。为实现《宪法》第一修正案的目标，联邦最高法院主张娱乐活动可以获得宪法保护。联邦最高法院明确主张所有艺术形式都受宪法保护，如演员在舞台上或屏幕里的表演，艺术家在汽油里、泥土中或大理石上的作品，诗人在公共场合的朗诵，音乐家的乐谱，等等。而现在公开权却可能成为《宪法》第一修正案追求的两个目标的潜在障碍。在我们的社会里名人拥有公共的和私人的两种意义，然而对于社会公众而言，能够自由地对名人发表言论及自由地使用名人的人格是极其重要的，因为这样可以促进对公共问题进行无拘无束的、健康的讨论。

正如 Madow 主张的，娱乐界和体育界的名人是我们公共戏剧（Public Drama）中的主角。我们所讲的故事都是有关他们的，我们密切注视他们的到来、他们的离开、他们的错误及他们的伤心事，我们模仿他们的行为、他们的衣着、他们的谈话方式及他们的消费方式。不管怎样，他们都是道德取向改变的主要力量。他们被使用的范围不仅为在商品上进行担保，而且还用来表达个人的志向、象征团体的特征及代表文化的价值。他们的肖像已成为重要的言论和交流素材并成为我们商业文化和每天谈话的一部分。假使公开权允许名人对在言论中使用他们身份特征的行为进行控制，那么就会授予名人强大的权利去压制与他们身份特征有关的思想，而这不仅会阻碍创造过程的进行，也会限制公众自我表现能力的发展。因此要构想出一种方法去协调公开权与《宪法》第一修正案之间的紧张关系，我们就必须对支持公开权的理论与支持宪法第一修正案的理论进行平衡。

四、表达言论的界定

《宪法》第一修正案保护言论自由，联邦最高法院把言论区分为表达言论与商业言论。《宪法》第一修正案对表达言论和商业言论采取的是区别保护态度。对于表达言论《宪法》第一修正案是完全保护的，这包括政治演讲、新闻、涉及公共利益的事件、模仿秀、虚构作品、艺术性言论及文化性言论和记录。但对于商业言论《宪法》第一修正案是不给予保护的，这里的商业言论是指目的仅为商业交易的言论。而且《宪法》第一修正案对欺诈性或误导性的商业言论也不给予保护。基于此，当广告主使用名人肖像时，名人可能会用公开权来进行对抗。不过，表达言论与商业言论之间的界限还是远远不清楚的。法庭认为表达言论是不会转变为商业言论的，因为表达言论对社会公共利益是有益的。事实上，很多表达言论中含有商业性因素，这就使得当法院试图去解决公开权与《宪法》第一修正案之间的冲突时变得有些模糊了。这种困难的产生是由于具有传播信息功能的表达言论和媒体完全受《宪法》第一修正案的保护。不过，当谈到公开权时，司法上则主张并不是所有的言论都会受到平等保护。法院发展并采纳了一些平衡方法以求得可以在表达言论与商业言论之间划出一条清晰的界限，并可以用来决定当言论中含有表达言论和商业言论时，什么样的言论会受到《宪法》第一修正案的保护。不过，法院在面对政治言论、新闻、涉及公共利益的事件、模仿秀、虚构作品、艺术性的言论及文化性言论和记录时，适用的平衡方法是不一样的。

政治言论受《宪法》第一修正案的保护，而且当政治言论被包括在其他言论中时，其他言论往往也会获得宪法第一修正案的保护，并可以用《宪法》第一修正案对公开权的请求进行抗辩。联邦最高法院认为，当出版商的出版行为涉及公共利益时，出版商可以获得《宪法》第一修正案的保护，除非出版商的出版行为具有恶意或出版内容具有虚假性。跟随联邦最高法院的脚步，很多法院也采用了一个类似的方法，即只要新闻和出版物涉及公共利益，就可以用《宪法》第一修正案来对抗公开权。这种宽泛的保护方法被称为具有新闻价值的例外原则。但在 Zacchini 案中，联邦最高法院阐述的"整个行为标准"（entire act standard）却对具有新闻价值的例外原则进行了限制。

联邦最高法院在审理 Hustler Magazine v. Falwell 一案时认为，模仿秀受《宪法》第一修正案保护，并可以用《宪法》第一修正案来对抗公开权。联邦第十巡回上诉法院在审理 Cardtoons, L. C. v. Major League Baseball Players Ass'n 一案时，遵循了联邦最高法院审理

Hustler Magazine 案的判决。联邦第十巡回上诉法院在 Cardtoons, L. C. 案中主张,该案中具有模仿性的棒球卡片受《宪法》第一修正案的保护,并认为模仿秀作为一种社会的批评方式及一种自我表现方式,是一种极其重要的思想表达方式。联邦第十巡回上诉法院进一步认为,基于明星在现代社会中的角色使得明星模仿秀是一种具有特殊价值的言论方式。一位评论家还主张,即使模仿秀与社会公共利益并不相关,模仿秀还是受《宪法》第一修正案的保护,并以可以用来对抗公开权的请求。因此,模仿秀作为一种有价值的言论方式而受到《宪法》第一修正案的保护,并且模仿秀还与具有新闻价值的例外相区别。

很多法院认为,一个使用原告身份特征而虚构的故事受《宪法》第一修正案的保护并可以用来对抗公开权的请求。例如,为制作电视剧而虚构的有关 Rudolph Valentino① 的生活;一部电影中讲述一个名叫 "Squints' Palledorous" 的男孩,该男孩与原告 Michael Polydoros② 小时候有相似之处,以上两者都受《宪法》第一修正案的保护。在上述第一个案件中,首席法官 Bird 主张虚构作品受到同政治言论及时事新闻一样的《宪法》第一修正案的保护。使用虚构作为一种手段,可以对我们的价值观、习惯、风俗、法律、偏好、司法、遗产和未来等进行评价,即使作者为娱乐活动的目的而进行虚构也受《宪法》第一修正案的保护。

艺术性的言论作为一种典型的自我表现和自我实现方式而受到《宪法》第一修正案的保护。联邦第二巡回上诉法院认为,可视的艺术形式可以被广泛地用来表达思想、观念及情感,这就如同书、论文、小册子或其他纸化的东西一样,从而其也受《宪法》第一修正案的保护。联邦最高法院明确主张,艺术作品即使没有传达明确的信息,也可以获得《宪法》第一修正案的保护。但在有关公开权的案件中,法院却对《宪法》第一修正案对艺术性言论保护的程度有不同的意见。一些标准已经出现,其中,最著名的两个就是变异使用标准和主要使用标准,但不同标准却都主要关注艺术作品传播信息的功

---

① 603 P. 2d 454, 454 (Cal. 1979).
② 79 Cal. Rptr. 2d 207, 208 (Ct. App. 1997).

能。加利福尼亚州最高法院主张，尽管艺术作品已经很少以传统的方式出现，如出现在 T 恤衫上，但却不能因此而削弱《宪法》第一修正案对其的保护程度。因此，虽然《宪法》第一修正案对非传统的言论方式仍然给予保护，但在涉及商业或商品促销活动的有关公开权的案件中，法院还是遇到了麻烦。

文化性言论和记录可以被包含在上面已讨论过的任何一类言论中。文化性言论含有这种观念，即在当今社会，个人或团体通过对名人肖像进行再创造，赋予了名人肖像以新的含义，因此，个人或团体必须能够自由地使用、重构及重编这些肖像，这样才能达到个人或团体自我表现或自我肯定（self-affirmation）的目的。这种重构或重编就意味着必须对原来存在的素材进行利用从而才可以创造出新的东西。这个重构或重编过程对于个人或团体而言是极其重要的，因为个人或团体可能会基于文化、社会及性别的原因，在该过程中表达出与主流文化不一样的思想，即使用名人的肖像去表达一种与原肖像制作者的偏好或目的不同的思想。

《宪法》第一修正案保护文化性言论和记录及非传统的言论方式。但法院往往会在有关公开权案件中，对以文化性言论和记录及非传统的言论方式提出的抗辩进行较少的考虑，因为它们经常把商品作为传播信息的媒介，而这种商品则被认为具有更多的商业性。学者们却对法院的这种观点给予了无情的批评。Madow 主张，这种观点意味着名人拥有了对流行文化进行审查的权利，从而以减少对该种商品进行保护为方式，限制了对文化性言论的保护。Jane Gaines 主张，公开权是言论自由的障碍，因为对于批量生产的商品而言，如 T 恤衫，其生产成本最低并最容易为人们所购买。Gary Ho 认为，《宪法》第一修正案偏好于对传统媒介方式给予保护，而把所有的消费商品（consumer products）排除出了表达言论的范围，因为这些商品更多的目的可能在于商业交易。Gary Ho 还认为，由于只关注媒介而不关注内容从而使得问题太过于简单化，结果就造成了对商业言论原本含义的误解，因为商业言论应仅为商业交易目的的言论。因此，《宪法》第一修正案保护表达言论，但却对商业言论给予很少的保护。法院虽为此付出了巨大的努力，但却没能协调好个人财产利益与言论自由保护的社会利益之间的紧张关系。

五、已有的标准及优缺点

文章现在将对法院已经采纳过的用于平衡公开权与言论自由之间关系的方法进行讨论。从讨论可以看出，在解决公开权与《宪法》第一修正案之间的冲突关系上，缺乏一种具有原则性和一致性的方法。

（一）Zacchini案采纳的方法：整个行为标准

Zacchini案是唯一一个由联邦最高法院审理的有关公开权的案件，该案涉及对公开权与《宪法》第一修正案之间的冲突关系的解决。但是，由于Zacchini案存在的特定的案件事实，所以，当法院审理其他有关公开权的案件并试图采用Zacchini案采用的方法时，却出现了不确定的因素，这就使得一些法院在决定《宪法》第一修正案可否作为公开权的抗辩时，忽视了Zacchini案采用的方法。Zacchini案的案情大体如下：原告是一位进行人体炮弹表演的表演者，被告是一家电视台。被告未经原告授权而在晚间新闻中播放了原告15秒钟的完整的表演过程，基于此原告就把被告起诉到法院并主张自己的公开权受到了侵犯，而被告则以《宪法》第一修正案为抗辩。俄亥俄州最高法院认为，被告电视台的行为受《宪法》第一修正案保护，被告有权对具有新闻价值的事件进行报道。但联邦最高法院却推翻了俄亥俄州最高法院的判决。联邦最高法院认为，被告播放原告整个表演过程的行为给原告表演中的经济价值造成了现实的危险，所以，被告主张的《宪法》第一修正案不能成为原告公开权的有效抗辩。联邦最高法院强调原告的表演行为中具有财产利益，由于被告对原告的表演行为进行了播放，所以，原告可以请求被告进行赔偿，这与被告播放戏剧演出而不需要给演出者以赔偿的行为是不一样的。

但是，在审理Zacchini案时联邦最高法院却没能阐述一个标准，从而使该标准可以在有关公开权的案件中，当被告提出《宪法》第一修正案作为抗辩时，可以被普遍地适用。联邦最高法院认为，在这种特殊的情况下，不管受保护的报道与不受保护的报道之间的界限如何确定，我们都十分确信，当媒体未经表演者授权而播放了表演者的整个表演行为时，《宪法》第一修正案和《宪法》第十四修正案并不能使媒体得到豁免。联邦最高法院承认，Zacchini案可能会成为一个有关公开权的典型案例，因为 Zacchini 案涉及的不是盗用演员的名望以求得增加商品的吸引力，而是盗用了演员的表演行为，而演员正是以这些表演行为来获得名望的。但法官 Powell 却对此表示异议，他除了对大多数法官一再重复的所谓的"表演者的整个行为"表示异议外，还质疑该标准可以被用来处理手头上的其他案件。法官 Powell 主张，整个行为标准对于处理其他有关公开权的案件而言是没有价值的。后来的发展证实法官 Powell 的主张是正确的，因为在没有有关公开权的案件以整个行为标准来处理。

（二）具有新闻价值的例外

在 Zacchini 案中联邦最高法院主张，表演者的公开权不能用来阻止电视台对表演者的表演行为进行具有新闻价值的报道。联邦最高法院还认为娱乐活动和新闻都受《宪法》第一修正案的保护，并且娱乐活动本身就是一种重要的新闻。因此，很多法院通过对 Zacchini 案的判决进行阐释，并主张具有新闻价值或涉及公共利益可以成为公开权的抗辩，但 Zacchini 案中，被告电视台却盗用了表演者的整个表演行为，所以，电视台的行为不能获得豁免。在 Zacchini 案中，大多数法官主张被告电视台的播放行为并不能为具有新闻价值的例外原则所包含。法官 Powell 对这种观点表示异议，他认为这种观点可能会导致媒体对自身的报道进行级别审查，并认为《宪法》第一修正案分析的对象不是对表演者的表演行为播放的程度，而是询问播放的目的。从法官 Powell 的以上观点可以推断出，他可能会主张新闻报道有权使用公开权，因为原告并不能提出一个强有力的证据来证明新闻报道是一种规避手段或新闻报道的目的在于商业利用。

就事实上而言，在很多有关公开权的案件中，被告都以主张具有新闻价值来对抗公开权，这种被宽泛定义的具有新闻价值的例外原则，更接近于法官 Powell 的意见而不是 Zacchini 案中大多数法官的意见。然而，当法院运用具有新闻价值的例外原则时却产生了不一致的结果。例如，在 Ali v. Playgirl, Inc. 一案[①]中，一张裸体照片被认为不具有新闻价值。因为该张照片与原告 Ali 很相似，其被命名为"神

---

① 447 F. Supp. 723, 727 (S. D. N. Y. 1978).

秘人物",在照片旁边还有标题"最伟大的"。审理 Ali 案的法院认为,被告未经原告 Ali 授权而对原告 Ali 照片的使用行为并不具有新闻价值。而在 Ann-Margret v. High Society Magazine 一案①中,一张关于 Ann-Margret 的裸体照片却被认为是具有新闻价值的。审理 Ann-Margret 案的法院认为,该案中的照片涉及社会公共利益,因为该照片来自原告 Ann-Margret 曾出演的一部影片,并认为应对具有新闻价值的事件给予宽泛的定义,甚至包括娱乐性、搞笑性及普通人感兴趣的东西。Pamela Samuelson 进一步主张,当行为人盗用名人的人格时,法院适用具有新闻价值的例外原则使行为人获得豁免,但法院在适用该原则时,似乎只是在宣告结论而不是说明理由。因此,具有新闻价值的例外原则并没有形成一个体系以决定什么为具有新闻价值,并且该原则无法对媒体以外的行为进行适用。

(三) 合理使用

很多评论家主张采用一种改造过的著作权中的合理使用原则,来分析在有关公开权的案件中,提出的以《宪法》第一修正案为根据的抗辩。Samuelson 和 Alice Haemmerli 主张采用一种由两部分构成的合理使用原则。Samuelson 的分析以对在著作权案件中适用整个行为标准进行宽泛解释为根基。Samuelson 主张,当原告的财产利益被干涉或盗用时,《宪法》第一修正案才可以被限制。因此,以 Samuelson 的观点为基础,这种合理使用原则的第一部分将会对原告的财产利益受到的干涉或盗用进行评价,这种评价过程就是对四个已改造过的合理使用因素的平衡过程:①被告使用公开权的目的和性质,包括主要目的是为了商业上的使用还是为了非商业上的使用和被告的使用行为是具有变异使用性还是仅为原告行为的替代品;②公开权的属性;③被告盗用的程度,是否存在对他人身份特征的完全盗用;④对原告身份特征市场价值的影响,是否影响了名人的工作或活动。

Samuelson 解释说,这种合理使用原则的第二部分会进一步询问,是否为传播消息所必需或为公众讨论的对象,这两者受《宪法》第一修正案的保护。Haemmerli 将进一步询问,是否为艺术性言论,艺

---

① 498 F. Supp. 401, 405 (S. D. N. Y. 1980).

术性言论允许个人或团体追求新的文化表达方式及为名人的身份特征赋予新的含义，或者是否存在替代性方法从而可以避免对他人财产权的侵犯。简言之，即使用他人身份特征的行为是否为公共信息、公共言论或自我实现所必需。这种合理使用原则的第二部分似乎对分析有关公开权的案件更有效，因为第二部分提出了《宪法》第一修正案的目的，这对于平衡言论自由与名人身份特征中的财产利益而言更有效。但是，法院并没有在有关公开权的案件中完全适用这种合理使用原则，并且在著作权以外的范围适用合理使用原则经常受到批评。例如，Roberta Rosenthal Kwall 认为，对于解决公开权与《宪法》第一修正案之间的紧张关系而言，合理使用原则并不是一种令人满意的方法，因为合理使用原则是适用于著作权中的原则，并且与公开权的两个理论基础不符，即阻止不正当的获利理论和保护消费者理论。Mark Lee 主张，试图以合理使用原则适用于有关公开权的案件会遭遇巨大的失败，因为有些因素与公开权并不相关，而且合理使用原则在著作权中也受到了广泛的指责。

（四）变异使用标准

尽管合理使用原则受到了许多批评，但加利福尼亚州最高法院还是在 2001 年审理的 Comedy Ⅲ Productions, Inc. v. Saderup, Inc. 一案中采用了合理使用原则中的一个因素，即使用的目的和性质，来作为一个标准用以平衡公开权与《宪法》第一修正案之间的关系。加利福尼亚州最高法院认为，该案中被印在 T 恤衫和平板印刷品上的关于 Three Stooges 的木炭画，不具有变异使用性，因此，不能得到《宪法》第一修正案的保护。加利福尼亚州最高法院强调，艺术作品和娱乐活动受《宪法》第一修正案的保护；表达言论包括非传统的交流媒介（如 T 恤衫和平板印刷品），尽管这些用来售卖，也不认为是商业言论。但是，加利福尼亚州最高法院主张，《宪法》第一修正案保护的仅是那些具有变异使用性的作品。变异使用是指一部作品具有下列因素之一：①增加一些新的东西，如更深远的目的、不一样的性质及以新的表达方式、意思或信息代替原来的东西；②增加具有重大意义的东西而不是基于商业目的的刻板描述或模仿；③把名人的肖像作为一种原始素材加以使用，而不是刻板描写或模仿；④成为被告自己的言论；⑤创造性因素成为作品的主要成分而不是刻板的描述或模仿；⑥价值源于自身的某些因素而不是名人的名望，比如源于创造性、技巧及艺术家的名声；⑦含有艺术家自己的贡献而不仅仅是一些不重要的改变及创造了可辨认的东西。加利福尼亚州最高法院在审理 Comedy Ⅲ Productions, Inc. 案时主张，被告的木炭画并不具有以上这些因素，因为对于创造一个受《宪法》第一修正案保护的关于名人的作品而言，该案中艺术家的技巧和天赋是次要的，该木炭画是为了商业目的而使用名人的名望。

很多学者认为变异使用标准是行不通的，因为其很难被解释及适用。Eugene Volokh 注意到变异使用原则中的一个因素，即"含有艺术家自己的贡献而不仅仅是一些不重要的改变及创造了可辨认的东西"，该因素借用了另外一个案件中定义的可否授予著作权所应具有的能力这一标准，并且该因素与其他因素相比更容易得到满足。例如，"增加一些新的东西，如更深远的目的、不一样的性质及以新的表达方式、意思或信息代替原来的东西"，该因素是从合理使用一部作品的定义中借用的，该因素似乎意味着即使对原作品的内容进行了实质性的增加，而却没有对原作品进行评价也是不能满足这一因素的。缺乏明确的定义并不是变异使用标准的唯一缺陷。除此之外，变异使用标准还具有巨大的模糊性，这一点被法院采用变异使用标准却获得不一致的结果而证明。变异使用原则的模糊性给现实带来了问题，因为一个模糊的标准可能会抑制言论自由，即如果公众不知道怎样才构成受宪法保护的变异使用，公众就会侵犯他人的权利或谨慎地去言行以避免可能的起诉。Comedy Ⅲ Productions, Inc. 案的判决意见体现了变异使用标准的模糊性，审理该案的加利福尼亚州最高法院认为，该案中的木炭画可能会因具有变异使用性而受到《宪法》第一修正案的保护，因为原告可以通过曲解和小心使用的方法达到这一目的，并且原告有能力用名人的肖像传递信息而不是在商业上使用名人的肖像，从而使自己的作品成为具有社会讽刺意义的作品。但加利福尼亚州最高法院还是主张该案中的木炭画没有变异使用性或作者创造性的贡献。联邦第六巡回上诉法院在审理 ETW Corp. v. Jireh Publ'g, Inc. 一案[①]时主张，Rick Rush 的画作具有变异使用性。联邦第六巡

---

① 332 F. 3d 915, 938 (6th Cir. 2003).

回上诉法院认为，该画作并不仅仅是对 Woods 肖像的刻板描述，而是以拼贴画这种艺术的形式去描述运动史上具有重大历史意义的事件，并传达了 Woods 的胜利在那次事件中的重大意义这一信息。因此，基于 Rush 对 Woods 的身份特征增加了属于自己的具有创造性的部分，而使得该画作获得了《宪法》第一修正案的保护，并可以此来对抗 Woods 的公开权请求。

从加利福尼亚州最高法院审理的 Winter v. D. C. Comics 一案可以看出，具有模糊性的变异使用标准带来的问题。加利福尼亚州最高法院主张，被告 D. C. Comics 受《宪法》第一修正案的保护并可以此来对抗原告 Johnny 和 Edgar Winter 的公开权请求。Winter 案的案情大体如下：Johnny 和 Edgar Winter 是两位有名的音乐家，被告在一个系列连环漫画中加入了 Winter 兄弟，并命名为 Johnny 和 Edgar Autumn，这两个角色拥有流氓的特性、半人半虫的身体、苍白的脸及长长的头发。加利福尼亚州最高法院认为这两个角色具有变异使用性，因为很容易确定这两个角色不仅仅是对原告的刻板描述，而是含有重要意义的。最后，加利福尼亚州最高法院一致同意推翻上诉法院的判决，而上诉法院却认为应该由陪审团来决定角色是否具有变异使用性。上诉法院的陪审团所犯的错误表明不明确的变异使用标准造成的困难。同时表明，缺乏明确的判断标准，怎样促使法官成为一位艺术评论家，或以价值判断作为判决的基础或以艺术家的名望等外部因素作为判决的基础。正如法官 Holmes 在 Bleistein v. Donaldson Lithographing Co. 一案①中提醒说，这样做是很危险的，这些仅受过法律训练的人，让他们对艺术作品的最终价值进行判断，明显超出了界限。

Schuyler Moore 主张，保护具有变异使用性的作品而不保护非变异使用性的作品是没有任何逻辑的。《宪法》第一修正案保护前者而不保护后者的理论依据何在？另一个关键问题是，非变异性使用有什么不好？为什么比对待变异性使用要差得多？然而，加利福尼亚州最高法院并不认为，变异使用标准可以进行价值判断或偏向于保护某种作品而不保护另一种作品。在决定仅保护变异使用性的作品时，法院假定名人可能会授权行为人对自身的身份特征进行非变异性使用，从

---

① 188 U. S. 239, 251 (1903).

而法院并不关心名人肖像是否产生而关心由谁产生,更关心是谁盗用了名人身份特征中的价值。但名人可能并没有授权行为人对自身肖像进行使用。尽管公开权仅禁止对名人身份特征进行非变异性使用,但这却使艺术性言论的范围急剧地减小。

(五)主要使用标准

2003 年密苏里州最高法院在审理 Doe v. TCI Cablevision 一案①时,拒绝采用加利福尼亚州最高法院采用的变异使用标准,而引入了主要使用标准(the predominant use test)。当案件的言论中含有表达言论和商业言论时,主要使用标准可以更好地对这类案件进行处理。密苏里州最高法院是这样阐述主要使用标准的:如果一种商品主要是利用了他人身份特征中的商业价值来进行售卖的,那么,就认为这种商品侵犯了他人的公开权,从而该种商品就不会受到《宪法》第一修正案的保护,即使其中包含一些在其他情况下被认为是表达言论的内容也是一样;另一方面,如果商品的主要目的是对名人进行评价或关于名人的评价,那么这种表达言论的价值就会被优先考虑。

Doe 案的案情大体如下:Anthony "Tony" Twist 是一位职业曲棍球球星,有人创作了一本名为 Spawn 的连环漫画,在这本名为 Spawn 的连环漫画中作者塑造了一个名为 Mafia don 角色,并取名为"Anthony 'Tony Twist'Twistelli",于是原告以被告侵犯了自己的公开权为由把被告起诉到法院。连环漫画的作者承认,"Anthony 'Tony Twist' Twistelli"这个名字是在这位曲棍球球星之后取的。密苏里州最高法院以主要使用标准为根据,并主张使用 Twist 的姓名和身份特征主要是为了销售连环漫画,并且相关的商品不是文学上或艺术上的言论,因此言论自由要屈服于公开权。但 Moore 却提醒我们要注意采用主要使用标准带来的困难。Moore 提出疑问,如果表达言论是关于名人的肖像本身,比如名人的照片集,那会怎样?当表达言论与商业言论紧密相连时,要怎样区分主要目的是进行表达言论还是进行商业言论?

主要使用标准的创始人 Mark Lee 试图去回答 Moore 提出的第二

---

① 110 S. W. 3d 363, 374 (Mo. 2003).

个问题。Lee 主张其他司法上的方法，比如商品与媒介的区别（merchandise v. media distinction）、转化方式标准（alternative means test）、《不正当竞争法重述》（第三版）上的相关性标准（relatedness test）及变异使用标准，均可以用来帮助判断是利用公开权还是对名人肖像进行评论。虽然这些方法可能会提供一些指引，但 Lee 自己也承认它们是不令人满意的及不完整的。商品与媒介的区别不能收到良好的效果，因为《宪法》第一修正案并不仅限于对传统媒介的保护。尽管在有关公开权的案件中对商标法上的转化方式标准进行了讨论，但现在还没有那个法院采用过转化方式标准。《不正当竞争法重述》（第三版）上的相关性标准过于灵活多变，并把所有的商品从传统交流媒介的保护中排除了。

主要使用标准的另一个问题是，该标准似乎仅仅关注于是否由于行为人使用了名人的身份特征才使其商品在商业上获得了成功，而不是对其中涉及的相关利益进行权衡。Lee 认为主要使用标准可以在表达言论与财产利益之间达到平衡，虽然该标准对他人的可能会被行为人利用的知识产权进行保护，但却允许和鼓励行为人对他人的这种知识产权进行有创造性的评论。以 Lee 对主要使用标准的解释及主要使用标准在 Dse v. TCI cablevision 一案中的适用为根据，就可以看出，假如一种商品是由于利用了名人的身份特征而获得商业上的成功，那么，《宪法》第一修正案就不能成为公开权的有效抗辩。Lee 的解释也表明了主要使用标准在概念上的不完整：如果人们是基于对 Tiger Woods 的喜欢而不是基于受这张照片结构上的吸引，才购买 Tiger Woods 的照片，那么，这张照片应该被认为是侵犯了 Tiger Woods 的公开权的。可以说主要使用标准不但没有对言论自由与公开权进行平衡，而且还使得几乎所有的艺术性言论不会获得《宪法》第一修正案的保护。因为一旦人们是基于对 Marilyn Monroe 或 Elvis Presley 的喜爱，才购买 Andy Warhol 画的有关 Marilyn Monroe 或 Elvis Presley 的画作，那么即使该幅画作含有对社会讽刺意义的评论，它也是不受《宪法》第一修正案保护的。如果法院把消费者的需求作为主要的判断因素，那么就很有可能会造成司法上的混乱。

（六）再现

联邦第九巡回上诉法院在审理 White v. Samsung Electronics

America, Inc. 一案①时主张,广告中戴着假发、穿着礼服并戴有首饰的机器人,侵犯了 Vanna White 的公开权。联邦第九巡回上诉法院认为,公开权的保护范围不仅包括名人的姓名和肖像,而且包括为了商业目的而可能使名人再现的任何名人的身份特征。因为被告广告中站在幸运转盘旁边的机器人的穿戴与 White 的穿戴相似,所以,被告的广告盗用了 White 的身份特征并侵犯了 White 的公开权。联邦第九巡回上诉法院驳回了被告基于《宪法》第一修正案而提出的抗辩,因为不管广告中含有什么样的模仿因素,这则广告的主要目的都是传递商业上的信息,因此,这则广告不能得到《宪法》第一修正案的保护。

　　White 案的判决创造了一个财产权并把公开权的保护范围扩大了,然而该判决却受到了法官的强烈异议及学者的猛烈批评。Kozinski 法官对 White 案的判决表示了强烈异议,Kozinski 法官主张,以大多数法官的观点为根据,一旦广告商在广告中使名人的肖像在公众的大脑中再现,广告商就构成侵权。不使用名人的姓名、声音、签名或肖像,不暗示名人对某商品进行了担保,但是只要使名人的肖像在公众的大脑中再现就构成侵权。Kozinski 法官主张这个判决对《宪法》第一修正案的核心构成了威胁:《宪法》第一修正案不仅保护宗教及政治,也保护我们民族文化的自由发展。模仿、幽默、调侃都是思想交流必不可少的组成部分。后者是我们所需要的,也是受《宪法》第一修正案保护的,一部法律怎么可以使名人能够禁止大众去模仿他们或在大众的脑海中再现他们的肖像。

　　在审理 Wendt v. Host International, Inc. 一案时,联邦第九巡回上诉法院主张,White 案中采用的再现标准可以在有关公开权的案件中适用,甚至可以用来对抗著作权人的权利,该案可以说是对《宪法》第一修正案进行的又一次攻击。Wendt 案的案情大体如下:Paramount 对一个名叫 Cheers 的电视节目拥有著作权,被告 Host 获得 Paramount 的授权,于是开设了一个连锁的以 Cheers 为主题的机场酒吧,这些机场酒吧的特色在于使用了两个机器人版的 Norm 和 Cliff 角色。George Wendt 和 John Ratzenberger 在电视节目 Cheers 中出演了

---

① 971 F. 2d 1395, 1396 (9th Cir. 1992).

Norm 和 Cliff 这两个角色，George Wendt 和 John Ratzenberger 主张被告侵犯了公开权，因为被告未经授权使用了自身的肖像。这里的问题是，对于大众来说，Wendt 和 Ratzenberger 就是 Norm 和 Cliff，不可能只利用后者而又不让公众在大脑中再现前者。当用《著作权法》解答这个问题时很简单，因为《著作权法》第 301 条要求州法应该在著作权的范围内授予任何合法或合理的专有权。因此，以《著作权法》为根据，Paramount 和 Host 就有权把与 Norm 和 Cliff 相似的机器人作为衍生作品来展现。但是，联邦第九巡回上诉法院主张，不管有无著作权，行为人要想使用可以使公众再现 Wendt 和 Ratzenberger 的轮廓、塑像、机器人、图画或广告，就必须首先得到 Wendt 和 Ratzenberger 的授权，并支付一定的费用。

法官 Kozinski 对此表示了强烈的异议并主张，根据陪审团所言，Paramount 和 Host 不能使用 Norm 和 Cliff，因为这使公众想起了扮演 Norm 和 Cliff 的演员，但演员的身份特征已经与扮演的 Norm 和 Cliff 在公众的大脑中融为一体。这是一个吓人的结论。Warner Brothers 可以使用 Rhett Butler 而不使公众想起 Clark Gable 吗？法官 Kozinski 总结说，这种结果不能公正地对待著作权人的权利（尽管著作权人有正当的对 Norm 和 Cliff 进行重新创造的权利），并且这种结果对《宪法》第一修正案而言也是不幸的，因为联邦第九巡回上诉法院支持公开权却扼杀了公众的创造力。

然而，Moore 注意到，以 Comedy III Productions, Inc. 案和 Winter 案的判决为基础，可以看出变异使用标准可以适用于广告领域。如果加利福尼亚州最高法院的判决是加利福尼亚州法律上的最后裁判，那么，就意味着加利福尼亚州最高法院以默示的方式否决了 White 案和其他联邦第九巡回上诉法院的判决。在 White 案中，被告戴有假发、穿着晚礼服的机器人，是具有变异使用性的。加利福尼亚州最高法院对 Winter 案的判决理由，进一步证明了再现标准将会被变异使用标准废除。加利福尼亚州最高法院主张，虚构的 Autumn 兄弟具有明显的变异使用性，尽管他们对 Johnny 和 Edgar Winter 有轻微的再现，但该书并不是对原告的刻板使用。加利福尼亚州最高法院使用了与 White 案同样的用语，阻止了对身份特征范围的过分扩大。然而，再现标准将会在其他司法活动中继续造成一个"身份特征危机"。

六、主要动机标准

文章现在要提出主要动机标准来解决公开权与《宪法》第一修正案之间的冲突。主要动机标准把重心放在行为人使用名人身份特征的主要影响或动机上，即是表达言论还是商业言论，并且提出一个框架来平衡言论自由和财产利益之间及设立各种权利的目标之间的关系。

（一）身份特征的界限标准

要实现《宪法》第一修正案的目标，在对公开权进行分析时，就应该符合身份特征的界限标准。公共领域为创造活动的进一步进行提供了许多素材，并且这些对于建立健康的公共语境和满足公众的自我表现都是必不可少的。Wendy Gordon 主张，要保护对这种素材的供给，创作者就应该对其原始作品享有财产权，只要这种被授予的财产权没有损害他人的平等的创造能力，也没有对他人利用先前文化和科学遗产造成影响。根据该逻辑，公众就可以基于自我表现而自由地再现文化标志，从而 White 案中对身份特征的扩大就应该是没有坏处的。进一步而言，再现标准可能会使言论自由遇到重大阻碍，因为公众在判断什么是对名人公开权的侵犯时，会有一段困难时期。

文中提出的身份特征界限标准源于 Moore 主张的未实际使用抗辩（no-actual-use defense）。如果实际上并没有使用名人的身份特征，那么，就肯定是直接对名人人格的模仿，这就可能存在对公开权的侵犯从而导致诉讼的产生。因此，如果名人的人格通过思想上的联系、标志或比喻的手法而被公众再现，那么，就不应该被起诉，除非存在非常大的混淆的可能性。身份特征界限标准与著作权上的思想与表达二分法（idea-expression dichotomy）相比，后者禁止行为人未经他人授权而使用他人对思想的表达方式，但却并不禁止行为人对他人思想本身的使用。以同样的方式，如果实际上没有使用名人的肖像而名人却被大众的大脑再现，那么这种表达就会受到《宪法》第一修正案的保护。

假使把身份特征的界限标准适用于 Carson v. Here's Johnny Portable Toilets, Inc. 一案，那么，就会得到不一样的结果。审理 Carson 案的法院发现，Johnny Carson 的公开权受到了侵犯，因为被告在售卖便携式厕所的过程中使用了"Here's Johnny"这句口号。然而，被告实际上并没有使用原告 Carson 的人格，并且这句口号是通过比喻的方式使公众在大脑中再现了 Johnny 的。进一步而言，大众也不可能相信 Johnny 会对被告的便携式厕所进行担保。同样，White 案可能也会有不一样的结果，因为被告实际上并没有使用原告 White 的肖像，而仅仅是该案中的机器人使公众在大脑中再现了 Vanna White。被告 Samsung 使用 White 的肖像，仅仅是为表达耐用概念的一个标志或象征，并且公众也不会因此相信原告 White 会对被告 Samsung 的商品进行担保。

假设他人提出的公开权请求符合身份特征的界限标准，即行为人实际上或直接地盗用了他人的身份特征，那么，我们就需要一个标准来解决公开权与《宪法》第一修正案之间的紧张关系。美国法院对于这一问题的解决仍然存在分歧，还没有哪个标准可以从现有的各种标准中脱颖而出，并可以很好地解决这一冲突。因此，文章提出主要动机标准，该标准有能力解决公开权与《宪法》第一修正案之间的紧张关系。主要动机标准有能力平衡表达言论和媒体之间的关系，甚至可以适用于商业言论。主要动机标准受著作权法及其他标准的影响，并从不同的角度对主要使用标准进行了审查，这将有助于某些问题的解决。总之，主要动机标准可以很好地解决公开权与《宪法》第一修正案之间的冲突。

（二）主要动机标准

如果一部作品是由于主要涉及表达言论而被售卖，即从个人或团体的角度对名人进行评论、批判或模仿，那么该作品就会获得《宪法》第一修正案的保护。但如果一部作品是由于主要涉及商业言论而被售卖，即利用他人身份特征中的商业价值，那么，该作品就被认为侵犯了他人的公开权。假使一部作品既涉及表达言论也涉及商业言论，那么，法院就应该对其中包含的利益进行权衡，并应该对公开权和《宪法》第一修正案的理论基础进行考虑。一般而言，如果一部作品是从个人或团体的角度对名人进行评论、批判或模仿，并且该作品的作用在于实现《宪法》第一修正案中的公共信息、公共交流或自我实现等目标，而且不存在不正当的获利及消费者的受骗，那么该作品就应该受到《宪法》第一修正案的保护。同样，如果有理由满足保护公开权的目的，那么《宪法》第一修正案的抗辩就会被驳回。

1. 学说的影响

自从联邦最高法院对 Zacchini 案作出判决后，著作权法就对司法上用来解决公开权与《宪法》第一修正案之间冲突的相关方法产生了影响。主要动机标准的根基也在著作权法上。Zacchini 案是联邦最高法院审理的唯一的有关公开权的案件。Zacchini 案把著作权类推适用到公开权，并主张公开权与著作权的理论基础都在于经济激励。法官 Powell 对 Zacchini 案的判决表示了异议，法官 Powell 的异议中暗含了一个与主要动机标准相似的标准，法官 Powell 主张，我们应该考虑被告行为的最初动机，即电视台的播放行为的目的是什么？法官 Powell 认为，该问题也可以这样更合适地被提出，即播放的是不是原告的整个行为？尽管法官 Powell 的异议没有真正的先例价值，但法官 Powell 的异议似乎比大多数法官主张的整个行为标准更能适用于其他公开权案件。

主要动机标准的灵感源于 Robert Denicola 的概念分离标准（the "Denicola" test），概念分离标准适用于著作权的实用作品理论（useful article doctrine），用来决定一部具有艺术性和实用性的作品怎样才可以被授予著作权。《著作权法》保护图画、图表和雕塑作品，但却不保护实用性作品（useful articles），并努力用专利法为实用性作品寻求保护。《著作权法》第 101 条对图画、图表和雕塑作品进行定义并解释了它们的特征，该条规定：实用性作品的设计，只有在具有图画和雕塑作品的特点、自身的实用性、与现存的作品相独立时，才可以被认为是图画、图表和雕塑作品。

如果一部作品含有艺术性和实用性因素，那么，该作品就可以被授予著作权，法院在这种判定过程中采用了概念分离标准。法院在著作权中划出的该条界限与法院在公开权中遇到的问题有相似之处，即当一部作品包括表达言论和商业言论时，如何来决定《宪法》第一修正案是否给予保护。联邦第二巡回上诉法院在审理 Brandir International, Inc. v. Cascade Pacific Lumber Co. 一案[1]时，适用了概念分离标准，该标准强调，创作者创作作品的过程是否更多地受到艺术性或实用性的

---

[1] 834 F. 2d 1142 (2d Cir. 1987).

影响。同样，主要动机标准强调被告的表达言论或创造过程是否主要受到表达言论或商业言论的影响。联邦第二巡回上诉法院之所以适用概念分离标准是因为该标准强调实用性对创作过程的影响，这可以帮助缓解对抽象艺术的歧视待遇。概念分离标准在实践中操作起来也不难，因为作品自身就为作品的来源提供了一个无声证明，并且当事人也可以为作品的创作过程及作品的性质提供相关证据。

同时，主要动机标准也强调行为人对创作过程和表达过程产生的影响，这可以帮助缓解联邦最高法院在审理 Bleistein 案①时指出的危险，避免法院卷入艺术价值的判断过程。主要动机标准改正了变异使用标准及主要使用标准的不足。主要动机标准强调行为人的影响，这样当法院以《宪法》第一修正案作出判决时，就减少了法官对艺术作品的价值及媒体传播信息的价值进行判断。同时，主要动机标准也不像其他标准那样很难适用，因为该标准不仅强调行为人的动机及影响创作过程和表达过程的明确证据，而且也对作品自身的无声证明进行了考虑，从而使主要动机标准避免了法院在适用变异使用标准时所面对的模糊性和不完整性，而且主要动机标准也不像变异使用标准那样会阻碍言论自由。主要动机标准使行为人拥有了更明确的行为指导，行为人可以更好地控制自身行为，因为行为人可以预见到法院会关注自身的动机和创作的过程，这样行为人可以对自身的行为进行调整，以求得符合相应的要求。

主要动机标准在很大程度上受到主要使用标准的影响，但主要动机标准却是从不同的角度切入的，主要动机标准试图解决由于适用了主要使用标准而造成的困难。主要使用标准主要关心的是，当表达言论与商业言论紧密联系时，法院如何来认定商品的主要目的？但商品是一种没有知觉的客体并且商品也不可能有所谓的目的，而商品的生产者却有一个生产商品的目的。主要动机标准改正了主要使用标准存在的问题，即抽象地决定商品的目的。主要动机标准把注意力集中在行为人身上，该标准要求行为人必须提供证据，以证明自身在商品上使用名人人格的主要目的。批评家可能会争论，很多使用他人身份特征的行为都含有表达言论和商业言论这两种因素，这就意味着主要动

---

① 188 U. S. 239, 251 (1903).

机标准并不比主要使用标准更容易划出一条界限。但主要动机标准主要关注行为人的目的，该标准会使行为人对自身行为进行调整，这样就会使有关公开权的案件的界限更加明晰。行为人将会知道自己使用名人身份特征的目的，要么为对名人的身份特征进行评论的表达言论，要么行为人的作品将不会受到《宪法》第一修正案的保护。从而纯粹的商业上的盗用行为将会减少，而这种盗用行为被认为是侵犯公开权的并应予以阻止的。用这种方法，主要动机标准就可以既满足公开权的目标，也不会对言论自由产生影响。

主要使用标准的另一个难题在于，该标准必须考虑如下原因，即商品如何获得了商业上的成功。如果是由于使用了名人的身份特征，那么，该商品将不会受到《宪法》第一修正案的保护。但是，这种判断却是极其困难的，因为法院很难判定消费者购买画作是主要基于对 Tiger Woods 的喜爱还是主要基于对画作的结构的喜爱。就事实而言，不但促使消费者购买画作的主要力量难以描述且易变，而且，该问题的回答也与公开权的理论基础毫无关联。主要动机标准把关注的对象从公众购买商品的动机转向了行为人使用名人身份特征的动机，这样就可以更好地处理有关公开权的诉讼。

2. 主要动机标准的特点

主要动机标准通过鼓励公共交流和自我表现，并推定《宪法》第一修正案对表达言论的宽泛保护来保证言论自由。主要动机标准也对公开权的理论基础与《宪法》第一修正案的目标进行了平衡。名人有权收获自己的劳动成果，有权为了商业目的创造有价值的人格。批评家争论道，在某种程度上是公众创造了名人的肖像，因此，公众也有权享有这些劳动成果。主要动机标准既给予公众足够的言论空间，公众可以基于文化语言、重编及象征的目的而使用名人的身份特征，然而该标准也对名人在创造自己肖像过程中耗费的毋庸置疑的努力给予保护。主要动机标准除了关注行为人在作品中使用他人身份特征的主要动机以外，还符合公开权的一个理论基础，即阻止不正当的获利。如果行为人的作品主要是基于商业动机而使用他人的身份特征，那么，行为人很可能获得不正当的利益，并且在表达言论与商业言论界限含混不清的案件中，受到《宪法》第一修正案保护的表达言论作品也可能会由于明显的不正当获利而被认为是侵权的。

主要动机标准为名人创造有价值的人格提供了充分的经济激励，名人有权对商业上使用他们身份特征的行为进行控制。另外，主要动机标准也激励个人去获得名望及名人地位。名人可以对基于商业目的而使用他们有价值的人格的行为进行控制，这样可以防止对名人有价值的人格的过度使用，而过度使用会减少名人人格的价值。最后，公开权的理论基础之一就是保护消费者，即消费者可以从名人对商品或服务的保证、担保及证明中获得准确的信息。主要动机标准也满足了这一理论基础，因为如果行为人是未经他人授权而基于商业目的使用他人的身份特征，那么就会造成消费者的误解。进一步而言，表达言论的作品可能会由于明显的误解消费者而丧失《宪法》第一修正案的保护。主要动机标准推定《宪法》第一修正案保护主要涉及表达言论的作品，不过，这一推定也可能会由于一个支持公开权目标的理由而被推翻。这种结果对于保护公开权而言是必须的，因为盗用他人身份特征的各种各样的行为已经出现。

3. 文化和技术对主要动机标准的影响

当代的流行文化促使对主要动机标准进行系统的阐述，目的是为了对言论自由和自我表现与名人身份特征中的财产权进行平衡。从历史的角度对公开权进行分析可以看出，伴随着传媒技术的快速发展，名望的概念也获得了发展，并且出现了"所谓的名人"，而且也对公开权的保护范围产生了影响。同时，在平衡言论自由和财产权的过程中，多元的社会文化需求和互联网的发展也需要被考虑，因为这些促进了名望的大众化并增加了对名人身份特征的使用。

美国把由民族、种族、性别、性取向、偏好、代际、职业及其他界限产生的小团体和亚文化融为了一体。个人或团体经常对名人肖像进行创造性使用：构筑自身及自己的社会关系，从团体中标识出自己或把自己作为亚文化团体中的一员，对自身的感觉或特有的生活经历进行表达。正如 Madow 所解释的，事实上，名人的肖像属于基本符号和象征素材，而个人或团体也是用这些素材来塑造自身的外表、身份特征和意义的。美国的小团体和亚文化将会越来越多，几乎没有人认为自己属于主流文化，这就使得使用名人肖像成为实现自我表现和自我实现不可缺少的部分。

数字工具和互联网缔造了一个非凡的传播媒介，通过该媒介全世界的人们都能参与对公共问题的讨论及进行自我表现,而这种过程只需要用手按一下按键。事实上,互联网被认为是实现《宪法》第一修正案目标的最好方式,并被认为是一种比报纸和信件传播速度更快的媒介。互联网为大众提供了论坛,大众可以在论坛里对政治问题进行真正的多样性的讨论,论坛也为文化的发展提供了平等的机会,而且在论坛里可以进行广泛的、无止境的交谈。公众已经抓住了互联网提供的新机会,并用互联网进行广泛的交流和自我表现,结果互联网上就出现了数量难以计算的主要用来关注名人的网站、新团体、网络聊天室及博客。然而,互联网的性质开始转变,并且商业利益开始成为其中的主导。现在网站中的内容都包括部分无价值的东西、部分广告及部分消息,即含有表达言论与商业言论两个方面。这就可能造成令人困惑的局面,即当有关公开权的案件起诉到法院时,如何来确定《宪法》第一修正案对在线交流的保护程度。

互联网的普遍化及成功的程序化导致了名人的大众化,这正好证明了 Andy Warhol 在 1968 年的预言,即在未来,每个人都会成为 15 分钟的世界名人。任何使用互联网的人都会对名人产生一种错觉。互联网作为一种对观点、不满、谣言及怨恨的宣泄方式,可以使个人至少在自己的大脑中成为一个传奇。然而,互联网使以前的交流媒介变得毫无生机,因为互联网给公众提供了一种世界性的自我表现媒介。公众不仅在自己的生活中运用这种新的言论方式,而且也使用名人的肖像作为一种表达自己、与他人区别、从事政治及文化交流的简要工具。因此,在有关公开权的案件中,《宪法》第一修正案对这种新媒介保护界限的不清晰就可能会抑制言论自由。

面对这种可能出现的对言论自由的抑制,Lawrence Lessing 主张,互联网作为一种新的交流媒介,应该免受财产利益的控制,这样才能发挥互联网作为一种交流媒介的全部潜能。Lessing 主张,原始的素材(那些可以用来交流的素材)是改革和创造的决定性因素,如果缺少它们,那么,改革和创造就会受到损坏。假使互联网不受版权法和公开权的约束,那么互联网就会促进创造力、文化、商业和革新的发展,即促进言论自由。原始素材的能力我们已经看到,但互联网结构的改变(通过法律和技术两个方面)却使互联网的这种能力削弱了。这主要是由于偏向保护财产利益而导致的,我们的社会和政治机构正在认可互联网的这种改变,这将会导致互联网和公众的创造力的降低。

主要动机标准详细阐述了《宪法》第一修正案的疑问,这不同于主要使用标准在于满足流行文化表达的需要和数字技术及互联网的发展。主要动机标准首先提出这样一个问题,即创作作品的目的是否为进行表达言论,如果得到肯定回答,那么就推定该作品受《宪法》第一修正案的保护。如何回答这一问题对于保护互联网上的言论自由而言是极其重要的,因为互联网作为一种世界性论坛,可以最好地实现《宪法》第一修正案的目标。网民使用互联网这种独一无二的媒介,把名人的肖像作为一种表达观点的象征或自身作为某个团体或亚文化中的一员的标识。很多使用名人身份特征的行为,甚至是在商业网站上,也并不是使用名人的肖像去售卖商品,而是把名人的肖像作为一种表达的符号或象征。主要动机标准为这种使用名人肖像的行为寻求保护,这样才能发挥互联网的交流媒介潜能;另外,主要动机标准也保护名人,以使名人有价值的人格特征不被使用。主要动机标准在 Lessing 的观点与美国人非常重要的两个权利(即财产权和言论自由)之间进行了妥协。

七、结论

美国人对名望是极其迷恋的,名人在媒体和日常交流中的存在都证明名人已经成为美国文化中的固定组成部分。公开权的创立就是为了回应这种文化现象。公开权对保护名人身份特征中的商业价值而言是极其重要的。公众在表达言论中使用名人的肖像,如用名人的肖像表达个人的志向、象征团体的特征及代表文化的价值,而名人可能会以公开权为根据对公众的表达言论进行限制。由于缺乏明确的标准去解决公开权与《宪法》第一修正案之间的冲突,已经造成很多州在司法上的迷惑性和混乱性。主要动机标准现已准备好走进这个冲突的中心,当行为人提出《宪法》第一修正案作为抗辩时,该标准可以帮助法院在有关公开权案件中作出一致的、符合逻辑的判决。主要动机标准主要关注于行为人使用他人身份特征的动机,即是表达言论还是商业言论。主要动机标准可以很好地平衡言论自由和财产利益及各种权利的目标之间的关系。主要动机标准也考虑了现存的知识产权的理论、法院采用的其他平衡标准，更为最重要的是，该标准还考虑了当前文化、社会和技术的影响。从而，当我们进入数字时代时，主要动机标准有能力来解决公开权和言论自由之间的冲突。

公开权案件中的合理使用抗辩

兰德尔·T. E. 科因[*]著　陈带喜[**]译

目　次

一、导论
二、公开权的起源与发展
三、公开权与《美国宪法》第一修正案的冲突
四、四种公开权侵权行为
五、公开权的法理分析与类推适用
六、公开权和版权类比
七、结论

一、导论

近年来，有关滥用他人姓名、肖像和身份特征的案件呈上升趋势。[①] 早期，司法实践倾向于以隐私权为名保护权利人的姓名和身份特征所具有的财产价值。[②] 虽然大部分被害人都是以侵犯隐私权作为诉由向法院请求损害赔偿，但也有很多人提出其他诉由，其中，包括滥用他人人格特征、不正当竞争以及违约。不过，这些诉由之间的明显区别引起了司法的混乱，并最终导致了法院判决的不一致。后来，法院逐渐开始适用普通法上的公开权理论来处理为了商业目的使用他人姓名和肖像的侵权案件。从最近发生的一些案件可以看出，适用公开权理论审理案件能使判决具有更高的统一性。虽然在过去的几十年里，公开权越来越被司法所认可，但法院还是致力于类推适用其他法

---

[*] 乔治敦大学法律研究中心法学博士。
[**] 中山大学法学院助教。
[①] Acme Circus Operating Co. v. Kuperstock, 711 F. 2d 1538 (11thCir. 1983).
[②] Gordon, Right of Property in Name, Likeness, Personality and History, 55 NW. U. L. REV. 553 (1960).

律制度来处理侵害姓名和肖像的案件,诸如隐私侵权制度、财产侵权制度和版权侵权制度。类推适用不同的法律制度,案件的判决结果也会不一样。

本文第一部分揭示了公开权的起源与发展;第二部分论述了公开权与《美国宪法》(以下简称《宪法》)第一修正案的冲突;第三部分描述了四种公开权的侵权行为;第四部分简单介绍了类推适用于公开权案件的几种法律制度;在第五部分笔者建议类推适用版权制度来解决侵犯公开权的案件。提出这一建议的原因是公开权所追求的两个目标——促进创造性活动和防止不当得利——与《宪法》第一修正案所保护的言论自由冲突,而通过类推适用版权侵权制度,法院可以修正合理使用抗辩理论,并将其适用于公开权案件,以有效地平衡这种冲突。

二、公开权的起源与发展

对公开权的定义有广义与狭义之分。所谓广义上的公开权,是指个人对其姓名、肖像、公开活动以及身份特征的商业价值所享有的所有权、受保护权以及收益权。[①] 虽然公开权既没有被纳入《宪法》第一修正案的保护范围,也没有被列入人权法案,但在隐私权中能查找到它的根源。

在1890年发表的一篇法律评论中,作者 Samuel Warren 和 Louis Brandeis 首次提出了普通法上的隐私权概念,并列举了侵害他人隐私权可能会造成的损害。[②] 然而,两位作者却认为个人对于自愿公开的事项不享有隐私权。因此,演员对于他们自愿公开的姓名和肖像不享有隐私权。由此得知,以隐私权为法律依据保护公开权是非常无力的。在1960年发表的一篇著名的侵权法论文中,Prosser 教授对隐私权的内容进行了更全面的揭示。他在论文中概括了四种不同类型的隐私侵权,并表明这些侵权类型即使拥有一个共同的名字且侵害的对象都是原告的"独处权(the right to be let alone)",但除此之外没有其他任何东西是共同的。具体来说,Prosser 教授所主张的四种隐私侵

---

① Ali v. Playgirl, Inc., 447 F. Supp. 723, 728 (S. D. N. Y. 1978).
② Warren & Brandeis, The Right to Privacy, 4 HARV. L. REV. 193, 205 (1890).

权类型包括：侵入他人的私生活，公开披露他人（感到窘怕）的私人事实，公开歪曲他人的形象，为谋取利益而滥用他人的姓名或肖像。① 在20世纪末，Prosser教授所提出的第四种隐私侵权类型，也就是为了谋取利益而滥用他人的姓名或肖像，被认为是侵犯公开权的行为。② 然而，因为隐私权体现的是一种精神利益，而公开权体现的是一种经济利益，所以，为了避免从隐私权中划分一种经济性权利所造成的体系不协调，法官和法学家都不承认侵犯公开权的行为等同于第四种隐私侵权类型。③ 仔细思考这四种隐私侵权类型你会发现这种分类是相当有意思的，在前三种侵权类型下，原告希望降低事实的公开程度以保护自己的利益；而在公开权案件中，原告不一定反对被告出于商业目的而公开使用其信息，因为被告的行为可能是符合原告要求或是有助于增加原告利益的。

1953年，公开权作为与隐私权不同的权利首次得到司法承认。美国第二巡回法院的上诉法院在Haelan Laboratories, Inc. v. Topps Chewing Gum, Inc案④的判决中就明确表示，公开权是一种独立的、强制性的财产权。由于该案在公开权的发展过程中占据着重要地位，所以，有必要在这里作详细的分析。该案的案情是：原告与一名运动员签订了一份独占许可合同，许可原告在推销口香糖时排他性地使用其姓名和照片。被告作为原告的竞争者，通过一定的手段获得了同一运动员的同类授权。法院认为，如果被告的行为是故意的，那被告的行为就构成侵权。但被告辩称，除隐私权外，权利人不享有其他权利可以限制他人公开其姓名和照片，并且原告与运动员之间的合同只是原告承担隐私侵权责任的一种抗辩，而并不代表运动员的独占性权利转移给了原告。虽然Frank法官认同，在现有的隐私权理论下，独占许可合同是原告的抗辩事由，但并不是权利的转移。法官的分析并没有停止，他进一步论证了一种独立权利的存在，其中用到的一些句子被广泛引用，比如："我们认为，除隐私权外，个人对其姓名和照片

---

① W. Prosser, handbook of the law of torts 117, at804 (4thed. 1971).
② FactorsEtc., Inc. v. ProArts, Inc., 579F.2d215, 220 (2dCir. 1978).
③ Felcher & Rubin, *supra* note 9, at 1588–1589.
④ 202 F.2d 866 (2d Cir.).

的公开价值享有权利,也就是说,个人可以将是否公开姓名和照片这一独占性权利授予他人,这是一种有效的整体授权,而不是权利转让或其他。至于这种独占性权利是否被认定为一种财产权不重要,因为财产权一词仅仅表明法院支持具有金钱利益的主张。这一独立权利可以被称为公开权……但这一权利一般不会直接产生金钱利益,除非成为一项排他许可合同的标的……"① 法官认为,行为人未经授权使用名人的肖像在报纸、杂志、汽车、火车和地铁上做广告且不支付报酬时,名人不仅会感到心灵受到了伤害,更重要的是会感到经济利益受到了损害。法官作出这一认定的言外之意是承认隐私权与公开权是有区别的。

在美国,Brandeis 和 Warren 的文章具有重要意义,它为美国侵权法教科书增加了独立的一章,也就是隐私侵权这一章;② 而 Nimmer 教授随后的研究也非常重要,它为侵权法教科书增加了另外一章,那就是公开权侵权这一章。在1954年发表的一篇名为《公开权》的文章中,Nimmer 教授重申了联邦第二巡回法院曾经做出的公开权不同于隐私权的论断。他解释说一些可替代的理论,比如说隐私侵权、不正当竞争、违约和诽谤,都不足以保护权利人对其姓名和肖像所拥有的利益。并且,他进一步说明了公开权与其来源——隐私权的第四种侵权类型——之间存在着基本理论上的不同:第一,公开权的实质应该是财产利益而不是人格利益;第二,原告的损害赔偿额应该根据被告行为所产生的利益来确定,而不应根据原告心理所遭受的损失;第三,虽然无生命的物体、动物和组织没有隐私权,但所有权人对这些物体、动物以及组织应享有公开权;第四,隐私权诉讼与公开权诉讼的抗辩事由不一样,后者不应该包括原告为了获得名气而公开了某些信息,因为正是由于这种名气才产生实质上的公开价值。Nimmer 教授的文章对社会产生了重大的影响。从那以后,原告开始为除姓名和肖像外的其他人格特征寻求法律保护,诸如特定的动作或表演、独特的外形、名人创作或捧红的角色以及名人的人生经历。虽然不同法院

---

① Haelan Lab., Inc., v. Topps Chewing Gum Co., 202 F. 2d 866 (2d Cir.), cert. denied, 346 U. S. 816 (1953).
② A. Mason, Brandeis: A free man's life 70 (1946).

对原告的主张有不同的判决，但审理案件的基本方法是一致的，在决定公开权所保护的人格特征的范围时，法院都会采用以下两种方法：第一是考虑承认公开权的基本目标——保护公开权人的积极性和创造性以及防止行为人获得不当得利，① 只有符合这两个目标的人身属性才能得到支持；第二是通过协调这些基本目标与《宪法》第一修正案所保护的自由以及贸易自由原则之间的冲突来确定。

如果个人在创造性活动中获得利益的可能性越大，就越有可能致力于这种活动，那么保护公开权就能够激励艺人投入足够的时间和精力创造吸引公众的表演。正如某一法院所认定的那样，虽然名誉和名人身份很可能会自行消失，但它们一般都是个人活动、人格属性、个人运气和努力的副产品，人们会努力争取这些名誉和名人身份，其动机是：为了在所从事的行业中取得成功，为了给自己的伙伴带来幸福和满足，为了获得心理上和金钱上的奖励。② 美国联邦最高法院也承认，奖励艺人为成功所付出的劳动可以激励其他艺人不断地努力，这一结果是符合社会公共利益的。③ 也就是说，承认名人对任何个性特征都拥有公开权可以提高名人身份的价值，并因此吸引更多人致力于从事这个行业。然而，随着名人身份价值的上升，盗用名人身份特征的行为就可以获得更大的利益，因而防止盗用人获得不当得利就变得更重要了。

Zacchini v. Scripps-Howard Broadcasting Co. 案④是联邦最高法院至今为止裁判的唯一一件公开权案件。原告是人体炮弹（human cannonball）的表演者，被告未经同意拍摄了其在俄亥俄州展览上长达15秒钟的表演，并在晚间的新闻节目中播出。原告认为被告转播其专业表演的行为构成侵权。法院在裁决该案前回顾了类似的案件，并总结出案件的争议点如下：如果允许被告未经原告同意就可以免费拍摄和转播其专业表演，那么，被告就可以相对较少的成本获得较大的利益；相反，如果让原告有权控制其表演的传播，不仅能补偿他为

---

① 第三个目标是在被害人承诺的情况下最大限度地保护名人的隐私利益。
② MemphisDev. Found. v. FactorsEtc., Inc., 616F. 2d956, 958 (6thCir. 1980).
③ Zacchini, 433U. S. at576－577.
④ 433U. S. 562 (1977). 该案是至1988年原著完成时美国联邦最高法院审判的与公开权有关的唯一案件。

给别人带来快乐而付出的努力,还能阻止被告获得不当得利。因为名人为达到成功通常会投入大量的时间和金钱,只有强行规定他们有权从所付出的努力中获取利益才是公平的。所以,法院最终判决被告承担侵权责任。

虽然保护公开权人的创造积极性和防止行为人获得不当得利是承认公开权的巨大动力,但不管怎样,这两项动力必须不违背保护言论自由的《宪法》第一修正案和贸易自由原则。在以下这一节中,我们将会探讨公开权与《宪法》第一修正案的冲突。

三、公开权与《美国宪法》第一修正案的冲突

在探讨公开权与《美国宪法》(以下简称《宪法》)第一修正案之间的冲突前,应该先了解《宪法》第一修正案中与公开权具有潜在冲突的基本适用原则。一方面,《宪法》第一修正案规定:"国会不得制定法律来剥夺公民的言论自由和出版自由。"[①] 另一方面,在1969年的Zacchini案中,联邦最高法院的判决肯定了公民有权通过合理渠道了解社会的、政治的、艺术的、道德的以及其他领域的一些观点和经验。[②] 所以,表达自由包括以下相互补充、相互关联的两个方面:传达信息的自由和接收信息的自由。联邦最高法院认为,从事娱乐活动和新闻报道的人应受到《宪法》第一修正案的保护。但是,因为从事娱乐活动的往往是个人利益至上的商业机构,代表的是一种商业言论,所以,只能得到《宪法》第一修正案最低程度的保护。[③] 另外,因为名人是公众人物,所以,《宪法》第一修正案对他们隐私利益的保护将少于对一般公民隐私利益的保护。[④] 名人作为公众人物,其身份属性被滥用的方式多种多样。比如说,照片可以被印在商

---

① U. S. CONST. amend. I.
② RedLionBroadcastingCo. v. FCC, 395U. S. 367, 390 (1969).
③ Virginia State Bd. of Pharmacy v. Virginia Citizens Consumer Council, Inc., 425 U. S. 748, 771n. 24 (1976).
④ Gertz v. Robert Welch, Inc., 418 U. S. 323, 345 (1974).

品上,① 姓名或肖像可以被用到商品或服务的广告中,② 私生活或人生经历会被写成书或拍摄成电影,③ 表演可能会成为新闻转播的焦点。④ 一般来说,被告使用名人身份特征的行为商业目的越浓,案件可诉性就越高。然而,《宪法》第一修正案所保护的重要利益是被告在公开权侵权案件中的抗辩事由,而有些使用行为就体现了这种重要利益,因而构成有效抗辩。

《宪法》第一修正案限制了艺人所享有的控制其表演被传播的权利,但在 Zacchini 案中,联邦最高法院重新界定了这种限制的范围。俄亥俄州最高法院在审理 Zacchini 案时认为,原告在一般情况下有权起诉盗用其肖像和身份特征的侵权者,但由于《宪法》第一修正案规定新闻媒体拥有使用他人肖像和身份特征的特权,所以,原告不能起诉新闻媒体要求赔偿。俄亥俄州最高法院 White 法官在判决书中说明了作出这一判决的理由:"虽然州法律创制的表演权能够有效地激励艺人继续从事表演事业,但表演权并不阻止媒体向社会公众报道有新闻价值的事件,因为娱乐活动是公众根据《宪法》第一修正案有权获知的新闻。"但联邦最高法院推翻了这一判决,支持了原告的主张。联邦最高法院在审理该案时面临着尖锐的矛盾:一方面,原告对其在人体炮弹中的表演是享有公开权的;另一方面,被告使用原告表演的行为是符合《宪法》第一修正案的规定的。最后,联邦最高法院作出判决认为,《宪法》第一修正案并没有授权新闻媒体使用原告的"整个"表演,⑤ 而被告在新闻节目中转播了原告的"整个"表演,超越了《宪法》第一修正案的保护界限,所以,被告的行为应该构成侵权,原告的主张应该得到支持。联邦最高法院做出这一判决的主要事实依据是被告盗用原告整个表演的行为危害到了原告的收入,并且支持原告的侵权主张符合保护公开权的两个目标:首先,通过否定被告对原告整个表演的转播权,可以保护原告对社会公众的

---

① Factors Etc., Inc. v. Pro Arts, Inc., 579 F. 2d 215 (2d Cir. 1978) (Elvis Presley posters), cert. denied, 440 U. S. 908 (1979).
② Carson v. National Bank of Commerce Trust & Sav., 501 F. 2d 1082 (8th Cir. 1974).
③ Hicks v. Casablanca Records, 464 F. Supp. 426 (S. D. N. Y. 1978).
④ Zacchini, 433 U. S. 562.
⑤ 47 Ohio St. 2d 224, 231, 234 – 236, 351 N. E. 2d 454, 459, 461 – 462 (1976).

"吸引力",并因此保持原告对表演的激情;其次,做出这一判决可以有效地防止被告掠夺原告的劳动成果以获得不当得利。联邦最高法院的判决表明,如果保护公开权并不会防止社会公众获得信息,而只是决定是原告还是被告可以从信息转播中获利,那么,《宪法》第一修正案与公开权的冲突将会降到最小。

最近,两个联邦地区法院在案件审理中都遇到了公开权和《宪法》第一修正案的冲突问题。在 Estate of Presley v. Russen 案[1]中,原告是猫王的继承人,被告制作并播出了一档模仿猫王音乐会的舞台节目 The Big EL show,在节目中有一位表演者模仿了猫王的声音、形象和独特的唱歌方式。猫王的继承人认为被告的行为构成侵权,请求法院禁止被告在任何商品、宣传材料、广告以及与音乐有关的任何作品和表演中使用下列名称:The Big EL show、《猫王的照片、肖像和形象》以及其他与猫王的名声有关的名称。该案反映了一个较为新颖的问题,也就是公开权理论应如何适用于模仿已故名人表演的舞台节目。新泽西州的联邦地区法院在审理该案时面临着三个有关公开权的问题:①新泽西州的普通法是否承认公开权;②公开权在所有权人死后能否传承给继承人;③The Big EL Show 是否侵犯了原告的公开权。法院仔细审理了这三个问题:对于第一个问题,法院认为新泽西州的法律是承认公开权的;对于第二个问题,因为法院将公开权当做一种财产权,所以,这种权利是可以继承的;最后一个问题比较棘手,法院要先判定《宪法》第一修正案是否优先于原告的侵权主张,如果《宪法》第一修正案能够优先于原告的侵权主张,那 The Big EL Show 就不构成侵权,否则原告的侵权主张就应该得到支持。而对于《宪法》第一修正案是否优先于原告的侵权主张这一问题,关键点集中在 The Big EL Show 是否服务于公众利益并值得言论自由保护。在一般情况下,行为人在使用名人身份特征的同时会附带推广或销售产品。如果本案被告的使用主要是为了传播信息或丰富社会文化,那就值得《宪法》第一修正案保护,并可以优先于原告的侵权主张。相反,如果纯粹是出于商业目的,那就不值得《宪法》第一修正案保护,法院就应该支持原告的侵权主张。根据这种判断,法院首先要确

---

[1] 513 F. Supp. 1339, 1348 (D. N. J. 1981).

定 The Big EL Show 的目的。法院发现，虽然 The Big EL Show 也包含传播信息和娱乐大众的因素，但主要还是出于商业目的利用猫王的肖像，且对社会没有任何实质作用；并且相比于猫王的传记作品或有关其对音乐的贡献的展览，该节目传播信息的价值非常有限。后来，法院惊奇地发现，全盘模仿猫王音乐会——猫王获得最初荣誉的行为与在新闻节目中转播 Zacchini 整个表演的行为实质是一样的。因此，法院做出最后判决认为，The Big EL Show 的目的是为了营利，并不值得《宪法》第一修正案的保护，所以，原告的公开权侵权主张应该得到支持。

　　Groucho Marx Productions, Inc. v. Day & Night Co. 案①与前一案例一样，也涉及公开权与《宪法》第一修正案的冲突问题。该案案情是：在百老汇音乐节中，表演者模仿了已故喜剧演员马克斯兄弟的独特形象、风格和言谈举止，原告诉称这种模仿行为侵害了马克斯兄弟的公开权。纽约南区地区法院在审理该案时面临的问题除了公开权与《宪法》第一修正案所保护的自由之间的冲突外，还包括公开权是否存在（the existence）以及是否需要生前行使这一要素问题（the devisability）。对于公开权是否存在的问题，法院认为，纽约州法律承认权利人对其姓名和肖像的商业价值享有公开权。而对于是否需要生前行使这一要素的问题，关键在于马克斯兄弟在生前是否行使过公开权，结果法院发现答案是否定的，他们在生前并没有行使过这种权利，所以，公开权不具有可预期性。在解决了以上两个问题后，法院开始审查被告的行为是否能被《宪法》第一修正案保护。对于这一问题，法院在开始分析时注意到了《宪法》第一修正案对娱乐活动的保护。法院认为，"在决定公开权的保护范围时必须认真审查娱乐活动的目的或作用"，虽然为了商业目的使用名人身份特征的行为是可诉的，但为了提供信息和娱乐目的而使用他人身份特征的行为是受《宪法》第一修正案保护的，是不可诉的。为了模仿、滑稽、讽刺和审查的目的而使用他人身份特征的行为既是一种娱乐又是一种文学批判，不会侵犯公开权，应该得到《宪法》第一修正案的保护。对于本案被告的行为能否被《宪法》第一修正案保护，就需要分析其是

---

① 523F. Supp. 485（S. D. N. Y. 1981）.

否具有上述的目的了。在双方当事人的请求下，法官复查了被告的模仿行为并通过引用 Russen 案和 Zacchini 案的判决得出最终结论：被告的模仿行为缺乏具有社会价值的创造性因素并使得马克斯兄弟的表演作品的文学与娱乐价值被完全覆盖，所以，被告的模仿行为不应受《宪法》第一修正案的保护，而原告的侵权主张应该得到支持。

在涉及新闻事件和新闻人物的案件中，《宪法》第一修正案的抗辩更为有力。《宪法》第一修正案保证了最低限度的"公开地、真实地讨论公共事务而不被限制和惩罚的权利"。[①] 确保新闻事件的公开免受过多限制的要求更进一步地体现了《宪法》第一修正案的保证功能。所以，允许名人阻止或惩罚他人传播具有新闻价值事件的行为是与《宪法》第一修正案的条文和精神相悖的。

有时，对《宪法》第一修正案所涉事项的司法认定不同会导致不一致的案件判决。比如说，Paulsen v. Personality Posters, Inc. 案[②]就说明了法院会在何种程度上保护具有新闻价值的事件的公开和传播。该案案情是：原告 Paulsen 是一位著名的喜剧演员，他曾在1986年模拟过总统竞选。被告未经授权就散发印有原告照片和"总统竞选"字样的海报。虽然这些海报是为了纪念原告模拟的候选人资格，但原告还是认为被告的行为侵犯其姓名和肖像。另外，原告认为被告的行为是出于商业目的，不应受《宪法》第一修正案的保护。纽约州最高法院不同意原告的观点，认为被告的行为是符合社会公共利益的，是受《宪法》第一修正案保护的。法院做出这一判决的原因主要有以下两点：一是当著名艺人参加总统竞选时，他就具有新闻价值，公开其姓名和肖像符合公共利益……也就是说，这种受《宪法》第一修正案保护的自由的表达形式符合社会公共利益，是应该由公众知悉的；二是虽然海报体现的娱乐价值大于传播信息的价值，但这仍算不上公开权所限制的广告性使用，所以，并没有改变它受《宪法》第一修正案保护的地位。相反，在 Factors Etc., Inc. v. Pro Arts, Inc. 案[③]中，联邦第二巡回法院却没有以《宪法》第一修正案的规定限制

---

① First Nat'l Bank of Bostonv. Bellotti, 435U. S. 765, 776 (1978).
② 59Misc. 2d444, 299N. Y. S. 2d501 (N. Y. Sup. Ct. 1968).
③ 579F. 2d215 (2dCir. 1978).

公开权。该案案情是：在猫王死后第三天，他的继承人就将在商事活动中使用其姓名和肖像的独占许可权授予原告；但紧接着，被告就推出了印有猫王照片和"纪念"字样的海报。原告认为，被告的行为构成侵权并请求法院颁发初步禁令来防止被告继续侵害其独占使用权。初审法院支持了原告的主张，被告不服，提起上诉。上诉法院遇到的第一个问题是猫王的公开权在他死后是否还存在。因为法院将独占许可合同的标的看做是一种有效的、可被转移的财产权，所以，猫王的公开权在他死后仍然存在。但被告引用了 Paulsen 案的判决，认为其对印刷和散布猫王的纪念性海报享有特权，因为这份海报的作用不在于广告宣传，而在于纪念具有新闻价值的事件。法院驳回了被告的这一抗辩，原因是 Paulsen 讽刺政治领域的行为使其具有《宪法》第一修正案意义上的新闻价值，而猫王只是一位艺人，他的死亡不会具有《宪法》第一修正案意义上的新闻价值，也就是说，对于猫王的纪念性海报与总统选举（即使是模拟选举）的海报是不同性质的。所以，被告并不因纪念具有新闻价值的事件而享有特权，被告的行为侵犯了原告的公开权。

表面看来，Paulsen 案和 Factors Etc. 案的判决虽然不一样，但事实依据似乎是一致的：《宪法》第一修正案一直都重点保护社会公众对政治言论的知情权，权利人不能运用公开权来限制政治言论的传播。① 据说 Paulsen 案中的侵权行为内容，也就是有关模拟总统候选人的海报，在诸多争议的情况下被定为政治言论，所以，不受公开权的限制。相反，Factors Etc. 案中的纪念性海报就没有一点政治意味，所以，猫王的公开权就可以优先于被告引用的《宪法》第一修正案主张。但是，当我们要下结论认为在有关政治言论的公开权案件中，被告可以援引《宪法》第一修正案的规定来免责时，有必要研究最近出现的涉及已故马丁·路德·金的公开权的一份判决。

在 Martin Luther King, Jr., Center for Social Change, Inc. v. American Heritage Products, Inc. 案②的判决中，美国格鲁吉亚北区地区法院将公开权的保护范围扩大到政治人物的身份特征上。在人权解

---

① Millsv. Alabama, 384U. S. 214, 218 - 219 (1966).
② 508F. Supp. 854 (N. D. Ga. 1981).

放运动领袖马丁·路德·金被暗杀的几年后，被告开始制造和销售他的塑料半身像。马丁·路德·金的继承人认为，被告的行为侵犯马丁·路德·金的公开权。虽然格鲁吉亚州的法律承认公开权，但它对政治人物的保护程度却从来没有清楚地界定。法院所面临的第一个问题是，作为政治人物的马丁·路德·金能在何种程度上享有公开权。

被告认为，作为公众人物的马丁·路德·金必须放弃公开权。法院驳回了被告的这一主张，法院认为，公众人物并不是在任何情况下都要放弃公开权。虽然一般情况下从事公共事务的人要放弃部分隐私权和名誉权，但法院区分了公开权和隐私权、名誉权的不同，并拒绝采纳被告的放弃理论。根据法院的观点，当一个人致力于公共事务时就意味着一定的放弃，但这种放弃实质上只适用于对公共事务所进行的具有新闻价值的评论和披露，也就是说，公众人物只有在涉及公共事务的情况下不享有公开权。所以，属于公众人物的政治人物在有些情况下也可以主张公开权。法院据此认为在本案中，马丁·路德·金拥有公开权。在解决了这一问题后，法院面临另一个问题，那就是公开权的继承问题。虽然马丁·路德·金生前享有公开权，但他死后这一权利是否还存在呢，这是法院所面临的又一个棘手问题。法院注意到，大部分承认公开权具有可继承性的州做出这一承认的前提是权利人生前积极地利用了这一权利。因为原告未能证明马丁·路德·金在生前曾积极地利用其姓名和肖像的商业价值，不符合生前利用这一要求，所以，法院认为马丁·路德·金的公开权不能由其继承人继承。但联邦第十一巡回法院推翻了这一判决，认为即使权利人在生前没有行使过公开权，继承人也有权保护其形象不被非法利用，正如权利人生前行使过公开权那样。①

四、四种公开权侵权行为

正如前文所说，公开权包括个人对其姓名、肖像、公开活动和身份特征所享有的所有权、受保护权和收益权。本文所列举的案件表明，公开权的侵权行为主要有以下四种：第一，盗用原告的姓名或肖像进行广告宣传和产品促销；第二，盗用原告的姓名或肖像来推销纪

---

① 694F.2d674，683（11thCir.1983）.

念品；第三，盗用原告的独特风格或原创角色；第四，盗用原告的表演。虽然某些公开权判例不会被轻率地完全归入某一特定的侵权行为，但这种分类为评价司法判决提供了一个有用的分析框架，这些司法判决都是为了平衡公开权和《宪法》第一修正案所保护的利益。这些分析突出了在公开权诉讼中被告运用《宪法》第一修正案来抗辩的成功率越来越低。也就是说，在某一特定案件中，原告主张的侵权行为的本质会大大地影响《宪法》第一修正案对案件判决的作用力。

（一）盗用原告的姓名或肖像进行广告宣传和产品促销

在以往的判例中，如果原告主张的侵权行为包括盗用其姓名或肖像来推销产品，那原告一般会胜诉。未经授权而盗用原告身份特征来推销产品的行为，即未经原告同意而使用其照片或推荐信来向消费者推荐产品的行为可能是最严重的侵权行为。① 在这类案件中，广告商企图利用名人的名气来提高产品的质量和诱惑力，而法院一般会支持原告的公开权主张，这种判决与以往的司法判例、公共政策是一致的。一方面，从以往的司法判例可知，法院不会运用《宪法》第一修正案来保护商业言论。虽然最高法院认为，商业言论值得《宪法》第一修正案一定程度的保护，② 但最终赋予保护的程度远比不上对政治言论的保护。③ 因为商事公司可以享受社会政策的支持，也可以为了商业利益而免费使用公共信息，商业广告缺乏值得《宪法》第一修正案保护的价值，所以，商业言论不应再受到保护。另一方面，反对商业欺诈的公共政策支持公开权人在未经授权而使用其人身属性进行宣传的侵权案件中获得补偿。④ 一般来说，姓名或肖像被盗用的权利人会遭受可识别性的经济损害。因为广告商出于商业目的未经授权使用他人人身属性来做广告的行为会让消费者误以为其和权利人之间存在商业关系，并且会剥夺权利人的宣传收入。也就是说，免费使用

---

① Treece, Commercial Exploitation of Names, Likenesses, and PersonalHistories, 51 TEX. L. REV. 637 (1973).
② Virginia StateBd. of Pharmacyv. Virginia Citizens Consumer Council, Inc., 425U. S. 748, 762 (1976).
③ Central Hudson Gas & Elec. Corp. v. PublicServ. Comm'n, 447U. S. 557 (1980).
④ 8U. S. C. ! 1100 (1988).

原告的人身属性为某一特定产品进行宣传的行为可能会减少原告获得为其他竞争者做广告的机会。并且，原告所做的每一个宣传，无论有无补偿，都会减少其以后做宣传的价值，还会削弱原告的信用。更重要的是，广告商的这种行为实质上是对产品的虚假吹捧，在获得不正当交易机会的同时可能会误导公众。①

Hogan v. A. S. Barnes &Co. 案②说明了被告为了商业目的未经授权使用原告的人身属性来为产品做宣传的行为对经济所造成的阻碍，以及原告依靠隐私权法获得补偿的局限性。在本案中，原告是一位著名的高尔夫球手，被告未经授权在夹克上使用了原告的姓名和照片，并通过暗示原告是某书的作者的方式而在书中使用其姓名和照片。宾夕法尼亚州的普通民事法庭认为，因为原告并不想让其姓名远离公众，而是希望通过商业性地使用其人身属性来获得经济利益，所以，原告的主张不受隐私权法的保护。但法院还是判决原告可以获得5000美元的损害赔偿金，理由是被告的行为给原告所享有的对其姓名和照片的商业价值所享有的财产权利造成了损害，而这种损害导致不正当竞争并侵犯了原告的公开权。

著名的脱口秀节目主持人 Johnny Carson 所提起的两起侵权诉讼表明了公开权保护范围的大小取决于州法律的规定。在 Carson v. National Bank of Commerce Trust &Savings 案③中，被告未经授权而在拉斯维加斯的旅游广告中使用了原告的姓名，原告起诉要求赔偿。在宣传性旅游手册中被告将行程描述成"到拉斯维加斯的 Nebraskan's Johnny Carson 旅程"。被告所提供的旅游套餐中包括原告所主持节目的门票，而实质上原告与该行程没有任何关系。但因为内布拉斯加州（Nebraska）的法律并不承认个人对自己的姓名和肖像享有控制权，所以，原告既不能获得滥用主张的支持，也不被公开权保护。而在 Carson v. Here's Johnny Portable Toilets, Inc. 案④中，Johnny Carson 的境遇好了些。在经过了对席审判后，密歇根州东区地区法院认为，原

---

① 15U. S. C. 45－77（1982）.
② 114U. S. P. Q.（BNA）314（Pa. Ct. C. P. 1957）.
③ 501F. 2d1082（8thCir. 1974）.
④ 498F. Supp. 71（E. D. Mich. 1980）.

告无权主张被告在马桶广告中使用短语"Here's Johnny"的行为侵权，因为这个短语不能被认定是原告的姓名或肖像。然而，联邦第六巡回法院的上诉法院推翻了这一判决并发回原审法院重审。① 虽然密歇根州现存的法律并没有明确承认公开权，但第六巡回法院认为密歇根州法院将会采纳公开权。结果地区法院在最后判决中认为，虽然被告没有使用原告的姓名和肖像，但使用原告其他方面的身份特征也会侵犯原告的公开权。

（二）盗用原告的姓名或肖像来推销纪念品

一般情况下，可以使用名人姓名和肖像的产品包括：塑胶玩具铅笔刀、塑料人物模型、T恤衫和运动衫、纸牌游戏、肥皂和洗涤剂产品、图片拼图、糖果盒、面具、风筝、腰带、皮带扣、饮料搅拌棒。② 但实际上，在纪念品中商业性使用名人个人形象的行为似乎只限于小贩的模仿。虽然之前对商业言论的大部分分析可以适用于纪念品，也就是说，一般情况下宪法修正案不保护纪念品的销售，但是在这种纪念品所具有传播信息或文化的功能的范围内，它的社会价值超过商事公司所具有的，因此，值得《宪法》第一修正案的保护。然而，一般来说，纪念品的吸引力大部分是来自于某一名人姓名和肖像的商业潜力，因此，才具有市场开发性。比如说，在前面印有摇滚明星的照片的衬衣几乎不具有传播信息和文化的功能，只值得《宪法》第一修正案最小程度的保护。这类产品的成功不是取决于信息的深度或内容，而是取决于所刻画的人物的知名度。很多情况下，公开权诉讼是由行为人未经授权使用他人的姓名和肖像进行纪念品推销引起的。事实上，有关公开权的第一个案件是由一家口香糖生产商提起的，案件的争议点是被告是否有权在泡泡糖卡片上使用一位棒球明星的照片。③ 不过，迄今为止，没有哪件事件的发生会比猫王的死产生更多的纪念品和公开权诉讼。猫王于1977年8月16日离世，从那天

---

① 698F. 2d 831（6thCir. 1983）.
② Lugosiv. Universal Pictures, 25Cal. 3d 813, 829, 603P. 2d425, 435, 160Cal. Rptr. 323, 333（1979）(Bird, C. J. dissenting).
③ Haelan Laboratories, Inc. v. ToppsChewingGum, Inc., 202F. 2d866（2dCir.）, cert. denied, 346U. S. 816（1953）.

起,悲痛的歌迷极度需要载有猫王姓名和肖像的海报、衬衣、雕像以及其他的纪念品来缓解对猫王的想念,所以有关猫王的纪念品市场就火爆起来了。1977年10月10日《人民》杂志的封面故事用以下的话语来解读这一现象:"怀念猫王——模仿者和歌迷发动了一场百万工业革命。"

法院在Pat Paulsen、猫王以及马丁·路德·金的公开权案件中对于《宪法》第一修正案的保护对象有不同的看法,本文前面的内容就主要分析了这种不一致。有关Paulsen模仿竞选总统的海报受到《宪法》第一修正案的保护,而纪念猫王的海报却不能受到保护。政治家不会仅仅因为进入政治领域而放弃公开权,基于这一理论,马丁·路德·金的雕像是不受《宪法》第一修正案保护的。在Memphis Development Foundation v. Factors Etc. Inc. 案①中,田纳西州西区地区法院根据其他理由认定,猫王的雕像是不受《宪法》第一修正案保护的。在该案中,原告委托雕塑家为猫王制造一座铜像,立在孟菲斯中心。为了向这项悼念活动提供经济支持,原告向社会筹集捐款。为了鼓励更多的人捐助,原告向捐赠25美元及以上的捐助者赠送一个锡做的雕像副本。被告作为猫王的公开权的受让人要求原告停止这些行为,而原告起诉要求法院禁止被告涉足铜像的广告促销活动。虽然法院允许原告建造纪念碑,但却禁止制作、销售铜像的行为。遗憾的是,法院没有运用《宪法》第一修正案来分析做出这一判决的理由。

综上所述,审理涉及纪念品推销的公开权案件的指导原则是纪念品只有具有传播信息或文化的功能时才值得《宪法》第一修正案保护。相反,未经授权使用他人的身份属性来制作产品的行为,一般不会受到《宪法》第一修正案的保护,应该依法承担侵权责任。在那些情况下,原告的公开权可以得到保护。

(三) 盗用原告的独特风格或原创角色

与寻求专利法和版权法保护的当事人不同,在公开权诉讼中,原告不需要为了获得赔偿而努力证明自己创造了某些有形的物体,因为

---

① 441F. Supp. 1323 (W. D. Tenn. 1977), rev'd, 616F. 2d956 (6thCir.), cert. denied, 449U. S. 953 (1982).

公开权所保护的个人身份特征或独特风格不需要表现于有形的媒介。一般情况下,个人身份特征所包含的要素只有在投入大量时间、精力、技术和金钱后才能变得有价值。① 法院在认识到这一点后,承认公开权保护的不只是权利人的姓名和肖像。在某些情况下,法院认为,盗用他人的个性特征或原创角色以及模仿他人经过多年努力才发展起来的独特风格的行为也侵犯权利人的公开权。正如某位法学家所说的那样,"为了追求幽默、进行有效评论或为电视节目增色的目的而偶然地善意地模仿名人身份属性的行为是符合公共利益的,但这并不意味着在任何情况下行为人都可以未经授权而擅自使用他人有价值的身份属性。"②

上文讨论了两件涉及模仿戏剧演员的案件,这些案件形象地展现了公开权与《宪法》第一修正案所保护的言论自由之间的紧张关系。在 Estate of Presley v. Russen 案中,法院颁布了一个禁令,要求被告停止制作模仿猫王音乐会的舞台节目 The Big El Show。同样情况,在 Groucho Marx Productions, Inc. v. Day &Night Co. 案中,法院支持了马克斯兄弟继承人的主张,认为模仿马克斯兄弟表演的行为侵犯了其公开权。在以上两个案件中,原告都主张他们继承了所争议的公开权,因此有权要求法院禁止被告未经授权的模仿行为。虽然以上两个法院都认为被告未经授权的模仿行为侵犯了原告从其前人那继承的公开权,但各自的判决依据却不一样。在 Estate of Presley v. Russen 案中,判决的依据是被告的模仿行为缺乏创造性和信息性。而在 Groucho Marx Productions, Inc. v. Day & Night Co. 案中,判决的依据是被告的模仿行为被认为是基于商业目的的。

很多名人都创造了显著的身份特征,这些身份特征通过可识别的具体行为、言语以及衣着风格而被公众认可。在 Lombardo v. Doyle, Dane & Bernbach, Inc. 案中,法院将公开权的保护范围扩大了,授权乐队领队 Guy Lombardo 去阻止被告模仿其表演的行为。③ 在该案中,

---

① Hirsch v. S. C. Johnson&Son, Inc., 90Wis. 2d379, 391-392, 400, 280N. W. 2d129, 134-135, 138 (1979).
② Netterville, Copyright and Tort Aspects of Parody, Mimicry and Humorous Commentary, 35S. CAL L. REV. 225, 254 (1962).
③ 58A. D. 2d620, 396N. Y. S. 2d661 (N. Y. App. Div. 1977) (mem.).

被告希望 Guy Lombardo 及其乐队能为其一款新车的电视促销广告代言，但双方最终没有达成合作协议。事实上，该商业广告的主题一方面是为了迎接新年的来临，另一方面是为了销售某一型号的新车。虽然原告拒绝了该代言，被告却模仿原告那些为社会公众所熟知的姿势、音乐节奏和歌曲制作了一则促销广告，并在电视上播出。原告认为被告的行为违反了合同约定，侵犯了其隐私权，并削弱了其广告的商业价值。法院认为，针对被告的行为原告完全有理由起诉，并且被告的行为侵犯了原告的公开权，应该补偿原告的经济损失。

在以下两个案件中，被告都被判定不得使用已故喜剧演员 Stan Laure 和 Oliver Hardy 的姓名、肖像、个性特征以及原创角色。Price v. Hal Roach Studios, Inc. 案[①]涉及的是对 Laure 和 Hardy 姓名和肖像的争议。本案提起诉讼的是 Laure 和 Hardy 的遗孀以及一家公司，Laure 和 Hardy 的遗孀是其财产的唯一继承人，而那家公司对 Laure 和 Hardy 的姓名、肖像、个性特征以及原创角色拥有永久的独占使用权。虽然原告之间存在独占许可使用协议，但被告还是主张其有权使用已故喜剧演员的姓名和肖像进行广告宣传，因为被告认为原告作为公众人物，其利益应该由公众支配，并且在联邦法有关禁止模仿的法律中不受保护的内容在州公开权法上也应该不受保护。然而，纽约南区联邦地区法院并不这样认为，它颁布了一个永久性的禁令反对被告滥用原告的财产利益，还责令被告为自己的盗用行为承担实质的损害赔偿责任。在接下来的诉讼程序中，原告请求法院禁止被告制作和播放一部名为 *Stan'n Ollie* 的电视剧，因为在电视剧里有两位演员模仿 Laure 和 Hardy 的表演。[②] 根据既判力的要求，纽约南区联邦地区法院认为，Laure 和 Hardy 对公开身份特征所拥有的财产权在他们死后仍然存在，继承人可以继承并可以授权他人使用，所以，法院就颁布了禁令。法院引用了 Price 案中的禁令的内容，限制被告为了广告或商业目的使用 Laure 和 Hardy 的姓名、肖像、个性特征以及原创角色（但不限于复制他们的肖像，模仿他们的表情与行为举止以及声音）。

[①] 400F. Supp. 836 (S. D. N. Y. 1975).
[②] Pricev. WorldvisionEnter., Inc., 455F. Supp. 252, 255 (S. D. N. Y. 1978), aff'd, 603F. 2d214 (2dCir. 1979).

与 Laure 和 Hardy 有关的两件案件与之前发生的 Chaplin v. Amador 案①的判决一致。在该案中，加利福尼亚州上诉法院禁止了行为人未经授权模仿 Charlie Chaplin 的显著特点的行为。法院非常重视保护原告的独特表演方式，认为模仿原告的表演会造成社会公众的误解，对公众和原告都构成欺诈，所以，颁发了禁止令。

然而，并不是在所有公开权案件中主张侵害其独特风格的原告都可以胜诉。在 Sinatra v. Goodyear Tire and Rubber Co. 案②中，被告是一家广告公司，它在电视广告中使用原告一首歌的歌词并修改了旋律，这首歌叫 These Boots Are Made for Walking。原告的父亲是一位著名的歌手，他也曾唱过这首歌，原告很明显是忘记了她父亲的实质影响力，认为自己与这首歌的联系最密切。最重要的是原告认为，在被告的商业广告中出现的女人模仿了她的衣着、行为举止以及表达方式，并且这种模仿行为让社会公众误以为是她为产品做广告，所以，请求法院判决被告的行为侵犯其公开权。虽然被告承认自己模仿了原告的表演风格，但联邦地区法院认为社会公众并没有误以为是原告在为产品做广告。第九巡回法院的上诉法院也持这一观点，并驳回了原告的赔偿请求。

（四）盗用原告的表演

本文在前面部分讨论了联邦最高法院审理的一件有关盗用艺术家表演的公开权侵权案件，那就是 Zacchini v. Scripps-Howard Broadcasting Co. 案，③被告在晚间新闻中播放了原告整个人体"炮弹表演"。虽然被告以《宪法》第一修正案作为抗辩，但法院还是认为被告对原告绝技所享有的公开权构成了侵害，因为《宪法》第一修正案并没有授权被告盗用原告的"整个"表演。很明显，如果被告转播的不是全部表演那就不会侵害原告公开权。根据法院的意见，只有承认被告的行为构成侵权对原告才是公平的；否则，将会降低原告的门票收入而威胁其生存，因为潜在观众的好奇心可以在转播节目中获得满足。法院对 Zacchini 案的判决与公开权所强调的两项目标相一致。首

---

① 93 Cal. App. 358, 269 P. 544 (1928).
② 435F. 2d711 (9thCir. 1970), cert. denied, 402U. S. 906 (1971).
③ 433U. S. 562 (1977).

先，法院认为保护公开权可以为原告提供经济激励，使其投入更多的时间和精力来创造符合社会公众的表演，这表明法院意识到保护艺术创作的价值。其次，法院认为，原告所拥有的具有市场价值的身份特征属于公开权所保护的范围，如果让被告免费获得不符合任何社会正义。从这可以看出，法院是不会允许被告从原告的努力中免费获得利益的。由此可知，在涉及表演侵权的案件中，公开权比《宪法》第一修正案所保护的自由更容易得到法院的支持，但是这种侵权类型是非常罕见的。大部分的公开权诉讼都集中在对表演者姓名和肖像的独占控制权争议上。并且，当表演沦为有形的表达方式，比如说电影或唱片，对受害人只能根据联邦版权法案提供救济。

总之，为了商业目的未经授权使用他人的姓名和肖像的行为是不受《宪法》第一修正案保护的。无论这种行为的目的是为产品做广告宣传还是为了推销纪念品，其都不具有信息上或文化上的功能。相反，当原告主张被告的行为侵犯其独特风格或原创角色时，如果被告为原作品增加了创造性的因素，那么，被告的盗用行为就可以受到《宪法》第一修正案的保护。模仿秀和讽刺作品也都能得到《宪法》第一修正案的保护。然而，模仿秀也最容易引起法律责任。最后，盗用表演者整个表演的行为，如果没有沦为一种有形的表达媒介，那么肯定是可诉的。

五、公开权的法理分析与类推适用

从上文所讨论的案件判决可以看出，公开权的保护范围至今仍是人们讨论的话题。从1953年公开权第一次获得司法承认时起，法官和法学家就致力于解决公开权的可转让性、可继承性和保护期限问题。因为案件判决和法律是遵从先例的，所以，法学家们通常借鉴其他法律领域的案件，并类推适用其他法律制度以修正自己有关公开权案件的分析。

Haelan案是有关公开权的一个重要案件，在该案中，原告倾向于把公开权类比为财产权，而联邦第二巡回法院的上诉法院认为法院在是否支持原告的这一主张上拥有自由裁量权。根据Frank法官的意见，公开权是否被标榜为一种财产权是无关紧要的，因为"财产"一词只是表明法院强制执行某一具有金钱价值的主张。事实上，与

Frank 法官的意见相反，类推适用何种法律制度来解决公开权案件是很重要的，因为类推适用不同的法律制度会造成不同的审判结果。或许 Lugosi v. Universal Pictures 案[①]最能说明这一点，该案因为类推适用的制度不同形成了四种不同的意见。该案案情是：1931 年，Bela Lugosi 在被告制作的电影里扮演德古拉伯爵这一角色，根据双方签订的雇佣合同，被告有权使用 Bela Lugosi 与电影有关的任何表演、动作、形象，也有权在电影的推广宣传时使用和公开其姓名、肖像、照片以及其他方面。[②] 1960 年，即 Bela Lugosi 死后的第四年，被告开始在各种纪念品的销售中使用 Bela Lugosi 扮演的德古拉伯爵这一角色。Bela Lugosi 的妻子和儿子起诉被告滥用 Lugosi 的肖像。原告除了请求法院颁发禁令外，还要求侵权赔偿，依据是被告未经授权使用了属于原告的财产利益。联邦地区法院认为，虽然 Bela Lugosi 授权被告在电影的推广宣传时可以公开其形象，但并没有授权 Universal 可以在产品推销时使用其公开形象。除了普通法上的隐私权外，法院还认为原告对于商业利用其德古拉伯爵这一角色享有财产利益，并且这种财产利益是受法律保护的。

地区法院认为财产权是无关紧要的，但加利福尼亚州最高法院推翻了这一判决并进而将财产权认定为隐私权法所保护的重要利益。[③] 虽然大部分人均赞同在公开权案件中类推适用隐私权制度，但也有人认为应该类推适用雇佣理论，将公开权类比为雇主享有的因雇佣关系而产生的权利，还有人认为应适用版权法的规定。类推适用不同的制度会带来不同的法律后果，下面将详细讨论这些法律后果。

（一）财产权

在 Lugosi 案中，地区法院承认公开权的目的是为了保护权利人的姓名和肖像不被他人出于商业目的滥用。[④] 因为在公开权案件中，原告一般主张要求被告采取措施恢复原告从姓名和肖像中获取经济利

[①] 25Cal. 3d813，603P. 2d425，160Cal. Rptr. 323（1979）.
[②] 172U. S. P. Q. （BNA） 541，542 （Cal. Super. Ct. 1972），rev'd，25Cal. 3d813，603P. 2d425，160Cal. Rptr. 323（1979）.
[③] 25Cal. 3dat819，603P. 2dat428，160Cal. Rptr. at326.
[④] 172U. S. P. Q. （BNA） at548 – 549.

益的能力,所以,类推适用财产权制度有一定的合理性。这种类推会产生两种结果:第一,公开权可以像其他财产权那样被转让;第二,公开权可以像个人财产那样被继承。

(二) 隐私权

在 Lugosi 案中,加利福尼亚州最高法院将公开权当做是隐私权的衍生物,因此公开权保护的利益被认为是个人的独处权(the right to be let alone)。这一主张与法院在 Haelan 案中的立场是相反的,因为在 Haelan 案中,法院认为公开权与隐私权有明显的区别。如果在公开权案件中类推适用隐私权制度,那会产生以下三种后果:第一,由于公众人物自愿暴露于公众视线中,所以,会被认为放弃了享有的隐私权;第二,因为隐私权保护个人的精神利益,这是一种人格权,不能转让,所以,这种类推会妨碍权利人在其有生之年转让公开权;第三,因为隐私权会随着权利人的死亡而消失,所以,公开权就不能被继承。

(三) 雇主因雇佣关系而享有的权利

在 Lugosi 案中,Mosk 法官认为 Lugosi 对他所扮演的德古拉伯爵这一角色没有任何权利。因为 Lugosi 是根据与被告所签订的合同才扮演这一角色的,所以 Lugosi 的劳动成果应该归被告所有。[①] 也就是说,"演员是不能仅仅因为扮演了某一角色而获得一种可以继承的权利。"但他认为,如果演员是某一角色的创作者,那么,在角色里的肖像就可以受保护。根据这样的理由,马克斯兄弟、Laurel 和 Hardy 所创作的角色应该受到保护。

(四) 类似版权的财产权

与 Tobriner 法官、Manuel 法官的意见不一样,大法官 Bird 认为公开权类似于版权,也是可以被继承的。根据 Bird 大法官的意见,"公开权所保护的无形财产利益在很多方面是类似于版权法所保护的艺术作品的,因此,版权法对于保护公开权是很有启发性的"。借鉴1976年版权法[②]的规定,Bird 大法官将公开权的保护期限规定在权利人生

[①] 25Cal. 3dat826, 603P. 2dat433, 160Cal. Rptr. at331 (Mosk, J., concurring).
[②] 17U. S. C. !ì! ì1 – 118 (1982).

前及其死后50年。如果将公开权类比为版权，公开权与社会公共利益的冲突就可以得到平衡。因为虽然公开权最终会进入公共领域，但权利人的继承人可以在有限但确定的时间内得到保护。

六、公开权和版权类比

保护公开权的目标与联邦《版权法》保护的利益之间的相似点表明将公开权类比为版权有利于确定公开权的保护范围。公开权与版权的相似点主要有以下两点：第一，两者都通过允许个人从自己的努力中获得利益以鼓励更多的创造性活动。① 第二，两者与《宪法》第一修正案之间都存在利益冲突。

在 Zacchini 案中，最高法院保护了原告的公开权，禁止行为人未经授权使用原告的表演，此时法院明确强调将公开权类比为版权。根据法院的观点，法院承认公开权理论与专利法、版权法很相似，都强调个人有权从其付出中获得利益。很重要的一点是，法院从那个常被人引用的版权案件中引用了一些句子："使国会有权授予专利权和版权的法律条款背后隐藏的经济学原理表明，通过允许科学发明家和艺术创作者获得利益来鼓励他们付出是促进公共福利的最好方法。"所以，涉及公开权和版权的案件判决背后隐藏的理念是："保护公开权和版权的目的不仅仅是为了使艺术家获利，而是通过为艺术家提供经济刺激使其创作更多作品来造福大众。"这种理念不仅在涉及表演权的案件中表现得十分明显，比如说 Zacchini 案，在涉及戏剧模仿的案件中也表现得很明显，比如说 Russen 案和 Groucho Marx Productions 案。然而，在涉及广告宣传和纪念品销售的商业侵权案件中，这一理念不再明显。因为即使演员的姓名和肖像都是具有商业价值的财产，但获得名气和地位的前景在纪念品销售成为大买卖前就为演员的创造性努力提供了足够的激励效果。

联邦《版权法》授予作者一种有限的垄断权，也就是说，联邦《版权法》授权作者去限制他人非法使用其作品，并因此使自己的创造性付出获得经济回报。因此，联邦《版权法》和《宪法》第一修正案的内在冲突也很明显。我们生活在一个信息和理念可以自由流通

---

① U. S. CONST. art. I, ! 18, cl.

的社会里，但所授予的版权会限制这种流通，所以，就需要版权法来平衡鼓励创造和促进公众福利之间的冲突：一方面，授予作者对作品的控制权可以激励持续性的创造；另一方面，社会公众也可以从可获得的创造性作品中获得利益。《宪法》第一修正案的起草者也承认这一点，因此，《宪法》第一修正案规定版权只能在有限时间内受到保护。① 联邦《版权法》遵行了这一要求，所规定的版权保护期限代表了鼓励艺术创造和扩大公众对艺术作品的可获得性之间的一种妥协。② 如果版权是对创造性作品的排他独占权，那么，公开权就是对人格属性的排他独占权。正如联邦《版权法》保护作者对其创造性作品的垄断权那样，公开权法保护个人对其公开形象的垄断权。然而，作为州法律的产物，公开权的性质和保护范围在不同州之间有很大区别。正如某一法学家所说："某些州不承认公开权，在承认公开权的州里也不一样，在一些州是法官造法的结果，在另一些州又是起源于成文法；关于公开权的保护期限各州的规定也不一致，一些州规定公开权随着权利人的死亡而消灭，而有一些州规定如果权利人在生前曾运用过公开权，那么公开权就可以被继承，还有一些州规定无论权利人生前是否运用，公开权都可以被继承。"而将公开权类比为版权可以使州与州之间不一致甚至冲突的法律具有统一性和预见性。因为版权最先是由《宪法》第一修正案保护的，联邦《版权法》发展至今已经非常完善，所以，法官借用联邦《版权法》来审理公开权案件就可以减少州与州之间的冲突；公开权和版权所追求的目标具有相似性，所以，将公开权类比为版权是非常得当的。

最后，《宪法》第一修正案保护信息和理念的自由传播，公开权保护权利人对其人格属性的使用，所以，《宪法》第一修正案与公开权之间存在明显冲突，而在公开权案件中类推适用版权制度可以降低这种冲突：第一，通过将版权的保护期限适用于公开权，可以平衡个人对人格利益的控制与社会对信息和理念的需求，在权利人有生之年，他可以通过有偿或免费转让公开权来对其人格属性享有完整的排他性的控制权，在权利人死后，他的继承人或被授权者可以再享有

---

① U. S. CONST. art. 1, ! 18, cl. 8.
② 17U. S. C. ! 110.

50年的保护，这50年过后，公开权就进入公共领域了；第二，版权法中的合理使用原则允许为了进一步发展艺术、科学和工业可以未经授权使用受保护的作品，这一原则也可以适用于公开权诉讼中。

合理使用被认为是法官创造的合理理由，它用于缓和版权法保护所具有的排他性对潜在作家的限制。① 实质上，合理使用原则让社会公众有权在未经权利人同意的情况下以合理的方式使用拥有版权的作品。正如某一法学家所说："合理使用原则承认通过信息的自由传播可以使艺术和科学得到最大限度的发展，这些信息是社会大众所关心的，比如说，历史和生物，通过为使用他人的作品提供一个有限度的特权，合理使用原则可以兼顾版权和《宪法》第一修正案所保护的利益以维护信息和理念的发展市场。"

有关合理使用诉讼的主要争议点在于模仿作品是否属于合理使用的一种方式。在 Elsmere Music, Inc. v. National Broadcasting Co. 案② 中，第二巡回法院的上诉法院将模仿作品与原作品的关系描述如下："模仿作品可以……使人们想起原作品，如果模仿作品是在原作品的基础上将原作品作为现代文化的元素，并为了幽默或解释的目的而增加了一些新的内容，那么更大范围的使用也可以认定为合理使用。"根据这一标准，艺术家拥有足够的自由空间来根据原作品进行创作。尽管这样，如果模仿作品不能让人想起原作品就会构成盗用，从而引起法律责任。比如说，在 Groucho Marx Productions, Inc. v. Day & Night Co. 案③中，被告企图复制马克斯兄弟的表演，但地区法院没有将这种行为认定为合理使用。

虽然，从1841年开始合理使用就作为侵犯版权的抗辩事由而存在，但它成为成文法上的条款是近几年才出现的。④ 1976年《版权法》第107条规定："为了批判、评论、新闻报道、教学、写作或研究的目的而合理使用享有版权的作品不构成侵权。"条款还规定法院在决定某种使用是否构成合理使用时要考虑以下四个因素：第一，使

---

① H. R. REP. NO. 1476, 94thCong., 2d.
② 623F. 2d252 (2dCir. 1980) (percuriam).
③ 523F. Supp. 485 (S. D. N. Y. 1981), rev'donothergrounds, 689F. 2d317 (2dCir. 1982).
④ 17U. S. C.！ 110 (1982).

用的目的是为了获得商业利益还是为了非营利目的；第二，享有版权的作品的性质；第三，被使用部分在整个版权作品中的地位和比重；第四，这种使用对版权作品的潜在市场价值的影响。这四个因素不是强制适用的，而只是一个指导原则。在实践中，法院在解决合理使用问题时通常运用两分法来分析。首先，法官会认真审查被告对版权作品的使用是否会对原告构成可识别性的经济损害。这主要考虑的因素包括被告的使用是否会代替版权所有人对原作品的实际的或潜在的商业利用，还包括被告的使用是否具有社会价值。其次，法官会考虑被告盗用的部分在版权作品中的地位，使用的部分是否会太重要以至于构成侵权。所以，即使没法证明原告遭受了可识别性的经济损害，但一字不差的广泛的模仿行为也是可诉的。以《版权法》第107条作为模型，合理使用原则可以广泛地运用于公开权案件中。

下面详细分析公开权案件中构成合理使用的四个要素。

（一）使用行为的目的和特点

在分析这一因素的时候，法院应该将注意力集中在原告所主张的特殊侵权上。第一，出于广告宣传和推销纪念品的目的而盗用原告姓名和肖像的情况就不存在与《宪法》第一修正案冲突的问题。因为对于未经授权的产品推销行为，其误导性的本质使其连《宪法》第一修正案为商业言论提供的最低程度的保护都得不到。但在某些情况下，未经授权使用他人的姓名和肖像进行广告宣传的行为可能不具有误导性，从而构成合理使用。比如说 Namath v. Sports Illustrated 案，[①]被告在一则广告宣传的封面上用了原告的肖像，原告据此认为被告的行为构成侵权，但法院最后没有支持原告的赔偿请求，因为被告使用原告肖像的行为是很偶然的，并不具有误导性。第二，如果被告为原告写书或拍摄电影，以一种不具有误导性的方式使用了原告的姓名和肖像来推销书籍和电影，这种行为就构成合理使用。这种情况不同于仅仅为了广告目的而利用原告的公开价值的情况。比如说 Hogan v. A. S. Barnes & Co. 案，[②] 法院就将被告的这种行为认定是侵权并构成

[①] 48 A. D. 2d 487, 371 N. Y. S. 2d 10 (N. Y. App. Div. 1975), aff'd, 39 N. Y. 2d 897, 352 N. E. 2d 584, 386 N. Y. S. 2d 397 (1976).

[②] 114 U. S. P. Q. (BNA) 314 (Pa. Ct. C. P. 1957).

不正当竞争。第三，如果原告主张被告盗用了其独特风格或原创角色，那么，《宪法》第一修正案保护的利益会优先得到法院的保护，而法院应该运用上述的两分法进行分析。如果法院认为被告的行为不合理或者会引起原告的可识别性经济损害，那么，被告的行为就应该被认定为不公平。第四，如果原告主张被告的行为盗用了其表演，那么，被告的行为很有可能会被认定为是不公平的。因为这种使用直接减少了原告作品的市场份额，会削弱原告创造的积极性。

（二）所侵犯的公开权的性质

这一因素的适用说明被侵害的公开权的性质或起源可能会决定法律保护的范围。比如说，出于遵守《宪法》第一修正案的考虑，如果原告是一位政治领域或公共服务的职员，被告使用原告与其政治地位有关的人格特征的行为很有可能会被认为是合理的。之前讨论过的 Paulsen v. Personality Posters, Inc. 案就是最好的例子。根据这一分析，原告扮演的由第三人创作的角色所得到的法律保护，很可能要少于原告扮演的由自己创作或与自己有关的角色。如果原告的公开形象全部是由自己创作的，那么，无论是依据防止不当得利原则还是依据鼓励创造性活动原则，原告的公开权都可以得到更多的保护。因此，相对于 Bela Lugosi，Laurel，Hardy 和马克斯兄弟的公开权应该得到更大程度的保护。最后，如果原告得到的名声与他的创造性智力活动无关，那么，他关于公开权的主张将会被削弱，因为在这些案子里，保护原告的公开权将不能鼓励创造。如果原告的人格特征因其反社会的行为而变得具有商业价值，那么，他也无权提起侵权之诉。比如说，如果允许 Gray Gilmore（一名罪大恶极的刑事犯罪分子）的继承人起诉限制行为人销售印有 Gray Gilmore 肖像的衬衣，那么，就不符合社会公共利益。

（三）被使用部分的地位和比重

简单地说，分析这一因素时需要估算被告盗用原告人格特征的范围。大规模的、一字不差的模仿不同于为了模仿、滑稽和讽刺目的的部分引用。比如说，未经授权盗用原告的整个表演的行为是可诉的，Zacchini 案清楚地说明了这一点。另外，"The Big El Show"案说明了在本因素下产生法律责任的情况。相反，仅仅模仿他人的言语、行为举止或着装的行为在不能证明会造成社会公众误解的情况下是不可诉的。根据这一原则，Sinatra v. Good year Tire and Rubber Co. 案和 Lombardo v. Doyle, Dane & Bernbach 案的判决都是正确的。

（四）使用行为对原告公开权的市场价值的影响

适用这一因素时主要分析被告的使用行为对原告实际的或潜在的市场份额所造成的影响，因此，原告不需要证明在他有生之年利用过这一权利。正如联邦第十一巡回法院的上诉法院在 Martin Luther King, Jr. Center for Social Change v. American Heritage Products, Inc. 案中所认定的那样，在生前没有利用过公开权的权利人也有权保护肖像在死后不被盗用，只是保护的范围不会超过生前利用过公开权的情况。① 被告盗用原告整个表演的行为对原告造成的经济损害最严重，正如联邦最高法院在 Zacchini 案中所认定的那样，被告转播原告的"人体炮弹"表演的行为对该表演的经济价值造成了严重的威胁。然而，这并不意味着原告要想推翻被告的合理使用抗辩就必须证明被告的行为对其生存造成了实质威胁。将这一理论扩充至其他侵权行为，原告必须证明类似于为了进行广告宣传或产品推销而盗用其身份特征的轻微侵权行为也会造成巨大的经济损害。原告不需要证明自己无法从授权广告或纪念品销售中获得实质收益，只要有足够证据证明被告的行为削减了其公开权的市场份额即可。

七、结论

在公开权案件中对《宪法》第一修正案的适用问题，因将公开权分为四种不同的侵权行为而不同。原告主张的特定侵权行为将会决定何种程度可以得到《宪法》第一修正案的保护。因为公开权是州法律的产物，所以，公开权的性质和保护范围在不同州有不同的规定。到目前为止，公开权案件的判决都缺乏统一性和一致性。在公开权案件中类推适用版权制度是最科学的，一方面，通过类推适用联邦《版权法》的原理，法院可以在公开权领域确定可预测性规则；另一方面，将公开权类比为版权可以缓和《宪法》第一修正案与公开权

---

① 694F. 2d674, 683 (11thCir. 1983).

之间的冲突。首先，在公开权领域引入联邦《版权法》中的保护期限可以兼顾社会公众获得信息和理念的利益以及个人对使用人格利益的控制。其次，在公开权案件中引入合理使用抗辩可以平衡《宪法》第一修正案所保护的言论自由与公开权所要达到的目标——促进创造性活动和防止不当得利。